济阳年鉴

2017

济阳县人民政府　主办
济阳县史志办公室　编

方志出版社
Publishing House of Local Records

图书在版编目（CIP）数据

济阳年鉴．2017／济阳县史志办公室编．--北京：方志出版社，2017.11

ISBN 978-7-5144-2764-6

Ⅰ．①济… Ⅱ．①济… Ⅲ．①济阳县—2017—年鉴 Ⅳ．①Z525.24

中国版本图书馆CIP数据核字（2017）第296821号

济阳年鉴2017

编　　者： 济阳县史志办公室
责任编辑： 王　品

出 版 人： 冀祥德
出 版 者： 方志出版社
地址　北京市朝阳区潘家园东里9号（国家方志馆4层）
邮编　100021
网址　http://www.fzph.org
发　　行： 方志出版社图书经销中心
电话（010）67110500
经　　销： 各地新华书店
印　　刷： 济南黄氏印务有限公司

开　　本： 889×1194　　1/16
印　　张： 24.5印张
字　　数： 538千字
版　　次： 2017年11月第1版　　2017年11月第1次印刷
印　　数： 001～800册

ISBN 978-7-5144-2764-6　　**定　价：** 258.00元

编辑说明

一、《济阳年鉴》作为权威的地情信息载体，全面、系统、准确地记述济阳县自然、政治、经济、文化、社会等方面的综合情况，为读者了解和研究济阳提供基本资料。同时，为今后编修地方志积累资料。

二、本卷年鉴主要收录2016年1月1日至12月31日发生在济阳县行政区域内的大事要闻，突出反映政治、经济、文化及各项社会事业的新情况、新进展、新变化。为保持事物完整性，增强实用性，部分内容适当上溯或下延。

三、本卷年鉴设29个栏目：特载、专记、大事记、济阳概况、组织机构 领导任职、中共济阳县委员会、济阳县人民代表大会常务委员会、济阳县人民政府、中国人民政治协商会议济阳县委员会、社会团体、法治、军事、经济综合与管理、招商引资 园区建设、农业、工业、商贸、建设 环保、交通 通信、财政 税务、金融、教育 体育、卫生、科学、文化、社会生活、镇 街道、人物、附录。前置彩页图片，随文根据条目内容插图。主体内容分栏目、分目、条目三个层次。条目为年鉴的基本单位，其标题用小四黑体字加粗并加“【】”。

四、本卷年鉴稿件由各镇（街道）、县直各部门（单位）及驻济阳的中央、省、市直管单位提供，部分材料由县史志办辑录整理。各稿件均经各自单位领导审阅同意，各单位审稿人员名单列于卷首，撰稿人姓名署于条目后“（）”内。

五、本卷年鉴引用的主要数据均由各相关单位提供，最终数据以县统计局数据为准，因个别供稿单位统计口径不同等原因，有的数据在不同条目中不尽一致，使用时注意出处。除个别计量单位外，年鉴均采用国家法定计量单位。

六、为便于检索，本卷年鉴设有中英文目录和索引。

七、本年鉴是各级领导和广大编者通力合作的成果，谨向所有为年鉴编辑出版付出辛勤劳动、给予热情支持的单位和个人深表谢意。因时间仓促和人力不足，加之水平所限，错讹和疏漏之处在所难免，恳请广大读者批评指正。

2017年9月

济阳县史志编纂委员会

《济阳年鉴（2017）》编审人员

撰稿单位审稿人员

（按姓氏笔画排序）

于学菲	万振国	马遵勇	王　东	王　帅	王　华	王　钰
王　健	王　斌	王　磊	王小平	王玉芬	王延平	王兆和
王泽华	王泽忠	王宗勇	王宗勇	王振海	王敬德	毛健娜
艾传成	田泉民	仝敬忠	冯佩泉	冯祖成	冯祖强	毕思夏
吕海慧	任　刚	任　刚	任平亮	刘　军	刘　娟	刘　琦
刘　燕	刘永泉	刘阳奎	刘金民	刘培新	刘增恭	齐建水
闫盛廷	苏传坤	苏传坤	杜志泉	杜志泉	李　峰	李　慧
李永珠	李秀峰	李忠义	李培峰	李梅生	李新玲	杨中波
杨兆军	杨凯萍	杨善庆	肖　华	肖建波	肖培同	张　勇
张　彬	张　强	张广强	张玉新	张庆彬	张兴利	张国华
张宝强	张建奎	张星绪	张思涛	张淑琴	陈庆龙	苗荣强
罗珊珊	罗奎华	周万升	郑　锋	孟国庆	赵　昂	赵东峰
赵光强	柏秀芳	娄宝海	姚玉山	贺佩彬	骆阳青	聂　田
夏冬冬	徐玉珍	徐其峰	高继胜	郭庆信	郭英勇	郭清河
曹光才	崔大勇	提云波	董元和	董悦彬	韩德友	程玉立
程继孝	焦其旺	霍　星	魏雯婷			

澄波湖风景区

（张超 摄）

政务中心

（张超 摄）

济北开发区

老城区

（张超 摄）

（张超 摄）

中国共产党济阳县第十三次代表大会

2017年1月21日，中国共产党济阳县第十三次代表大会在会务中心礼堂开幕

2017年1月21—23日，中国共产党济阳县第十三次代表大会在会务中心礼堂开幕。

县委书记孙斌代表中国共产党济阳县第十二届委员会向大会做了题为《抢抓携河发展机遇，加快产城融合步伐，为建设济南北部新城、决胜全面小康而奋斗》的报告。

会议选举产生中共济阳县第十三届委员会，选举产生中共济阳县纪律检查委员会，选举产生济阳县出席济南市第十一次党代会代表。会议通过了《关于中国共产党济阳县第十二届委员会工作报告的决议》，通过了《关于中国共产党济阳县纪律检查委员会工作报告的决议》。

县委书记孙斌在中国共产党济阳县第十三次代表大会上做报告

济阳县第十八届人民代表大会第一次会议

2017年2月5日，济阳县第十八届人民代表大会第一次会议在会务中心礼堂开幕

2017年2月4—7日。济阳县第十八届人民代表大会第一次会议在会务中心礼堂召开。

县委副书记、代县长孙战宇代表县政府向大会做政府工作报告。

会议选举产生县第十八届人民代表大会常务委员会主任、副主任、委员，选举产生县人民政府县长、副县长，选举产生县人民法院院长、县人民检察院检察长。会议通过了济阳县第十八届人民代表大会第一次会议《关于济阳县人民政府工作报告的决议》《关于济阳县2016年国民经济和社会发展计划执行情况与2017年计划的决议》《关于济阳县2016年预算执行情况和2017年预算的决议》《关于济阳县人大常委会工作报告的决议》《关于济阳县人民法院工作报告的决议》《关于济阳县人民检察院工作报告的决议》。

县委副书记、代县长孙战宇在济阳县第十八届人民代表大会第一次会议上做政府工作报告

中国人民政治协商会议第十届济阳县委员会第一次会议

2017年2月4日，中国人民政治协商会议第十届济阳县委员会第一次会议在会务中心礼堂开幕

2017年2月4—6日，中国人民政治协商会议第十届济阳县委员会第一次会议在会务中心礼堂召开。

县政协主席杜爱君代表政协第九届济阳县委员会常务委员会做工作报告，报告总结了过去五年的工作，对今后五年做好政协工作提出了新的任务和要求。

会议选举产生政协第十届济阳县委员会主席、副主席、秘书长、委员。会议通过政协第十届济阳县委员会第一次会议关于常务委员会工作报告的决议、政协第十届济阳县委员会第一次会议关于常务委员会提案工作报告的决议、政协第十届济阳县委员会提案审查委员会关于县政协十届一次会议提案审查情况的报告、政协第十届济阳县委员会第一次会议政治决议。

县政协主席杜爱君做常委会工作报告

新当选的中共济阳县第十三届委员会常务委员会委员合影
从左至右分别为：张方、于炳基、李莉、王秀成、孙斌、孙战宇、高继锋、呼廷贵、宋琳、李光耀

新当选的新一届济阳县人民政府县长、副县长合影
从左至右分别为：纪东明、郭冬梅、孙战宇、高继锋、李永军、白宝强

新当选的济阳县第十八届人大常委会主任、副主任合影
从左至右分别为：马庆军、杨玉美、孙良才、王向军、董树村、李勇

新当选的济阳县第十届政协主席、副主席、秘书长合影
从左至右分别为：于爱华、魏长亭、张学兰、任道胜、张乃杰、卢士平、乔红兵、盛伟

2016 年 2 月 17 日，山东省委副书记龚正（右二）到济阳县调研　　（县妇联 供）

2016 年 3 月 16 日，省委常委、济南市委书记王文涛（右二）到济阳县调研济阳黄河大桥免费通行情况　　（《新济阳》报社 供）

2016 年 10 月 10 日，济阳县委书记孙斌（右二）调研稍门水库建设工作（安佑太　摄）

2016 年 10 月 20 日，济阳县委书记孙斌（左二）到垛石镇调研　（垛石镇 供）

2016年5月31日，济阳县县长王壮（右二）调研全县项目建设情况 （县政府办公室 供）

2016年7月14日，济阳县县长王壮（左一）检查黄河防汛工作 （栾金灏 摄）

2017 年 4 月 29 日，县长孙战宇（右）到仁风镇高家村调研扶贫工作

（县政府办公室 供）

2017 年 6 月 23 日，县长孙战宇（左二）调研创卫工作　　（县政府办公室 供）

济南统一企业生产车间一角　（县经信局 供）

旺旺食品生产车间一角　（县经信局 供）

2016 年 8 月 18 日，全省放心食品生产基地创建推进会在济阳召开，参会人员到山东旺旺食品有限公司参观放心食品生产基地建设情况 （县食药局 供）

2016 年 8 月 29—30 日，2016 首届鲁台中小企业创业创新论坛在济阳县举行

（杨延岭 摄）

2017 年 7 月 9 日，投资 50 亿元的济北 · 智造小镇开工建设　（《新济阳》报社 供）

2017 年 7 月 9 日，由济阳县九家本土企业组成的山东北方滨河集团开业

（《新济阳》报社 供）

济阳果蔬（仁风富硒西瓜、垛石番茄、曲堤黄瓜、崔寨香瓜）

2016 年 9 月 5 日，垛石番茄、曲堤黄瓜、仁风西瓜参展第十七届中国绿色食品博览会

（刘亮荣　摄）

黄河济阳段沟杨险工　　　　（县河务局 供）

黄河济阳段大柳店控导工程　　　　（2016年11月17日　韩骏飞　摄）

2016 年 9 月，崔寨柳编基地举办柳编技术培训班　　　　（刘智松　摄）

2016 年 10 月 16 日，济阳县第八届柿子文化节　　　　（垛石镇　供）

2016 年 5 月 28 日，济阳县举办首届中华经典诵读电视大赛　　　　（县教体局　供）

2016 年 6 月 4 日，济阳县小学生参加声动泉城诗文咏诵会　　　　（县教体局　供）

2016 年 6 月 17 日，“泉城家庭读书活动暨亲子读书公开课”走进济阳（县妇联　供）

2016 年 10 月 26 日，济阳县航模活动交流会在志远学校举行　（县科协　供）

2016 年 6 月，“非遗进校园”走进济北小学展示活动　　（县文广新局　供）

2016 年 3 月 2 日，“e+1”泉民公益捐赠仪式在崔寨小学举行　　（县委宣传部　供）

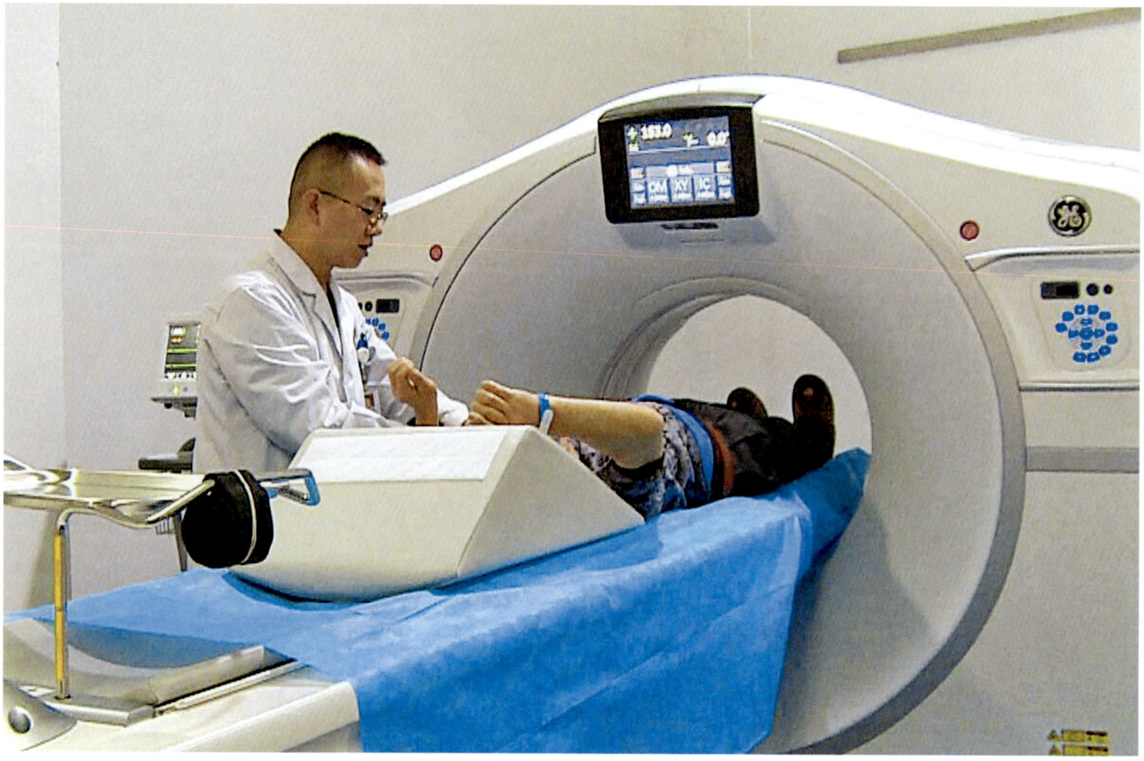

2016 年 12 月，济阳县人民医院引进最新超高端 CT （县卫计局　供）

2016 年 8 月 3 日，济阳县卫计局开展主题为“母乳喂养是社会可持续发展的关键”世界母乳喂养周宣传活动 （县卫计局　供）

2016年10月10日，济阳县举行世界精神卫生日宣传活动　　（县卫计局　供）

2016年12月26日，济阳县人民医院成为山东大学齐鲁医院分级诊疗合作医院
（县卫计局　供）

2016年9月27日，中组部调研组到济阳县调研党建工作 （杨延岭 摄）

2016年10月9日，济南市扶贫现场会在回河镇吴寨村召开 （李磊 摄）

2016年10月17日，济阳县扶贫成果图片展　　（县扶贫办　供）

在《济南日报·新济阳》创刊二十周年之际，原济阳县文广新局局长、山东将军画院画家钱明月，遍查文史资料，精心挑选出济阳县历史上有较大影响的八位前贤，作为创作对象，巧妙构思，精心塑造，较为准确地再现了众位前贤的精神风貌，创作出济阳世代敬仰的人物形象。

目　录

特　载

抢抓携河发展机遇　加快产城融合步伐
为建设济南北部新城　决胜全面小康而奋斗
——在中国共产党济阳县第十三次代表大会上的报告 …………………… 孙　斌 1
政府工作报告 ………………………………… 13
——2017 年 2 月 5 日在济阳县第十八届人民代表大会第一次会议上 ………………………………… 孙战宇 13

专　记

济阳县脱贫攻坚工作 ……………………… 23

大事记

2016 年济阳县大事记 …………………… 27

济阳概况

自然环境 ………………………………… 44
地质 ……………………………… 44
地貌 ……………………………… 44
气候 ……………………………… 44
河流 ……………………………… 44
自然资源 ………………………………… 45
土地资源 ……………………………… 45
水资源 ……………………………… 45
矿产资源 ……………………………… 45
生物资源 ……………………………… 45
建置区划 ………………………………… 46
历史沿革 ……………………………… 46
行政区划 ……………………………… 46
人口　民族 ………………………………… 47
人口 ……………………………… 47
民族 ……………………………… 47
国民经济和社会发展 ……………………… 47
综合 ……………………………… 47
农业 ……………………………… 48
工业和建筑业 ……………………… 48
国内贸易和对外经济 ………………… 49
交通、邮电和电力 …………………… 49
财政、金融和保险 …………………… 49
城乡建设 ……………………………… 50
教育和科学技术 ……………………… 50
固定资产投资和房地产 ……………… 50
文化、卫生和体育 …………………… 51
人口、人民生活和社会保障 ………… 51

组织机构　领导任职

中国共产党济阳县委员会及所属工作部门 ………………………………… 52
济阳县人大常委会及所属委室 …………… 56

济阳县人民政府及所属单位………………… 57
政协济阳县委员会及所属委室……………… 71
中共济阳县纪委及所属机构………………… 71
济阳县人民武装部及所属机构……………… 73
济阳县人民法院　检察院…………………… 73
社会团体……………………………………… 75
垂直及双重管理单位………………………… 76
镇　街道……………………………………… 81

中共济阳县委员会

重要会议……………………………………… 87
党风廉政建设工作会议 ……………… 87
三级干部大会 ………………………… 87
第一书记工作会议 …………………… 87
三项重点工作调度会 ………………… 88
农村改厕工作座谈会 ………………… 88
创建省级食品安全先进县工作会 …… 88
庆祝中国共产党成立 95 周年大会 …… 88
“勇于担当、务实有为”主题实践活动动员大会 ……………………… 89
全市贫困村脱贫事迹报告会 ………… 89
全县农业工作座谈会 ………………… 89
城市建设工作座谈会 ………………… 89
总体规划修编工作调度会 …………… 90
重要决策……………………………………… 90
“三农”工作 ………………………… 90
群团工作 ……………………………… 90
党风廉政建设和反腐败工作 ………… 90
“六五”依法治县 …………………… 91
科学发展考核 ………………………… 91
基层领导班子换届 …………………… 91
“勇于担当、务实有为”活动开展 …… 91
办公室工作…………………………………… 91
政研工作 ……………………………… 91
改革工作 ……………………………… 92
保密工作 ……………………………… 92
机要工作 ……………………………… 92
督查工作 ……………………………… 92
组织工作……………………………………… 92
概况 …………………………………… 92
“两学一做”学习教育 ……………… 93
干部选拔调配工作 …………………… 93
干部管理与监督 ……………………… 93
干部教育培训 ………………………… 94
基层组织建设 ………………………… 94
抓党建促脱贫攻坚工作 ……………… 94
党员队伍建设 ………………………… 95
人才工作 ……………………………… 95
宣传工作……………………………………… 96
概况 …………………………………… 96
理论工作 ……………………………… 96
新闻宣传 ……………………………… 96
文明创建 ……………………………… 97
公共文化 ……………………………… 98
《新济阳》编辑与发行 ……………… 98
统一战线工作………………………………… 99
综述 …………………………………… 99
构建大统战格局 ……………………… 99
开展政治协商 ………………………… 99
党外代表人士队伍建设 ……………… 99
干部教育培训 ………………………… 99
工商联工作 …………………………… 99
换届工作 ……………………………… 99
民族宗教工作 ………………………… 100
编制管理……………………………………… 100
概况 …………………………………… 100
行政审批制度改革 …………………… 100
重点领域体制机制改革 ……………… 100
事业单位分类改革 …………………… 100
机构编制管理 ………………………… 101
实名制管理 …………………………… 101

网上名称管理 …………………………… 101
机构编制监督检查工作 ……………… 101
政府部门“三定”修订工作 ………… 101
事业单位监督管理 …………………… 102
党政群机关统一社会信用代码赋码工作
…………………………………………… 102
事业单位年度报告公示 ……………… 102
老干部工作……………………………… 102
概况 …………………………………… 102
老干部政治生活待遇 ………………… 102
老干部文体活动 ……………………… 103
老年教育 ……………………………… 103
关心下一代工作 ……………………… 103
台湾事务………………………………… 104
概况 …………………………………… 104
对台经济工作 ………………………… 104
对台交流交往 ………………………… 104
机关党建………………………………… 105
概况 …………………………………… 105
党建工作 ……………………………… 105
创新机关党建工作方式 ……………… 105
创新党员干部教育培训方式 ………… 106
信访工作………………………………… 106
概况 …………………………………… 106
领导干部接访工作 …………………… 106
矛盾纠纷排查化解 …………………… 106
三级网络建设 ………………………… 106
开展“五率”达标建设活动 ………… 107
印发《全县信访工作业务指导手册》… 107
信访干部培训 ………………………… 107
信访宣传 ……………………………… 107
党校工作………………………………… 107
概况 …………………………………… 107
干部培训工作 ………………………… 107
党校科研 ……………………………… 108
基础建设 ……………………………… 108
队伍建设 ……………………………… 108
党史资料征集与研究…………………… 108
概况 …………………………………… 108
出版发行《四海济阳人》…………… 108
《济阳县改革开放实录》征编 ……… 108
《济阳县社会主义建设时期县委书记
口述历史》征编 ………………… 109
申报济南市党史教育基地 …………… 109
抗战时期人口伤亡和财产损失课题调研
资料成果电子转化 ……………… 109
纪检监察工作…………………………… 109
概况 …………………………………… 109
落实“两个责任”…………………… 109
…………………………………………… 109
实行廉情预控 ………………………… 109
加强教育引导 ………………………… 110
开展“四风”整治 …………………… 110
整治“微腐败”……………………… 110
纪律审查 ……………………………… 111

济阳县人民代表大会常务委员会

综 述…………………………………… 112
概况 …………………………………… 112
人民代表大会第五次会议 …………… 112
人大换届选举工作 …………………… 112
专题调研 ……………………………… 112
代表工作 ……………………………… 113
乡镇人大工作 ………………………… 113
第十七届人大常委会会议……………… 113
第三十三次会议 ……………………… 113
第三十四次会议 ……………………… 113
第三十五次会议 ……………………… 113
第三十六次会议 ……………………… 113
第三十七次会议 ……………………… 113

第三十八次会议 …… 114
第三十九次会议 …… 114
第四十次会议 …… 114
第四十一次会议 …… 114
第四十二次会议 …… 114
第四十三次会议 …… 114

济阳县人民政府

综　述 …… 115
概况 …… 115
县政府常务会议 …… 115
县政府工作会议 …… 115
电子政务 …… 116
政务信息 …… 116
应急管理 …… 116
政务督查 …… 117
外事侨务 …… 117
对外联系工作 …… 117
侨眷服务工作 …… 117
出国（境）管理工作 …… 117
深化国际交流工作 …… 117
机关事务管理 …… 118
概况 …… 118
公车改革 …… 118
资产管理 …… 118
公共机构节能 …… 118
后勤保障 …… 119
政务服务 …… 119
概况 …… 119
行政审批服务 …… 119
热线运行服务 …… 120
公共资源交易服务 …… 120
金融管理 …… 120
概况 …… 120
资本市场发展 …… 120
普惠金融发展 …… 121
金融招商引资 …… 121
金融创新发展 …… 121
其他金融改革创新 …… 121
中小微企业融资 …… 122
优化金融生态环境 …… 122
金融精准扶贫 …… 122
史志工作 …… 122
概况 …… 122
《济阳县志(1991—2011)》出版发行 …… 123
乡镇村志、部门志编修 …… 123
年鉴工作 …… 123
信息化建设 …… 123
方志馆建设 …… 123
开发利用 …… 123
民　政 …… 123
概况 …… 123
双拥优抚 …… 123
基层政权 …… 124
退伍安置 …… 124
地名区划 …… 124
婚姻登记 …… 124
社会组织 …… 124
殡葬管理 …… 124
人力资源和社会保障 …… 124
概况 …… 124
劳动就业 …… 124
专业技术人才 …… 125
人事管理 …… 125
工资及离退休金调整 …… 125
企业劳动管理 …… 126
服务平台建设 …… 126

中国人民政治协商会议济阳县委员会

综　述…… 127

概况 …… 127

全委会会议 …… 127

委员提案 …… 127

视察调研 …… 127

民主监督 …… 128

参政议政 …… 128

联谊工作 …… 128

文史资料工作 …… 130

基层政协 …… 130

第九届常委会会议…… 130

第二十次会议 …… 130

第二十一次（扩大）会议 …… 131

第二十二次会议 …… 131

第二十三次会议 …… 131

第二十四次会议 …… 131

社会团体

县总工会…… 132

概况 …… 132

“查保促”活动 …… 132

劳动竞赛活动 …… 132

工资集体协商工作 …… 133

基层工会建设 …… 133

“会、站、家”一体化职工服务平台体系 …… 133

共青团济阳县委员会…… 134

概况 …… 134

青少年思想工作 …… 134

维护青少年合法权益 …… 134

青年服务活动 …… 135

希望工程 …… 135

县妇女联合会…… 135

概况 …… 135

妇女创业就业发展 …… 135

巾帼脱贫行动 …… 135

家庭文明建设 …… 135

评估监测工作 …… 136

妇女儿童维权行动 …… 136

帮困送温暖活动 …… 136

妇联组织建设 …… 137

县科学技术协会 …… 137

概况 …… 137

科技教育 …… 137

科普基础设施建设 …… 137

科普信息化建设工作 …… 137

企业科技创新工作 …… 138

人才工作 …… 138

科普惠农工作 …… 138

县残疾人联合会…… 138

概况 …… 138

济阳县残疾人康复中心 …… 139

康复工作 …… 139

就业、助学 …… 139

扶贫、社会保障 …… 139

文体、宣传活动 …… 139

残疾人维权 …… 139

县文学艺术界联合会…… 140

概况 …… 140

文学创作 …… 140

《济阳文艺》编辑与发行 …… 140

文化主题活动 …… 140

文艺志愿服务活动 …… 141

县红十字会…… 141

社会救助 …… 141

应急救护培训 …… 141

志愿者队伍建设 …… 141

无偿献血和造血干细胞捐献 ………… 141

法 治

综 述………………………………………… 142
维护社会稳定 …………………………… 142
“平安济阳”建设 ……………………… 142
政法队伍建设 …………………………… 143
执法监督 ………………………………… 143
政府法制………………………………… 143
文件审查 ………………………………… 143
法律顾问 ………………………………… 143
执法监督 ………………………………… 144
行政复议与应诉 ………………………… 145
公 安………………………………………… 145
概况 ……………………………………… 145
维护社会稳定 …………………………… 145
社会治安防控 …………………………… 145
户政管理 ………………………………… 146
出入境管理 ……………………………… 146
完善打防管控体系 ……………………… 146
公安执法规范化建设 …………………… 147
公共安全宣传 …………………………… 147
和谐警民关系 …………………………… 148
附：典型案例 …………………………… 148
检 察 ………………………………………… 148
概况 ……………………………………… 148
刑事检察 ………………………………… 148
职务犯罪侦查 …………………………… 149
预防职务犯罪 …………………………… 149
刑事执行检察 …………………………… 150
控告申诉检察 …………………………… 150
民事行政检察 …………………………… 150
检察技术 ………………………………… 151
审 判………………………………………… 151
概况 ……………………………………… 151
刑事审判 ………………………………… 151
民商事审判 ……………………………… 151
行政审判 ………………………………… 151
执行 ……………………………………… 151
司法为民 ………………………………… 151
司法公开 ………………………………… 151
司法宣传 ………………………………… 152
司法行政 …………………………………… 152
概况 ……………………………………… 152
普法教育和依法治理 …………………… 152
公证事务 ………………………………… 153
律师工作 ………………………………… 153
矛盾纠纷调解 …………………………… 153
社区矫正与安置帮教工作 ……………… 153
法律援助 ………………………………… 154
基层法律服务和基层司法所 …………… 154

军 事

济阳县人民武装部………………………… 155
概况 ……………………………………… 155
思想政治建设 …………………………… 155
军事训练工作 …………………………… 155
征兵工作 ………………………………… 156
双拥共建 ………………………………… 156
人民防空………………………………… 156
人民防空 ………………………………… 156
通信警报建设 …………………………… 156
人防宣传教育和法制建设 ……………… 156

经济综合与管理

发展与改革………………………………… 157
概况 ……………………………………… 157
年度计划编制与实施 …………………… 157
十三五规划编制 ………………………… 157

项目审批 …… 159
项目管理 …… 159
资金引进 …… 159
政策研究和项目策划 …… 160
公车改革 …… 160
与高新区对接 …… 160
国土资源管理 …… 160
概况 …… 160
土地资源 …… 160
土地规划 …… 160
耕地保护 …… 160
建设用地管理 …… 160
地籍管理 …… 161
不动产登记 …… 161
矿产资源 …… 161
执法监察 …… 161
节约集约模范县创建活动 …… 161
审计管理 …… 162
概况 …… 162
财政审计 …… 162
经济责任审计 …… 162
固定资产投资审计 …… 162
专项审计和审计调查 …… 162
统计工作 …… 162
概况 …… 162
第三次全国农业普查面积遥感测量调查 …… 163
居民收支调查 …… 163
农作物对地抽样调查 …… 163
1% 人口抽样调查 …… 163
企业一套表联网直报 …… 163
统计法制建设 …… 163
统计信息服务 …… 163
物价管理 …… 163
概况 …… 163
收费管理 …… 164
价格管理 …… 164
价格监督 …… 164
农产品成本调查 …… 164
价格监测 …… 165
价格认证 …… 165
市场监督管理 …… 165
概况 …… 165
“窗口”建设 …… 165
市场主体发展 …… 165
市场主体年报 …… 165
两押一推 …… 165
市场监管 …… 165
合同监管 …… 166
消费维权 …… 166
公平交易执法 …… 166
商标监管 …… 166
广告监管 …… 166
无照经营专项整治 …… 166
标准计量监管 …… 166
质量监管 …… 167
特种设备监察 …… 167
商事制度改革 …… 167
无传销城市创建 …… 167
事中事后监管服务平台建设 …… 168
安全生产监督管理 …… 168
概述 …… 168
夯实监管责任 …… 169
专项治理 …… 169
企业主体责任落实 …… 169
宣传教育培训 …… 170
违法违规行为查处 …… 170
基层建设 …… 170
油区工作管理 …… 171
概况 …… 171
油区综合整治 …… 171
油地关系协调 …… 171

安全生产 …… 171
环境保护 …… 172
综合检验检测 …… 172
概况 …… 172
实验室优化提升 …… 172
资质认定 …… 172
扩项 …… 172
食品药品监督管理 …… 172
概况 …… 172
食品安全监管 …… 172
药械安全监管 …… 173
保健食品、化妆品安全监管 …… 173
综合治理和专项整治 …… 173
产业状况 …… 173
示范创建 …… 174
宣传教育 …… 174

招商引资　园区建设

招商引资 …… 175
概况 …… 175
主导产业 …… 175
招商成果 …… 175
济北经济开发区 …… 175
概况 …… 175
基础设施建设 …… 176
管理与服务 …… 176
项目建设 …… 176
项目选介 …… 176

农　业

综　述 …… 178
概况 …… 178
农业产业化经营 …… 178
新型农民科技培训 …… 178
农村经济管理 …… 178
农村专业合作经济组织 …… 178
农村产权交易 …… 179
土地流转 …… 179
三品一标认证 …… 179
植物检疫 …… 179
农产品、农资质量检测 …… 179
农业标准化生产 …… 180
农产品安全监管 …… 180
农业执法 …… 180
美丽乡村建设 …… 180
种植业 …… 180
概况 …… 180
强农惠农政策 …… 180
粮食生产 …… 181
植物保护 …… 181
现代农业科技示范园 …… 181
瓜菜生产 …… 181
概况 …… 181
产业扶贫 …… 181
加快标准化生产 …… 182
瓜菜科技推广能力 …… 182
提升蔬菜食用安全 …… 182
信息化平台建设 …… 182
林　业 …… 182
概况 …… 182
植树造林 …… 182
经济林产业 …… 182
林下经济 …… 183
林业有害生物防治防治 …… 183
野生动物保护 …… 183
林业执法 …… 183
畜牧业 …… 183
概况 …… 183
畜禽养殖 …… 183
规模经营 …… 183

科技推广 …………………………… 183
疫病防控 …………………………… 184
检疫执法 …………………………… 184
养殖保险 …………………………… 184
水产业………………………………… 184
概况 ………………………………… 184
水产品养殖 ………………………… 184
农业机械……………………………… 184
概况 ………………………………… 184
农机购置补贴 ……………………… 185
农作物秸秆机械化还田 …………… 185
水稻机插秧技术推广 ……………… 185
农机新技术、新机具推广 ………… 185
农机安全生产 ……………………… 185
水　务………………………………… 185
概况 ………………………………… 185
河道治理 …………………………… 186
水利基础设施建设 ………………… 186
水源工程建设 ……………………… 186
饮水安全工程 ……………………… 186
城乡供水一体化 …………………… 186
小农水项目 ………………………… 187
节水灌溉 …………………………… 187
水资源、水事管理、水资源费征收 … 187
黄河河务……………………………… 187
概况 ………………………………… 187
防汛抗旱 …………………………… 187
防洪工程建设 ……………………… 188
依法治河 …………………………… 188
安全生产……………………………… 188

工　业

综　述………………………………… 189
概况 ………………………………… 189
服务体系建设 ……………………… 189
工业园区建设 ……………………… 189
产业升级转型 ……………………… 189
智慧济阳打造 ……………………… 189
技术改造与创新 …………………… 190
节能降耗 …………………………… 190
食品饮料工业 ……………………… 191
造纸印刷工业 ……………………… 191
陶瓷工业 …………………………… 192
融资服务 …………………………… 192
产业集群 …………………………… 192
信息产业发展 ……………………… 193
信息化建设与技术服务 …………… 193
电　力………………………………… 194
概况 ………………………………… 194
电网发展 …………………………… 194
安全生产 …………………………… 194
经营管理 …………………………… 195

商　贸

综　述………………………………… 196
概况 ………………………………… 196
内贸流通 …………………………… 196
对外贸易 …………………………… 196
国际贸易促进………………………… 196
概况 ………………………………… 196
招商引资 …………………………… 196
产品展览 …………………………… 196
服务企业 …………………………… 197
资金申报 …………………………… 197
供销合作商业………………………… 197
概况 ………………………………… 197
经营服务体系建设 ………………… 198
烟花爆竹网络经营 ………………… 198
农村专业社组织建设 ……………… 198
推进供销合作社综合改革 ………… 198

为农服务体系建设 …… 198
粮油经营 …… 198
概况 …… 198
粮食执法 …… 198
粮食安全责任考核 …… 199
放心粮油工程 …… 199
主食产业化 …… 199
储备粮储备 …… 199
物资管理 …… 199
概况 …… 199
企业资产管理 …… 199
烟草专卖 …… 200
烟草销售 …… 200
市场管理 …… 200
石油经营 …… 200
概况 …… 200
石油业务经营 …… 200
石油安全 …… 201
盐　务 …… 201
概况 …… 201
市场安全监管 …… 201
市场供应 …… 201

建设　环保

城乡规划 …… 202
城市规划 …… 202
村镇规划 …… 202
规划管理 …… 202
基础测绘管理 …… 203
市政园林 …… 203
概况 …… 203
城区绿化 …… 203
城市防汛 …… 203
城市供热 …… 203
燃气管理 …… 204
市政工程 …… 204
公园广场 …… 204
污水处理 …… 204
亮化工程 …… 204
工程养护 …… 205
环卫工作 …… 205
概况 …… 205
启用数字化城管平台 …… 205
集中收集餐厨垃圾 …… 205
城市管理 …… 206
概况 …… 206
市容市貌管理 …… 206
违章建设查处 …… 206
户外广告牌匾管理 …… 206
村镇建设 …… 207
小城镇建设 …… 207
农村建设 …… 207
新型农村社区建设 …… 207
建筑管理 …… 207
建筑市场管理 …… 207
建筑定额管理 …… 208
招投标管理 …… 208
新型墙材改革 …… 209
建筑质量与安全 …… 209
企业选介 …… 209
优质工程选介 …… 209
房产管理 …… 210
房产开发管理市场 …… 210
房屋维修资金管理 …… 210
直管房管理 …… 210
房产开发管理 …… 210
物业管理 …… 210
住房保障 …… 211
环境保护 …… 211
概况 …… 211
环境监察 …… 211

空气环境质量 …… 211
环评审批 …… 211
环保监测 …… 211
工业污染源治理 …… 212
生态县创建 …… 212

交通 通信

交通运输 …… 213
概况 …… 213
县级框架路及危桥改造工作 …… 213
贫困村道路硬化工作 …… 213
农村公路生命安全防护工程建设 …… 213
农村公路管理养护 …… 213
城乡公交一体化建设 …… 213
维修行业管理 …… 213
超限超载治理 …… 213
济南长运公司济阳汽车站 …… 214
公路建设 …… 214
概况 …… 214
公路养护 …… 214
路政管理 …… 215
邮 政 …… 215
概况 …… 215
邮政物流 …… 215
邮政快包 …… 216
移动公司 …… 216
概况 …… 216
业务开展 …… 216
网络建设 …… 216
联 通 …… 216
概况 …… 216
业务经营 …… 216
网络建设 …… 216
电信公司 …… 217
概况 …… 217
客户服务 …… 217
网络建设 …… 217
广电网络公司 …… 217
网络建设 …… 217
智慧社区 …… 217
客户服务 …… 217

财政 税务

财 政 …… 218
概况 …… 218
财政预算与执行 …… 218
国库资金管理 …… 218
工资发放 …… 218
非税收入管理 …… 218
财政监督 …… 219
行政事业财务管理 …… 219
农业资金管理 …… 219
社会保障资金管理 …… 220
会计管理 …… 220
会计集中核算工作 …… 220
农业综合开发资金管理 …… 220
民生投入 …… 221
预算公开 …… 221
债务转贷 …… 221
“一事一议”项目审计工作 …… 221
“乡村连片治理”工作 …… 221
农业支持保护补贴 …… 221
中小微企业申报贷款贴息 …… 222
落实粮食储备政策 …… 222
发放棉花目标价格改革补贴 …… 222
政策性农业保险工作 …… 222
行政事业单位资产清查 …… 222
国有资产评估、财务审计与咨询、拍卖中介机构备选库 …… 222
国家税务 …… 228

概况 …… 228
“营改增”工作 …… 229
国地税合作办税 …… 229
税种管理 …… 229
征管稽查 …… 230
地方税务 …… 230
概 况 …… 230
税收征管 …… 230
纳税服务 …… 231
基层建设 …… 231

金　融

综　述 …… 232
概况 …… 232
金融管理 …… 233
金融服务 …… 233
金融助推经济发展 …… 233
银　行 …… 234
中国农业银行济阳县支行 …… 234
中国建设银行济阳支行 …… 234
中国银行济阳支行 …… 235
济阳农村商业银行 …… 235
中国农业发展银行济阳县支行 …… 236
中国邮储银行济阳支行 …… 236
齐鲁银行济南济阳支行 …… 236
日照银行济阳支行 …… 236
济阳北海村镇银行 …… 236
保　险 …… 237
中国人民财产保险股份有限公司济阳支公司 …… 237
中国人寿保险股份有限公司济阳支公司 …… 237
中国太平洋财产保险股份有限公司济阳支公司 …… 237
中国太平洋人寿保险股份有限公司济阳支公司 …… 237

教育　体育

教　育 …… 238
概况 …… 238
开展师德教风建设系列活动 …… 238
教育基础设施建设 …… 239
教育队伍建设 …… 239
教学质量建设 …… 239
学校综合管理 …… 239
学前教育 …… 240
基础教育 …… 240
职业教育 …… 240
特殊教育 …… 240
大中专招生 …… 241
学校选介 …… 241
体　育 …… 241
概况 …… 241
群众体育 …… 241
社会体育 …… 241
竞技体育 …… 242
体育设施建设 …… 242
体育彩票 …… 242

卫　生

综　述 …… 243
概况 …… 243
医政管理 …… 243
医药卫生体制改革 …… 243
基本公共卫生服务 …… 244
疾病防控 …… 244
卫生监督 …… 244
医疗设施建设 …… 245
公立医院 …… 245

济阳县人民医院 …… 245
济阳县中医院 …… 246
计划生育 …… 247
妇幼保健计划生育服务中心 …… 247
人口和计划生育 …… 248
卫生城市建设 …… 248
创建省级卫生县城 …… 248
卫生检查和先进评选 …… 249
健康山东行动 …… 249
除“四害” …… 249

科 学

科 技 …… 250
概况 …… 250
产学研合作 …… 251
引进培养人才 …… 251
科技成果 …… 251
农业科技 …… 251
知识产权 …… 252
概况 …… 252
专利质押融资 …… 252
专利执法检查 …… 252
地震工作 …… 252
概况 …… 252
地震监测预报 …… 252
抗震设防管理 …… 253
地震应急机制建设 …… 253
地震科普宣传 …… 253
地震安全示范创建 …… 253
气象服务 …… 253
公共气象服务 …… 253
气象业务管理 …… 253
防雷安全管理 …… 253
气象探测环境保护 …… 253
人工防雹、增雨作业 …… 253

文 化

社会文化 …… 254
概况 …… 254
文化设施建设 …… 254
公共文化服务 …… 254
群众文化活动 …… 254
文化艺术创作 …… 255
文物保护工作 …… 255
非遗保护传承 …… 256
文化市场管理 …… 256
农村公益电影放映 …… 256
文化产业发展 …… 256
旅游业发展 …… 256
档案工作 …… 257
概况 …… 257
档案安全保障体系建设 …… 257
档案监督与指导 …… 257
档案利用服务 …… 258
档案信息化建设 …… 258
档案宣传 …… 258
广播 电视 …… 258
概况 …… 258
节目创作 …… 258
广告业务 …… 259
基础设施建设 …… 259

社会生活

社会保障 …… 260
社会保险费征缴发放 …… 260
社会保险基金监管 …… 260
社会福利 …… 260
救灾救济 …… 260
社会供养 …… 260

社会救助 …… 261

老龄事业 …… 261

概况 …… 261

老年优待 …… 262

60 件实事全面落实 …… 262

银龄安康工程 …… 265

老年文体活动 …… 266

尊老敬老 …… 266

维护老年人合法权益 …… 266

民族宗教 …… 266

概况 …… 266

民族工作 …… 267

宗教工作 …… 267

镇　街道

孙耿镇 …… 268

概况 …… 268

农业和新农村建设 …… 268

工商业 …… 268

交通、邮电、财政、金融 …… 269

教科文卫、社会生活 …… 269

知名企业简介 …… 270

特色产业村 …… 271

垛石镇 …… 272

概况 …… 272

农业与农村工作 …… 272

招商引资和项目建设 …… 272

新农村建设 …… 272

科教文卫、社会生活 …… 272

党建工作 …… 273

曲堤镇 …… 273

概况 …… 273

城镇建设 …… 273

招商引资和项目建设 …… 274

农业及农村工作 …… 274

新农村建设 …… 274

社会事业 …… 275

平安建设 …… 275

计划生育管理 …… 276

仁风镇 …… 276

概况 …… 276

农业 …… 276

招商引资和项目建设 …… 277

社会事业 …… 277

平安建设 …… 277

新农村建设 …… 278

崔寨镇 …… 278

概况 …… 278

招商引资　项目建设 …… 278

现代农业 …… 279

民生工程 …… 279

城乡环卫 …… 279

文化建设 …… 279

太平镇 …… 279

概况 …… 279

工业经济 …… 280

美丽乡村建设 …… 280

文化社会事业 …… 280

"6.13"特大自然灾害 …… 281

新市镇 …… 281

概况 …… 281

工业经济 …… 281

农村经济 …… 281

社会建设 …… 282

文教工作 …… 282

社会保障 …… 283

生态文明 …… 283

村镇建设 …… 283

文化建设 …… 283

回河镇 …… 283

概况 …… 283

招商引资和项目建设 …………………… 283
新农村建设 ………………………………… 284
扶贫攻坚工作 ……………………………… 285
社会事业 …………………………………… 285
知名企业 …………………………………… 286
济阳街道………………………………………… 286
概况 ………………………………………… 286
招商引资和项目建设 …………………… 287
济阳街道工业园 ………………………… 287
农业和新农村建设 ……………………… 287
城乡环境面貌 …………………………… 288
社会事业 …………………………………… 288
特色村（居）……………………………… 288
知名企业 …………………………………… 289
济北街道………………………………………… 289
概况 ………………………………………… 289
农业及农村工作 ………………………… 289
新农村建设 ………………………………… 290
社会事业 …………………………………… 290
平安建设 …………………………………… 290
教育　卫生 ………………………………… 290
清障搬迁 …………………………………… 291
环境综合整治 …………………………… 291
文化事业 …………………………………… 291

人　物

人物简介………………………………………… 292
新任县级领导 …………………………… 292
省部级以上先模人物 …………………… 294
人物表…………………………………………… 298
2016 年获县级及以上表彰先模人物表 ………………………………………… 298
2016 年获副高级专业技术职务人员表 ………………………………………… 306
人物名录………………………………………… 308
各级人民代表大会代表名单 ………… 308
各级政协委员名单 ……………………… 309

附　录

2016 年中共济阳县委文件目录 ………… 312
2016 年济阳县委办公室文件目录 ……… 314
2016 年济阳县人民政府文件选目 ……… 315
2016 年济阳县人民政府办公室文件选目 ………………………………………… 316
2016 年济南市各县(市)区主要经济指标（一）………………………………… 317
2016 年济南市各县(市)区主要经济指标（二）………………………………… 318
2016 年济阳县各镇（街道）主要经济指标（一）………………………………… 319
2016 年济阳县各镇（街道）主要经济指标（二）………………………………… 320
2016 年济阳县重要民生商品价格采集公示表………………………………… 321

索　引

要目索引………………………………………… 322

Contents

Special Record

Grasp the Opportunity of Development on Both Sides of Yellow River, and Accelerate the Pace of Integration of Industry and City Strive to Build the North New City of Jinan for a Moderately Prosperous Society in All Aspects
——Delivered at the 13th Jiyang County Congress of the Communist Party of China
Sun Bin …… 1
Report on the Work of the Government …… 13
——Delivered at the First Session of the 18th People's Congress of Jiyang County on February 5, 2017 …… Sun Zhanyu 13

Special Note

Efforts of Poverty Elimination of Jiyang County …… 23

Events

Events of Jiyang County in 2016 …… 27

Overview of Jiyang

Natural Environment …… 44
Natural Resources …… 45
Establishment and Division …… 46
Population Nationality …… 47
National Economy and Social Development …… 47

Organizational Structure and Leadership

Jiyang County Committee of the Communist Party of China and Its Subordinate Departments …… 52
Standing Committee of the county people's Congress and Its Subordinate Offices …… 56
Jiyang County People's Government and Its Subordinate Units …… 57
Jiyang County Committee of the CPPCC and Its Subordinate Offices …… 71
The CPC Jiyang County Commission for Discipline Inspection and Its Subordinate Organizations …… 72
Jiyang County Department of People's Armed Forces and Its Subordinate Organizations …… 73
Jiyang County People's Court and People's Procuratorate …… 73
Social Organizations …… 75
Vertical and Dual Management Units …… 76
Towns and Districts …… 81

Jiyang County Committee of the CPC

Important Meetings ······ 87
Important Decisions ······ 90
Office Work ······ 91
Organizational Work ······ 92
Publicity Work ······ 96
United Front Work ······ 99
Administration of Staffing ······ 100
Veteran Cadres Work ······ 102
Taiwan Affairs ······ 104
Department Party Building ······ 105
Petition Work ······ 106
Party School Work ······ 107
Collection and Research of Party History Data ······ 108
Discipline Inspection and Supervision ······ 109

Jiyang County People's Congress Standing Committee

General ······ 112
The 17th Session of the Standing Committee of the People's Congress ······ 113

Jiyang County People's Government

General ······ 115
Foreign Affairs and Overseas Chinese Affairs ······ 117
Office Affairs Management ······ 118
Government Affairs Service ······ 119
Financial Management ······ 120
Chronicles Work ······ 122
Civil Administration ······ 123
Human Resources and Social Security ······ 124

The Chinese People's Political Consultative Conference Jiyang County Committee

General ······ 127
The 9th Standing Committee session ······ 130

Social Organizations

County Federation Trade Union ······ 132
Jiyang County Committee of the Communist Youth League of China ······ 134
County Women's Federation ······ 135
County Association for Science and Technology ······ 137
County Disabled Persons' Federation ······ 138
County Federation of Literary and Art Circles 140
County Red Cross ······ 141

Legal System

General ······ 142
Government Legal System ······ 143
Public Security ······ 145
Procuratorial ······ 148
Trial ······ 151
Judicial Administration ······ 152

Military

Jiyang County Department of People's Armed Forces ······ 155

Civil Air Defense ········ 156

Economic Integration and Management

Development and Reform ········ 157
Land and Resources Administration ········ 160
Audit Management ········ 162
Statistical Work ········ 162
Price Management ········ 163
Market Administration ········ 165
Administration of Work Safety ········ 168
Oilfield Management ········ 171
Comprehensive Inspection and Testing ········ 172
Food and Drug Administration ········ 172

Attracting Investment and Park Area Construction

Attracting Investment ········ 175
Jibei Economic Development Zone ········ 175

Agriculture

General ········ 178
Planting ········ 180
Melon and Vegetable Production ········ 181
Forestry ········ 182
Animal Husbandry ········ 183
Aquaculture ········ 184
Agricultural Machinery ········ 184
Water Affairs ········ 185
Yellow River Affairs ········ 187

Industry

General ········ 189
Electric Power ········ 194

Trade and Commerce

General ········ 196
Promotion of International Trade ········ 196
Commerce of Supply and Marketing Cooperative ········ 197
Grain and Edible Oil Operation ········ 198
Material Management ········ 199
Tobacco Monopolization ········ 200
Petroleum Business ········ 200
Salt Affairs ········ 201

Construction and Environmental Protection

Urban and Rural Planning ········ 202
City Landscape ········ 203
Sanitation Work ········ 205
Urban Management ········ 206
Village and Town Construction ········ 207
Building Management ········ 207
House Property Management ········ 210
Environmental Protection ········ 211

Traffic and Communication

Traffic and Transportation ········ 213
Road Construction ········ 214
Post ········ 215
Mobile Corporation ········ 216

Unicom ······ 216
Telecom ······ 217
Radio and Television Network ······ 217

Fiscal and Taxation

Fiscal ······ 218
National Taxation ······ 228
Local Taxation ······ 230

Finance

General ······ 232
Banking ······ 234
Insurance ······ 237

Educational and Sports

Education ······ 238
Sports ······ 241

Health

General ······ 243
Public Hospitals ······ 245
Family Planning ······ 247
Health City Construction ······ 248

Science

Science and Technology ······ 250
Intellectual Property Rights ······ 252
Earthquake Work ······ 252
Meteorological Service ······ 253

Culture

Social Culture ······ 254
Archives Work ······ 257
Radio and Television ······ 258

Social Life

Social Security ······ 260
Social Welfare ······ 260
Undertakings for the Aged ······ 261
Ethnics and Religions ······ 266

Towns and Districts

Sungeng Town ······ 268
Duoshi Town ······ 272
Qudi Town ······ 273
Renfeng Town ······ 276
Cuizhai Town ······ 278
Taiping Town ······ 279
Xinshi Town ······ 281
Huihe Town ······ 283
Jiyang Sub-district ······ 286
Jibei Sub-district ······ 289

Figures

Brief Introduction of Figures ······ 292
Figure Table ······ 298
Figure List ······ 308

Index ······ 322

特　　载

抢抓携河发展机遇　加快产城融合步伐
为建设济南北部新城　决胜全面小康而奋斗

——在中国共产党济阳县第十三次代表大会上的报告

（2017 年 1 月 21 日）

孙　斌

同志们：

现在，我代表中共济阳县第十二届委员会向大会作报告，请予审议。

中国共产党济阳县第十三次代表大会，是在全面建成小康社会冲刺阶段召开的一次十分重要的会议。大会的主题是：抢抓携河发展机遇，加快产城融合步伐，为建设济南北部新城、决胜全面小康而奋斗！

事业发展总是在继往开来、接续奋斗中向前推进。确定这一主题，县委统筹考虑了省城发展战略方向和济阳发展历史方位，体现了市委重托、时代要求和人民期盼。

上世纪 90 年代，济阳划归济南以来，县委、县政府坚持负重图强、自力更生，在区划调整中找准济阳定位、寻求发展突破，开启了在省会格局中建设济阳、发展济阳的创业历程。进入新世纪以来，省城实施北跨战略，县委、县政府抢抓机遇、奋力赶超，主动承接北跨、加快一体发展，保持了经济快速发展、环境明显改善、社会和谐稳定的良好局面，实现了对接济南、融入济南的重要突破。

进入“十三五”发展新阶段，市委下定决心要“跨过黄河去、‘解放’全济南”，开启“黄河时代”，拓展省城空间。特别是省城携河发展战略深入实施，济阳被纳入济南新一轮城市组团；济南新区申报工作扎实推进，济阳将成为国家战略功能区的重要组成部分；我县撤县设区工作进入实质阶段，济阳正面临由郊县变市区的重大转折。

多年发展的积累，使济阳发展站上了全新起点；多重机遇的叠加，使济阳未来展现出光明前景。此时此刻，建设济南北部新城、实现与市区一体发展的重任，已经历史性地摆在我们面前。全县各级党组织和广大党员干部，一定要树立强烈的历史使命感，以更高的标准、更宽的视野、更实的举措、更大的作为，奋力开创济阳更加美好的明天。

一、过去五年的工作

县十二次党代会以来的五年，是我们积极融入济南、加快一体发展进程中，非常重要的五年。五年来，县委团结带领全县广大党员干部群众，认真贯彻落实中央和省、市委一系列决策部署，积极适应经济发展新常态，努力应对宏观经济下行压力，解放思想，凝心聚力，真抓实干，较好完成了县十二次党代会提出的目标任务。

*综合实力持续增强。*初步统计，2016 年，全县国内生产总值达到 297 亿元，年均增长 10.6%。一般公共预算收入提前两年实现翻番，2016 年达到 18.6 亿元。固定资产投资五年累计完成 1088 亿元，是上一个五年的 2.3 倍。产业结构持续优化，三次产业结构由 19∶59∶22 调整为 18∶52∶30。一产发展特色更加鲜明，新“四个一”农民收入倍增计划扎实推进，粮食综合生产能力不断提高，设施农业规模质量同步提升，现代农业示范园加快建设，曲堤黄瓜、仁风西瓜、垛石西红柿等 10 大农产品品牌影响力明显提升，荣获“全国蔬菜产业先进县”称号。工业主导作用进一步凸显，规模以上工业企业达到 215 家，增加值、主营业务收入、利税和利润年均分别增长 15.6%、13.4%、21.8%、19.5%，工业税收占全部税收的比重达到 50% 以上。食品饮料、机械装备两大主导产业快速集聚，产值年均分别增长 20%、15%，被评为“全国食品工业强县”、“中国液压升降平台之乡”，升降装备基地获批国家火炬特色产业基地。三产服务业发展迅速，服务业税收占全部税收的比重由 2011 年的 28.1% 提高到 35.4%。休闲旅游业开始起步，“济阳一日游”纳入省、市旅行社运营线路；金融业实现重大突破，农商行顺利实现改制，新增各类金融机构 16 家、上市企业 1 家、“新三板”挂牌企业 6 家，存贷比达到 62.2%，五年提高 16.9 个百分点；现代物流业发展势头强劲，瀚迪物流园纳入全市物流业发展规划，佳怡物流荣获 2016 年度中国物流金融杰出贡献奖。

*城乡面貌大幅改观。*城乡规划体系逐步完善，规划引领作用进一步增强。新老城区开发建设同步推进，老城改造开始破题，新城面貌日新月异。文体中心、浙江五金建材城、中央华府等城市综合体项目陆续完工，市政道路改建新建及污水处理升级改造扩建工程有效实施，兴阳、昊阳两座热源厂建成运营，稍门平原水库建设推进顺利，城市功能形象大幅提升。济乐高速、济东高速顺利通车，国道 220 和省道 239、249 改造提升顺利完成，国道 104 拓宽改造有序实施，新增 K905、K908 两条城际公交线路，济南黄河大桥、济阳黄河大桥对济南牌照小客车免费通行，济阳对接融入省城的交通体系进一步完善。城镇建设统筹推进，先后完成 2 个国家重点镇、2 个省级示范镇建设，新型农村社区建设稳步推进，共 5076 户、1.8 万名群众喜迁新居。美丽乡村建设扎实有效，完成 289 个示范村建设任务，建成 3 条美丽乡村精品示范线路。危房改造、农村改厕、村庄街巷硬化等工程有效实施，村级公路网化工程成效明显，城乡环卫一体化实现全覆盖，农村人居环境明显改善。生态建设卓有成效，我县被授予省级生态县称号。

*改革开放不断深入。*全面深化改革扎实推进，新一轮政府机构改革、公务用车制度改革圆满完成，行政审批制度改革、事业单位分类改革、商事制度改革、户籍制度改革深入开展，“营改增”、农村产权制度改革、金融创新发展成效显著，社会事业、城乡建设管理、生态文明等领域改革取得新进展，供给侧结构性改革加快推进，闲置土地清理工作成效显著，我县被评为“全国国土资源节约集约模范县”。对外开放水平大幅提高，初步统计，2016 年实

际到账外资 8600 万美元、进出口总额 2.7 亿美元，分别是 2011 年的 1.5 倍、2 倍。园区转型升级明显加快，实现规模以上工业增加值占全县比重达到 96.9%。各发展主体活力不断增强，各镇（街道）优势和特色进一步凸显，发展活力进一步迸发。台湾工业园对外影响力大幅提升，全县累计引进台资企业 60 家，合同利用台资累计 13.4 亿美元，实际利用台资累计 5.9 亿美元。对东南亚招商实现新突破，以菲律宾上好佳、印尼迈大、新加坡丰树物流为代表的国际知名企业加速集聚，对外开放区域进一步扩大。

*群众生活日益改善。*五年来，全县财政用于社会事业和民生领域支出 105.4 亿元，占全部财政支出的 80.9%。2016 年，城乡居民人均可支配收入分别达到 27062 元、14350 元；登记失业率连续五年控制在 3.6% 以内；社保基本实现全覆盖，农村低保、五保分散供养标准与市定扶贫线“两线合一”，集中供养率和人数全市最高。扶贫机制不断健全，全县 81 个贫困村及 10835 户、24619 名贫困人口实现脱贫，脱贫攻坚取得阶段性成果。各类教育协调发展，澄波湖学校、兴隆街小学建成招生，高分通过“全国义务教育发展基本均衡县”验收。卫生事业加速发展，县、镇、村三级医疗服务网络和残疾人康复服务网络进一步完善。文化事业繁荣发展，群众文明素质不断提高，我县被省委、省政府授予“省级文明县”称号。法治济阳、平安济阳建设深入推进，“法治六进”活动扎实开展，打击防范涉众型经济犯罪三年规划深入实施，社会治安防控体系进一步完善，社会矛盾、信访积案得到积极预防和有效化解，县法院被评为全国优秀法院，安全生产、食品药品监管扎实有效，社会大局和谐稳定。

*党的建设富有成效。*从严治党主体责任和监督责任全面加强，党的群众路线教育实践活动成效明显，“三严三实”专题教育成果丰硕，“两学一做”学习教育扎实到位，“勇于担当、务实有为”主题实践活动在全市反对“自以为是”大背景下创造性开展，思想建党和制度建党齐头并进，守纪律、讲规矩，树新风、扬正气的良好政治生态不断形成，全县党风、政风和社会风气为之一新。干部人事制度改革不断深化，领导班子和干部队伍得到加强，人才工作取得突破。村“两委”换届顺利完成，基层基础更加巩固，村集体经济三年发展规划有效实施，村级保障能力得到加强。累计投资 3500 余万元，新建改造村级活动场所 390 处，实现全覆盖。监督执纪问责更加严格，源头预防各项制度进一步健全，党风廉政建设取得明显成效。民主法治不断加强，党管武装、统一战线、档案党史、双拥共建等工作扎实推进，工会、共青团、妇联等人民团体和社会组织作用得到更好发挥。

各位代表、同志们，过去五年的成就，是上级党委正确领导、几大班子密切配合、社会各界大力支持的结果，更是全县各级党组织和广大党员干部群众同心同德、扎实苦干、奋力拼搏的结果。在此，我代表十二届县委，向五年来为全县经济社会发展做出贡献的广大党员干部群众，表示崇高的敬意和衷心的感谢！

过去五年的发展，是我们创造美好未来的坚实基础。我们深切地体会到，推进济阳小康社会建设，必须始终坚持发展第一要务不放松，把贯彻中央与省、市委的决策部署与济阳实际结合起来，在困难中寻找机遇，在发展中破解难题，努力在省、市大格局中争取济阳应有的地位；必须始终坚持“工业强县”不动摇，把招商引资、项目建设作为做强县域经济、做大财政总量的有力抓手，以工业经济的先行突破，带动县域经济的整体提升；必须始终坚持融入济南的发展导向，抢抓省、市重大战略布局调整的有利契机，提前谋划、高点定位、周密部署，以政策对接推进战略对接，带动举措对接，实现济阳与市区的完全融合、一体发展；必须始终坚持以人为本、执政为民，坚持走群众路线，进一步密切与群众的血肉联系，把加快发展与改善民生结合起来，使人民群众共享改革发展成果；必须始终坚持党要管党、从严治党，大力弘扬“开放包容、创新创业、团结拼搏”的济阳精神，积极锤炼“勇于担当、务实有为”的工作作风，着力建设有高素质、有战斗力、密切联系群众的各级党组织和党员干部队伍。

同时，也必须清醒地看到存在的困难和问题。面对日趋激烈的区域竞争，济阳的综合实力还不够强，特别是经济总量小、支柱产业少、重大支撑项目不足的局面没有根本改变，三次产业不协调、城乡区域不平衡的问题依然存在，迫切需要我们加快提升经济发展的质量和效益。面对建设和管理一座新城的任务，我们缺少财力支撑，更缺乏管理经验和融资手段，特别是规划相对滞后、遗留问题较多、管理不够精细，迫切需要我们跳出抓城镇、抓农村的老路，探索新的路径。面对全面建成小康社会目标，我们在社会民生上还有不少欠账，特别是脱贫任务繁重、民生诉求多样、社会矛盾多发，迫切需要我们加大力度，进一步提高社会治理能力和民生保障水平。面对加快发展新使命、从严治党新要求，有的干部在思想、能力、作风上还不适应，特别是小视角、短视线的情况突出，党风廉政建设的长效机制还需要进一步完善，迫切需要我们进一步解放思想、进一步提升能力、进一步锤炼党性，全面加强党的建设。

二、未来五年的总体思路和任务目标

今后五年的指导思想是：高举中国特色社会主义伟大旗帜，以邓小平理论、“三个代表”重要思想、科学发展观为指导，深入贯彻落实习近平总书记系列重要讲话精神，坚持“五位一体”总体布局和“四个全面”战略布局，自觉践行创新、协调、绿色、开放、共享发展理念，围绕一个目标、把握一个定位、聚焦三大产业、抓好六项重点，抢抓携河发展机遇，加快产城融合步伐，为建设济南北部新城、决胜全面小康而奋斗！

围绕一个目标，全面建成小康社会；把握一个定位，建设济南北部新城；聚焦三大产业，食品饮料产业、装备制造产业、现代物流产业；抓好六项重点，招商引资、项目建设、棚改旧改、新城开发、脱贫攻坚、深化改革。未来五年，确保生产总值年均增长8.5%以上，一般公共预算收入年均增长9%以上，固定资产投资年均增长13%以上，规模以上工业增加值年均增长11%以上，城乡居民人均可支配收入年均分别增长9%、10%以上；力争主要经济指标实现翻番，进入全省县域经济发展第一方阵。

实现上述奋斗目标，要突出把握好以下原则。

*一是必须坚持高点定位。*今天的发展是未来的基础，明天的预期是制定标准的导向。经过历届县委、县政府和全县广大党员干部群众多年的不懈努力，我们已初步摆脱贫困县、边缘县的面貌，向着更高标准的工业强县、省会新区迈进。打造一个全新的济南北部新城，我们面临的挑战更大、考验更多，必须坚持更高标准、树立更高标杆，自觉从全国、全省、全市三个维度看济阳，围绕先进地区、先进产业、先进经验三个目标求突破，聚焦功能承载力、综合竞争力、区域影响力三个方面抓提升，努力在全市“打造四个中心，建设现代泉城”进程中赢得更多优势。

*二是必须坚持产城融合。*产城融合是打造济南北部新城的唯一选择。产城融合，“城”是基础，建什么样的新城就会有什么样的产业

聚集；“产”是保障，发展什么样的产业，决定着未来新城的质量档次。必须把产业发展与城市建设摆在同等重要位置，使推进产城融合成为全县上下的共同认识和自觉行动，推动实现新型城市化和新型工业化互融互促，进一步释放城市发展活力、加快产业转型升级，实现以城聚业、以业兴城，努力为早日实现撤县设区奠定坚实基础。

三是必须坚持全域统筹。以全域一体发展实现全面融入济南，是我们建设济南北部新城的最终目的。必须牢固树立“大济阳”理念，既突出城区又考虑镇域、更兼顾农村，坚持在战略布局、产业发展、设施配套、资源配置等方面统筹谋划、一体发展，大力支持各镇（街道）立足现有发展基础、资源禀赋，竞相发展、错位经营，打造各具特色的板块经济、特色小镇，以城乡面貌的大变样、整体实力的大提升，快速融入省会发展的大格局，努力使济阳尽快跻身全省发达县区行列。

四是必须坚持改革领路。破解瓶颈制约、释放发展空间、激发发展活力，是打造济南北部新城的必然选择。必须坚持以改革领路，以创新破题，既要以不折不扣的姿态，坚决贯彻落实好中央和省、市的改革举措；又要以“壮士断腕”的勇气，坚持问题导向、瞄准重点领域、找准关键节点，搞好深化改革的自选动作，破除发展障碍、破解发展难题，努力营造勇于担当、务实有为的浓厚氛围，努力使新济阳在新时代增添新动力、焕发新活力。

实现上述目标，是济阳科学发展、跨越发展的要求，是全县人民群众的期盼。我们坚信，在市委、市政府的坚强领导下，通过全县广大党员干部群众的共同奋斗，我们的目标一定能够实现，济阳的明天会更加美好。

三、加快新城向市区转型

加快农村视野向城市视野、县城标准向市区标准转变，一手抓撤县设区，在行政区划上升级市区序列；一手抓新城建设，在开发建设上达到市区标准，打造与济南东部新城、西部新城相呼应的现代化北部新城。

优化新城发展布局。在宏观布局上，明确两大主体功能区，县城及以南区域为产城融合发展区，县城以北区域为现代都市农业发展区，构建区域特色更加鲜明、产业体系更加完善、发展支撑更加有力的新格局。在城乡体系上，推动中心城区、特色小镇、美丽乡村协调发展、同步提升。加快曲堤国家级重点镇建设，支持垛石、新市、仁风根据发展定位、资源禀赋和产业基础，在彰显特色上做文章，在丰富内涵上下功夫，聚力发展一批区域强镇、特色小镇。统筹推进农民创业增收、新型社区建设、公共服务均等、农村综合改革、乡风文明培育等工作，有计划地打造美丽乡村示范村和示范线路，确保美丽乡村覆盖率达到80%以上。坚持一张蓝图绘到底、管到底，发挥好规划的战略引领和刚性控制作用，把握好生产、生活、生态空间的内在联系，加快城市总体规划和经济社会发展、土地利用、生态环境保护等各类规划的协调衔接，促进“多规融合”，推进各区域合理布局、协调共进、竞相发展。

坚持交通设施先行。充分发挥道路交通的基础性、先导性和引领性作用，坚持以县城为中心、以对接省城为导向、以辐射县域为原则，打造“大十字、小米字”的路网结构，支撑新城大踏步携河南进。围绕对接省城，规划县域内新的过河通道，加大对跨河桥隧建设争取力度，做好石济客专公铁两用大桥与公路连接线工程；依托济乐、济东高速出入口，做好连接道路提升和周边地块开发工作，为发展“道口经济”提供基础支撑；积极协调推进轻轨入城和济滨城铁建设工作，提前着手线路规划、站点布局，推动城市发展快步走向“铁路时代”。

围绕辐射县域，按照统一标准，对国道 104、国道 220、省道 248、黄河堤顶道路等纵线进行改造提升，对黄河大街－济孙路、开元大街－济太路、省道 249 等横线进行拓宽延伸，同时，沿济乐高速新规划建设一条贯通南北的交通干道，将浮桥路拓宽改造成东至机场、西接国道 104 的东西干道，加速形成“五纵四横”交通动脉。围绕贯通城区，加快南北环线、重要干道、重点街路的打通、衔接与循环，进一步织密城区通勤系统、客运系统和停车系统。

加快城市开发建设。牢牢把握“黄河变内河、一河带两岸”的发展大势，坚定不移推进城市向南发展，加速形成拥河之势。加快“南拓西进”步伐。推进崔寨、孙耿、回河、太平撤镇设办，实施重点带动，加快组团开发，实现与县城一体规划、一体建设，拉开中心城区的总体框架。充分发挥县城和崔寨的带动引领作用，重点突出县城改造提升拓展和崔寨片区高标准规划建设，以两个中心的率先隆起，逐步带动县城以南 500 平方千米区域，最终一体融入济南主城区。以县城为中心，同步推进产业拓展和空间拓展，将回河纳入开发区重点开发区域，在回河西部谋划建设产业新城，推进孙耿、太平与县城错位互补。强力推进崔寨片区规划建设，坚持“以服务济南来融入济南”的发展导向，着眼承接市区中高等教育和医疗卫生等优质资源，合理布局商业和公共服务设施，切实承担起济阳的城市“副中心”和省城的地区中心功能。抓好县城“三区共建”。实施老城区整体改造。充分利用棚改旧改政策，借助政策性银行支持，推行货币化安置，每年包装策划几个片区，力争五年完成老城全部 9.6 平方千米整体改造。提升开发区建管水平。聚力解决小区管理、集市占道、环境卫生、基础配套等一系列城市发展遗留问题，加快产能落后企业淘汰和僵尸企业清理，实现新城面貌的改善提升。加快滨河新区开发建设。将县城沿中轴线向南推进到黄河沿线，整体实施 16 个村的拆迁安置，打造 6 平方千米的城市新中心。大力发展商务楼宇、星级酒店、机场服务等现代都市业态，以高端业态引领城市高端发展。在推进县城“三区共建”过程中，要合理布局教育、医疗、商贸、金融等功能设施，以安大城市广场、博纳城市广场、银都商贸城等为中心，打造各具魅力的“城市客厅”。重视城市通风廊道、视线廊道和天际线规划建设，利用好“小马路、小地块、小广场、小绿地、小转角”，建设公用空间、景观节点、慢行道路，打造一批紧凑便捷的特色街区。

彰显“九曲黄河”特色。千百年来，济阳依河而建、伴河而生、因河而名，“九曲黄河万顷绿”，赋予了济阳浑穆大气又不失清新雅致的独特气质。在携河发展的今天，我们更要坚持用黄河文化滋养城市、用黄河情怀塑造城市、用黄河风貌装点城市，在快步走向城市化、现代化的进程中，重塑济阳八景中“济水澄波”“柳岸行吟”的唯美意境，实现“黄河岸边一座城”的美好愿景。大力实施黄河沿线保护性开发，重点抓好堤顶道路拓宽、堤防工程绿化和黄河公园建设，打造“滨河大道”“城市外滩”。用好河湖相通、护城养城的天然优势，加强对澄波湖、大寺河的滋养与保护，以养水露水、建绿透绿为原则打造郊野公园，还市民一个亲水乐水的空间。着力做好外水入城、活水穿城工作，全面贯通沿路水系。抓好造林绿化，坚持依水造绿、沿路布绿、见空插绿，顺势就势、顺其自然，切实体现绿化的本土化、野趣化、自然化，使“水”和“绿”交相辉映、浑然天成，让城市因绿更清新、因水更灵动，打造“水韵济阳”城市名片。

统筹城乡一体发展。统筹抓好城乡综合治理，大力开展国家生态文明建设示范县、省级食品安全先进县、省级卫生县城、省级园林城市“四城联创”，重点推进美丽乡村标准化、城乡供水一体化、农村公路网格化、城市管理精细化、城乡环境生态化“五化提升”，加快城乡一体发展、同步提升。以“四城联创、五化提升”为抓手，每年实施一批政府投资类项目、社会投资类项目，持续抓好稍门平原水库、重要河道治理工程、农村水利设施等建设，全力抓好垃圾厂周边村庄搬迁和生态隔离，进一步加强大气、水、土壤污染防治，重点做好拆违拆临、建绿透绿、农村改厕、街巷硬化、国土整理等工作，加快建设热源厂、污水处理厂及供水、排水、排污等管网，完善城乡配套设施，提升城乡建管水平。

四、推动新城经济崛起

大力实施聚焦战略，在产业聚焦上，突出三大传统优势产业和一批新兴产业；在资源聚焦上，突出济北开发区主战场、专业园区重要战场；在政策聚焦上，出台一系列扩大开放、强化招商的政策措施。

健全产业体系。农业是济阳的基础保障，工业是济阳的特殊优势，服务业是济阳的潜力所在。要大力实施融合战略，在第一产业“接二连三”、二三产业双轮驱动上大做文章，构建层次清晰、支撑有力的新城产业体系。注重基础性，做优都市现代农业。瞄准食品产业原材料需求，增加绿色农产品供给，打通工农产业间的关键环节，定向培育农产品供应基地和供应商，构建“济阳食品”大产业体系；推进一二三产业融合发展，实现农产品就地深加工，培育一批我县自己的农民企业家队伍；大力发展休闲农业、园区农业和“互联网+农业”，加快推进都市农业示范区建设。选择曲堤黄瓜、仁风富硒西瓜等现有优势农产品品牌，建立覆盖育种育苗、农业投入品使用、田间管理等全程种植标准体系，积极争创国家农业标准化示范区，进一步提高农产品附加值和市场话语权。积极培育农业新型经营主体，提高农业产业化、组织化服务程度，加快现代农业科技示范园、省农科院试验示范基地提档升级，打造成现代农业集成示范的样板和标杆。依托曲堤、垛石等产地批发市场，借助济乐、济东高速出入口，谋划建设大宗农副产品综合交易市场。凸显支柱性，做强三大主导产业。进一步做大食品饮料产业，提高集聚度和配套能力，着力再引进一批国际知名食品企业，延伸产业链，提升价值链，推动济阳食品工业城向国际化迈进。进一步做强装备制造产业，筹建升降装备公共研发平台，引导升降平台产业转型升级，加快实现现有装备产业“变道换向”；推进庚辰钢铁开工建设，加快高端装备制造企业扎堆集聚，尽快形成先进装备制造业集群。进一步做优现代物流产业，加快重点物流项目建设，新引进一批知名物流企业；积极推进瀚迪物流园与临空经济区联动，实现空港与陆港融合，打造全市区域性物流中心的空陆联运枢纽。力争五年内，三大主导产业产值均实现翻番，形成千亿级产业集群。体现成长性，加快发展一批新兴产业。整合生态观光、农业采摘、工业体验等旅游资源，集中打造旅游精品线路和休闲旅游产业，强化营销宣传，引领“旅游向北”新风尚。选择性承接药谷企业孵化，推动新型化工产业集聚发展。依托阳光大姐全国家政标准实训基地，加快家政服务业发展，打造“全国家政服务之都”。依托绿城开发项目，加快发展健康养老产业。紧紧抓住省会加速发展产业金融和产业保险的有利契机，主动争取在黄河以北打造产业金融中心和产业保险中心。

夯实园区载体。强化济北开发区产业发展主战场地位，在加快携河发展、建设济南新区的战略背景下，开展新一轮包装策划，积极争创国家级开发区；推动台湾工业园内涵提升，

谋划建设活动交流、商务会展、休闲居住等新平台，将对台合作推向招商引智同步开展、三次产业协调引进、大小项目齐抓共引的新阶段，进一步稳固对台招商在全省全市的优势地位。积极引入战略合作伙伴，对县城以西以南100多平方千米区域进行统筹谋划、打包建设、委托招商，借助外力在引进颠覆性产业上求突破，聚集全县之力再造一处产业新城。加快推进开发区食品产业园、孙耿食品产业园、回河液压升降平台产业园、太平机械产业园、山东瀚迪物流园、曲堤化工产业园等6个专业园区发展，完善园区专业规划、专业配套，创新园区运行机制，推动企业和项目向园区集聚，把园区建设成为带动经济发展的重要载体和强力引擎。

强化招商引资。坚持将招商引资作为经济发展的“生命线”，同步抓好项目建设和企业升级，构建完备的项目储备库、预备库、建设库、服务库，为新城经济加快崛起积蓄强大动力和充足后劲。突出台湾、东南亚等重点区域招商，积极开拓欧美市场，围绕“3+X”产业体系、瞄准国际国内百强企业，安排专门人员，实行重点盯靠，积极开展专业招商、精准招商和市场化招商，每年引进一批过亿元项目。充分发挥济阳“拦水坝”“蓄水池”“疏散器”的作用，把承接市区重大项目转移、专业市场外迁、商业网点布局、公共设施疏解作为今后几年招商引资的重点，全力引进一批强功能、聚人气、增效益的大项目、好项目。坚持领导包挂、部门包靠，进度挂图、督战挂牌，实施项目建设三年行动计划，确保有效投资持续增长。认真做好企业上规入库、挂牌上市工作，支持骨干企业增资扩产，五年内新增规模以上工业企业75家、上市企业10家、税收过亿元企业5家以上。充分发挥海创基地、火炬基地等创业孵化器引领示范作用，新建一批低成本、便利化、全要素、开放式的众创空间，培育一批有活力、有潜力的民营企业、中小企业，打造济阳本土创业品牌。不断优化发展环境，积极打造公平公正的法治环境、便捷高效的政务环境、诚实守信的市场环境、热情好客的人文环境，让企业在济阳放心创业、安心发展。

五、实现新城社会治理现代化

统筹把握农村发展与城市建设进程中社会民生的新动向，变原来的单一管理主体为现代化的多元治理主体，提升新城社会治理现代化水平，增进人民福祉，促进社会公平正义，让群众享有更多获得感、幸福感和安全感。

实施精准有力的扶贫举措。坚持将脱贫攻坚作为第一民生工程，充分发挥第一书记和帮扶单位、扶贫干部作用，扑下身子、真抓实干，贫困群众不脱贫，扶贫力量不撤离，坚决打赢脱贫攻坚战。采取“N+扶贫”模式，突出项目带动、产业引领，用好扶贫专项资金、多方筹措社会资金，积极推广大棚种植、特色养殖、光伏发电等多种产业模式，实现由消除贫困向持续增收的根本性转变。树立精准意识、“算账”意识，把握不同群体的不同致贫原因，有针对性地开展教育扶贫、就业扶贫、医疗扶贫和兜底扶贫，让每一个贫困人口生活有保障、增收有渠道，确保实现“一个不少、一户不落”的目标。统筹把握消除贫困人口和清零贫困村，指导帮助经济薄弱村选准增收路径、壮大集体经济，进一步提升环境落后村硬化、绿化、亮化、美化、净化水平，让群众在美丽乡村中过上美好生活。不断巩固脱贫成果，在防止返贫的基础上，着力增强脱贫人口、脱贫村自我发展能力，确保全县同步迈入小康社会。

构筑坚实可靠的基础保障。把富民作为最大的民生实事，进一步拓宽增收渠道，深化收入分配制度改革，建立工资正常增长机制，确保农民、城镇居民、城镇在岗职工、特殊群体人员收入持续协调增长，缩小城乡、行业收入差距。借助农民工综合服务中心等平台，有针对性地开展农民工转移就业和职业培训，培养工匠精神，造就精益求精的“济阳技工”，引导农村优质劳动力向县内企业有序转移，增加农民工资性收入。充分发挥县、镇、村三级就业服务网络作用，统筹推进高校毕业生及就业困难人员等群体实现多渠道就业。突出抓好特殊困难群体专项救助，实施全民参保计划，不断扩大社会保险覆盖范围，突出抓好企事业单位职工“五险”、城乡居民医疗及养老保险征缴工作，提高医疗保险等险种报销比例，建立健全更加公平、更可持续的城乡社会保障体系。继续抓好危房改造工作，力争2017年底，基本消除我县农村危房现象。大力发展社会福利、慈善事业，切实保障妇女和未成年人权益，努力让各类群体都能过上更加美好生活。

*发展高位均衡的社会事业。*强化对社会事业的统筹规划和财政投入，加强优质公共产品和服务供给能力，更好满足群众生活需求。紧紧把握城市拓展方向，提前谋划教育资源布局，扎实推进闻韶中学、新元中学规划建设，解决城区学校“大班额”问题，更好满足城乡群众教育需求。深入推进以办学体制改革为重点的教育领域综合改革，不断提高高中教育质量，协调推进学前教育、义务教育、职业教育、继续教育优质均衡发展。支持和规范民办教育发展，积极承接市区高校外迁，努力实现高等教育新突破，扩大“济阳教育”品牌影响力。大力推进“健康济阳”建设，进一步提高县级医院重大疾病诊疗水平，着力增强卫生院常见病、多发病诊治能力，提升村级卫生室医疗保健力量，提高民营医疗机构规范化程度，统筹推进疾病防控、中医中药、妇幼计生、精神卫生、残疾人康复等健康事业发展，不断在分级、分类诊疗上实现新突破。加快推进文体中心综合场馆、全民健身广场、镇村群众体育健身场所等体育设施建设，广泛开展全民健身活动，提高全县群众身体素质和健康水平。着力健全现代公共文化服务体系，大力实施文化惠民工程，积极开展群众性文化活动，做好鼓子秧歌、黑陶技艺、卢氏旧居等文化遗产的传承与保护，深入挖掘黄河文化，不断满足群众多样文化需要。加强济阳城市形象宣传推介，进一步提升济阳知名度、美誉度。注重塑造积极向上的人文环境，大力弘扬济阳精神，发挥济阳好人、杰出青年等榜样力量，带动全社会文明水平整体提升。

*构建多元善治的治理局面。*积极回应群众诉求，有效破解关系群众切身利益、群众呼声高、最期盼解决的历史遗留问题。加快筹建市民中心，整合各类为民服务事项，完善运行机制，为市民打造优质、高效、便捷、规范的一站式服务场所；逐步回收县城供热自管站，提高集中供暖服务质量；逐步取消城区露天集贸市场，规划建成室内农贸市场和便民“天天市场”；充分发挥街道办事处在社会管理服务中的职责作用，建立健全社区居委会、业主委员会、物业公司“三位一体”的社区工作新模式，创建新型城市社区。坚持依法执政、依法行政，强化社会依法治理，抓好“七五”普法工作，深入开展“法治六进”活动，促进全民守法、全民用法，扎实推进法治济阳建设。完善立体化社会治安防控体系，深化公安改革，推进“四项建设”，坚决依法打击各类违法犯罪活动和缠访、闹访、无理上访行为，加强安全生产、公共安全、网络安全、食品药品和卫生监管、金融风险防范等工作，深化平安济阳建设。加强社会主义民主政治建设，坚持党的领导，支持各级人大、政协开展工作，维护社会公平正义，保障人民权益。鼓励和引导工会、妇联、共青团、文联、科协、残联等人民团体紧紧围绕社会重点事项，开展调查研究、民主协商和

服务创新，形成多元化社会治理格局。全面做好统一战线、双拥共建、民族宗教等各项工作，促进社会全面进步。

六、开启具有济阳特色的改革实践

建设济南北部新城，必须全力驱动深化改革这个动力之轮，不折不扣落实好中央和省、市委部署的各项改革任务，积极做好具有济阳特色、符合济阳实际的改革自选动作，探索济阳经验，形成改革成果，为新城建设提供强大动力。

突出问题导向，坚持调研先行。坚持“有什么问题就解决什么问题”，不躲避、不拖延，直面问题、主动改革。坚持“什么问题突出就重点解决什么问题”，围绕新常态下制约经济发展的突出问题、新形势下群众反映强烈的民生诉求和历史遗留问题，每年确定一批重点课题，由县级领导牵头，组织专题调研，提出对策建议，形成有价值的调研成果，及时转化为切实可行、操作性强的改革发展之策，形成一批具有济阳特色、符合济阳实际的改革自选动作，以改革自选动作的重点突破，带动各项改革的全面深化、协调推进。坚持“谁的问题就由谁来解决”，不上推、不下卸，问题涉及到谁、属于谁的职责，就由谁来研究改革举措，确保真正破题。

聚焦发展所需，突破重点领域。加快济北开发区“扩区强权”，推动更多审批权限下放，适度扩大管委会管理权限和发展空间，积极构建“大开发区”格局。充分发挥招商促进委员会“把关定向”作用，明确重点园区与招商部门的职能划分，实施招商洽谈、审核审批、后续服务流程再造，全面推动招商引资体制机制创新。探索建立城乡统筹、综合执法全新架构，按照“人随事走”的原则，全力整合规划管理、市政管理、环境管理、绿化管理、交通管理资源，形成“大执法”格局。加快政企、事企分离和事业单位转企业工作，推动政府购买服务改革，提高政府服务的市场化程度。深化投融资体制机制改革，加快济阳国有控股投融资平台的规范运行和做大做强，强化与市投融资平台、政策性银行、社会资金的联系合作，尽快筹备建立 PPP 项目库，最大限度提升政府性资源配置的市场化程度。强化考核评价委员会指导作用，加快考核评价体制改革，注重考核的差异化、针对性，切实发挥考核的导向、评价、激励、约束作用。加快保险服务创新示范区建设，丰富和健全保险市场体系，提升保险服务实体经济、保障产业发展的能力。

健全决策机制，激发内在动力。突出深化改革领导小组“顶层设计”作用，进一步完善改革事项确定、方案制定、路径设定、时限敲定等系列规章制度，确保各项改革早落地、早破题、早生效。充分发挥县委改革办统筹协调作用，强化督察职能、健全督察机制，促进复杂系统、复杂问题的改革在具体领域各个击破，不断提升改革穿透力。建立健全改革防错、纠错、容错机制，容许失败、宽容失误，但是绝不容许不改革。只要有利于经济社会发展，只要能为人民群众带来福祉，都鼓励大胆地闯、大胆地试、大胆地干。县委将为敢改革的人担当，为有担当的人担当。

七、坚持从严治党，汇聚建设新城的强大动力

顺利实现今后五年的奋斗目标，在更高层面上建成与省城一体发展的济南北部新城，关键在党，关键在人。全县各级党组织和广大党员干部要切实担负起党要管党、从严治党的政治责任，以改革创新精神全面加强和改进党的建设，不断提高执政能力和领导水平，切实担当主责，用心抓好主业，以党风促政风带民风，凝聚起全县上下建设济南北部新城的智慧力量。

*增强党性修养，坚定新城建设的信心决心。*在新的发展时期，面临严峻的市场经济、改革开放等考验，全县上下一定要树立强烈的机遇意识、责任意识、忧患意识，进一步加强思想理论建设，深入学习习近平总书记系列重要讲话精神，自觉用贯穿其中的立场、观点、方法指导实践、推动工作。深入推进党性教育和理想信念教育，持续抓好党内集中教育，引导全县广大党员干部牢固树立“四个意识”，坚定“四个自信”，始终同以习近平同志为核心的党中央保持高度一致。严格落实党管意识形态工作主体责任，推进传统媒体与新兴媒体融合发展，强化对宣传舆论阵地的有效管理，为全县经济社会发展筑牢舆论支撑。建立“闻韶学堂”“济阳大讲堂”等载体，不断解放思想、提升境界，以思想的大解放促进观念更新、思维创新、事业革新，进一步破除“老框框、老套路”的重重束缚，摒弃“自以为是、不敢担当”的消极心态，切实提高运用专业思维、专业方法谋划推动发展的水平，努力成为领导经济社会发展和党的建设的行家里手。

*激发队伍活力，锻造新城建设的中坚力量。*建设济南北部新城，决胜全面小康，必须要有坚强有力的班子和素质一流的党员干部队伍。牢固树立“实在实干实绩”用人导向，坚持德才兼备、以德为先，把政治标准放在首要位置，采取“四看一听”的选人方式，真正把忠诚干净担当、为民务实清廉、奋发有为、锐意改革、实绩突出的干部选出来、用起来。坚持在招商引资、项目建设、棚改旧改、脱贫攻坚等工作一线锻炼干部，要着眼下次换届乃至更长时期需要，注重加强优秀年轻干部的培养使用，促其健康成长，确保干部队伍结构合理、梯次接续。积极推进干部双向挂职锻炼，注重把干部交流与优化领导班子结构、增强整体功能结合起来。落实深化人才发展体制机制改革要求，大力实施“济阳英才计划”，研究出台一整套人才专项政策，聚焦招商引资、城市建设、金融等领域，力促人才工作实现新突破。

*改进工作作风，弘扬新城建设的新风正气。*作风正人心齐，风气好事业兴。要大兴密切联系群众和求真务实新风，大力倡导各级干部到矛盾最集中的地方、到项目建设和工作任务最繁重的地方，强化责任担当，脚踏实地，埋头苦干，把心思用在干事上，把精力集中到抓落实上，不折不扣完成县委、县政府交给的各项工作任务，踏踏实实把老百姓的事办实办好。要充分发扬勤俭持家的优良作风，精打细算，真正把有限的资金资源、财力物力用在刀刃上，用在发展经济和改善民生上。要切实增强核心意识、看齐意识，始终坚持领导干部带好头、作表率，持之以恒贯彻中央八项规定精神，驰而不息纠治“四风”问题，推进作风建设的常态化、长效化，时刻维护党员干部良好形象。

*加强组织建设，夯实新城建设的基层基础。*全面落实《中国共产党地方委员会工作条例》，紧紧围绕建设服务型基层党组织的目标，抓紧抓实各个环节的党建工作，大力整顿软弱涣散党组织，真正使每一个基层党组织都成为建设济南北部新城的坚强战斗堡垒。要加大农村干部教育和支持力度，建立健全农村自治组织和监督组织，完善对村干部的监督管理机制，保证村组织的健康运转。探索推进社区党建工作，切实解决好农村转社区、村民转市民过程中党组织的设置和作用发挥问题，优化资源配置，健全保障体系，形成以街道党工委为核心，社区党组织为基础，区域内基层党组织和党员共同参与的区域化党建工作格局。创新产业集聚区、专业园区等新兴领域党建工作，促进非公有制企业和社会组织党建扩面提质，推进机关、学校等各领域党建工作全面提升。

强化勤政廉洁，营造新城建设的良好氛围。

政治生态是发展的软环境，要牢固树立抓环境就是抓机遇、就是抓发展的理念，从严从紧正风肃纪，以党员干部良好的“小生态”促进全县形成风清气正的“大气候”。认真贯彻执行《关于新形势下党内政治生活的若干准则》《中国共产党党内监督条例》，坚决遵守民主集中制，严格党内政治生活。要严格落实“两个责任”，坚持纪在法前、纪严于法，认真贯彻执行《中国共产党廉洁自律准则》和《中国共产党纪律处分条例》，把握用好监督执纪“四种形态”。要坚决整治和查处侵害群众利益的不正之风和腐败问题，推动全面从严治党向基层延伸。要始终保持惩治腐败高压态势，有案必查、有腐必惩、有贪必肃，形成持续震慑，注重惩防并举、标本兼治，着力构建不敢腐、不能腐、不想腐的长效机制，净化党内政治生态，推动全面从严治党向纵深发展。深入开展党纪党规教育、警示教育、法治教育和廉洁文化宣传教育，加强反腐败舆论引导，构建崇廉尚俭的社会环境。

各位代表、同志们，经过多年的发展和积累，今天的济阳站在了新的历史起点上，腾飞蓝图催人奋进，跨越征程任重道远。让我们更加紧密地团结在以习近平同志为核心的党中央周围，在省、市委的正确领导下，凝全民之心，聚全县之力，撸起袖子加油奋进，不忘初心阔步前行，为建设济南北部新城、决胜全面小康而努力奋斗，以更加优异的成绩迎接党的十九大胜利召开！

政府工作报告

——2017年2月5日在济阳县第十八届人民代表大会第一次会议上

济阳县代县长　孙战宇

各位代表：

现在，我代表县人民政府向大会报告工作，请予审议，并请各位政协委员和其他列席人员提出意见。

一、过去五年政府工作回顾

县十七届人大一次会议以来的五年，是我县发展史上不平凡的五年。五年来，在市委市政府和县委的坚强领导下，在县人大、县政协的监督支持下，我们积极适应经济发展新常态，攻坚克难，真抓实干，全面完成县十七届人大一次会议确定的主要目标任务，"十二五"圆满收官，"十三五"开局良好，为决战决胜全面小康打下了坚实基础。

综合实力稳步提升。初步统计，2016年，全县完成生产总值297亿元，是2011年的1.4倍，年均增长10.6%。一般公共预算收入达到18.58亿元，是2011年的2.3倍，年均增长18.3%。固定资产投资累计完成1088亿元，是上一个五年的2.3倍。社会消费品零售总额达到127亿元，是2011年的1.8倍。三次产业比例由19∶59∶22调整为18:52:30。现代农业转型步伐加快。接续实施两个"农民收入倍增计划"，农村居民人均可支配收入达到14350元。现代农业科技示范园建设加快推进，新型农业经营主体发展壮大，新认定市级以上家庭农场19个、农民合作社30家、农业龙头企业53个，带动土地流转12.6万亩。市级以上蔬菜标准园新增16家，各类蔬菜大棚新增16533个，蔬菜集约化育苗能力全省领先，被评为"全国蔬菜产业先进县"。曲堤、仁风、新市、垛石、太平农业特色更加明显。累计投入13.7亿元，实施小农水重点县、河道拓宽拦蓄、新增千亿斤粮食产能提升等一批重点工程，达到"吨粮县"标准，两次荣获"全国粮食生产先进县"。工业支撑作用明显增强。规模以上工业企业发展到215家，增加值、主营业务收入、利税和利润年均分别增长15.6%、13.4%、21.8%和19.5%，工业税收占全部税收的比重达到50%以上。食品饮料产业第一支柱产业地位更加巩固，产值年均增长20%，达到302亿元，占工业产值的50%以上，实现税收占工业税收的比重达到57%；机械装备产业规模膨胀，奥普瑞斯、七运、华北升降平台等企业转型升级，金麒麟扩资增产，被命名为"中国液压升降平台之乡"和"国家火炬特色产业基地"。服务业发展势头强劲。住宿餐饮、商贸流通等传统服务业日趋繁荣，浙江五金建材城（一期）、文体公园及安大广场地下人防商城、众恒购物中心等商贸综合体建成运营。翰迪物流园纳入全市物流业发展规划，中通吉、上海宇培等一批知名物流企业签约落户，社会物流总额达到6亿元，年均增长26%。新增各类金融机构16家，全县贷款余额达到115亿元，是2011年的3.2倍；存贷比达到62.2%，比2011年提高16.9个百分点。休闲旅游加快发展，梦幻岛水上乐园、海棠湾温泉度假村建成营业，以仁风富硒西瓜节、垛石柿子节为代表的农产品观光采摘成为省城及周边市民休闲旅游新选择。

*发展活力日益增强。*各类改革逐步深化。持续推进政府机构改革，顺利完成工商、质监、食药、卫生、计生等单位整合划转，县不动产登记中心挂牌成立。深化行政审批制度、商事制度、“营改增”等改革，营商环境有效改善。扎实开展金融创新，政府性投融资平台建设开始破题，1家企业在海外上市，6家企业在“新三板”挂牌，大棚抵押贷款在全市率先开展。稳步推进农村集体产权制度改革，农村土地承包经营权确权登记颁证任务全面完成，县农村产权交易服务中心挂牌运营。对外开放力度加大。引进过亿元项目125个，完成投资353.7亿元；累计实际到账外资3.7亿美元，年均增长9.3%；进出口总额达到2.7亿美元，年均增长6%。区域合作实现突破。与高新区建立联动发展机制，承接市区产业转移成效明显，庚辰钢铁、元首针织等一批项目签约落户；海峡两岸青年企业家创业基地加快建设，台资企业达到60家，累计实际利用台资5.9亿美元。开放区域不断扩大，东南亚、欧洲市场开始开拓，菲律宾上好佳、印尼迈大在济阳建厂生产。园区发展水平提升。清理盘活济北开发区一批“僵尸企业”，实施“腾笼换业”项目14个；博通科技产业园等一批工业地产项目加快建设。镇（街道）产业园开始发挥效益，孙耿镇、济阳街道、崔寨镇、回河镇产业集聚效应初步显现。

*城乡面貌明显改观。*发展空间不断拓展。城市总体规划（2013—2030）修编形成初步成果，产业空间布局规划（2016—2020）完成初稿，永久性基本农田划定全面完成。城镇总体规划实现全覆盖，国家重点镇、省级示范镇建设成效初显，新型农村社区建设稳步推进。道路交通建设迅猛发展。济乐高速、济东高速建成通车，国道220线及省道248、249、239线大修工程全部完工，国道104线拓宽工程稳步推进，济阳黄河大桥与济南黄河大桥同步实现鲁A牌照小客车免费通行。新建、改造市政道路20余条、县级框架路50.5千米，完成农村公路网化和生命安全防护工程。城市承载功能显著增强。稍门平原水库加快建设，全县供水一体化管网贯通。兴阳、昊阳两座热源厂建成运营，新增供热能力350万平方米。新城建设打造了新亮点，文体中心主体完工，安大广场建成开放，一批高层商住小区、景观节点相继建成，营家社区（一期）、徐家鑫苑竣工入住。老城改造破题，一百货片区（一期）安置楼主体竣工，银花纺织片区（一期）开工建设。生态环境持续优化。省级卫生县城创建工作扎实开展，市容市貌发生明显变化。美丽乡村建设扎实有效，建成示范村289个。城镇污水处理和垃圾收集设施不断完善，城乡环卫一体化实现全覆盖。创建国家级生态镇6个、省级生态镇3个，被命名为“省级生态县”。

*人民生活显著改善。*惠民政策全面落实，县财政五年累计用于民生领域支出105.4亿元，占总支出的80.9%。城镇居民人均可支配收入达到27062元，比2011年增长62.8%。落实创业就业扶持政策，农民工综合服务中心建成启用，阳光大姐实训基地主体完工，新增城镇就业1.3万人，转移农村劳动力7.9万人次；技能培训24700人次，济阳劳务品牌进一步叫响。保障体系日趋完善，城镇居民医保、新农合实现并轨，各类保险覆盖面进一步扩大。企业离退休人员养老金、城乡低保及农村“五保”供养标准稳步提高，困难和重度残疾人补贴及时兑现，破产企业职工生活保障问题得到逐步解决。残疾人康复中心、精神卫生中心和16处城市社区日间照料中心、104处农村幸福院建成启用。村集体经济三年发展规划有效实

施。累计投资3500余万元，新建改造村级活动场所390处，实现全覆盖。实施农村危房改造1693户，完成农村改厕35240户。脱贫攻坚取得初步成效。健全精准扶贫、精准脱贫工作机制，因人因地施策，实施帮包扶贫、产业扶贫、金融扶贫，积极推进“N+扶贫”，全县81个贫困村及10835户、24619名贫困人口实现脱贫。社会事业全面进步。完成校舍安全工程、中小学校标准化建设；建成澄波湖学校、兴隆街小学；各类教育均衡协调发展，高分通过“全国义务教育发展基本均衡县”验收。县医院病房楼、回河卫生院、济北街道社区卫生服务中心投入使用，391家村级卫生室通过“双提”验收，三级医疗服务网络健全完善。城乡文化活动丰富多彩，济北少儿体校入选国家高水平体育后备人才基地。精神文明创建扎实开展，被评为“山东省文明县”。《济阳县志（1991—2011）》出版发行。社会治理有效加强。打击防范涉众型经济犯罪三年规划深入实施，立体化社会治理防控能力有效提升。“法治”济阳建设深入推进，社会矛盾、信访积案得到积极预防和有效化解。“省级食品安全先进县”创建扎实有效。安全生产形势保持稳定。妇女儿童、红十字事业加快发展，广播电视、民族宗教、统计物价、人口计生、人影气象等工作都取得新的成绩。

*政府效能持续提升。*扎实开展党的群众路线教育实践活动、“三严三实”专题教育、“两学一做”学习教育和“勇于担当、务实有为”主题实践活动，深入开展“庸懒散”专项治理，机关作风明显转变。完善政府决策机制，建立政府法律顾问制度，落实行政程序规定，严格行政执法监督，依法行政水平提升。制定公布行政权力清单、政府部门责任清单和行政审批中介服务项目清单，厘清职能边界，政府职能转变进一步加快。深化政务公开，参与电视问政，接受媒体和社会监督，推行政府部门工作效能公示，自觉接受人大法律监督、政协民主监督，办理人大代表建议195件、政协委员提案454件。土地管理创新成效显著，被评为“全国国土资源节约集约模范县”。严格落实党风廉政建设责任制，强化审计监督，加强公共资源交易管理，完成党政机关公务用车制度改革，注重廉政风险防控，营造了廉洁高效的政务环境。

各位代表，这些成绩的取得，离不开市委市政府和县委的坚强领导，离不开县人大、县政协和社会各界的关心支持，离不开全县上下的共同努力。在此，我代表县人民政府，向各位人大代表、政协委员，向全县广大干部群众、离退休老同志，向所有关心、支持、帮助济阳发展的各界朋友，致以崇高的敬意和衷心的感谢！

在总结成绩的同时，我们也清醒地看到，全县经济社会发展还存在不少问题，主要是：经济总量小，产业层次低，高科技、新兴产业集聚度不高，重大项目支撑不足，对外开放水平有待提高，加快发展的任务依然艰巨；城市规划相对滞后，城市功能仍不完善，城市管理体制机制还不理顺；财政收支矛盾比较突出，民生保障仍有欠账，社会事业发展水平需要提升；政府投融资能力、征地拆迁、社会稳定等因素制约比较明显，改革创新的力度需要加大；部分政府工作人员依法行政和服务意识淡薄，不敢担当、不愿作为的倾向不容忽视。对此，我们将高度重视，采取有效措施，切实加以解决。

二、今后五年政府工作的指导思想和奋斗目标

今后五年，是我县全面建成小康社会的决胜期，也是抢抓重大历史机遇、实现经济社会跨越发展的窗口期。展望未来，我们面临发展

大环境不确定因素增多、经济下行压力仍然较大、区域竞争更趋激烈的复杂严峻形势，但总体研判，机遇与挑战并存，机遇大于挑战。从外部环境看，世界经济在调整中曲折复苏，我国经济长期向好的基本面没有改变，省会城市群经济圈发展规划深入实施，市委市政府作出“跨过黄河去、‘解放’全济南”的战略部署、提出支持县域经济发展“少取、多予、搞活”六字方针，这为我们加快发展创造了良好环境。从历史机遇看，济南“北跨”战略变“跨河发展”为“携河发展”，济阳已被纳入济南新区重要组成部分，跨河大桥、穿黄隧道和轻轨延伸等重大交通设施正在谋划实施；高新区北扩、临空经济示范区申报和济南国际机场扩建提速，区域联动发展格局正在形成；市委市政府明确支持济阳撤县设区、建设济南次中心城市，我县与市区一体发展的愿景不再是梦想。多重机遇叠加，济阳迎来前所未有的重要战略机遇期。从现实条件看，经过多年的夯基蓄势，我县在基础设施、园区建设、产业培育等方面打下了坚实基础，特别是县十三次党代会提出“抢抓携河发展机遇，加快产城融合步伐，建设济南北部新城”的思路目标后，全县广大干部群众对未来充满期待，人心思上、人心思进的氛围比任何时候都更加迫切、更加强烈。只要我们不忘初心，继续前进，抢抓机遇，乘势而上，就一定能够开拓济阳发展新境界，实现济阳发展新跨越。

根据县十三次党代会确定的任务目标，今后五年政府工作的指导思想是：全面贯彻党的十八大和十八届三中、四中、五中、六中全会及习近平总书记系列重要讲话精神，牢固树立和贯彻落实新发展理念，适应把握引领经济发展新常态，坚持以提高发展质量和效益为中心，落实全县“1136”工作体系，抢抓携河发展机遇，加快产城融合步伐，确保提前全面建成小康社会，努力建设产业发达、活力迸发、环境优美、社会有序、人民幸福的济南北部新城。

今后五年，我县经济社会发展的奋斗目标是：

*综合实力更强。*经济保持中高速增长，生产总值年均增长 8.5%，力争年均增长 9% 以上，人均生产总值突破 1.2 万美元；固定资产投资年均增长 13%，力争年均增长 14% 以上；社会消费品零售总额年均增长 12%，力争年均增长 13% 以上；一般公共预算收入年均增长 9%，力争年均增长 11% 以上；城乡居民人均可支配收入年均分别增长 9%、10%，力争年均分别增长 9.5% 以上、10.5% 以上；食品饮料、装备制造、现代物流三大产业形成千亿级产业集群；力争主要经济指标实现翻番，进入全省县域经济发展第一方阵。

*产业结构更优。*加快产业转型升级，推动产业向中高端水平迈进，三次产业比例调整到 15∶52∶33，构建起新型工业主体带动、现代服务业强力支撑、现代农业突破发展的现代产业体系。加快新型工业化进程，对接“中国制造 2025”和“互联网 +”行动计划，改造提升传统产业，推动食品工业城向国际化迈进，提高装备制造产业集聚度；培育发展新型化工、生物等新兴产业。提升现代服务业水平，主动承接市区物流商贸及专业市场外迁；积极推进翰迪物流园与临空经济区联动，打造全市区域性物流中心的空陆联运枢纽；加快健康养老、金融保险、家政服务等新兴服务业发展。推动城郊型农业向都市型农业转型，强化规划和龙头引领，规划北部现代都市农业发展布局，尽快形成农业新业态。突出示范带动，加快现代农业科技示范园、省农科院试验示范基地提档升级，谋划建设大宗农副产品综合交易市场；推动特色农业“接二连三”，打通一二三产业发展链条，提高农业产业化和现代化水平。

城乡发展更快。以城镇规划、产业规划为引领，推进重大战略布局、产业布局、交通基础设施、资源配置四个统筹，实现南部产城融合发展区和北部现代都市农业发展区协同共进，加快城乡一体化进程。坚持精明增长，突出产城融合，实施组团开发，以推进崔寨、孙耿、回河、太平撤镇设办和县城中心城区改造提升拓展、崔寨片区高标准规划建设为重点，加快“南拓西进”步伐;以实施老城区整体改造、提升开发区建管水平、加快滨河新区开发建设为重点,推进县城“三区共建”。围绕对接省城，规划县域内新的过河通道，加大对全市跨河桥隧建设争取力度，积极协调推进轻轨入城和济滨城铁建设;围绕辐射县域，打造“五纵四横”交通主动脉。加快推进以人为核心的新型城镇化，推进基本公共服务均等化，培育一批特色小镇，建成一批新型农村社区和美丽乡村。

发展动力更足。加大改革开放力度，进一步激发市场活力，增强发展动力。以深化改革统领体制机制建设，推动投融资、招商引资、园区建设、城市管理等关键领域改革取得决定性成果,让改革红利和市场活力得到充分释放。扩大对外开放，在更广领域、更大范围利用好国际国内两个市场、两种资源，着力引进战略投资者和重大项目，推动产业优化升级。深度拓展对台交流合作，开创对台工作新局面。加快开拓东南亚及欧美市场。举全县之力重建开发区，实施扩区强权，争创国家级开发区。

人居环境更美。加强生态环境保护，实施污染源综合治理，建设天蓝水清地绿气爽的美好家园。大力发展循环经济，塑造生态品牌，推动生态优势转化为经济优势。实行最严格的水资源管理、节约用地和环境保护制度，推动形成绿色发展方式、生活方式。统筹抓好城乡环境综合治理，重点推进“四城联创”，大力开展“五化提升”。彰显“九曲黄河”特色，推进实施黄河沿线保护性开发，重点抓好堤顶路拓宽、堤防工程绿化和黄河公园建设；加强对澄波湖、大寺河的滋养与保护，以养水露水、建绿透绿为原则打造郊野公园。抓好造林绿化，加快城市绿地绿轴系统建设。推进外水入城、活水穿城，全面贯通沿路水系。到2021年，城区环境空气质量明显改善，地表水断面水质达标率保持在100%，城区绿化覆盖率达到42%以上，全县森林覆盖率达到27%。

人民生活更好。主动回应人民群众对美好生活的新期待，坚持以人为本，守住底线、突出重点、完善制度、引导预期，注重机会公平，保障基本民生，使人民群众更多更好地共享改革发展成果。鼓励创业促进就业，健全完善城乡社会保障体系，提升教育、文化、医疗卫生等公共服务水平。强化脱贫攻坚，提前完成脱贫任务，巩固脱贫成果。广泛开展社会主义核心价值观教育，重视家庭文明建设，提高全民文明素质。大力推进依法治县，提升社会治理精细化和治理能力现代化水平，维护社会和谐稳定。

实现上述目标,工作中必须把握以下几点:

——必须坚持党的领导，坚守正确的政治方向，强化政府执行力，把县委各项决策部署落到实处。

——必须坚持解放思想，与时俱进，不断提升境界标准，用思想的大解放指导实践，推动工作。

——必须坚持改革创新，突出问题导向，向改革要活力，向创新要动力，让改革创新成为发展的强力引擎。

——必须坚持务实有为，始终保持昂扬向上的精神状态，敢于负责，勇于担当，攻坚克难，在新常态下实现更大作为。

这些既是多年来实践经验的总结提炼，也是我们面向未来必须牢牢把握的基本原则。

三、2017 年政府工作安排

2017 年是新一届政府履职的开局之年，也是实施“十三五”规划的重要一年，更是加快济南北部新城建设的关键一年，做好各项工作意义重大。

主要预期目标是：生产总值可比增长 8.5%，力争增长 10% 以上；固定资产投资同比增长 14%（下同），力争增长 15% 以上；一般公共预算收入增长 11%，力争增长 12% 以上；社会消费品零售总额增长 12.5%，力争增长 13% 以上；实际到账外资增长 6.5%，力争增长 10% 以上；城乡居民人均可支配收入分别增长 9%、10%，力争分别增长 10.5% 以上、11% 以上；城镇登记失业率控制在 3.2% 以内；完成市政府下达的年度节能减排任务。

围绕上述目标，突出做好以下五个方面的工作：

（一）致力创新驱动，培育产业发展新优势

大力发展新型工业。强力推进工业项目建设，健全协调推进机制，强化服务保障，倒排工期，挂图作战，抓好 24 个重点项目建设，年度完成投资 54 亿元。强化园区建设，突出开发区主战场地位，完善产业规划，强力推进闲置土地清理盘活，规划建设创新型特色产业基地，加快博通科技产业园、博通工业园等“区中园”和镇（街道）产业园区建设。推动产业优化升级，支持液压升降平台企业并购重组、集团化抱团发展，推动食品饮料骨干企业品牌集聚、拉长增厚产业链条；培育发展新能源、生物医药、高端装备制造等新兴产业，高新技术企业达到 34 家，高新技术产业产值占规模以上工业产值比重增长 1 个百分点。强化企业创新主体地位，鼓励企业推进智能改造、机器换人、定制生产，加快建设一批智能工厂和智能车间；依托“济阳智造云平台”，落实科技研发扶持政策，鼓励企业购买科研成果、开展技术合作，引导创新要素向企业集聚，年内转化科技成果 30 项、新增市级以上孵化器 1 家、省级以上研发中心 2 家。全年新增规模以上工业企业 8 家，规模企业完成规范化公司制改制 21 家，规模以上工业增加值增长 15%。

加快现代农业转型。突出园区示范带动，建成现代农业科技示范园科技体验中心、台湾农业精品园，加快瓜菜、林果、育苗、畜牧等专业园区、专业基地建设，提高现代农业功能效益。壮大新型农业经营主体，规范发展农民合作社 20 家，家庭农场 60 家，培育发展市级以上农场 7 家、农业龙头企业 3 家，流转土地 1 万亩以上。提升农业产业化水平，加快农业综合体建设，办好农业嘉年华；引进培育农产品深加工项目，延伸农业产业链条；探索“互联网 + 农业”新模式，拓展农产品营销渠道。抓好农业标准化生产，完善农产品生产技术标准和规程，健全质量安全监测体系，争创国家农业标准化示范区。落实藏粮于地、藏粮于技战略，实施新增千亿斤粮食产能提升、小农水、县域河道综合治理等项目建设，加强农机推广和人影气象服务，切实增强农业综合生产能力。

繁荣壮大现代服务业。优化商圈规划布局，推动银座商城、银都商贸城等商业综合体建成运营，全年新增规模以上批发零售、住宿餐饮企业 5 家；抢抓济南机场扩建机遇，规划空港商务服务区。着眼产业提升，培育产品设计、创意咨询、服务外包为重点的生产性服务业。大力发展现代物流业，落实物流专项规划和物流产业发展规划，引导中小物流企业进区入园发展，全年新增规模以上物流企业 3 家；加快翰迪物流园建设，发展壮大快递物流，培育引进知名物流企业和大项目，推动上海宇培、大润发、新加坡丰树等重点物流项目建成运营；加快农村物流配送体系和农村电子商务系统建

设，实现农村物流配送全覆盖。重视发展普惠金融，支持设立融资性担保公司、小额贷款公司等地方金融组织，扩大银行有效信贷投放，全县存、贷款余额均增长10%以上，金融增加值达到8亿元以上，金融业实现税收1.5亿元以上；加强企业上市辅导，新增“新三板”挂牌上市企业2家。加快发展旅游业，整合澄波湖、海棠湾及农产品观光采摘资源，策划包装精品线路，打造省城居民休闲旅游首选目的地。加快家政服务业发展，建成阳光大姐实训基地。积极发展健康养老、电子商务等新兴服务业。全年新增规模以上服务业企业2家。

（二）致力改革开放，激发经济增长新动能

深化管理体制改革。落实省市关于省级以上开发区改革发展三年行动计划，加快推动济北开发区改革，实施扩区强权，扩大管辖范围，下放相关权限；推进选人用人和运营管理、考核奖惩机制改革，充分释放开发区发展活力和潜能。加快国有资产管理体制改革，推动政企、事企、社企分离。深化投融资体制改革，筹建国资控股集团，做大做强资本容量，探索多种融资渠道，积极开展对外合作，推进实施一批“PPP”融资项目。调整城市拆迁安置政策，推行棚改货币化安置，实施政府购买棚改服务。加快行政区划调整，完成崔寨、孙耿、回河、太平撤镇设办工作，积极推进撤县设区。全面深化公安改革，推动基础信息化、警务实战化、执法规范化、队伍正规化建设。深化行政审批制度改革，推行重点建设项目绿色通道和代办服务，持续优化发展环境。积极推进城市管理综合执法体制改革和以办学体制为核心的教育综合改革。完善农村土地产权交易平台，加快土地经营权规范有序流转。

提升招商引资水平。突出招商重点，面向欧美、东南亚及港澳台、江浙沪、京津冀等地区，精准对接世界和国内500强、央企和上市公司的战略布局、投资动向，着力引进产业关联度大、带动力强的大项目；主动加强与市区、高新区联系对接，积极承接“腾笼换业”外迁项目。创新招商方式，配强招商队伍，强化专业招商，注重以商招商，探索实施市场化招商，推行区域连片招商，提高招商引资精准度。强化项目储备，建立覆盖工业、农业、金融、城市建设、商贸物流等领域的项目信息库。发挥招商促进委员会作用，落实引办项目准入审核制度，实施项目建设三年行动计划，抓好重点在谈项目的督查调度，确保招商实效。全年完成招商引资170亿元。

加快民营经济发展。重视本土企业发展，完善促进民营经济发展政策措施，营造有利于民营经济发展的良好环境，推动成长型企业“二次创业”、集聚发展。加快发展众创空间等新型创业服务平台，重点扶持大学生科技创业、农民工返乡创业，新增市场主体5000户以上。加强企业家队伍建设，引导企业坚守主业、做强实业，重奖纳税贡献大的优秀企业家。厚植创业文化，使尊重创业、支持创业、投身创业的氛围蔚然成风。

（三）致力区域协调，打造城乡统筹新亮点

强化规划引领。加强规划编制管理，增强规划刚性约束作用。与济南新区、临空经济区搞好规划对接，推进多规衔接统一，完善《城市总体规划（2013—2030）》《城镇化发展规划》《县域乡村建设规划》和相应的产业规划，完成编制成果报审报批工作。加强规划成果转化和运用，开展控制性详细规划编制工作，加快推进绿化、交通、给排水等专项规划编制，完成《老城区改造规划》。健全完善和严格执行城市规划委员会审查制度，加大规划执法力度，严格按照区域定位和功能分区实施建设、安置项目，切实维护规划权威性、严肃性。

加快城乡建设。同步推进老城改造、新城提升、新区拓展。老城改造重点是完成机械厂、二百货等片区棚改拆迁任务，启动一百货片区（二期）和银花纺织片区（二期）改造；新城提升重点是启动滨河片区16个村整体拆迁，加快推动滨河新区、营家社区（二、三期）建设；新区拓展重点是抓好西部产业新城、南部商贸新城规划建设。强化镇村建设。引导各镇按照“一镇一业、一镇一品”要求，完善城镇功能，做强特色经济，打造特色小镇，争取2个镇入选省、市级特色小镇创建名单；用足用活城乡建设用地增减挂钩政策，完成太平羊栏口等6个建成社区复垦验收，抓好崔寨绿阳等4个在建社区建设。持续完善基础设施。完成纬一路改造，提升正安路、开元大街美化、亮化、绿化水平。新建永安路南段、澄波湖路南段、光明街等市政道路；加快文体中心综合场馆建设，力争12月份竣工交付使用；完成稍门平原水库净水厂、沉沙池等配套工程，确保7月份调试供水；加强城区老旧管网修复，改造供热管网20千米、供水管网4.8千米；积极配合加快石济客专公铁两用桥、崔寨综合汽车站建设和国道104线改造。

提升管理水平。强化“三分建、七分管”理念，创新管理模式，着力在精细化管理上下功夫。抓好“智慧城市”建设，建立数字化城市管理系统，提高城市智能化管理服务水平。引入市场化管理机制，通过政府购买服务，实施环卫保洁、绿化管养和市政养护市场化运作。推进城市管理重心下移，落实街道办事处“属地管理”责任，建立起主体明晰、权责明确、上下联动、高效运转的城市综合管理新体系。加强社区及社区居委会机构建设，建立社区党组织领导下的居委会、业委会、物业公司“三位一体”社区管理模式。重视小城镇管理，继续推进城管执法向城镇延伸，提升城镇管理水平。

（四）致力绿色发展，推动生态建设新提升

狠抓节能减排降耗。强化源头控制，严控“两高一低”项目落地。全面推行排污许可证管理制度，增强污染减排的刚性约束。建立网格化环境监管体系，推动环境监管触角向下延伸，严厉查处各类环境违法行为。加快化工产业园规划建设，逐步推动县域现有化工企业转型升级，进区入园。加强建设用地批后监管，推进土地集约节约利用。积极推进绿色建筑片区建设，推广应用清洁能源和重点节能技术、设备、产品，抓好交通运输、公共机构等领域节能。

强化环境综合治理。深入开展市容市貌、环境卫生、交通秩序等专项整治，打造开元大街、纬二路2条严管示范街，以点带面推动城市形象整体提升，完成省级卫生县城创建。大力开展“拆违拆临、建绿透绿”专项整治行动，在全面清查基础上予以拆除，还路于民，还绿于民。严格生态红线刚性约束，推动国家级生态文明示范县创建。持续开展美丽乡村建设，新增美丽乡村建设标准村90个，新建6个市级示范村，打造1条精品线路。强化畜禽养殖污染和农村面源污染治理，建成启用病死畜禽无害化处理厂。以大气污染防治“八大行动”为重点，突出抓好秸秆禁烧、扬尘防治、工业污染源达标提升，努力增加“蓝天白云、繁星闪烁”天数。

大力推进保水增绿。实施水污染防治行动计划，开展境内16条河流及城区河道水污染防治，加强饮用水水源保护，实行从水源地到水龙头全过程监管。严格水资源管理制度，加强水政渔政管理，推行农业节水灌溉，鼓励循环用水、中水回用，提高水资源利用率。加快推进第二污水处理厂建设，配套完善污水管网。以创建省级园林城市为抓手，实施园林绿化提升工程，完成城区主干道树木补植，建设一批节点绿化景观，打造一条精品绿化示范线路，新增绿化面积20万平方米。加大造林绿化力度，新建和更新造林1万亩，高标准打造国道220线绿色长廊，全面完成济乐高速绿色通道建设。

（五）致力普惠共享，谋求人民福祉新成效

提高社会保障能力。完善就业服务和技能培训体系，新增城镇就业3200人以上，转移农村劳动力不少于1万人次。突出“高精尖缺”导向，大力引进集聚高层次创新创业人才和重点产业紧缺人才。推进社会保障由制度全覆盖向人员全覆盖转变，扩大社会保险覆盖面。严格落实工资保证金制度，切实维护农民工合法权益。推进专业技术人员职称评聘工作常态化。推进城乡低保和困难居民医疗救助提标扩面，健全“一门受理、协同办理”救助机制，开通济阳社会救助网，支持慈善事业发展，提高城乡困难居民保障水平。深入推进精准扶贫、精准脱贫，突出项目帮扶，注重脱贫攻坚实效，确保26765名农村贫困人口脱贫。

加快社会事业发展。优化城乡教育资源配置，完成城区消化“大班额”建设任务，促进各类教育均衡发展。建成启用县中医院综合病房楼。加强非遗项目保护与挖掘，完成卢永祥故居二期修缮工程。迁建县档案馆。开展群众性文化活动，推进全民健身，丰富群众文体生活。加强精神文明建设，做好创建全国文明城市和省级文明县复核迎检工作。加快筹建市民中心，整合各类为民服务事项，完善运行机制，为市民打造优质、高效、便捷、规范的一站式服务场所。加强食品药品监管，完成省级食品安全先进县创建，保障群众饮食用药安全。全面落实企业主体责任，深入开展安全生产隐患大检查，推进风险分级管控、隐患排查治理“两个体系”建设和“网格化、实名制”监管，确保安全生产形势持续稳定。深化“七五”普法依法治理，推进人民调解规范化，建设100个村级法律服务室。加强金融风险排查，严肃查处非法金融活动。推行“阳光信访”，依法及时妥善处置群众来信来访。完善立体化社会治安防控体系，深化“三区三圈”治安秩序净化提升行动，积极推进“基层基础建设三年攻坚战”，依法防范和惩治各类违法犯罪活动。统筹发展老龄、红十字、妇女儿童等事业，做好双拥共建、民兵预备役、民族宗教、广播电视、史志档案、统计物价、外事侨务等工作，促进各项事业全面进步。

办好十件民生实事。①解决城区中小学大班额，扩建济北小学，建成启用回河中学，完成纬四路小学、新元学校主体工程。②继续开展“一村一年一场戏”和“一村一月一场电影”活动，丰富群众文化生活。③取缔城区农贸大集，实施老城农贸市场改造，建成汇鑫苑农贸市场，规划建设3处便民天天市场。④兑现计生惠民政策，参照农村奖扶办法，落实城镇居民独生子女父母奖扶。⑤加大助残力度，免费为100名贫困残疾人发放轮椅、盲杖，为300名白内障患者实施复明手术，为260名精神残疾人提供药物，为450名肢体残疾人进行康复训练。⑥完善城乡社区养老服务设施，建设2处城区老年人日间照料中心和10处农村幸福院。⑦加大老旧住宅小区整治改造力度，完成5个小区基础配套更新和环境整治提升。⑧实施饮水安全工程，改造仁风片区供水主管道，新建太平至孙耿一体化主管网。⑨改善农村通行条件，启动农村道路三年改造提升行动，年内改造提升县级框架路70千米。⑩提升农村人居环境，完成318户农村危房改造、3.26万户农村无害化卫生厕所改造。

四、加快法治政府建设

各位代表，我们深深知道，全面正确履行政府职能，必须依靠法治。今后五年，我们将坚持依法施政，依法行政，把政府工作全面纳入法治轨道，努力建设权责法定、执法严明、公开公正、廉洁高效、守法诚信的法治政府。

*依法规范行政职权。*树牢法治理念，自觉运用法治思维和方式推动工作、解决问题，坚持法定职责必须为，法无授权不可为。完善政府法律顾问制度，增强依法行政能力。坚持民主集中制，健全专题调研、公众参与、专家论证、风险评估、合法性审查和集体讨论决定制度，推进行政决策科学化、民主化、法治化。

*加强权力制约监督。*深入推进政务公开，充分发挥传统媒体、新兴媒体作用，利用好网络平台，及时回应社会关切，使群众了解政府做什么、怎么做。自觉接受人大、政协和社会公众、新闻舆论监督，始终使所有工作都要体现群众意愿，全面接受群众监督。严格落实行政执法责任制，做到严格规范公正文明执法。坚持用制度管权管事管人，对关键岗位实行分岗设权、分级授权、定期轮岗，形成权责明晰的监督制约体系，让权力在阳光下运行。

*切实强化规矩意识。*讲政治、守纪律、懂规矩，增强“四个意识”，自觉维护县委权威。严格遵守制度规定，坚决反对各种形式的“自以为是”，杜绝经验主义和形式主义。积极推进政府管理创新，健全政府规范运行的体制机制，建立不越位、不缺位的工作秩序，严格遵循制度办事，形成一级抓一级、一级对一级负责的责任体系。推行政府工作标准化和规范化体系建设，加强议事决策的合法性审查工作。

*持续改进工作作风。*认真落实中央八项规定精神，密切联系群众，坚持不懈纠正“四风”，推进作风建设制度化、常态化。以“实在实干实绩”为导向，大力倡树干事创业、敢于担当之风，坚决整肃庸政懒政怠政行为。把提高执行力作为政府工作的生命线，健全抓落实的体制机制，做到言必行、行必果，确保各项决策部署执行有力、落地生根。

深入推进反腐倡廉。严格落实党风廉政建设责任制和“一岗双责”，健全政府系统惩治和预防腐败体系。完善审计制度，强化财政资金使用、公共资源交易等重点领域审计监督，坚决纠正行业和部门不正之风。加强行政监察，对违纪违规问题零容忍、严查处，树立风清气正、干净干事的政府形象。

各位代表，新定位开启新征程，新使命开创新未来！让我们在中共济阳县委的坚强领导下，凝聚全县人民的智慧和力量，咬定目标不放松，撸起袖子加油干，为提前全面建成小康社会、加快建设济南北部新城而努力奋斗！

专　记

济阳县脱贫攻坚工作

党的十八大以来，以习近平总书记为核心的党中央高度重视扶贫开发工作，坚持把扶贫开发工作纳入“四个全面”战略布局，作为实现第一个一百年奋斗目标的重点工作，摆在更加突出的位置，大力实施精准扶贫，不断丰富和拓展中国特色扶贫开发道路，不断开创扶贫开发事业新局面。

历届济阳县委、县政府高度重视扶贫开发工作，坚持把农村贫困人口脱贫问题摆在经济社会发展的重要位置来抓，构建起专项扶贫、行业扶贫、社会扶贫“三位一体”扶贫开发新格局。2014 年，新一轮扶贫开发启动以来，通过精准识别，全县识别出贫困村 156 个，其中，省级贫困村 121 个、市级贫困村 35 个。2015 年，全县贫困人口减至 15091 户、39135 人。2016 年年初，全县贫困人口总数为 11946 户，贫困人口为 26765 人。从分布状况看，156 个贫困村有贫困人口 15298 人，其他 590 个非贫困村有贫困人口 11467 人。从致贫原因看，因病致贫 8219 户，占 68.6%；因残致贫 937 户，占 7.8%；缺劳动力 1576 户，占 13.2%；缺资金、缺技术 1007 户，占 8.4%；因学致贫 144 户，占 1.2%；因灾致贫 32 户，占 0.3%；自身动力不足致贫 46 户，占 0.4%；其它原因致贫 16 户，占 0.1%。

县扶贫开发领导小组办公室先后设在县委农办、县农业局。2015 年 11 月 27 日，中央扶贫开发工作会议召开，作出到 2020 年全国所有贫困地区和贫困人口一道迈入全面小康社会的战略部署，吹响了决战脱贫的冲锋号。按照新时期扶贫开发工作要求，2016 年 2 月，组建新的县扶贫开发领导小组办公室，核定编制 12 人。县扶贫办办公地点最初设在县委办公室，由 1 名县委办公室副主任兼任县扶贫办主任，从县林业局抽调 1 名副局级干部担任副主任。2016 年 3 月 26 日，县扶贫办迁至县国土资源局办公楼 5 楼。2016 年 3 月底，由市委政研室下派 1 人到县扶贫办挂职副主任，工作人员由县委农办和县农业局等部门抽调人员组成。2016 年 5 月起，又陆续从各镇（街道）抽调 10 名工作人员。下设综合协调组、政策调研组、规划项目组、信息统计组、行业社会组、金融合作组、督导考核组等 7 个工作组。

2016 年以来，在市委、市政府的正确领导和省、市扶贫办的关心支持下，济阳县扶贫办深入贯彻习近平总书记系列重要讲话精神，严格按照中央和省、市关于新时期扶贫开发工作的总体要求，紧紧围绕“精准扶贫、精准脱贫”的核心任务，科学谋划，强化落实，扎实推进，脱贫攻坚工作取得初步成效。

一、精心谋划设计，构建扶贫开发工作新体系

县委、县政府坚持把脱贫攻坚作为重大政治任务，进一步加强领导，明确目标，层层压实责任。

一是加强组织领导，建立健全扶贫开发工作机制。根据上级工作部署，成立了以县委、县政府主要负责同志任组长的扶贫开发领导小组，组建了新的扶贫办，各镇（街道）也成立了相应的领导机构和办事机构，健全了全县扶贫开发工作体制机制。

二是上下联动，建立四级扶贫帮包网络。根据市委工作部署，由6名市级领导帮挂全县6个重点镇，32名市派“第一书记”帮扶重点贫困村，23个市直部门的1270名副处级以上干部联系2139户贫困户。同时，根据工作实际，安排45名县级领导联系扶贫工作重点村、124名干部帮包贫困村，使全县156个贫困村实现了第一书记全覆盖。按照“一村一业一单位、一户一策一干部”要求，全县98个县直部门、1785名党员干部帮包3415户贫困户；镇（街道）及村“两委”组织1629名党员干部帮包6321户贫困户，使党员干部帮包贫困户实现了全覆盖，织成了市、县、镇（街道）、村四级联动，相互配合，齐抓共管的扶贫帮包网。

三是落实主体责任，构建压力传导机制。严格落实镇（街道）党委（党工委）主体责任，县委书记、县长与各镇（街道）党委（党工委）书记、镇长（办事处主任）签订脱贫责任书，各镇（街道）与第一书记、支部书记签订责任书，层层压实脱贫责任，脱贫任务全部落实到村、到户、到人。

二、精准识别建档立卡，开启扶贫开发工作新篇章

坚持把精准识别作为脱贫攻坚最基础的工作、最关键的环节，重点解决好“扶持谁”的问题。

一是围绕对象精准，扎实开展精准识别。严格落实“六个精准”要求，精准识别扶贫对象，夯实扶贫开发基础工作。根据上级工作部署，2016年3月份、5月份先后开展了“回头看，再识别”及数据清洗工作，共清理、清退不符合条件的贫困户4071户、14462人，新识别贫困户1160户、2266人。11月，开展了扶贫对象动态调整和建档立卡信息采集录入工作，新识别纳入贫困人口18人。

二是围绕严格工作程序，全面提高信息质量。根据“严格标准、控制规模、分级负责、精准识别、动态管理”的原则，明确贫困村、贫困人口识别纳入和脱贫退出标准，制定了详细的贫困村、贫困户识别步骤。落实了农户申请、入户调查、民主评议、村乡公示、县级公告、建档立卡等工作程序，确保扶贫开发工作程序规范、过程透明、结果公正、群众认可。通过“培训—指导—督查—整改—再督查”工作方式，高标准、高质量地完成了信息采集、脱贫手册填写等工作。在2016年的信息采集录入过程中，不断创新工作方式，太平镇扶贫办工作人员高伟通过自编脚本程序，简化打印贫困户信息，极大地提高了信息采集工作进度和精准度。

三是围绕资料精准，扎实规范档案管理。加强对贫困户申请、入户、评议、公示、帮扶等档案资料的归档整理，制定统一的信息采集、会议记录、影像留存等档案整理标准，明确县、镇、村、户四级扶贫档案资料规范要求，全县扶贫档案资料呈现出“实、全、丰富、规范”等特点。

三、稳步推进项目建设，实现扶贫开发工作新突破

立足济阳县农产品资源丰富的优势，因地制宜培育了一批务实管用、带动能力强的扶贫产业项目。通过实施产业扶贫，增加贫困村集

体收入882万元，帮扶贫困户3300户、8000人，贫困人口人均增收近1000元。

一是大力实施产业扶贫项目。投资3213万元，实施种植业项目75个、养殖业项目4个，传统手工业及加工业项目3个，投资类项目16个，重点发展蔬菜、瓜果、畜禽等特色产业。打造了以“曲堤”牌黄瓜、“太平宝”西瓜、“垛石”牌樱桃西红柿、“仁风”牌富硒西瓜等为特色的一批农业产业扶贫项目，帮扶97个贫困村、1741户贫困户。积极探索非贫困人口“插花式”扶贫新模式，在新市镇投资800万元，建设了占地面积158亩的扶贫产业园，建设高标准拱棚5个、高温大棚22个，重点发展绿色蔬菜。项目建成后，可直接帮扶贫困户180户、400人，人均增收1000余元。

二是积极推动光伏扶贫项目。积极落实光伏扶贫政策，利用光伏项目带动贫困户脱贫。2016年，共实施光伏项目87个，其中，第一批项目由发改委统筹，投资2360万元，为59个贫困村每村装机50千瓦的光伏项目已建设完成，每个项目预计年收益5万元以上。第二批项目利用专项扶贫资金972万元建设光伏项目28个，2017年3月可建设完成。第三批光伏项目选址工作已经完成。

三是加强对项目资金监督管理。相继出台了《济阳县财政扶贫资金管理办法》《济阳县财政专项扶贫资金项目实施监管意见》等规范性文件，明确了财政专项扶贫资金项目的实施程序、资金拨付程序、绩效评价和考核办法、责任追究等内容，做到了专项资金专户存储、专款专用，根据工作进度及时拨付。同时，引入第三方验收审计机制，切实杜绝挤占、挪用、贪污、浪费等现象的发生，有效保证扶贫资金高效安全。

四、积极探索“N+扶贫”，建立社会扶贫新格局

面对新时期扶贫开发的特点和要求，积极探索“N+扶贫”模式，整合资源力量，放大扶贫效应。

一是探索“党建＋扶贫”。充分发挥党组织在扶贫开发工作中的引领作用和党员模范带头作用，抓党建促扶贫。县里成立了第一书记临时党总支，各镇（街道）成立了第一书记临时党支部，完善了第一书记的组织架构。各第一书记带动村级党组织察民情、寻路子、上项目，带动贫困户脱贫、贫困村摘帽。市派太平镇路家桥村第一书记孙龙，为该村制定“221”扶贫规划，以“水、电、路、井、桥、灯、渠”等7个重点基础设施项目建设为抓手，精准发力扶贫，将路家桥村建成市级“美丽乡村建设先进村”，并在路家桥村成立了全县第一个红色股份合作社，流转土地近500亩，建成瓜菜大棚100余个，实现村集体、贫困户和农户共同受益、共同致富。据初步统计，各第一书记派出单位共筹集资金4950万元，用于扶贫开发。其中，自筹资金1690万元，协调资金1640万元，其它帮扶投入1620万元。积极开展“送温暖”活动，县直各党组织为贫困户中送去了米、面、油、煤等慰问品和慰问金，解决了困难群众过冬的后顾之忧。

二是开展“行业＋扶贫”。研究《全县脱贫攻坚专项实施方案》，制定了行业、部门脱贫攻坚工作配档表。初步统计，2016年各行业部门共计投资1.6亿元用于脱贫攻坚，壮大了扶贫力量。实施“雨露”计划，资助68名贫困学生顺利完成学业。实施健康扶贫，为贫困户发放扶贫健康卡；对于贫困户中的精神病人，全部由回河精神病医院进行免费康复治疗。实现了五保、低保线和贫困线“两线合一”，2016年系统内共有4330户、7635人低保、五保贫困户实现兜底脱贫。为39个贫困村进行了村庄绿化，对104个贫困村所有农户实施饮

水安全工程，对353户贫困户实施了危房改造项目，对40名贫困群众开展电商培训，对45个贫困村道路进行提升改造，共整修道路50余千米。

三是做好“金融+扶贫”。安排专项资金644万元用于金融扶贫，其中400万元用于金融贷款风险补偿金，244万元用于贷款贴息和担保费用。协调有关单位，开设了3个金融扶贫资金三方监管账户。积极开展“富民农户贷”和“富民生产贷”，完成了1273名符合条件贫困人口的评级授信工作。摸排了有金融扶贫需求的经营主体46家，通过金融扶贫可带动贫困人口983人脱贫。

四是开展“就业+扶贫”。充分发挥农民工综合服务中心作用，借助阳光大姐、安培培训等平台，对贫困群众进行免费培训并推荐就业，带动1600人就业脱贫。定期组织县内企业召开专场招聘会，对掌握一定劳动技能的贫困人口直接推荐就业；对年龄偏大的贫困人口，适当安排环卫工、保洁员等公益性岗位，让贫困户实现“一人就业，全家脱贫”。

五、重服务强管理，打造扶贫开发新面貌

把脱贫攻坚作为全县重大政治任务，切实放在心上、扛在肩上、抓在手上，通过加强管理服务工作，为脱贫攻坚工作创造良好条件。

一是加强第一书记管理服务。第一书记是脱贫攻坚战役的重要组成部分。为做好第一书记管理服务工作，县里出台了《关于建立四个清单加强第一书记管理服务的二十条意见》，明确了第一书记、派出单位、镇（街道）等不同主体的职责，严格了纪律管理与考评奖惩。

二是积极开展业务培训。为提高扶贫人员对政策的理解和把握，2016年，县扶贫办先后对县、镇扶贫工作人员就扶贫政策、数据清洗、项目申报等工作开展培训350余人次；县扶贫办与组织部组织第一书记外出学习培训160余人次；邀请有关专家对参与扶贫的人员培训500余人次；成立政策宣讲团，先后对第一书记及村支部书记开展政策宣讲10余场等，通过一系列培训学习，提升了扶贫人员的工作能力和水平，为下一步更好的开展扶贫工作打下了坚实基础。

三是严格进行督导考核。针对不同时期的不同工作重点，有针对性地开展督导检查，及时发现和纠正工作推进过程中发现的问题。年中，对各镇（街道）2016年拟脱贫摘帽贫困村基础设施、产业扶贫项目推进、脱贫人口落实、档案规范管理等情况进行全面督导考核。针对数据清洗、建档立卡、项目建设等工作，开展了5轮不同形式的工作检查。将扶贫考核纳入全县科学发展考核体系，强化对各镇（街道）、县直相关部门、各镇（街道）扶贫办三个层次的考核，充分发挥考核指挥棒作用，促进扶贫工作推进落实。

四是大力开展扶贫宣传。充分运用电视台、报纸、网络等各种有效方式和载体，广泛深入开展脱贫攻坚工作宣传报道工作，先后在县广播电视台和《新济阳》报社开设专栏和访谈，大力宣传扶贫政策；充分利用、微博、微信等新媒体，发布扶贫信息，努力营造全社会共同关注、支持和参与扶贫开发的良好氛围。

2016年，在全县各级各部门的努力和社会各界的大力支持下，有82个贫困村达到“五通十有”标准实现摘帽退出，有5427户、11509人年人均纯收入超过4165元达到低标准“两不愁三保障”实现脱贫，全县脱贫攻坚取得初步成效。

（王学芹）

大事记

2016年济阳县大事记

1月

1日 济阳县城镇居民管道天然气全面实施三个阶梯价格。第一阶梯年用气量216立方米以内(含)，每立方米2.50元；第二阶梯年用气量216～360立方米(含)，每立方米3.00元；第三阶梯年用气量360立方米以上，每立方米3.75元。

同日 济阳县人民医院承担“国家上消化道肿瘤早诊早治项目”，对济阳辖区内居民开展免费早癌筛查工作。

6日 济阳县公安局完成济阳看守所搬迁工作。新看守所位于正安路与国道G220线交叉口北侧，于2013年3月动工修建，占地面积5.7万平方米。

7日 济阳县政府办公室、县文化广电新闻出版局依法对藏匿在县城的3家非法广播电台进行查处，这是全县首次查处非法设置的广播电台。

8日 济阳县物价局被国家发改委、《中国经济导报》联合授予“全国价格宣传工作先进集体”称号，有2人被授予“全国价格宣传先进个人”称号。

11日 济阳县城管执法大队向沿街经营业户、流动商贩、建筑工地等服务对象发放告知书7000余份，告知商户业主在“百日集中整治行动”中自觉遵守市容管理法纪法规，自觉整改存在问题。

同日 县环卫管护中心召开城区环境卫生专项整治百日行动专题会议，全面启动城区环境卫生专项整治行动。

12日 济阳县医院普外一科与介入室联合成功实施全县经皮经肝十二指肠扩张球囊推石术。术后患者结石症状立即消失。

14日 济阳北海村镇银行举行开业暨银企合作签约仪式。济阳北海村镇银行是经中国银监会批准，山东莱州农村商业银行发起，携手济南华北升降平台制造有限公司、济南弘丰化工有限公司等企业共同设立的具有独立法人资格的新型农村金融机构，注册资金4000万元。

同日 国家级节约集约模范县创建考核组到济阳县进行考核。考核组先后察看孙耿镇唐家社区、济南达利食品有限公司、济南金麒麟刹车系统有限公司、旺旺食品和徐家鑫苑等项目。

15日 政协第九届济阳县委员会常务委员会第二十次会议在县为民服务中心二楼会议室召开。县政协主席杜爱君，副主席杨秀章、郭协勇、张学兰、卢士平、张乃杰、赵建凯，秘书长盛伟出席会议。会议审议通过政协第九届济阳县委员会第二十次会议议程；听取县政府工作报告起草情况和政协第九届济阳县委员会第五次会议筹备情况的说明；审议通过关于召开政协第九届济阳县委员会第五次会议的决定；审议通过政协第九届济阳县委员会第五次会议日程、议程（草案）；审议通过政协第九届济阳县委员会第五次会议秘书长、副秘书长名单；审议通过政协第九届济阳县委员会第五次会议主席、副主席、秘书长、轮值常委名单；审议通过政协第九届济阳县委员会常务委员会工作报告（草案）、提案工作报告（草案）和各专门委员会工作报告及2016年工作要点；审议通过人事任免决定。

15日 济阳不动产登记中心揭牌仪式暨首批不动产权证书发放活动在为民服务中心举行。济南市国土资源局局长韩晓光，县委副书记、县长王壮，副县长高继锋参加活动。

19日 济阳县——新竹县农业发展合作洽谈会在济阳县为民服务中心会议室召开。县领导祖爱民、王壮、高继锋参加。

20日 县委常委、宣传部部长李莉走访慰问获全市第五届道德模范的济阳县群众，为他们送去“有德吉祥”灯笼和文明春联及慰问金8万元。

21—24日 中国人民政治协商会议第九届济阳县委员会第五次会议，在济阳县会务中心礼堂召开。出席委员238名，分7个界别活动组。会议听取并审议政协第九届济阳县委员会常务委员会工作报告和提案工作报告；与会委员列席济阳县第十七届人民代表大会第五次会议，听取并讨论县政府工作报告和其他工作报告，讨论济阳县国民经济和社会发展第十三个五年规划纲要；审议并通过各项决议。

22日 济南市副市长李宽端到济阳县调研应对灾害天气措施情况。

23—25日 济阳县第十七届人民代表大会第五次会议召开。会议通过济阳县第十七届人民代表大会第五次会议关于议案审查情况的报告；济阳县第十七届人民代表大会第五次会议关于济阳县人民政府工作报告的决议、关于济阳县人大常委会工作报告的决议、关于济阳县国民经济和社会发展第十三个五年规划纲要的决议、关于济阳县2015年国民经济和社会发展计划执行情况和2016年国民经济和社会发展计划报告的决议、关于济阳县2015年财政预算执行情况和2016年财政预算报告的决议、关于济阳县人民法院工作报告的决议、关于济阳县人民检察院工作报告的决议。

23日 山东省黄河河务局副局长王银山、市河务局副局长王春迎到济阳黄河河务局局检查防凌工作。

24日 中华两岸企业发展联合总会会长林国栋一行到济阳县参观考察。考察团先后参观济南统一食品、旺旺集团山东总厂、界龙科技有限公司、安达刹车片、海峡两岸青年企业家创业基地等处。

27日 济北街道社区卫生服务中心举行启用暨揭牌仪式。至此，全县镇级医疗机构实现全覆盖。

30日 崔寨镇前街村舞龙队应邀参加山东省首个非物质文化遗产月系列活动启动仪式。

同日 济阳县首届农民专业合作社年会在三旺友和大酒店会议室召开，来自全县的60余名合作社理事长、农资企业代表及各镇（街道）农办负责人参加会议。

2月

3日 山东省文明办副主任王龙飞到济阳县走访慰问全省第五届孝老爱亲道德模范高丕英老人。

4日 深圳禧嘉达商贸有限公司禧嘉达制罐项目正式签约落户济北开发区。

17日 中共山东省委副书记龚正到济阳县调研。龚正一行先后到济南界龙科技有限公司、旺旺山东集团总厂、济南统一食品有限公司、山东佳怡物流济阳项目和山东阳光大姐全国家政服务标准化示范基地、崔寨镇郑家村考察。省台办主任张雪燕，市委副书记雷杰，县领导祖爱民、王秀成陪同。

19日 致公党中央常委、省政协副主席、致公党山东省委主委赵家军到济阳县调研。赵家军一行先后察看了旺旺集团山东总厂、济南优诺思喷印设备有限公司、济南统一食品有限公司、现代农业示范园一期育苗大棚和黄河古镇等处，听取有关负责人情况介绍，详细了解企业生产、经营情况。县政协主席杜爱君、副主席杨秀章陪同。

23日 山东省政协委员艺术团、山东画院、省致公党艺术院联合到济阳县开展送文艺走基层活动。来自山东画院的十余名知名书画家挥毫泼墨，创作《儒风雅韵》《大漠孤烟直长河落日圆》《济北韶台圣人迹 食品工业四海名》等书法作品,《岁寒三友图》《清风雅韵》《虎虎生气》《龙驹四骏图》《岁岁平安节节高》等山水、花鸟中国画。晚7时30分，“猴年庆新春 文艺走基层”文艺晚会在会务中心礼堂举行。

26日 济阳县文广新局任业明、崔寨镇郑家村李士山成功入围“文惠百姓、艺传泉城——感动基层”文艺工作者评选，并获提名奖。

3月

1日 济阳县深化国税、地税征管体制改革工作领导小组成立，县长王壮任组长，县委常委、常务副县长孙战宇任副组长，县政府办公室、县财政局、县国税局、县地税局负责人为成员。

7日 华能集团黄台电厂厂长冯春一行到济阳县考察。县领导王壮、孙战宇参加。

8日 济南中通吉物流有限公司项目奠基仪式在济阳县崔寨镇举行。县领导王壮、孙良才参加。

9日 市委常委、市总工会主席王以才到济阳县调研。王以才一行先后察看县农民工综合服务中心、山东新阳能源有限公司。

10日 济阳县农村党支部书记培训班第一期开班。

同日 山东省人民政府安全生产包市督查组到济阳县督查建筑施工安全工作情况。县领导任道胜、赵建凯陪同。市建委副主任武兆军，县住建委主任刘佩贞、副主任王长胜以及消防大队等部门负责人参加活动。

14日 济阳县人民政府与山东省中小企业局签署战略合作协议，共同打造海峡两岸青年企业家创业基地。

15日 济阳县宣传思想文化工作会议暨《新济阳》客户端启动仪式举行，总结表彰

2015年度宣传思想文化工作先进单位、先进个人和优秀作品，安排部署2016年工作任务。

16日 济南至济阳三座跨黄河大桥开始免费通行，省委常委、济南市委书记王文涛到济阳县调研济阳黄河大桥免费通行情况。市领导雷杰、苏树伟、时文进，县领导祖爱民、王壮等陪同。

同日 济阳县黄河河务局水政监察员巡查至沟杨段十里堡村时，发现有人在背河柳荫地非法存储固体危险品（沥青）。据调查，有60桶固体危险品，约6吨。根据《山东黄河河道管理条例》，责令当事人限期两天内清除所有危险品，并向其进行《防洪法》《山东省黄河河道管理条例》等相关条例宣传教育。

18日 山东省人防办副主任李发跃一行到济阳县调研指导人防工作，实地察看了安大广场、银都小区人防工程建设情况。

22日 济阳县人大常委会第三十五次会议举行新任命国家工作人员向宪法宣誓仪式，这是人大常委会第一次组织新任命的国家机关工作人员向宪法宣誓，标志着宪法宣誓制度在济阳县正式实施。

同日 济阳县学子刘乐阳收到英国帝国理工学院硕士录取通知书，成为全县有史以来步入这所世界顶级名校第一人。

23日 济南市副市长李宽端到济阳县调研农业综合体规划建设情况。

同日 日本新潟县上越市农民合作社成员到太平镇路桥村学习蔬菜种植经验。

同日 枣庄市山亭区党政考察团到济阳县参观考察。

27日 济阳县聘任汪艳芸女士为济阳县对港商务友好交流大使。县委书记祖爱民为汪艳芸女士颁发聘书。

29日 “智慧济阳建设”县人民政府·中国移动通信集团济南分公司战略合作协议签订

仪式在为民服务中心三楼会议室举行。县领导王壮出席。

同日　云南省台办副主任段俐娟带队到济阳县参观考察。市台办副主任李学忠、济北开发区管委会主任王洪忠陪同。

30日　山东省防总办副主任赵琳率省防汛抗旱督导组到济阳督导防汛抗旱工作。

同日　济南市政协副主席冯光文带领市政协致公党、台联、侨联界别部分政协委员到济阳县调研视察科技创新工作。冯光文一行实地察看了统一食品项目、山东安信种苗股份有限公司、济南优诺思喷印设备有限公司、山东汉方制药科技有限公司等科技创新企业，并听取企业负责人的情况介绍。市政协副秘书长司志坤，县政协主席杜爱君，副县长高继锋，县政协副主席杨秀章、张学兰，秘书长盛伟陪同。

31日　济阳县国税局营改增试点纳税人接收确认工作全面启动，首日完成17户共管纳税人的确认接收工作。

3月　崔寨镇英才学院南侧过街天桥投入使用，国道G220线与中心大街、浮桥路、青宁、崔寨4个重要路口交汇处设置了红绿灯。

同月　首届泉城女性榜样颁奖仪式在济南龙奥大厦举行。济南华北升降平台制造有限公司董事长王茂华、山东佳怡物流集团副总裁贺小轩、济南酷磕食品有限公司董事长郭娟分别获“杰出创业女性”“创新女性”“慈善女性”等称号。

同月　崔寨镇周孟村党支部书记、济阳辛迪加农业合作社社长孟宪华获“全国优秀农民工”称号。

4月

6日　山东凯瑞餐饮集团董事长赵孝国一行到济阳县参观考察华百广场项目。

8日　“济阳钩绣”项目入选第四批山东省非物质文化遗产代表性项目扩展名录。

同日　济阳县人民医院成功为一位胸腰椎脊柱侧弯10余年患者实施退变性脊柱侧弯矫形术。为全县首例后路椎间融合器结合后路追弓根系统胸腰段退变性脊柱侧弯矫正术，填补县域医院此项手术领域的空白。

10日　济阳县职业中专学生任长燕、崔寨镇史坞村60岁村民胥宝生获“济南十大孝子（女）”称号。

13日　济北开发区召开市级重点项目调度会。对熊猫乳业、丹夫食品、赖氏家具、统一物流、海峡两岸青年企业家创业基地等5个市级重点项目进行集中调度。

同日　全县“展示优良家风，建立家庭档案”主题活动动员会召开。会议印发《关于在全县开展“展示优良家风，建立家庭档案”主题活动的通知》，通过《济阳县2016年未成年人思想道德建设工作实施方案》。各镇（街道）、县委老干部局、县妇联、县教体局、县信息（新闻）中心、县电视台等部门参加会议。

14日　济南市人大常委会主任徐长玉到济阳县调研扶贫开发工作。市人大常委会秘书长刘西安，县人大常委会党组书记、第一副主任叶维平、副主任杨玉美、董树村、马庆军陪同。

15日　济阳县开展首个“全民国家安全教育日”集中宣传活动。通过电视、报纸、网络以及发放宣传资料、悬挂条幅、户外电子屏滚动播出相关宣传知识等多种渠道和形式，开展《国家安全法》《反恐怖主义法》《反间谍法》和“12339”举报电话社会宣传。让首个“全民国家安全教育日”宣传进机关、进学校、进村居、进社区、进企业。

16日　第八届仁风富硒西瓜文化节暨生态休闲旅游在济阳县仁风镇政府广场拉开帷幕，县委书记祖爱民出席。

19 日 济南市委副书记雷杰到济阳县调研扶贫解困工作。县领导祖爱民、王壮等陪同。

同日 全县民营企业档案规范化建设暨协作组会议召开。全县民营企业协作组的 13 家企业及 7 家主管部门的分管领导和档案工作人员参加会议，共同研究推进民营企业档案规范化建设工作。

20 日 济阳县举办第一届“安培杯”济阳工匠评选暨 2016 年全县职工职业技能大赛。

同日 华彬集团董事局主席严彬一行到济阳县参观考察。华彬集团是集国际贸易、物业经营管理、体育文化产业、旅游休闲度假、功能饮料为经营主业的跨国集团公司。

21 日 济南高新区党工委书记、管委会主任徐群一行到济阳县开展结对帮扶工作。县领导祖爱民、王壮等参加。

26 日 辽宁省阜蒙县委书记马永生一行到济阳县参观考察。考察团实地察看济南达利食品有限公司、上好佳食品、济南统一企业有限公司。县领导祖爱民、庞金良陪同。

26—29 日 县政协副主席张学兰带领政协工作人员赴安徽省泾县查济村学习政协文史资料征集工作先进经验做法，考察了解查济村迁建历史及发展情况。

29 日 济南警备区副司令员崔振林到济阳县检查民兵组织整顿工作。

4 月 13 名来自济南新华书店系统的老知青到济阳街道韩家居回访当年知情宿舍旧址，并看望韩家居部分老人。

5月

1 日 济阳县全面推行营业税改征增值税试点工作，将建筑业、房地产业、金融业、生活服务业等营业税纳税人纳入试点范围，由缴纳营业税改为缴纳增值税。营业税改征增值税后，增值税地方留成比例由 25% 提高到 50%。

同日 济阳县国税局成功为自然人张波代开出济阳县首份建筑业普通发票。

6 日 山东省美术家协会、省文化馆、市文联、县委宣传部、县文联在黄河古镇联合举办济阳籍画家谢景勇、张华之、李长三、董刚、张健“济水墨韵”五人书画展。

7 日 山东天晴能源有限公司举行项目奠基仪式。该项目将在济阳县建设全球首家“零能”科技园。济南市副市长张海波、市台办主任李兆兵出席仪式。

10 日 全县食用林产品质量安全培训班在蓬生农业科技有限公司举行，各镇（街道）食用林产品质量安全协管员学习《济阳县“守护舌尖安全”食用林产品质量安全专项整治行动实施方案》和林业病虫害防治技术。培训班邀请上海云农科技有限公司高级工程师戈思成就食用林产品速测流程相关内容进行授课。

11 日 省建筑生产安全检查组到济阳县检查建筑工地安全生产工作。

12 日 济南市副市长张海波到济阳县调研帮挂扶贫工作。

13 日 济阳县“一村一年一场戏”文化惠民工程启动仪式在济北街道汇鑫苑社区广场举行。副县长郭冬梅参加活动并致辞。

同日 河北枣强县政协主席张英带领枣强县移民文化研究会相关负责人到济阳县学习考

察。县政协主席杜爱君、副主席张学兰及县政协相关委室负责人陪同。与会领导就两县经济社会发展、风俗文化、枣强移民在济阳情况以及文史工作进行交流座谈。张英一行参观考察旺旺食品有限公司和现代农业科技示范园。

15 日 2016 全国“最美家庭”暨全国五好文明家庭表彰大会在北京举行，济阳县“最美母亲”万兰英家庭获全国“最美家庭”称号。

16 日 济南市人大常委会副主任时文进到济阳县调研扶贫开发工作。市水利局局长张曰良，县人大常委会第一副主任叶维平、副主任王向军、杨玉美、董树村、马庆军陪同。

17 日 在新加坡——济南服务业合作圆桌会议上，济阳县人民政府、崔寨镇人民政府与新加坡丰树华新管理咨询有限公司签订物流配送项目投资框架协议书。

19 日 山西省朔州市党政考察团到济阳县参观考察。考察团先后察看捷瑞物流项目、金麒麟刹车系统有限公司、旺旺集团山东总厂等处。县领导孙战宇、王长军陪同。

20 日 万利通集团董事长张少强一行到济阳县参观考察。县委常委、副县长孙良才陪同。

28 日 首届“经典润心灵·书香溢济阳”中华经典诵读电视大赛及“童心向党·唱响中国梦”合唱比赛在济阳县职业中专举行。经典诵读电视大赛有 24 个作品入围总决赛，并决出一、二、三等奖。

6 月

7 日 孙耿镇中心卫生院、曲堤镇中心卫生院通过“全国群众满意的乡镇卫生院”评审验收。

同日 国道 G104 线改扩建项目孙耿镇区段竣工。建成道路为双向 4 车道，设计时速 80 千米 / 小时。

同日 以颂歌献给党·激情促跨越为主题的“中央华府杯”全县第一届职工合唱节动员大会在为民服务中心二楼会议室举行。县领导庞金良、李莉、郭冬梅出席会议。各镇(街道)政工书记、宣传委员，县直各单位分管领导，部分企业工会主席参加会议。

13 日 全县纪念“国际档案日”暨“我的家庭档案”图片展开展仪式在济北公园举行。县领导庞金良、王秀成、李莉、郭冬梅等出席。

同日 济阳县遭受暴风雷电雨袭击，受灾面积 153 公顷，成灾面积 115 公顷，倒塌房屋 53 间，死亡 2 人(帝华房产工地一工人使用手机遭雷电袭击死亡，太平镇耀德村一村民驾驶拖拉机因躲避大风刮倒的树木翻入公路沟死亡)。

14 日 济南市副市长李宽端到济阳县太平镇察看“太平宝”西瓜受灾情况。

15 日 济阳县全民健身广场开工建设。该广场北接济北公园，南邻安大城市广场，北侧背景为山体公园，地块以中轴线为界，分为东西 2 个健身场地，中轴线延续“秧歌大道”步行景观带。

16 日 利宝保险有限公司济南市济阳支公司开业，这是济阳县进驻的首家纯外资保险机构，也是利宝保险有限公司在全球设立的第一家县级支公司。

17 日 山东省副省长王叔坚到济阳县调

研。王叔坚先后察看国道 G104 改建工程药王桥施工现场、付家至布店王段县乡路安全生命防护工程建设现场及济东高速——合同段济阳西主枢纽立交施工现场、澄波湖风景区、济南统一企业有限公司等处。

21 日　第九届"中国环境与健康宣传周"义诊活动暨助力扶贫攻坚"五个一行动"启动仪式在回河镇举行。改活动由农工党山东省委员会主办。

22 日　山东省林业厅副厅长亓文辉、省林场工作站站长汤天明、济南市林业局副局长郑兆亮一行到济阳县调研林场建设工作，县政府副县长高继锋陪同。

23 日　《我为猪狂》首映礼暨徒河食品新三板上市庆功会在北京举行。8 月 2 日，《我为猪狂》济南公映暨徒河食品健康餐桌计划启动仪式在济南舜耕山庄举行，济南市委宣传部副部长伊沛扬、县领导祖爱民、王壮、杜爱君、叶维平、庞金良、李莉、高继峰参加。

23 日　庚辰铸造搬迁项目签约仪式在为民服务中心三楼会议室举行。济南市经信委主任李会宝，县领导王壮、孙良才出席。

24 日　济南市副市长巩宪群带队到济阳县督导检查创建国家食品安全城市暨省级食品安全先进县工作。检查组一行先后对山东统一食品有限公司、山东旺旺食品有限公司、济北中学食堂、曲堤黄瓜市场、舜泰餐饮公司、小背篓主题酒楼、桃李面包、垛石振兴驴肉店、崔寨巧克力加工点等进行现场督导，并根据考核评价细则对随机抽取的食药监管所、食品生产企业、生产加工小作坊、超市、小食品店、农贸市场、餐饮服务单位、食品摊贩疏导点、食用农产品种植单位、水产养殖单位、农药销售点、餐饮具集中消毒企业、病死畜禽专业无害化处理厂、畜禽养殖单位、生猪屠宰场（点）等进行现场检查并打分。

同日　各参改单位公务用车全部实现停驶封存，封存公务用车 477 辆。

同日　举行汽车租赁企业和参与公车改革单位见面会。县机关事务管理局通过政府采购以公开招标方式确立 10 家小型汽车、4 家大中型客车、3 家新能源汽车租赁企业为定点汽车租赁企业。

26 日　济阳县人民医院外二科成功开展全县首例膀胱全切、直肠代膀胱术。

27 日　第三届国土资源节约集约模范县（市）表彰大会在北京举行。济阳县被国土资源部授予"国土资源节约集约模范县"称号。

同日　中华两岸企业发展联合总会会长林国栋一行到济北开发区参观考察。

同日　济南市巾帼脱贫行动推进会在济阳县召开。与会人员先后察看垛石镇布家村产业区、村级场所建设，垛石镇柳家村文体广场，山东阳光大姐全国家政标准化示范基地项目。

28 日　济南市首批农村土地经营权抵押担保贷款发放在济阳县举行。济阳县的振群苗木繁殖中心、勇辉农业有限公司等 3 家新型农业经营主体获得齐鲁银行和邮政储蓄银行 390 万元贷款。这是全市发放的首批农村土地经营权抵押担保贷款。

29 日　锡盟——山东 1000 千伏特高压交流输变电工程（山东）投运仪式举行。济南市副市长张务锋，市委常委、副市长苏树伟，县领导祖爱民、王洪忠参加。

30 日晚　"祥生中央华府杯"首届全县职工合唱节启动仪式暨纪念中国共产党成立 95 周年、中国工农红军长征胜利 80 周年文艺汇演在政务中心广场举行。

6 月　全国快递"十强"中通吉物流落户崔寨镇。

同月　历时 3 年，全面完成济阳县全国第一次可移动文物普查工作。该工作启动于 2014

年，累计上报全县馆藏文物普查信息1019件（套），4000余件，普查报告通过省和国家文物局审核。

7月

1—3日　第五届韩博会暨魅力济南商品展及日本商品展在济南国际会展中心举行。济阳县有2家企业参展，意向订单30余万元。

5日　全县政校企人才合作基地签约揭牌暨“好品山东”济阳服务中心授牌仪式举行。县委常委、组织部长、县委办公室主任、县人才工作领导小组办公室主任王秀成，山东英才学院校长夏季亭，山东好品网络科技有限公司总经理郭俊超参加。

6日　济南国源农业光伏项目由国源设计院有限公司在曲堤镇安家村兴建。项目占地面积23万平方米，投资1.5亿余元，建设10兆瓦农光+渔光互补的光伏发电项目。

同日　济阳县垛石镇祁氏牧业梅花鹿养殖基地建成使用。基地占地面积10万平方米，投资1500万元，养殖梅花鹿200头。

7日　济南市副市长张海波到新市镇牛王村看望慰问老党员，并参加基层党支部“两学一做”学习活动。

8日　根据《济阳县党政机关公务用车制度改革实施方案》精神要求，济阳县机关事务管理局会同政府采购中标企业——山东金信达资产评估有限公司对集中封存车辆进行现场评估验收，并以评估价作为处置基准价，采取公开拍卖方式进行公开处理，处理结果向社会公开。

12日　中国共产党济阳县第一支部旧址和济阳县烈士陵园入选济南市首批党史教育基地。

13日　济南市人在常委会副主任孙积港到济阳县调研工业经济发展情况。调研组一行先后察看了浙江五金建材城、丹夫食品和迈大食品项目，现场听取汇报，详细了解项目规划、建设和运营情况。

16日　首届中国龙山黑桃艺术作品大赛暨首届中国龙山黑陶精品展在章丘文博中心举办。来自全国60余家生产企业的400余幅作品参加比赛，济阳县徐庆增的黑陶作品“硕果累累”获优秀作品奖。

20—29日　举办全县首届职工合唱节，有33支队伍参加初赛。县教体局、县医院等19支代表队入围总决赛。8月4—5日，举行总决赛。教体局获县直组金奖，政务中心、县市政园林公用事业局获银奖，县工商局、县住建委、县房管中心获铜奖。垛石镇获镇（街道）组金奖，曲堤镇获银奖，崔寨镇获铜奖。中国银行获企业组金奖，县供电公司获银奖。县医院、县市政园林公用事业局、县中医院获最佳人气奖。8月10日，“颂歌献给党、激情促跨越”祥生中央华府杯全县首届职工合唱节颁奖典礼暨文艺演出在会务中心礼堂举行。

21日　山东省妇联联合济阳县妇联在垛石镇柳家村举办“牵手相伴”联谊会。济南市解放路第一小学家委会和柳家村22名留守儿童参加。

22日　中国食品工业协会常务副会长刘治一行到济阳县参观考察。刘治一行先后到旺旺集团、丹夫食品、上好佳、济南统一公司及印尼迈大进行参观。副市长张海波，县领导王壮、孙良才陪同。

26日　济阳县卢士杰的十余副美术作品入选中国邮政建党95周年纪念邮票，并将在全国发行。

同日　济阳县与华天软件“互联网+”战略合作签约仪式暨济阳智造云平台上线启动仪式举行。

28 日 凯莱东尼电线电缆项目落户济阳县，项目总投资 2.8 亿元。

同日 全省“今日头条—2016‘端政’政务新媒体大会”在济南召开，济阳县人民法院获“山东最具影响力法院头条号奖”，全省有 10 家法院获得该奖。

29 日 济南市副市长李宽端到济阳县检查内河防汛工作。

30 日 济阳县垛石镇梁氏庄园首届农业综合体推介会开幕。山东省乡村旅游协会会长吕升轩、副县长高继锋出席。

8 月

3—4 日 海峡两岸共同基金会执行长陈德昇一行到济阳县参观考察。考察团先后参观澄波湖风景区、文体中心项目、界龙科技有限公司、山东佳怡物流济阳项目等处。

4 日 济阳县曲堤镇获全国“一村一品”示范镇称号。

9 日 山东省副省长赵润田到济阳县调研农业工作。赵润田先后察看曲堤黄瓜博物馆、专业批发市场，山东安信种苗股份有限公司，现代农业科技示范园北园区、济南蓬生农业科技股份有限公司及旺旺集团山东总厂。副市长李宽端，县领导祖爱民、王壮、等陪同调研。

同日 以“创变，升级”为主题的 2016 年中国蔬菜育苗产业大会在济南召开。济阳县被授予“全国蔬菜产业先进县”称号。

12 日 山东熊猫乳业项目奠基仪式在济北开发区举行。该项目由浙江熊猫乳业集团股份有限公司投资建设，总投资 3.6 亿元，厂房总建筑面积 6.6 万平方米。

同日 由市委宣传部主办的天下泉城大讲堂——济南市“中国梦、小康情”百姓宣讲比赛（决赛）暨首场报告会在龙奥大厦举行。济阳县公安局张森获一等奖，曲堤镇胡家村肖岛获二等奖，回河镇政府王桂娟获三等奖。济阳县委宣传部获优秀组织奖。

16 日 山东省林业厅、济南市林业局有关负责人到孙耿镇调研杨树速生丰产林建设工作。调研组一行实地查看了“六一”林场和丁家村杨树林建设情况。

17—18 日 全省放心食品生产基地创建推进会在济阳召开，参会人员到山东上好佳食品工业有限公司、山东旺旺食品有限公司等观摩放心食品生产基地建设情况。随后，省食品药品监督管理局组织召开放心食品生产基地创建分组座谈会，围绕食品生产环节“食安山东”品牌创建工作中的经验做法、存在问题及建议进行座谈讨论。省食安办副主任、省食品药品监管局副局长王建政、济南市副市长巩宪群、各市食安办分管领导、济阳县等10个创建基地的政府领导参加观摩活动。

19日 《新济阳》创刊20周年座谈会暨诗歌吟诵会在为民服务中心二楼会议室举行。

23日 《四海济阳人》出版发行，该书由济阳县档案局编辑出版。共收录济阳籍在外工作人员379人，采用记述体的形式，真实客观的记述了被收录人员的姓名、性别、出生年月、籍贯、学历、工作单位、职务、个人工作简历等内容。

24日 济南市政协副主席张辉带领市委专项督查组到济阳县就贯彻落实省委、市委政协工作会议精神情况开展专项督查。张辉一行察看了稍门平原水库项目、回河镇政协联络室、回河镇小何家社区、捷瑞物流项目、县文体中心项目，并听取有关负责人情况介绍。县领导王壮、杜爱君、庞金良、杨秀章、张学兰、张乃杰，县政协秘书长盛伟陪同。

27日 杨派周制汉婚婚礼秀在第六届山东文化产业博览交易会上演。杨派周制汉婚由济阳县婚礼协会会长杨庆忠研究整理而成。

29—30日 由山东省中小企业局、省台办和台湾中华两岸企业发展联合总会主办的2016首届鲁台中小企业创业创新论坛在济阳县举行。60家台湾中小企业围绕食品饮料、精密机械、电子信息等产业进行了深入交流探讨。

30日 县委副书记、县长王壮，县委常委、副县长孙良才会见台湾区电机电子工业同业公会顾问尹启铭一行。

8月 济阳籍记者洪建国作品《中国军队援非抗埃博拉病毒系列报道》获第26届中国新闻奖一等奖。

9月

1日 东营市北宋镇百人考察团到垛石镇交流农业产业发展工作。

2日 济阳绿色出行启动仪式在政务中心北侧新能源汽车停车场举行，“兹兹”在济阳首次投放10辆电动汽车。标志着济阳率先在全市启动公务绿色出行。

2—5日 第十七届中国美食节、第十七届中国绿色食品博览会分别在济南、长春举行。济阳县20家企业40余个品种参展，济阳绿宝源种植合作社被评为2016年中国十佳食材供应基地，曲堤黄瓜、垛石番茄、富硒西瓜分别获第十七届中国绿色食品博览会金奖。

4日 山东电视台农科频道“热线村村通”栏目到垛石镇梁氏庄园采风。

5日 兴隆街小学举行开学典礼。学校于2015年10月开工建设，投资2300万元，占地面积1.53万平方米，有教学班18个，学生810人。

6日 济阳县中医院为曲堤镇一产妇成功实施剖宫产术，顺利娩出三胞胎，这是该院有史以来第一个三胞胎例。

7日 济阳县第三十二个教师节庆祝大会在会务中心礼堂召开。

同日 济阳县澄波湖学校举行开学典礼。学校是一所集中小学为一体的九年一贯制公办学校。占地面积9万平方米，总投资1.2亿元。有小学教学班34个，初中教学班11个，学生2384名。

9日 “济阳垄上行”大型系列专题报道栏目启动仪式在曲堤镇黄瓜市场举行。县领导李莉、高继锋、郭冬梅出席。

11日 17时许，曲堤、仁风等镇遭遇大风、暴雨、冰雹等强对流天气袭击，导致部分村镇玉米、水稻、棉花、瓜菜及部分农业设施大面积受损。经初步统计，受灾玉米、水稻等农作物面积2000余公顷，310余个蔬菜大棚受损，直接经济损失1000余万元。

12日 县环卫管护中心增设240L果皮箱300余个，并对城区所有垃圾桶全部安装盖子，确保设施整洁美观，防止雨水进入产生渗滤液二次污染地面。

13日 济阳县组织参加全市电商扶贫暨第一书记扶贫成果展。市委副书记雷杰、市委组织部部长李刚到济阳展区参观。

20—23日 全县第三次农业普查综合试点工作在孙耿镇枃子李村进行。

21日 第四届中国非物质文化遗产博览会在济南国际会展中心开幕，济阳县的济阳钩绣（鲁嫂钩绣）、济阳黑陶、德兰柳编、泥面塑4个非物质文化遗产项目参加展览，其中张德兰参加草柳编大赛并进入决赛。

23日 农业部到济阳县调研设施园艺数字农业工作。调研组一行先后察看现代农业科技示范园二期、济南蓬生农业科技股份有限公司、东篱人家合作社、安信种苗股份有限公司。

同日 国家食药监局食品监督一司司长张靖一行到济阳县调研大型食品生产企业落实食品安全主体责任工作。张靖一行先后到济南桃李面包有限公司、旺旺食品山东总厂和济南统一食品有限公司进行实地察看。县领导孙斌、王秀成、呼廷贵陪同。

25—29日 第十八届全国肥料双交会在青岛国际会展中心召开。来自31个省（市、区）的428家肥料生产及相关企业、2118个农技推广部门、537个种植业专业合作社、1620个种粮大户和3149个农资经销商参加会议，展示展销产品千余种。济阳县济南阿波罗甲壳素肥业有限公司及济南浦田蔬菜专业合作社参加展会，这是济阳县肥料生产经销企业首次亮相全国肥料双交会。

26日 济南市副市长李宽端到济阳县察看三秋生产暨秸秆综合利用和焚烧工作。县领导孙斌、王壮、王秀成、高继锋陪同。

29日 济南市委常委、市总工会主席王以才到济阳县调研群团共同体建设工作。

同日 由济阳县黄河河务局马振平等人完成的《防汛抢险应急多功能充水、气式帐篷》和王伟等人完成的《高压电非接触智能预警装置的研发与应用》获水利部黄委会三新成果认定。

同日 孙耿镇在正安广场举行“家乡美·舞最美”广场舞大赛。全镇24支队伍参加此次比赛，经过2天激烈角逐，12支队伍晋级决赛。后张村马英代表队夺得广场舞大赛桂冠，获3000元奖励。

同日 山东有线全民广场舞大赛济阳赛区启动仪式在县城六福广场举行。大赛主题为“飞扬中国梦，舞动齐鲁情”。节目包括广场舞、太极、五禽戏等20余个参赛项目，600余人参加活动。

10月

8日 济阳县国税局成功开出金税三期优化版第一张税票。

9日 全市扶贫产业开发项目推进工作现场会到济阳县观摩。与会人员到回河镇吴寨村观摩无公害蔬菜种植基地建设产业扶贫项目。副市长李宽端、县领导孙斌参加。

同日 全县庆祝老人节会议召开，对评选出的“十大长寿之星”“十大孝星”“十大敬老模范”“十名模范老人”进行表彰，命名53个单位（集体、窗口）为济阳县第二届“敬老文明号”。

10日 济阳县召开“勇于担当、务实有为”主题实践活动动员大会。会议决定即日起在全县开展“勇于担当、务实有为”主题实践活动。活动具体分为学习发动、查摆问题、整改落实、总结提高四个阶段。县领导孙斌、王壮、杜爱君、叶维平、庞金良、王洪忠、孙良才、王秀成、李莉、于炳基出席。

同日 山东省专家组到济阳县对济北少儿体校创建“国家高水平体育后备人才基地”进行认定复评。21日，济阳县济北少儿体校被确立为国家高水平体育后备人才基地。

10—12日 济阳鼓子秧歌传承人姚大新、窦庆国参加文化部民族民间文艺发展中心和北京舞蹈学院“舞蹈五线谱”民间舞蹈动作采集活动。

11日 济南市政协副主席刘梦海带领中国太平保险集团及国药控股股份有限公司相关负责人到济阳县调研。县领导孙斌、王壮、孙战宇、王秀成陪同调研。

同日 济南市政协副主席冯光文带领市政协“突破远郊县域经济”专题调研组到济阳县调研。调研组现场察看博通产业园、金麒麟刹车系统有限公司、旺旺总厂，听取有关负责人项目介绍。县领导孙斌、王壮、杜爱君、孙战宇、王秀成、杨秀章、张乃杰参加。

同日 上好佳集团董事长施恭旗一行到济阳县参观考察。县领导孙斌、孙良才、王秀成陪同。

12日 山东银丰投资集团有限公司董事长王伟一行到济阳县考察。县领导孙斌、孙战宇陪同。

13日 2016年全市重点项目建设督查评议活动到济阳县观摩。与会人员实地察看了丹麦丹尼诗休闲食品项目、济南奥普瑞斯智能装备有限公司、博通产业园等项目。省委常委、济南市委书记王文涛，市政协主席殷鲁谦，市委副书记雷杰等市领导参加督查评议活动。县领导孙斌、王壮、王秀成、呼廷贵、温磊、赵建凯陪同。

14—15日 “脱贫攻坚·文化同行”济南市2016年扶贫日文艺演出分别在太平镇路桥村、济阳街道董家村举行。

15日 济阳县在33个调查小区开展1%人口抽样调查摸底登记工作。11月5日结束。

16日 济阳县第八届柿子文化节暨农特产品推介会在垛石镇金镜柿园开幕。本届柿子节以“生态垛石镇，魅力乡村游”为主题，深入挖掘镇域内特色乡村旅游资源，推进济阳乡村旅游业发展。

17 日 全县脱贫攻坚成果展在政务中心广场举行。展出 22 块展板，发放 2000 余份宣传材料。

同日 全县城市规划、土地利用规划、产业规划编制工作调度会在会务中心二楼会议室召开。县领导孙斌、孙战宇、孙良才、任道胜、高继锋参加。

同日 济阳县出租车司机刘希臣争分夺秒送烫伤男童到济南儿童医院就医，坐等 3 小时为其家人服务。受到社会一致好评，被誉为“济阳好的哥”。

18 日 山东省政协副主席许立全一行到济阳县调研民族宗教工作。县领导孙斌、杜爱君、王秀成陪同调研。许立全一行察看山东佳怡物流有限公司、澄波湖风景区、济阳街道粮食口村清真寺、现代农业科技示范园、海棠湾温泉度假村、济南统一企业有限公司等处，并听取有关负责人情况介绍。

19 日 “脱贫攻坚·文化同行”济南市 2016 年扶贫日文艺演出走进济阳街道董家村，县领导黄凯东，县扶贫办、县文广新局、济阳街道负责人观看演出。此活动由市文广新局、市扶贫办主办，市京剧院、县文广新局、县扶贫办承办，旨在迎接第三个国家扶贫日，营造精准扶贫的良好氛围。

19 日 济阳县法学会成立暨第一次会员代表大会召开。

20 日 济阳县委书记孙斌到新市镇扶贫产业园、史家寺第一党支部展览馆、山东高速生物工程有限公司调研。

同日 国网济南供电公司、济阳县人民政府共同推进济南市（济阳县）坚强智能电网建设，并签署合作协议。济南供电公司总经理钱庆林，县领导孙斌、王壮、王洪忠、王秀成参加。

25 日 山东省交通运输厅党组书记王玉君一行到济阳县调研济东高速公路济阳段建设情况。济南市交通运输局局长刘程华，县领导孙斌、孙良才陪同。

26 日 祥生实业集团公司董事长陈国祥一行到济阳县考察，实地察看黄河古镇项目、县文体中心、澄波湖风景区、济阳黄河大桥以及华阳路与开元大街交叉口城区规划情况。县领导孙斌、王壮、孙战宇、王秀成、任道胜陪同。

28 日 农业部信息中心副主任杜维成的济阳县调研农业发展情况。杜维成一行先后察看了山东安信农业科技有限公司和济阳县农村产权交易中心。

10 月 山东省大众创业万众创新活动周、第九届中国（济南）国际信息技术博览会相继召开，由济阳县科技局和山大华天软件共同打造的济阳制造云平台项目成功跻身百家参展项目。

11月

1 日 济南市城管局召开“城管在身边·社区服务行”便民服务暨“人民群众满意的城管执法中队、环卫所”评选活动调度会，济阳县城管执法大队在占道经营整治、露天烧烤治理、服务态度全部三项测评取得总体评价全市第二名的成绩，其中 2 个执法中队进入满意率前 10 位，在全市 97 个城管执法中队中分列第 4 位和第 8 位。

2 日 济阳县人民医院成功开展全县首例“无痛分娩”术。

3 日 济南市委常委、纪委书记慕建民到济阳县调研。慕建民先后察看了济南中通吉物流有限公司、山东紫燕食品项目、山东欧克家具有限公司。

同日 菏泽市食药监局及食品企业负责人一行 18 人到济阳县参观放心食品生产基地。

同日 日照银行济南分行行长焦自竺一行

到济阳县考察。县领导孙斌、王洪忠、王秀成陪同。

8日 山东富春华电梯有限公司、山东建筑大学机电学院合作签约揭牌仪式在济北开发区举行。

同日 东营市政协副主席温龙亭带领考察团到济阳县调研，观看济阳县台湾工业园视频宣传片，听取济北开发区管委会副主任李庶森关于台湾工业园建设及台资企业发展情况介绍。到统一食品、旺旺食品、界龙电子等处进行参观。

10日 济阳籍人士、中国工程院院士王恩东被市委、市政府命名为“泉城功勋人才”，这是济南市首次命名“泉城功勋人才”。省委常委、市委书记王文涛出席命名仪式并讲话，为王恩东颁发证书。美国思科公司首席执行官罗卓克和浪潮集团董事长兼首席执行官孙丕恕出席命名仪式。

14日 河南省新乡市封丘县人大常委会主任王国光、副县长郭文思率考察团到济阳县交流学习提灌站建设经验。考察团收看济阳县小农水重点县三年验收视频片，现场参观曲堤镇高效节水项目区2号泵站、大寺河3号泵站和7号泵站。

15日 济阳县公路管理局获评省档案工作科学化管理示范单位，为济南市公路系统第一家达到该标准的县区局。

16日 保利山东置业集团董事陈玉海一行到济阳县参观考察，实地察看龙港·清华园、祥生中央华府、帝华集团等处。县领导孙斌、孙战宇、任道胜陪同参观考察。

17日 济南市人大副主任李华贤一行到济阳县就《济南市城乡规划条例（修改草案）》征求意见召开座谈会。

同日 济南市林业局局长李景全一行到济阳县调研林业生产工作，调研组一行实地查看了济阳县国道G220线及高速节点绿化、大寺河湿地公园—祥和园海棠湾郊野公园规划、济东高速建设现场，并听取有关负责人的情况介绍。县委书记孙斌、县长王壮、副县长高继锋陪同。

18日 济阳县举行“勇于担当、务实有为”主题实践活动报告会，德福资本董事局主席、华恒通PPP联盟主席、浙江大学帅新武教授作题为《PPP是变道超车的新引擎》专题报告。

同日 济南市第六届全民健身运动会闭幕式在济阳县兴隆街小学举行。运动会于5月13日开幕，历时6个月，有万名运动员参加22个大项比赛。济南市副市长巩宪群、县领导孙斌、王壮、孙战宇参加。

同日 农发行山东分行营业部总经理许静、山东高创建设投资集团有限公司董事长程辉一行到济阳县参观考察。许静一行实地察看了营家社区、滨河社区和黄河古镇。

19日 山东省住房和城乡建设厅副厅长周善东、济南市城市园林绿化局局长韩永军一行到济阳县调研城市规划和园林绿化发展工作。

23日 济南市农业普查办公室第一督导组到济阳督查农普工作，实地查看济阳街道、崔寨镇、孙耿镇农普准备“四落实”、宣传发动、清查摸底进展与质量等工作。

25日 齐建水长篇小说《哦，粮食》、杨光路长篇小说《奔跑的拖拉机》分别入选省作协2016年度作家定点深入生活项目和重点扶持作品项目。

26日 高新区草山岭东区2号楼着火。垛石镇安子坡村村民刘春明，崔寨镇娄家村村民娄长民，正在附近一栋楼打胶施工。在征得消防指挥员的同意后，刘春明在下面指挥协调保证救援安全，娄长民等人背起七八十斤重的装备，戴上面罩，跑到楼顶，固定好绳索，象“蜘蛛侠”一样空降至28楼火场，救出被困人员，得到社会各界纷纷点赞。27日，县委常委、宣传部长李莉到济南对两位“平民英雄”进行慰问，为他们送去锦旗、慰问品及每人5000元奖金。

29日 创建国家食品安全城市省级验收组到济阳县观摩。济南市副市长巩宪群，县领导孙斌、呼廷贵参加活动。验收组观摩了旺旺食品有限公司、统一食品有限公司。

11月 济南梦芯光电技术有限公司最新研制的补光系统和加温系统创新成果获第五届中国创新创业大赛国家决赛优秀企业奖。该系统主要用于解决冬季大棚蔬菜因雾霾阴天而导致的光照不足问题。山东省有3个成果入围，济南市仅济阳县1个。

12月

1日起 济阳县个体工商户推行“两证合一”（营业执照、税务登记证）。

2日 济阳县开展防范非法集资集中宣传活动。

4日 “台湾青年创业齐鲁行”参访团到济阳县参观考察。参访团实地察看了海峡两岸青年企业家创业基地、台湾精品展示体验中心、济南统一企业。

5日 《我要上春晚》暨济阳电视台《少儿春晚》选拔赛首场赛在崔寨镇山东人力资源服务中心一楼多功能厅举行。县委宣传部、县教体局、县广播电视台，崔寨镇等部门负责人观看比赛。

7日 山东省暨济南市第三次农业普查•统计法制宣传月启动仪式在济阳县政务广场举行。济南市人大常委会副主任许强，济南市统计局局长倪志纯，县领导孙斌、王壮出席。

9日 济阳县文广新局协助恒健海棠湾举办山东省首届康养旅游节。

10日 省、市“两学一做”督导组到济阳街道调研“两学一做”学习教育开展和基层党建任务落实情况。

同日 济南市轨道交通集团董事长王国富、总经理李杰一行到济阳县调研。

15日 山东省法律援助综治考核组到济阳县考核法律援助工作。考核组先后到县公共法律服务大厅、曲堤镇法德广场、曲堤镇司法所进行察看。

同日 山东省浙江商会执行会长叶蕲获一行到济阳县参观考察。县领导孙斌、孙战宇陪同。

16日 济阳县北成环境工程有限公司总经理肖岛获“泉城公益杰出人物”称号。

同日 济阳农特产展销中心正式开业，中心位于济南市堤口果品批发市场，是首家专门销售济阳农产品和林产品的定点销售单位。

18—20日 全县8个镇分别召开党员代表大会，选举产生新一届镇党委领导班子、纪委领导班子和出席中国共产党济阳县代表大会代表。

20日 济阳首家心理服务公司——济南凡渡心理服务公司成立。

21日 城区3路公交车开通，始发站汽车总站，终点站广播电视台，设有14个站点。

24日 “优品济南——泉城名优特产品征集评选”活动在泉城广场举行，仁风富硒西瓜被评为“2016优品济南100强——济南十大农产品、民俗产品”。

25日 济阳县人民医院获“国家级合理用药示范基地”称号。

26日 济阳县人民医院举行山东大学齐鲁医院分级诊疗合作医院揭牌仪式。

27日 济南市委副书记雷杰到济阳县开展脱贫攻坚督查评议活动。雷杰先后察看了新市镇牛王村、垛石镇柳家村扶贫开发情况。

同日 济南市委常委、宣传部部长、市安委会副主任谭延伟带领市安委会第四督查组到济阳县督查安全生产工作。

28日 济东高速正式全线通车。建设地点位于济南、滨州和东营市境内，起点位于济南市济阳县太平镇谢家村北国家G2京沪高速乐陵至济南段的济阳西枢纽立交，终点在东营市利津县陈庄镇皂坝头村西余东港高速连接，全长约162千米。

同日 济南市教育局、市经信局、市农业局批准县职业中专牵头成立济南市现代农业职业教育集团，职业中专现代农业教育品牌走上特色发展之路。

30日 济南市政府办公厅发布通知确定“济南市曲堤化工产业园”，产业园规划面积11.63平方千米（17440亩），四至范围为东至规划十五路，西至曲白路，南至闻韶大街，北至济东高速。产业定位为主要发展基础有机化工、精细化工（化学品）、化工新材料产业。

12月 曲堤镇获“全国科普惠农兴村先进单位”称号

同月 在“全国果菜产业质量追溯体系建设年暨第十四届中国果菜产业论坛”上，仁风西瓜获“2016年全国果菜产业十佳市场口碑地标品牌”称号。

同月 万科集团济南万科房地产开发有限公司副总经理李昊、济南万科商业管理有限公司副总经理孙宝森一行5人到济阳县就投资建设新土木EPC建筑产业园项目进行考察。

同月 第31届全国青少年科技创新大赛在上海华东师范大学举办，济阳县曲堤镇姜集小学学生王迎春的《绿色城市》、仁风镇中学学生娄光旭的《空中城市》获少年儿童科学幻想绘画比赛二等奖。

济阳概况

自然环境

【地质】 济阳县地处华北地台南部。在早第三纪渐新世开始时，济阳运动(喜玛拉雅造山运动第一幕)造成了济阳坳断区，并使其和临清坳断区连成一个整体的沉降区。该沉降区接受埕宁隆断区提供的沉积物质，形成了相对的上升(凸起)、下降(凹陷)。区内自西向东有齐河—广饶大断裂通过。断裂西起齐河县城城北，经济阳县三教堂村(今属太平镇)、马良赵村(今属垛石镇)南，过仁风街(今属仁风镇)和后王圈村(今属仁风镇)之间，出境东去，进入广饶县境内。沉降区内，自上而下有第四系、新第三系、老第三系全套新生界地层，沉积厚度最大达 3500 米以上。其中第三系地层主要由棕红色或灰绿色泥岩、沙石泥岩夹灰白色细砂岩以及薄层砂砾岩组成。

【地貌】 济阳县地处黄河冲积平原(黄泛平原)。由于历史上黄河屡次决徙，沉积物交错分布，淤垫不均，因而济阳县地貌具有缓岗、坡、洼相间和地面呈微波状起伏的特征。县境地势由西南而东北渐次倾降，坡度约为 1/7000 ～ 1/8000。西南部崔寨镇一带最高，地面高程为海拔 23.80 米(黄海高程，下同)；徒骇河以北的贾寨村、后楼村等地最低，地面高程为海拔 14 米。全县地面高程平均为海拔 19.40 米。县内地貌类型分为四种：缓平坡地、浅平洼地、决口扇形地、河漫滩高地。

【气候】 济阳县地处华北中纬地带，属暖温带大陆性季风气候，四季分明，雨热同季，春季干旱，夏季雨量集中，秋季天高气爽，冬季雪少干冷是济阳气候的主要特点。2016 年，年平均气温 14.0℃，最高气温 37℃；最低气温 -19℃。全年降水量 609.4 毫米。全年日照时数 2135.7 小时。年平均风速 1.6 米/秒。年平均气压 1014.5 百帕。年均相对湿度 67%。无霜期 201 天。

【河流】 境内主要河流有黄河、徒骇河、德惠新河等。黄河过境流长 56.50 千米，年均径流量 437 亿立方米。徒骇河过境流长 56.40 千米，流域面积 880.12 平方千米。徒骇河流量平均为 4.30 立方米/秒，径流量平均为 4.52 亿立方米。其支流(境内流域面积 30 平方千米以上)有六六河、齐济河、牧马河、垛石河、大寺河、姜集沟、曲堤沟、张辛河、鄢渡沟、王让沟、卢兰河等 11 条。德惠新河水系面积 157.75 平方千米，其支流有土马河、临商河。土马河过境流长 18 千米，流域面积 150 余平方千米。临商河境内流长 6.60 千米，流域面积 95.25 平方千米。

（史志办）

自然资源

【土地资源】 据2007年全国二次土地调查数据显示，济阳县行政区域面积10.99万公顷，其中耕地7.07万公顷，园地422.84公顷，林地4727.34公顷，草地653.76公顷，城镇村及工矿用地1.47万公顷，交通运输用地3559.14公顷，水域及水利设施用地1.18万公顷，其他土地3280.52公顷。县境地势西南高，东北低，地面坡降1/7000～1/8000，海拔高程在23.80～14米之间。地形总体平坦，地貌类型分为河漫滩高地、决口扇形地、缓平坡地和浅平洼地四种。土壤类型分为潮土、盐土、风沙土三个类型。潮土面积84470.15公顷，占土壤总面积的99.41%，盐土、风沙土面积较小，分别占土壤总面积的0.30%和0.29%。据土壤普查的土地生产力分级，境内耕地无一级地；二级地全部为水浇地和灌溉水田，土质好肥力高，是最好的耕地；三级地主要分布在缓平坡地、决口扇形地和黄河滩地上，土壤肥力较高，质量较好，适于种植粮棉、油料作物及小杂粮；四级地主要分布黄河滩地上，土质偏沙，漏水漏肥；五级地土壤类型为油盐潮土、风沙土和湿潮土，不经改良不适用于种植业，可选择用于林业、牧业等。其他土地3280.52公顷。

【水资源】 济阳县水资源总量包括地表水资源量、地下水资源量和客水量。多年平均水资源总量为6.07亿立方米，其中，地表水资源量为0.33亿立方米，地下水资源量为2.40亿立方米，客水量3.34亿立方米。2016年，全年用水量2.96亿立方米，其中农业灌溉用水2.49亿立方米，占84.20%；工业用水3063万立方米，占10.40%；城市及农村人畜生活用水1602万立方米，占5.40%。在用水量中，开采地下水6462万立方米，占21.90%；引徒骇河水1000万立方米，占3.40%；利用引黄水2.21亿立方米，占74.60%。

【矿产资源】 县内矿产资源主要有石油、天然气、煤炭、地热资源等。在20世纪70年代勘探的基础上，胜利油田物探公司对济阳进行数次勘探，探明济阳地下石油和天然气储量3012万吨。兖矿集团在崔寨镇进行勘探，探明地下煤炭储量及分布情况。山东省新汶矿业集团有限责任公司投资7亿元在济阳建立新阳煤矿。新阳煤矿井口位于崔寨镇境内，煤质较好，发热量高，储量丰富。东西向平均9.90千米，南北倾斜宽平均5千米，面积49.50平方千米，拥有总资源量31575万吨，可采储量1亿吨左右。县内矿产资源中较具开发价值的还有一些无机盐。已知的有硝盐 ($NaNO_3$)、火硝 (KNO_3)、硭硝 (Na_2SO_4 水合物) 等。

【生物资源】 境内较有开发价值的野生植物资源主要是野生药用植物，有80余种。另外，还有一些野生树木，如“柽柳”(一名“三春柳”)、樗(臭椿)、酸枣等，数量不多，散见于沟旁、塘边、闲置荒地、古墓荒坟等处。境内野生兽类种类、数量都较少。具有开发价值的野生禽类主要是益鸟，如麻雀、家燕、杜鹃、喜鹊、灰喜鹊、红嘴山鸦、猫头鹰、啄木鸟等。境内水生动物主要有野生鱼类、青虾、米虾、河蚌、龟类等。具有开发利用价值的昆虫主要有两类，一类是具有药用价值的蝎子、土鳖虫等；一类是农作物及林木害虫的天敌，瓢虫类、蜂类和草蛉等150余种，已知并定名的有74种，分属6个目、24科。

（史志办）

建置区划

【历史沿革】 济阳县系金代建置。金太宗天会七年（1129），南宋济南府知府刘豫降金，济南府遂为金国地。同年11月20日（农历十月七日），割章丘、临邑各一部分境域置一新县，因县境地处济水之北，故命名为济阳县，济阳县时属济南府。元代，济阳县属中书省济南路。明、清两代，济阳县属山东省济南府。1913年，废府置道，济阳县属山东省岱北道。1914年，岱北道改为济南道。1928年4月后，济阳县直属山东省。1943年7月，抗日民主政权冀鲁边行政区将齐河、济阳县2县合并为齐济县（属冀鲁边行政区二专区）。1944年1月，齐济分县，恢复济阳县，济阳县属渤海行政区二专区。1944年10月，惠（民）济（阳）商（河）三边县建立。1946年12月，三边县改称杨忠县。1949年5月，杨忠县改称惠济县。1949年7月25日，撤销二专区，建立泺北专区，济阳县属泺北专区。1950年4月，惠济县撤销。1950年5月，泺北专区撤销，济阳县划属德州专区。1956年2月24日，改属惠民专区。1958年12月29日，济阳县并入临邑县，属聊城专区。1960年秋，改属淄博专区。1961年10月5日，济阳县建制恢复，属德州专区（1967年，德州专区改称德州地区）。1990年1月1日，济阳县划归济南市。

【行政区划】 1991年，全县有济阳、孙耿、垛石桥、曲堤、仁风5个镇，青宁、崔寨、回河、二太平、庙廊、新市、江店、唐庙、索庙、稍门、姜集、三教、王圈、店子、辛集15个乡，其中店子、辛集为回族乡。1995年3月，回河乡置为回河镇。1997年3月，青宁乡置为青宁镇。1999年9月，济北办事处成立，与济南市济北经济开发区管理委员会实行政区合一的管理体制。2001年3月，乡镇行政区划调整，由20个乡镇1个办事处调整合并为6镇2乡和1个办事处。济阳镇、回河镇、店子乡、稍门乡合并为济阳镇，孙耿镇、辛集乡合并为孙耿镇，垛石镇、唐庙乡、索庙乡合并为垛石镇，曲堤镇、姜集乡、三教乡合并为曲堤镇，仁风镇、王圈乡合并为仁风镇，崔寨镇、青宁乡合并为崔寨镇，二太平乡、庙廊乡合并为太平乡，新市乡、江店乡合并为新市乡，济北办事处未变。9月，围城的32个行政村改建成居民委员会，其中济阳镇22个：城里村、韩家村、东关村、南关村、西关村、陈朝村、何家村、张辛村、胡同村、杨寨村、窑头村、金家村、三里井村、杜家村、小邝村、大邝村、榆梁村、苟王村、北高村、尹家村、朝阳村、东郭村；济北办事处10个：徐家村、程洪村、杨井村、三官村、陈家村、马家村、丁刘村、姚家村、朱家村、于谦村。老城区以经二路、纬二路交叉点为中心，四角地段各成立1个社区居委会，分别是国强社区居委会、泰兴社区居委会、民乐社区居委会、安裕社区居委会。济北经济开发区开元大街南北各成立1个社区居委会，分别是正安社区居委会和龙海社区居委会。2002年1月，太平乡置为太平镇。2007年9月，撤销济阳镇和济北办事处，设立回河镇、济阳街道和济北街道。以原济阳镇所辖城里、南关、西关、东关、陈朝、窑头、杨家寨、韩家、榆梁、北高、尹家、东郭、朝阳、杜家、三里井、金家、小邝家、大邝家、苟王庄、何家、张辛家、胡同22个社区居委会；官家坊、小官家、洼里王、更衣事、赵胡家、粮食口、南高家、南郭、前三里、胡家村、后三里、梁家、徐庙、刑家、肖家、北河套、稍门、高楼、小贺家铺、苇园、白衣店、三官庙、小高家、马家村、五股道、前辛村、许家村、慈兴村、赵家村、王家集、窝沟李、小任家、盆张家、北肖家、王家、孟家村、徐家湾、化仁店、田家、门家村、张曹、西杨村、沟头村、葛家店、宋家村、武家村、罗家村、李官庄、郑家村、北董家、东八里、肖王村、商家村、戴家村、董家道口、孟家洼 56 个村，设立济阳街道办事处。街道办事处机关驻纬二路 6 号。以原济阳镇所辖王荣家、王李家、池家、毛官庄、五里后、尚家、三官、马家、陈家。朱家、丁刘、姚家、于谦家、杨井、西八里、徐家、洪楼、訾家 18 个社区居委会；王奎楼、闾家、杨家、田家、前牛家庙、后牛家庙、杨窑、葛家、南邢家、东王、西王、马家店、蔡家、马官寨、阎家村 15 个村，设立济北街道办事处，办事处机关驻开元大街 3 号。以原济阳镇所辖店子管区全部 34 个村庄及原回河管区除前牛家庙、后牛家庙、杨窑、葛家、南邢家之外的 60 个村庄，设立回河镇，镇政府驻地为回河镇西街村。2010 年 5 月，新市乡撤销，设立新市镇。至 2016 年年底，全县辖济阳、济北 2 个街道，孙耿、垛石、曲堤、仁风、崔寨、回河、太平、新市 8 个镇。

人口　民族

【人口】 2016 年年末，全县总户数 17.1 万户，户籍总人口 57.9 万人，增长 0.5%，人口性别比 101.8。出生 7791 人，死亡 3845 人；出生率 15.94‰，死亡率 6.66‰。

【民族】 全县有汉、回、蒙古、藏、维吾尔、苗、彝、壮、布依、朝鲜、满、侗、瑶、白、土家、哈尼、哈萨克、傣、黎、傈僳、佤、普米、拉祜、达斡尔等 24 个民族。其中汉族人口遍布全县；回族人口主要分布在济阳街道、回河镇、孙耿镇、太平镇、垛石镇的 20 个村庄。其中济阳街道的粮食口，回河镇的马家营、申庄、大营子、小营子、金营子、小淮里、小安，孙耿镇的丁家、杨家、大路，太平镇的孙家、魏家，垛石镇的刘家营，为回民村；孙耿镇的堤口、孙虎家、逯家、辛集，太平镇小马家、傅家庵 6 个村为汉回共同居住村。其他 22 个民族分散居住于全县各地。

（史志办）

国民经济和社会发展

【综合】 2016 年，全年实现地区生产总值

图 1　2012—2016 年济阳县地区生产总值及增长速度

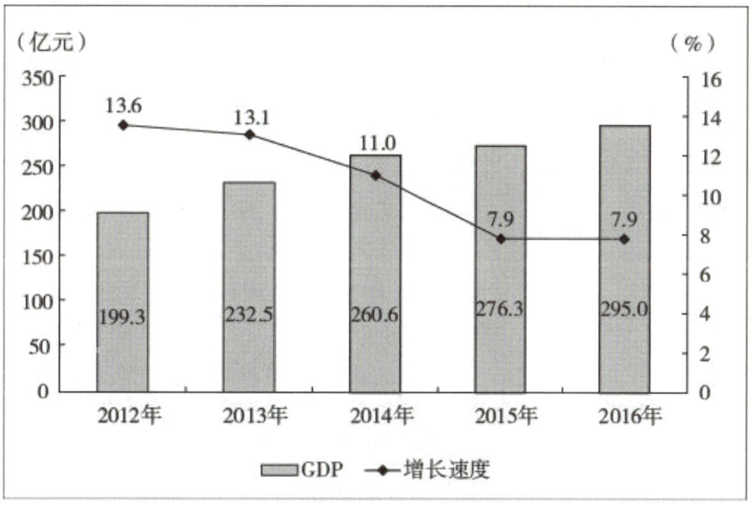

图 2　三次产业构成变化（GDP=100）

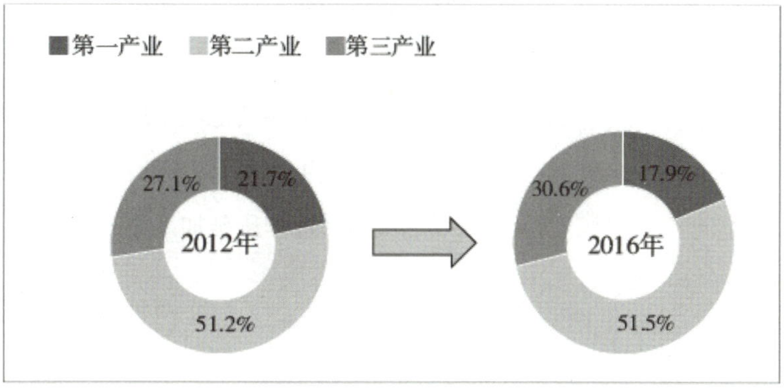

（GDP）295.0亿元，按可比价格计算，增长7.9%。分产业看，第一产业增加值52.7亿元，增长2.3%；第二产业增加值152.1亿元，增长7.7%；第三产业增加值90.2亿元，增长12.2%。产业结构进一步优化，三次产业比例由上年的18.8∶52.6∶28.6调整为17.9∶51.5∶30.6。按常住人口计算，人均生产总值54775元，增长6.8%，按年平均汇率折算为8246美元。

【农业】 全年实现农林牧渔业增加值53.4亿元，增长2.4%。其中农、林、牧、渔业分别实现增加值38.1亿元、1.1亿元、12.6亿元、0.9亿元。全年粮食种植面积137.2万亩，下降0.1%；棉花种植面积0.8万亩，减少0.9万亩；油料种植面积1.2万亩，减少4536亩；蔬菜播种面积34.9万亩，下降0.4%。全年粮食总产量56.5万吨，下降1.0%；棉花产量0.06万吨，减产55.6%；油料产量0.4万吨，减产28.6%；蔬菜产量139.0万吨，下降0.7%，水果产量4.9万吨，增长1.0%。年末生猪存栏28.3万头，减少1.4%；牛存栏17.9万头，下降11.8%；羊存栏22.0万只，增长0.4%；家禽存栏408.7万只，增长2.0%。肉类总产量5.7万吨，减少6.2%；禽蛋产量4.7万吨，下降2.2%；牛奶产量3.2万吨，减少16.2%。年末全县农业机械总动力96.4万千瓦，下降24.8%。全年机耕面积77.4万亩，下降6.1%；机播面积135.5万亩，下降9.9%。

【工业和建筑业】 全年实现规模以上工业总产值498.2亿元，增长2.4%；增加值128.4亿元，增长6.9%。高新技术产业产值123.6亿元，增长4.6%，占规模以上工业的26.73%，比上年提高1.28个百分点。在规模以上工业中，汽车制造业增长24.6%，化学原料及制品业增长–2.8%，非金属矿物制品业增长11.4%，医药制造业增长15.9%，黑色金属冶炼和压延加工业增长–30.1%。全年规模以上工业企业主营业务收入491.5亿元，增长4.1%；实现利税75.0亿元，增长1.4%；利润52.7亿元，增长3.4%。全年主营业务收入超过亿元的法人企业155家，增加3家，过10亿元的2家。

2016年济阳县规模以上工业重点行业增加值增长情况

行业名称	增加值增长率（%）
通用设备制造业	6.4
汽车制造业	24.6
金属制品业	19.7
化学原料和化学制品制造业	–2.8
非金属矿物制品业	11.4
计算机、通信和其他电子设备制造业	–30.0
电力、热力生产和供应业	5.1
黑色金属冶炼和压延加工业	–30.1
医药制造业	15.9

全年建筑业增加值完成16.9亿元，增长6.4%。29家具有资质等级的建筑业企业实现产值30.2亿元，增长44.1%。其中省外完成产值0.09亿元，下降75%。签订合同额37.3亿元，下降32.2%。其中本年新签合同额21.8亿元，下降38.4%。

【国内贸易和对外经济】 全年实现社会消费品零售总额125.9亿元，增长10.8%。其中，餐饮收入10.7亿元，增长9.7%；商品零售115.2亿元，增长10.9%。分城乡看，城镇社会消费品零售总额83.5亿元，增长12.1%；乡村社会消费品零售总额42.4亿元，增长8.2%。全年限额以上单位零售额17.8亿元，增长11.7%。分行业看，批发零售业实现零售额17.3亿元，增长12.2%；住宿餐饮业实现零售额0.5亿元，下降4.2%。

图3 2012—2016年济阳县社会消费品零售总额及增长速度

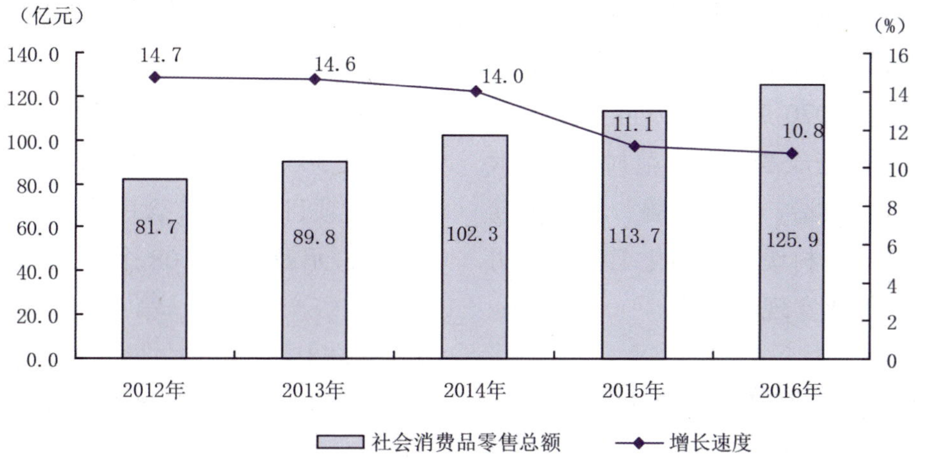

全年增资项目5个，实际到账外资5.6亿元，增长12.1%。全年进出口总额2.9亿美元，增长2.4%。其中进口1.0亿美元，下降10.7%；出口1.9亿美元，增长10.5%。

【交通、邮电和电力】 年末全县拥有民用汽车7.2万辆，增长15.5%，出租汽车152辆，和去年持平。年末公交线路32条，减少1条，公交营运车辆28辆，增长75%，全年公路客运量172.8万人次，下降4.0%。全年邮政业务总量3197万元，增长66.9%。年末固定电话用户3.5万户，互联网宽带用户8.3万户。全年全社会用电量10.0亿千瓦时，增长9.3%。其中工业用电量5.6亿千瓦时，增长6.9%；农业用电量0.6亿千瓦时，增长30.0%；城乡居民生活用电2.3亿千瓦时，增长3.5%。

【财政、金融和保险】 全年实现一般公共预算收入18.6亿元，增长10.8%。一般公共预算支出34.2亿元，增长17.5%。其中教育支出8.7亿元，增长36.4%；社会保障和就业支出4.4亿元，增长32.7%；医疗保障支出5.1亿元，增长44.0%。年末全县金融机构人民币各项存款余额182.9亿元，增长16.9%。其中住户存款130.2亿元，增长13.5%；非金融企业存款18.5亿元，增长16.6%；广义政府存款32.1亿元，增长25.2%。金融机构人民币各项贷款余114.1亿元，增长28.0%。其中非金融企业及机关团体贷款42.6亿元，增长18%；住户贷款71.5亿元，增长34.9%。年末全县

10家寿险公司累计实现保费收入3.8亿元，增长25.2%；累计给付金额2326.2万元，下降22.9%；累计赔付1931.6万元，增长9.1%；累计缴纳税款391.8万元，增长33.7%。全县15家财险公司累计保费收入2.7亿元，增长39.9%；累计赔付7406.6万元，增长31.7%；累计缴纳税款4802.6万元，增长68.0%。

【城乡建设】 全年新建热源厂2座，市政道路改建新建及污水处理升级改造扩建工程有效实施。济乐高速、济东高速顺利通车，国道220和省道239、249改造提升顺利完成。新增2条城际公交线路。完成2个国家重点镇、2个省级示范镇建设，5076户、1.8万群众迁居农村社区。美丽乡村完成289个示范村、3条示范线路建设。危房改造、农村改厕、村庄街巷硬化工程有效实施，村级公路网化工程成效明显，城乡环卫一体化实现全覆盖。

【教育和科学技术】 全县共有中小学学校41所，其中普通高中2所，初中15所，小学24所。学前幼儿园124所，中等职业学校1所，特殊教育学校1所。普通高中在校生9897人；普通初中在校生18167人；小学在校生34428人。全年组织申报市级以上科技项目27项，组织指导8家企业申报省级示范工程技术研究中心，2家省级工程技术研究中心参加省科技厅的复审，组织申报2家泉城创客空间科技支持计划，组织申报1处科技孵化器，完成科技成果转化和技术转移30项。全年共组织申报高新技术企业13家，复审2家。升降装备基地获批国家火炬特色产业基地。促成科技成果转化30项，获得市级科技进步奖2项。受理专利申请606件，授权专利259件。新认定高新技术企业6家，认定省级农业科技园1家。

【固定资产投资和房地产】 全年完成固定资产投资305.8亿元，增长16.3%。全年固定资产投资项目387个(含房地产投资项目36个)，其中亿元及以上108个，比上年增加68个。在固定资产投资中，第一产业完成投资13.7亿元，下降19.6%；第二产业完成投资188.5亿元，增长14.4%，其中工业投资182.0亿元，增长21.6%；第三产业完成投资103.6亿元，增长27.7%。三次产业投资比重为4.5∶61.6∶33.9。

图4 2012—2016年济阳县固定资产投资及增长速度

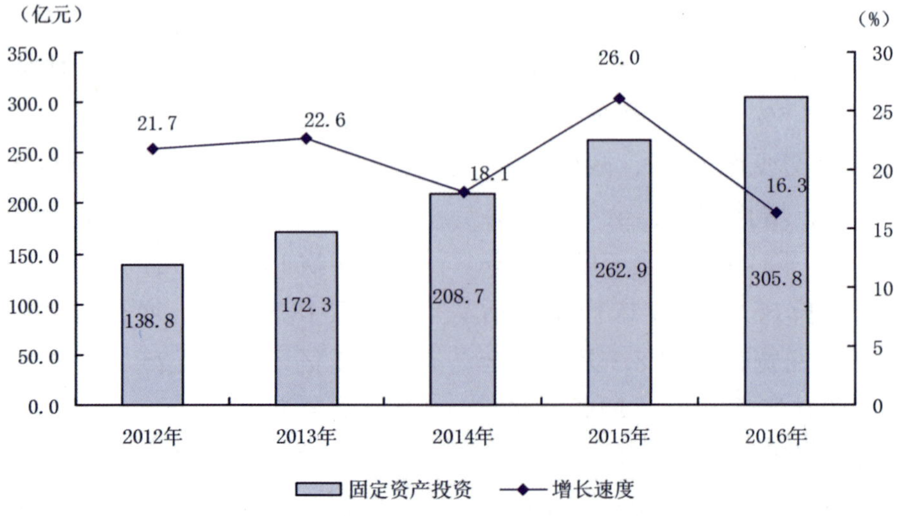

全年房地产开发投资25.9亿元，下降24.2%。商品房销售面积74.6万平方米，增长97.5%。其中住宅销售60.3万平方米，增长80.7%。商品房销售额32.4亿元，增长113.1%。其中住宅销售额26.4亿元，增长106.6%。年末商品房待售面积13.3万平方米，其中住宅待售面积3.7万平方米。

【文化、卫生和体育】 全县拥有文化馆（站）及群众艺术馆1个、博物馆1个、档案馆1个、公共图书馆1个。新建改造村级活动场所390处。有线电视线路5800千米，有线电视用户5.8万户。全县拥有各类卫生机构21个，其中医院、卫生院10个。卫生机构床位1603张，比上年减少12张。卫生技术人员2268人，比上年末增加599人。全县拥有体育场地552个，等级裁判员182个，等级运动员97人。全年组织运动会48次，参加运动会运动员2.2万人，破县记录2次，获得市以上金牌15枚、银牌14枚、铜牌14枚。

【人口、人民生活和社会保障】 年末全县总户数17.1万户，户籍总人口57.9万人，增长0.5%，人口性别比101.8∶100。年末常住总人口54.3万人，增长1.5%。全年居民人均可支配收入17647元，增长9.8%。城镇居民人均可支配收入27087元，增长8.8%；农村居民人均可支配收入14298元，增长8.1%。年末居民基本养老保险参保人数31.7万人，基本医疗参保人数48.9万人。城镇职工基本养老保险参保人数4.3万人，基本医疗保险参保人数4.7万人。城镇居民最低生活保障平均标准每人525元/月，农村居民最低生活保障平均标准每人4165元/年。

注释：

[1] 2016年统计数据为统计快报数或初步核算数，正式数据以出版的《济阳统计年鉴—2016》为准。

[2]全县生产总值、各产业增加值绝对数按现价计算，增长速度按不变价格计算。

[3]年平均汇率：国家统计局公布2016年人民币对美元平均汇率6.6423。

[4]规模以上工业企业指年主营业务收入2000万元及以上的工业法人企业。

（统计局）

组织机构　领导任职

中国共产党济阳县委员会及所属工作部门

中共济阳县委员会

书　记

祖爱民（女，8月离职）

孙　斌（9月任职）

副书记

王　壮

庞金良（11月离职）

黄凯东（3月挂职）

常　委

祖爱民（女，8月离职）

孙　斌（9月任职）

王　壮

庞金良（11月离职）

黄凯东（3月挂职）

孙战宇

孙良才

刘建章（1月离职）

王长军

王秀成

李　莉

甄广新

于炳基（1月任职）

县委办公室

2016年，县委办公室下设督查室、政策研究室、机要局、保密局、机关事务管理局。

主　任

王秀成

副主任

李庆民（2月离职）

邵海燕（女，2月任职，11月离职）

庞兴友（2月任职）

李宪亮（11月任职）

贾振中

王友斌（11月离职）

县委督查室

主　任

李庆民（2月离职）

邵海燕（女，2月任职，11月离职）

县委政研室

主　任

赵秀亮（2月离职）

副主任

卢成山

县接待办

主　任

（空缺）

副主任

王友斌（11月离职）

县委机要局

局　长

刘振军

副局长

张　蒙

县国家保密局

局　长

徐振文

副局长

张丽英（女，2 月任职）

县机关事务管理局

县机关事务管理局为正科级事业单位，设办公室、综合管理科、节能监督科、公车管理科、资产管理科，有干部职工 13 人。

局　长

王　超

副局长

王海云（女,2 月离职）

万振国

县信访局

县信访局内设办公室、接访科、办信科、督查科、复查复核办公室、信息调研科 6 个科室，1 个副科级事业二级机构（济阳县信访受理协调中心），有干部职工 15 人。

局　长

李光强（8 月离职）

范兆春（11 月任职）

副局长

王春兰（女）

赵　松

刘光民

周　峰（2 月任职）

县信访受理协调中心主任

杜　峰

县委组织部

2016 年，县委组织部内设办公室、干部科、干部监督科、干训科、人才科、组织科、信息调研科等 7 个科室，下属机构有县委组织员办公室、县党员干部现代远程教育中心、科学发展考评办公室 3 个，有干部职工 16 人。

部　长

王秀成

常务副部长

陈忠心

副部长

韩吉才

傅　中

杜善鹏

毕义忠

孟永刚

县科学发展考评办公室

主　任

刘泽云（女）

县党员干部现代远程教育中心（与党员电化教育中心合署办公）

副主任

刘海英

组织员办公室

主　任

毕义忠

副主任

胡玉建（3 月离职）

县委老干部局

2016 年，县委老干部局有干部职工 11 人，内设办公室。济阳县老干部休养所为股级事业单位，加挂济阳县关心下一代工作委员会办公室牌子。

局　长

杜善鹏

副局长

杨善庆

县委宣传部

2016年，县委宣传部有干部职工14人，内设办公室、宣传教育科、新闻科3个科室，县精神文明建设委员会办公室（正科级）设在宣传部。信息（新闻）中心为正科级事业单位，隶属于县委宣传部管理。

部　长

李　莉（女）

常务副部长

李梅生

副部长

刘红登

刘　军

高月伟

县精神文明建设委员会办公室

主　任

刘　军（3月任职）

副主任

孙寿忠

县信息（新闻）中心

2016年,县信息（新闻）中心下设办公室、新闻部、副刊部、广告部、微机室、校对室、网络部、财务科 等科室，有干部职工13人。

主　任

李梅生

副主任、总编辑

李长三

副主任

焦其旺

高春荣（女）

县委政法委

2016年，县委政法委有干部职工11人，内设维护社会稳定办公室1个科室（正科级），县综治办和县委防范和处理邪教问题领导小组办公室与县政法委合署办公。

书　记

王长军

常务副书记

张　强

副书记

王协彬

徐万平

张　彬（3月任职）

县社会治安综合治理委员会办公室

主　任

王协彬

副主任

温明华

县委防范和处理邪教问题领导小组办公室

主　任

张　强

县维护社会稳定工作办公室

主　任

徐万平

副主任

张　强

县直机关工作委员会

2016年，县直机关工委内设武装部、办公室，有干部职工7人。

书　记

艾明义

副书记

张兴利

县委统战部

2016年，县委统战部有干部职工8人。

部　长

孙战宇（2月离职）

庞金良（2月任职，11月离职）

常务副部长

魏长亭（2月任职）

副部长

张国华

高海林

县机构编制委员会办公室

县机构编制委员会办公室内设综合科、机构编制科、监督检查科3个职能科室和县事业单位监督管理局、县行政审批制度改革办公室，下设财政拨款副科级事业单位济阳县机构编制电子政务中心，有干部职工13人。

主　任

韩吉才

副主任

刘配光

夏长河

行政审批制度改革办公室主任

杨凯萍（女）

事业单位监督管理局局长

许风强

县委农村工作办公室

县委农村工作办公室为正科级县委部门，内设办公室、综合科等2个科室，有干部职工12人。

主　任

郭法东

副主任

马恒新

冯庆雨（2月离职）

薄春干（2月任职）

县扶贫开发领导小组办公室

2016年2月，组建新的县扶贫开发领导小组办公室，下设综合协调组、政策调研组、规划项目组、信息统计组、行业社会组、金融合作组、督导考核组等7个工作组，有干部职工23人。

主　任

庞兴友（2月任职，11月离职）

李宪亮（11月任职）

副主任

李英绩（2月任职）

刘增恭（3月挂职）

石兴震（11月任职）

县老龄工作委员会办公室

2016年，县老龄工作委员会有干部职工33人，全县10个镇（街道）均设老龄工作委员会。

主　任

张秀花（女）

副主任

李新玲（女）

县党史研究室

主　任

姚君明

县档案局（馆）

2016年，县档案局（馆）设办公室、管理科、指导科、史料征集编研科等4个科室，有干部职工13人。

局（馆）长

姚君明

副局长

郭英勇（3月离职）

杜红军

王海云（女,2月任职）

副馆长

罗珊珊

毕雪琴

孟　强

县委党校

2016年，县委党校设办公室、财务科、业余教育办公室、教务科、教研室、行政科等6个科室，有干部职工26人，为副县级事业单位。

校　长

祖爱民（8月离职）

孙　斌（9月任职）

党委书记、常务副校长

周耀泉（2月，任党委书记）

副校长

赵云芳（女）

寇锡平

李　慧（女，3月任职）

县对台经济工作办公室

2016年，台办下设综合科、经济业务科2个科室，有干部职工6人。

主　任

张庆涛

副主任

肖　华

济阳县人大常委会及所属委室

县人大常委会机关下设3室5委，办公室、人事代表工作室、信访室、法制工作委员会、农村经济工作委员会、财政经济工作委员会、教科文卫委员会及预算工作委员会，有干部职工25人。

常务委员会

主　任

祖爱民（女,8月离职）

第一副主任

叶维平（10月离职）

副主任

王向军

董树村

杨玉美（女，回族）

马庆军

办公室

主　任

高继胜

副主任

郭兆亭

张　涛（10月离职）

人事代表工作室

主　任

王俊英（女）

法制工作委员会

主　任

刘　莉（女）

教科文卫委员会

主　任

李卫强（3月离职）

王协芳（3月任职）

农村经济工作委员会

主　任

郭兆亭

预算工作委员会

主　任

董凤兰（女,3月任职）

信访室

主　任

赵华中

济阳县人民政府及所属单位

济阳县人民政府

县　长

王　壮

党组成员

王洪忠（12月离职）

副县长、党组副书记

孙战宇（1月任职）

副县长

孙良才

任道胜

高继锋

呼廷贵

郭冬梅（女）

县政府办公室

2016年，县政府办公室内设秘书科、综合科、信息科、督查科、行政科、调研科、无线电管理委员会办公室，辖法制办、外事侨务办、应急管理办公室、县民族宗教事务局，有干部职工34人。

主　任

李振山

党组副书记

刘　斌

副主任

江　建（2月离职）

付延文

盛成强

张　强（3月任职）

县政府法制工作办公室

主　任

杨元明（回族）

副主任

高峰德

县政府外事侨务办公室

主　任

江　建（2月离职）

副主任

郭　利

县应急管理工作办公室

主　任

李振山（3月任职）

副主任

张　强（3月离职）

县民宗局

县民族宗教事务局下设办公室、民族工作科、宗教事务科，有干部职工5人。

局　长

杨兆军

副局长

马忠义

县政务服务中心管理办公室

县政务服务中心管理办公室内设综合科、监督考核科等2个科室，下设1个正科级机构政务服务中心（内设行政审批服务科、热线运行服务科、公共资源交易服务科、信息技术科）。

主　任

艾金华

副主任

范淑春

政务服务中心

主　任

范淑春（2月任职）

副主任

陈英媛（女，2月任职）

李克海

县综合检测中心

县检测中心下设综合科、检验检测科、技术服务科等3个科室，有干部职工15人。

主　任

周建茂

副主任

提云波

县发改委

2016年，县发改委下设办公室、国民经济综合科、经济体制综合改革科、投资和重点项目办公室、工业与能源交通科、农村经济科、社会发展科、服务业办公室8个科室，有干部职工16人。

主　任

闫立然

党组副书记

韩建华

副主任

张庆军

徐玉珍

付延祯

重点项目办公室

主　任

贾锡峥

副主任

聂　田

县人民政府金融工作办公室

2016年，县人民政府金融工作办公室下设综合科与业务科等2个科室，有干部职工6人。

主　任

罗佃华

副主任

徐　健

县投资促进服务中心

2016年，县投资促进服务中心下设综合科、企业服务科、招商促进科等3个科室，有干部职工12人。

主　任

张　彬（3月离职）

艾　军（3月任职）

党支部副书记

杜学军（3月任职）

副主任

呼怀东（3月离职）

杜学军（3月任职）

中国国际贸易促进委员会济南济阳县支会

2016年，县贸促会内设办公室、业务科等2个科室，有干部职工6人。

会　长

张延明

副会长

王泽华

褚乃贵（12月离职）

县物价局

2016年，县物价局内设办公室、价格管理科、价格监测中心、价格监督检查局、价格认证中心等5个科室，有干部职工22人。

局　长

王　民

县监察局

县监察局与县纪委合署办公。

局　长

李　勇

副局长

姜桂香（女，3月任职）

于爱华（女）

县人力资源和社会保障局

2016年，县人力资源和社会保障局有干部职工78人，下设办公室、公务员管理科、工资福利科、人力资源管理科、劳动监察室、工伤认定科、劳动仲裁院等8个科室，以及人才交流服务中心、社会劳动保险办公室、机关事业单位养老保险办公室、农村社会养老保险办公室、城镇职工医疗保险办公室、劳动就业办公室等6个下属事业单位。

局　长

傅　中

副局长

刘德玉

赵玉斌

薛　松

马军正

罗文珠

人才交流中心

主　任

薛　松

副主任

张怀秀（女）

侯清义

考试中心主任

田文菊（女）

农保办主任

董成杰

医保办主任

蒯连军

社会劳动保险处主任

赵玉斌

机关事业单位社会保险事业办公室主任

王　涛

劳动监察室主任

高成亮

县审计局

县审计局内设办公室、法规科、财政审计科、行政事业审计科、固定资产投资审计科5个科室，下设经济责任审计办公室，有干部职工19人。

局　长

吴　涛

党组副书记

董元和

副局长

马秀卫

韩爱萍（女）

高　雁（女）

经济责任审计办公室主任

王嘉嘉

县统计局

2016年，县统计局内设办公室、综合统计核算科、政策法规科、社会科技科等4个科室，管理副科级事业单位县经济社会综合调查队（县社情民意调查中心），有干部职工19人。

局　长

李连福

党组副书记

孙慧青（女，2月离职）

李荣华

副局长

杨中波

杨学俊

经济社会综合调查大队大队长

杨　松

国家统计局济阳调查队

2016年，调查队下设综合科、农村调查科、产业调查科，有干部职工7人。

队　长
李荣华
副队长
刘爱军

县安监局

2016年，县安监局下设办公室、危化科、工贸科、执法大队等机构，有干部职工23人。

局　长
祁云祥
党组副书记
卢世刚
副局长
周芳东
陈卫东
安全生产监察大队队长
秦道山

县交通运输局

2016年，县交通运输局设办公室、组织人事科、财审科、运管所、维修所、公路科、海事处、安全科、老干部科、路政科、养护科、法规科（365为民服务中心）、驾培办、客运办、运政大厅、检测公司、济阳所、崔寨所、垛石所、曲堤所、孙耿所、出租公司、出租办、监察大队等24个机构，有干部职工163人。

局　长
王洪亮
党委副书记
张立军
王泽宜
张建奎
副局长
王泽宜
许学民（3月任职）
总工程师
王永德

县公路管理局

2016年，县公路管理局内设办公室、工程科、安全机料科、路政大队、养护科、计划科、信息指挥中心、组织人事科、财务审计科、纪检监察室等10个科室，1个收费站，稍门、回河、辛集、新市、垛石等5个基层公路管理站、1个公路抢险救援中心、1个高速公路管理站，1个治超站和2个拌合厂。有干部职工261人。

局　长
张立军
党总支副书记
刘春兴
副局长
杨光明（2月离职）
孙　斌
盛刚范
张　辉
王建民
总工程师
盛成礼

县油区工作管理委员会

县油工委为副县级自收自支事业单位，内设办公室、财务科、工农科、联防稽查队等4个科室，有干部职工109人。

主　任
于凤翔
副主任
刘汉宝
袁学森
艾传成
韩连之

县经济和信息化局

县经济和信息化局内设办公室、综合业务科、节约能源办公室、财务科、组织人事科等5个科室。有干部职工33人。

局　长

杨德超（回族）

党委副书记

侯清光

梁新华

副局长

李忠义

孙延民

刘剑平

县商务信息中心

县商务信息中心内设综合科、信息咨询科、商贸服务科等3个科室，有干部职工10人。

主　任

侯清光

副主任

刘永泉

李永珠

王长元

县信息产业发展中心

县信息产业发展中心为县经济和信息化局所属正科级事业单位，有干部职工8人。

主　任

梁新华

副主任

王长国

济南留学回国人员精细化工研究开发中心

济南留学回国人员精细化工研究开发中心为自收自支副县级事业单位，隶属济阳县人民政府，编制20人，设主任1人，副主任2～3人。

主　任

夏庆忠

副主任

张加军

杨光明（2月离职）

郭英勇（3月任职）

呼怀东（3月任职）

县财政局

2016年，县财政局下设办公室、综合科（挂法规税政科牌子）、预算科（挂基层财政管理科牌子）、国库科、行财社保科（挂行政审批科牌子）、经济建设科、农业科（挂县农村综合改革办公室牌子）、县行政事业资产管理办公室、县财政监督办公室、县资金结算中心（正科级事业单位）、农业综合开发办公室、县国有资产管理中心（正科级事业单位）、县工资发放管理中心（副科级事业单位）、县财政国库集中支付管理中心（股级事业单位）、乡镇财务管理中心（股级事业单位），有干部职工61人。

局　长

李克俭

党组副书记

肖文正

副局长

杨振华

李　罡

李晓青

农业综合开发办公室主任

高继华（2月任职）

财政监督办公室主任

焦其海

资金结算中心主任

李晓青

国有资产管理中心主任

李　罡

县市场监管局

2016年，县市场监管局下设办公室、组织人事科、市场合同管理科等9个科室，下属计量检定所、消费者投诉中心等3个事业单位,3个直属局和10个派出机构,有干部职工162人。

局　长

周德新

副局长

张玉新

张清利

李小冬

高继洪

王　波

企业注册局局长

张　霞（女）

公平交易局局长

肖玉东

县粮食局

2016年，县粮食局下设办公室、组织人事科、调控科、监督检查科、财务审计科等5个科室，有干部职工8人。

局　长

焦玉印

副书记

王来友

仝敬忠

副局长

王来友

马海亭

县物资资产管理中心

2016年，县物资资产管理中心有干部职工7人，设办公室、人事科等2个科室。

主　任

李永珠（3月任职）

副主任

怀其珍（3月任职）

县供销合作社

2016年，县供销合作社内设办公室、组织人事科、资产管理科、合作指导科等4个科室，有干部职工24人。

主　任

周红旗

副主任

闫盛廷

罗　军

陈红星

县公安局

2016年，县公安局下设指挥中心、警务保障室、政工室、国保大队、治安大队、法制大队、督察大队、刑警大队、技侦大队、经侦大队、交警大队等科室，有干部职工375人。

局　长

赵建凯

政　委

吴玉泉

副局长

王　健

徐家武

王茂华

张恒栋

吴荣泰

李庆木（挂职）

办公室主任

王兴军

治安大队大队长

马庆民

刑事警察大队大队长

宋尔庆

交通警察大队大队长

朱洪亮

县司法局

2016 年，县司法局内设办公室、基层工作科、法治宣传科、公证律师管理科、社区矫正与安置帮教科等 5 个科室，在 10 个镇（街道）均设立 1 个司法所，所辖 3 个事业单位：济阳县法律援助中心、济阳县公证处、山东荟萃律师事务所。有干部职工 74 人。

局　长

陈思强

党组副书记

闫玉平

副局长

王延东

刘兆利

法律援助中心主任

赵佃胜

公证处主任

孙振海

山东荟萃律师事务所主任

万学飞

县民政局

2016 年，县民政局下设办公室、救灾救济科、低保办、军休所安置办、婚姻登记处、财务科、优抚科、慈善办公室、民管局、福利科、区划地名办、基层政权科、社会事务科、烈士陵园、殡仪馆等 15 个科室及下属单位，有干部职工 72 人。

局　长

张元祥

副局长

赵吉生

马　克

婚姻登记处主任

张秋莲（女）

民间组织管理局局长

滕术光

双拥办

主　任

张元祥

副主任

肖端军

低保办主任

贾俊萍（女）

县住房和城乡建设管理委员会

2016 年，县住建委内设办公室、人事科、财务科、审计科、规划科、建筑市场管理科、村镇建设科、燃气管理办公室、城建科、墙材节能办公室、数字化城管办公室、人防办、定额站、招商办、房屋征收服务中心、审批窗口、老干部科等 17 个科室，有干部职工 79 人。

主　任

刘佩贞

党委副书记

卢卫东

王玉芬（女）

副主任

王长胜

李永亭

殷秀良

李安温

人防办主任

潘桂贞

质安站

党支部书记

任万勇

站　长

王长胜

招投标办公室主任

张家良

县城管执法大队

2016年，县城管执法大队设办公室、财务科、法制科、市容管理科、督查科、一中队、二中队、三中队、四中队、规划中队等10个科室，有干部职工36人。

大队长

李安温（2月任职）

副局长

薄春干（3月离职）

教导员

李　峰

县国土资源局

2016年，县国土资源局有干部职工111人，内设办公室、建设用地科、耕保科、土地开发复垦中心、不动产登记中心、矿管科、监察科、信访科、监察大队、征地办、人事科、测绘科、财务科、收储中心、地籍科、规划科、地热中心、土地利用科，下设10个国土资源管理所（济阳中心所、垛石所、仁风所、太平所、崔寨所、孙耿所、新市所、曲堤所、回河所、济北所）。

局　长

刘景福

党组副书记

董悦彬

副局长

张万江

颜　玲（女）

杨剑峰

县环境保护局

2016年，县环保局有干部职工62人，内设办公室、政策法规科、规划财务科、环境管理科等4个科室。下属环境监察大队、环境监测站2个事业单位。

局　长

杜吉民

副局长

刁兴明

张立新

监察大队大队长

付延利

县房屋管理服务中心

2016年，县房管中心内设办公室、财务科、交易中心、测绘中心、评估所、维修资金办公室、开发管理科、房政科、项目办、法规科等10个科室，有干部职工50人。

主　任

王连泉

党支部副书记

孙茂德

王廷光

副主任

孙茂德

杨剑锋

艾金民

李永亭

县市政园林公用事业局

县市政园林公用事业局设办公室、组织人事科、财务审计科、市政工程科、园林绿化科、工程养护科、监督科、排水科、路灯管理所；下设市政服务中心、济北公园管理办公室、北方供热有限责任公司、兴阳热源厂、美洁污水处理厂。有干部职工 108 人。

局 长

杨春亭（2 月离职）

杨光明（2 月任职）

副局长

王传华

张立明

王玉成

魏长文

市政服务中心

主 任

王传华

副主任

韩长民

县环境卫生管护中心

2016 年，县环卫管护中心设办公室、财务科、环卫一所、环卫二所、环卫三所、监察科、征收科、设施科、一体化办公室、清运车队、洒水车队、垃圾转运站、餐厨管理办公室等 13 个科室，有干部职工 84 人。

主 任

潘桂贞

副主任

欧德峰

肖培同

张文胜

县城镇建设改造领导小组办公室

2016 年，县城改办下设办公室、综合科、财务科等 3 个科室，有干部职工 12 人。

常务副主任

杨光明（2 月离职）

刘京祥（2 月任职）

副主任

殷修良

许学民（2 月离职）

杨崔军

孟立龙（2 月离职）

韩长民

县澄波湖建设领导小组办公室

2016 年，澄波湖建设领导小组办公室有干部职工 7 人。

常务副主任

杜继功

副主任

魏长文

赵举德（2 月离职）

刘信修（2 月任职）

营家社区建设领导小组办公室

2016 年，营家社区建设领导小组办公室有干部职工 9 人。

主 任

任道胜

常务副主任

马恒新

副主任

刘 强

县农业局

县农业局下设办公室、财务审计科、综合业务科（农产品质量安全监管科）等 3 个科室，1 个副科级事业单位：山东省农业广播电视学校济阳分校（县农村科技教育培训中心），7 个股级事业单位：农业信息中心、农村经济经营管理站（农村产权交易服务中心）、农技土肥植保站、农业环境保护站、农业监察大队、种子管理站、种子公司。有干部职工 55 人。

局　长

刘传道

党组副书记

周红旗（2 月离职）

副局长

艾中华（3 月离职）

冯庆雨（3 月任职）

张光煌

赵东峰（11 月任职）

冯祖成（3 月离职）

农广校校长

李光宗（11 月离职）

县蔬菜服务中心

2016 年，县蔬菜服务中心是正科级事业单位，有干部职工 11 人，内设办公室、技术推广站、计划生产站、食用菌工作站等 4 个站室。

主　任

周红旗（2 月离职）

李卫强（2 月任职）

副主任

张恒义

王　磊

总农艺师

陈兴卫

县现代农业科技示范园

2016 年，县农业园区办内设办公室、财务室、综治办公室、保卫室等，有干部职工 10 人。

主　任

艾中华（2 月离职）

刘传道（2 月任职）

副主任

陈红星

县林业局

2016 年，县林业局设办公室、林政科（行政审批科、集体林权改革办公室）、综合业务科等 3 个科室，协调管理县森林公安局，所属有林业站、森林保护站 2 个事业单位。有干部职工 38 人。

局　长

王协芳（2 月离职）

江　建（2 月任职）

副局长

徐胜业

王延平

森林公安局局长

张少勇（6 月任职）

县水务局

2016 年，县水务局下设办公室、财务审计科、水政水资源科、农村水利科 4 个科室，设有沟杨灌区管理所（与回河镇水利站合并办公）、葛店灌区管理所（与济阳街道水利站合并办公）、张辛灌区管理所（与曲堤镇水利站合并办公）、牛王灌区管理所（与新市镇水利站合并办公）、棉张灌区管理所（与回河镇水利站合并办公）、垛石管理段（与垛石镇水利站合并办公）、崔寨镇水利站、太平镇水利站、仁风镇水利站 10 个管理单位，下设县自来水公司、县水利工程处 2 个生产单位。有干部职工 197 人。

局　长

孟宪国

党委副书记

赵举德

副局长

冯祖成（3 月任职）

温明银（3 月离职）

赵乐宝

县自来水公司

县自来水公司设办公室、服务大厅、稽查科、财务科、沟杨水源管理站、材料科、设计室、物业办公室、安装队、管理一科、管理二科、生技科、信息科、济北水厂、太平水厂、孙耿水厂、水质检测中心、考评办公室、安全办公室等19个科室，有干部职工180人。

经　理

任传强

副经理

闫思祥

王世家

郭兴林

县农业机械管理局

2016年，县农机局下设办公室、财务审计科、综合科、农机监理站、农机管理站、农机推广站等6个站科，有干部职工22人。

局　长

刘玉旺

副局长

郭庆信

王尔前

县畜牧兽医局

县畜牧兽医局内设办公室、动物卫生监督所、畜牧生产科、兽药饲料监管科（挂执法大队）、畜产品质量安全监管科等5个科室，派出9个畜牧兽医站（不含济北街道办事处），下辖生猪屠宰稽查大队、动物疫病预防与控制中心、畜牧技术推广站等3个事业单位。有干部职工68人。

局　长

李振忠（3月离职）

王长波（3月任职）

副局长

赵金华

苏传坤

总畜牧师

徐秀珍（女）

县人工影响天气办公室

2016年，县人工影响天气办公室内设办公室、业务科，有干部职工14人。

主　任

高继华（2月离职）

艾中华（2月任职）

副主任

王兆河

张乐文

县科学技术局

2016年，县科技局下设办公室、科技成果科（地震办公室）、高新技术与农村社会发展科等3个科室，有干部职工14人。

局　长

张本才（11月离职）

党支部副书记

韩德友

副局长

付　伟（女）

县文化广电新闻出版局

2016年，县文广新局有干部职工60人，内设办公室、文化艺术科、广电新闻出版管理科、旅游科等4个科室，下辖文化市场综合行政执法大队、文化馆、博物馆、图书馆、电影发行放映公司等5个企事业单位。

局　长

巴建英（2月离职）

李庆民（3月任职）

副局长

张西辽

赵元安

魏德强

县食品药品监督管理局

2016 年，县食品药品监督管理局内设办公室、政策法规科、综合协调督查科（应急管理办公室）、食品安全监管科、药品医疗器械监管科、保健食品化妆品监管科等 6 个科室，下设济阳、济北、曲堤、仁风、太平、孙耿、垛石、新市、崔寨、回河等 10 个镇（街道）食品药品监督管理所，直属单位为食品药品稽查大队。有干部职工 91 人。

局　长（主任）

徐洪华

副局长（副主任）

周万升

杨继昌

吴　波

食药稽查大队大队长

张卫东

县卫生和计划生育局

2016 年，县卫计局设办公室、医政与疾病预防控制科、卫生应急办公室、农村卫生与妇幼保健管理科、计划生育管理科，有干部职工 41 人。

局　长

赵元乾

副局长

郭清河

陈　磊

张加水

杨法庆

王　伟（女）

医改办主任

张端正

计划生育协会

常务副会长

张端正

副会长

张国泉

中医药管理局局长

鲍秀强

卫生监督所所长

李庶松

爱国卫生运动委员会办公室

主　任

王玉东

副主任

马秀芳（女）

流动人口管理办公室

王泽海

县人民医院

院　长

卢士平

副书记

张玉海

高　峰

副院长

柏宗华（女）

唐清颖

县中医院

院　长

孟庆传

党总支副书记

武玉良

副院长

陈　跃

韩玉祥

路贵敬

县妇幼保健计划生育服务中心主任

赵歧梅

县疾病预防控制中心主任

赵明春

县广播电视台

2016年，济阳县广播电视台下设办公室、总编室、新闻部、专题部、播出部、广告部等10个机构。有干部职工54人。

台　长

刘红登

党总支副书记

姚玉山

副台长

梁善诚

张崇华（女）

潘　静（女）

总编辑

梁善诚

副总编辑

刘　洋

王建忠

县史志办公室

2016年，县史志办有干部职工6人。

主　任

刘　斌

副主任

孙长根

肖端良

县教育体育局

2016年，县教育体育局内设办公室（行政审批科、学校安全科）、组织人事科（宣传法规科）、财务审计科、教育科、体育科、教育督导室等行政科室，另有财务结算中心、学生资助中心、教研室等事业科室。有干部职工75人。

局　长

魏长亭（2月离职）

杨春亭（2月任职）

党委副书记

张端奎

王鸿星

王元山

副局长

苗荣强

王兴海

钱向东

县成人教育局

2016年，县成人教育局设办公室、职教科、农教科、民教科、教务处等5个科室，有干部职工28人。

局　长

范元军

党支部副书记

王四彦

副局长

孙经周

艾　玲（女）

杜光军

县教师进修学校

党支部书记

孟宪国（3月离职）

校　长

张端奎

副校长

王守明

张自贵

培训部主任

卜令花

济阳一中

党支部书记

张　方（3 月离职）

校　长

（空缺）

副校长

乔能平（主持工作）

王静元

赵绪泉

范升平

李　辉

吴洪峰

济北中学

党支部书记

庞金良（3 月离职）

党支部副书记

郭怀军

校　长

魏长亭（3 月离职）

副校长

李连师（主持工作）

薛善忠

韩清林

李恩忠

王道河

闫捷敏

职业中专

党支部书记

李建国

党支部副书记

李继忠

校　长

徐新春

副校长

杨金勇（主持工作）

张太亮

杨同贵

董玉华

实验中学

校　长

赵继荣

党支部副书记

席善市

副校长

王　涛

王秀峰

创新中学

校　长

高敦禹

党支部副书记

高亮玉

副校长

闫　川

李悦军

刘　勇

济阳十中

校　长

闫玉海

副校长

刘方福

李光泉

竞业园学校

校　长

齐志海

党支部副书记

王　领

副校长

王银东

刘建科

实验小学

校　长

张传友

志远小学

校　长

刘海友

济北小学

校　长

董作泉

党支部书记

赵春燕

实验幼儿园

党支部书记、副园长

徐传英

政协济阳县委员会及所属委室

县政协下设办公室、提案委员会、文史资料委员会、经济科技委员会、社会文教委员会、台港澳侨、外事委员会、人口资源环境委员会和 10 个镇（街道）委员联络室。有干部职工 24 人。

政协济阳县委员会

主　席

杜爱君（女）

副主席

杨秀章

郭协勇

张学兰（女）

卢士平

张乃杰

赵建凯

秘书长

盛　伟

办公室

主　任

盛　伟

副主任

王敬德

提案委员会主任

潘京奎

文史资料委员会主任

郑海军

经济科技委员会主任

王树福

社会文教委员会主任

张学海

台港澳侨和外事委员会主任

程玉利（3 月任职）

人口资源环境委员会主任

庞建良

中共济阳县纪委及所属机构

2016 年，县纪委有干部职工 62 人，内设办公室、党风政风监督室、组织部、信访室、案管室、审理室、第一纪检监察室、第二纪检监察室、第三纪检监察室等 9 个科室，廉政教育中心及 4 个纪检组，11 个个别派驻机构。

书　记
于炳基（1 月任职）
常务副书记
李　勇
副书记
祁云霄
常　委
姜桂香（女）
董新国
卢法喜
王　帅（3 月任职）

办公室主任
王　帅

组织部负责人
董新国

廉政教育中心
主　任
姜桂香（女，6 月任职）
副主任
王　娜（女，6 月任职）

党风室
负责人
卢法喜
副主任
孙　馨

信访室主任
刘圣军

案管室主任
张相征（6 月任职）

审理室主任
高　群

第一纪检监察室主任
尚爱民

第二纪检监察室主任
宋　民

第三纪检监察室主任
（空缺）

第一纪检组
组　长（主　任）
王国庆
副组长（副主任）
宋汉庆
吴立东

第二纪检组
组　长（主　任）
张新华
副组长（副主任）
王　翔
王建斌（2 月任职）

第三纪检组
组　长（主　任）
邝　军
副组长（副主任）
石兴会
李光明

第四纪检组
组　长（主　任）
卢东风
副组长（副主任）
高增明
鲁鑫善

县纪委个别派驻机构

县直机关纪工委书记
林　颜

县委党校纪委书记

李合信

县交通局纪委书记

齐　勇

县经信局纪委书记

刘尊新

县公安局纪委书记

齐　敏

县住建委纪委书记

杜　白

县水务局纪委书记

安法根

县卫计局纪委书记

肖秀芹（女）

县教体局纪委书记

黄　鹏

县法院纪检组组长

姜建军

县检察院纪检组组长

卢　静（女）

济阳县人民武装部及所属机构

县人武部设军事科、政工科、后勤科、民兵训练基地，民兵装备仓库，有干部职工 15 人。

部　长

范厚友（5 月离职）

夏冬冬（代，5 月任职）

政治委员

甄广新（5 月离职）

周俊龙（5 月任职）

副部长

张贤刚（5 月离职）

军事科参谋

齐荣彬

解奎修

政工科科长

刘　毅（8 月离职）

孔　锐（8 月任职）

后勤科科长

解奎修（代）

民兵训练基地主任

王明华

民兵装备仓库主任

张乐武

济阳县人民法院　检察院

人民法院

2016 年，县人民法院内设办公室、政工科、监察室、研究室、信息技术科、审判管理办公室、民事审判第一庭、民事审判第二庭、刑事审判庭、行政审判庭、审判监督庭、司法技术中心、少年审判庭、执行局（下设执行一庭和执行二庭）、法警大队、回河人民法庭、垛石法庭、曲堤人民法庭、崔寨人民法庭等 21 个机构。有在编干警 102 人。

院　长

温　磊

副院长

司继月

王泽忠

黄启峰

祝玉芹（女）

专职审委会委员

高卫东

执行局

局　长

杨立新

副局长

刘长星

贾传曾

法警大队大队长

陈庆华

人民检察院

2016 年，县检察院下设政工科、研究室、预防科、办公室、反贪局、反渎局、侦监科、公诉科、刑事执行检察科、民事行政检察科、控告申诉科、技术科、案件管理中心、检务督察办公室等 15 个科室。在职干警 72 人。

检察长

赵性雨

副检察长

范春生

赵荣传

孟利群（女）

赵东雁

检委会专职委员

陈庆龙

法警大队

大队长

高红升

副大队长

艾　晶

反贪局

局　长

张永健

副局长

李玉忠

赵继明

反渎局

局　长

赵东雁

副局长

肖　剑

济南济北经济开发区管理委员会

2016 年，济南济北经济开发区管理委员会设办公室、园区规划管理局、财政局、经济发展局等 4 个内设机构，下设综合服务中心、投资促进中心等 2 个事业单位。

书　记

祖爱民（8 月离职）

主　任

王洪忠（11 月离职）

党工委副书记

王长军

李庶森

张庆涛

副主任

李庶森

李永军

宋　琳

办公室

主　任

程继孝

副主任

董　军（3 月离职）

刘　强

规划管理局

局　长

范兆春（11 月离职）

王　良（11 月任职）

副局长

魏其海

徐　军

财政局

局　长

郭　强

副局长

裴善功

孟立龙

经济发展局

局　长

赵廷军（3月任职）

综合服务中心

主　任

葛三东（3月任职）

副主任

孙海霞（女）

陈宝霞（女）

投资促进中心

主　任

范　勇（3月任职）

副主任

刘德民（3月任职）

社会团体

县总工会

2016年，县总工会有干部职工10人，下辖基层工会组织1647个。

主　席

庞金良（11月离职）

党组书记、常务副主席

张成华

副主席

艾强华

毕思夏

经审委主任

王少龙

共青团济阳委员会

2016年，团委下设权益部、办公室，有干部职工6人。

书　记

王　菊

副书记

范　帅（8月离职）

刘　燕

县妇女联合会

2016年，县妇联内设权益部、妇儿工委、城乡组宣部，有干部职工6人。

主　席

邵海燕（女，2月离职）

巴建英（女，2月任职）

副主席

柏秀芳（女）

韩　炜（女）

妇儿工委副主任

曹　宏（女）

县科学技术协会

2016年1月，县科学技术协会内设办公室、科普部，有干部职工4人。

主　席

张明源

副主席

赵立英（女）

韩明福

县文学艺术界联合会

2016年，县文联下辖作家协会、美术书法家协会、摄影家协会等7个基层协会，有干部职工6人。

主　席

于加新

副主席

齐建水

县残疾人联合会

2016年，县残联内设办公室、康复就业

科、残疾人劳动就业管理服务中心，有干部职工 21 人。

理事长

王长波（2 月离职）

李振忠（2 月任职）

副理事长

王许合

郑　锋

刘仲华

县工商业联合会

2016 年，县工商业联合会有主席 1 人，书记、常务副主席 1 人，副主席 1 人。

党组书记

张贤东

主　席

张贤东（12 月离职）

张学兰（女，12 月任职）

常务副主席

张贤东（12 月任职）

副主席

杨　静（女）

县红十字会

2016 年，红十字会内设办公室、业务部，有干部职工 17 人。

会　长

郭明金

副会长

张　勇

张　朋（女）

垂直及双重管理单位

济南黄河河务局济阳黄河河务局

2016 年，县河务局下设办公室、水政水资源科、工程管理科、防汛办公室、人事劳动教育科、财务科、党群工作科、经济工作办公室、信息管理站等 9 个正科级科室。二级机构设置 4 个正科级管理段：崔寨管理段、济阳管理段、曲堤管理段、仁风管理段。有干部职工 138 人。

局　长

刘兴海

纪检组组长

刘承敏

副局长

肖建波

杜加雷

工会主席

钱万钧

办公室

主　任

刘　强

副主任

赵　兴

水政科科长

郭大鹏

水政综合执法副大队长

刘兴国

工管科科长

张清军

防汛办公室

主　任

毕思军

副主任

王四国

人事劳动教育科

科　长

王建峰

副科长

王倩倩

柏建忠

财务科

科　长

吴国胜

副科长

李树新

党群工作科科长

陈儒忠

经济管理办公室

主　任

郑庆贵

副主任

张　磊

信息管理站副站长

王凯霞

崔寨管理段

段　长

郭庆山

副段长

吴　超

济阳管理段

段　长

常　斌

副段长

郝加燕

曲堤管理段

副段长

李洪波

仁风管理段

副段长

徐法义

县国家税务局

2016年，县国税局内设10个行政科室7个税务分局，1个事业单位信息中心，1个直属机构稽查局。有干部职工103人。

局　长

王茂明

副局长

路致虎

张建军

霍　星

纪检组组长

卢永胜

县地方税务局

2016年，县地税局机关内设办公室、法规税政科、征管和科技发展科、税源管理科、收入核算和财务科、人事科（离退休干部科）、机关党总支办公室、监察室等8个科室，下设稽查局和直属征收局等2个直属机构，6个中心税务所：济北经济开发区、曲堤、仁风、垛石、崔寨、孙耿中心税务所，1个事业单位纳税服务中心。有干部职工132人。

局　长

魏吉昌（3月离职）

李　湧（3月任职）

副局长

张善河

马丙华

张庆彬

纪检组组长

邝　琪（女）

中国人民银行济阳县支行

2016年，中国人民银行济阳县支行内设办公室（纪检监察室）、货币信贷调统科、金融稳定科、金融服务管理科，有干部职工22人。

行　长

牛传东

副行长

任平亮

纪检组长

赵宪昌

王　磊

刘　超

时卫华（3 月任职）

中国邮政集团公司山东省济阳县分公司

2016 年，县分公司下辖 15 个邮政网点，1 个邮政所。有员工 184 人。

经　理

张　波（5 月离职）

高峻鹏（5 月任职）

副总经理

彭玉河

娄宝海（4 月任职）

担任行政分工委员

闫德林

县气象局

2016 年，县气象局下设办公室、测报预报、农业气象、雷电防护技术中心等科室，有干部职工 8 人。

局　长

张　春

副局长

孙小丽（女，1 月任职）

赵玉翠（女）

中国农业银行济阳县支行

济阳农业银行内设公司业务部、个人金融部、个人贷款与信用卡分期营销中心、个贷分中心、风险管理部、运营财会部及综合管理部 7 个科室，有在职员工 128 人

行　长

李曰兵

党委副书记

李付胜

副行长

靳　军（女，3 月离职）

中国银行济阳支行

中国银行济阳支行内设综合管理部、业务发展部、营业部、济北支行等科室，有干部职工 38 人。

行　长

刘　军

副行长

刘　波

王海洋

中国建设银行济阳支行

中国建设银行济阳支行内设综合管理部、客户服务部、业务管理部、营业室、前进分理处等科室，有干部职工 48 人。

行　长

窦　超

副行长

孙善森

杨雪超

纪检特派员

任　蔚

委派会计主管

毛红云（女，10 月任职）

山东济阳农村商业银行股份有限公司

2016 年，济阳农商银行下设风险管理部、财务会计部、金融市场部、人力资源部、办公室、个贷中心等 14 个部室中心，有干部员工 400 人。

董事长

王兆星（4 月离职）

肖建华（4 月任职）

行　长

徐庆三（4月离职）

娄以奎（4月任职）

监事长

杨加花（女，6月任职）

副行长

于　强（4月离职）

王尔设（4月离职）

王成永（6月任职）

杜仁银（6月任职）

中国农业发展银行济阳县支行

2016年1月，中国农业发展银行济阳县支行内设办公室、财务会计部、信贷业务部，有干部职工20人。

行　长

李传涛

副行长

陈亚新（4月任职）

中国邮政储蓄银行济阳县支行

2016年，中国邮政储蓄银行济阳县支行设综合管理部、综合业务部、营业部、开元支行、崔寨支行，共有干部职工65人。

行　长

徐大军

副行长

王玉银

齐鲁银行济南济阳支行

2016年，齐鲁银行济南济阳支行内设营销部、营业室，下辖1家二级支行——闻韶支行，有干部职工27人。

行　长

林寿升

副行长

朱光峰

日照银行济南济阳支行

2016年，日照银行济南济阳支行下设营业室、业务部、行长室3个职能部门。有干部职工15人。

行　长

索会亭

北海村镇银行

2016年，北海村镇银行内设营业部，综合管理部，有干部职工26人。

行　长

葛精兵

副行长

李兴家

杨雅雯（女）

中国人民财产保险股份有限公司济阳支公司

2016年，中国人民财产保险股份有限公司济阳支公司下设8个科室，有干部职工21人。

经　理

王海峰

中国人寿保险股份有限公司济阳县支公司

2016年，中国人寿济阳县支公司下设经理室、个险销售部、团体业务部、银行保险部综合管理部、客户服务部和健康保险部等7个部门，有干部职工26人。

经　理

齐铁军

中国太平洋财产保险股份有限公司济阳支公司

2016年，中国太平洋财产保险股份有限公司济阳支公司下设经理室、办公室、营业大厅、业务科、渠道科等机构，有干部职工 6 人。

经　理

杨秀荣（女）

中国太平洋人寿保险股份有限公司济阳支公司

2016 年，太平洋人寿济阳支公司下设个险部、服务营销部、法人渠道部及营运中心 4 个科室，有干部职工 5 人。

经　理

刘丹财

副经理

徐东兵（4 月任职）

杨圣民（8 月任职）

徐　党（12 月任职）

中国移动通信集团山东有限公司济阳分公司

2016 年，中国移动通信集团山东有限公司济阳分公司下设综合部、业务运营部、集客部、建设维护部等科室，有干部职工 114 人。

总经理

刘海生（6 月离职）

吕海慧（女，6 月任职）

副总经理

刘　炜

中国联合通信有限公司济阳分公司

2016 年，中国联合通信有限公司济阳分公司下设 1 个部室 5 个中心：综合部，维护中心，自有渠道营销中心，社会渠道营销中心，集团客户渠道营销中心、中小企业客户营销中心。有干部职工 141 人。

党支部书记

李思俊

总经理

周　磊

副总经理

韩　静（女）

何文辉

位希刚

邢曙光

中国电信集团公司山东省济阳县电信分公司

2016 年，中国电信集团公司山东省济阳县电信分公司下设综合部、城区支局、开元营业厅支局、政企支局、南农村支局、北农村支局、西农村支局等科室，有干部职工 59 人。

经　理

李英建

国家电网山东济阳县供电公司

国网济阳供电公司公司设办公室、发展建设部、财务资产部、安全监察质量部、人力资源部、党群工作部、乡镇供电所管理部和电力调度控制中心等 8 个职能部门。设运维检修部、营销部 2 个业务支撑和实施机构，乡镇供电所 10 个。有干部职工 364 人。

总经理

叶传海

副总经理

田　婕（女）

卢　峰

韩为民

纪委书记

张振亭

山东广电网络有限公司济阳分公司

2016 年，山东广电网络有限公司济阳分公司设市场部，综合部，运维部，城区站，城关站，垛石站，新市站，崔寨站，孙耿站，太平站，曲堤站，仁风站等部门，有干部职工 71 人。

经　理

王泽利

副经理

马遵勇

王强元

县烟草专卖局（营销部）

县烟草专卖局（营销部）负责济阳、孙耿、曲堤、仁风、回河、新市、崔寨、垛石等镇（街道）专卖管理、卷烟经营工作。下设综合办公室（财务科）、专卖监督管理科、法制科、内管派驻组、卷烟营销科（非烟物流科）等5个部门和1个稽查大队。稽查大队下设1个特稽中队、4个稽查中队。卷烟营销科下设4个营销分部。有从业人员62人。

局长（经理）

于　健

副经理

张玉伟

副局长

周彦东

济南市盐务局济阳分局

济阳分局下设办公室、盐政科、盐政稽查大队、酒水中心等机构，有干部职工49人。

书记（局长）

王成军

副局长

张恒德

李培峰

中国石油化工股份有限公司山东济南济阳分公司

2016年，县石油公司有干部职工135人。

经　理

李君绪（12月离职）

李玉文（12月任职）

副经理

赵光强

山东新华书店集团有限公司济阳分公司

山东新华书店集团有限公司济阳分公司下设办公室、业务科、财务科、综合科、物业科5个科室；中心门市部、城东门市部、一中门市部、济北中学门市部4处门市，有干部职工28人。

经　理

王　敏

副经理

孟国庆

镇　街道

2016年，全县设8个镇、2个街道，各镇街道设党政办公室、经济发展办公室、社会事务办公室、社会稳定办公室等综合性办公室。

孙耿镇

党委书记

宋　琳（11月离职）

李智魁（11月任职）

党委副书记

赵秀亮（3月任职）

骆阳清（11月任职）

党委委员

杨代方（回族，10月离职）

靳传宝（11月离职）

胥　倩（11月离职）

胡元刚（11月离职）

卜令涛（11月任职）

邝金庆

高成海（11月任职）

陈绍宝（11月任职）

周宝伟（11 月任职）
王红波（11 月任职）
人大主席团
主　席
宋　琳（12 月离职）
靳传宝（12 月任职）
副主席
胥　倩（12 月离职）
刘希军（12 月任职）
镇　长
赵秀亮（3 月任职）
副镇长
胡元刚（12 月离职）
杨　飞（12 月任职）
邝金庆（12 月任职）
周宝伟（12 月任职）
政协委员联络室主任
骆阳清（12 月任职）

人大主席团
主　席
李智魁（12 月离职）
王佃伟（12 月任职）
副主席
王佃伟（12 月离职）
柳献乔（12 月任职）
镇　长
姚敬民
副镇长
陈　键（11 月离职）
杨　飞（女，回族，11 月离职）
马相圣（12 月任职）
王学会（12 月任职）
马逸群（12 月任职）
政协委员联络室主任
孙延周（12 月离职）
王振海（12 月任职）

垛石镇

党委书记
李智魁（11 月离职）
邵海燕（女，11 月任职）
党委副书记
姚敬民
孙延周（11 月离职）
王振海（11 月任职）
党委委员
白兆明（11 月任职）
马相圣（11 月任职）
褚乃贵（11 月任职）
王学会
李光宗（11 月任职）
郭其波（11 月任职）
王佃伟（11 月离职）
陈　键（11 月离职）

曲堤镇

党委书记
白宝强（回族，11 月离职）
张瑞刚（11 月任职）
党委副书记
张瑞刚（11 月离职）
赵东峰（11 月离职）
石治国（11 月任职）
王兴泉（11 月任职）
党委委员
骆立坤
盛善海（11 月任职）
胥　强
高　涛
范光柱（11 月任职）
曹传颂（12 月任职）
田淑云（女，11 月离职）

曹善国（11 月离职）
人大主席团
主 席
白宝强（12 月离职）
王奉章（12 月任职）
副主席
田淑云（女，12 月离职）
史 波（12 月任职）
镇 长
张瑞刚（12 月离职）
石治国（12 月任职）
副镇长
曹善国（12 月离职）
胥 强（12 月离职）
高 涛（12 月任职）
范光柱（12 月离职）
曹传颂（12 月任职）
刘 琦（12 月任职）
政协委员联络室主任
赵东峰（12 月离职）
王兴泉（12 月任职）

仁风镇

党委书记
董 锋
党委副书记
陈丙铜
石治国（11 月离职）
杜雪燕（女，11 月任职）
党委委员
骆阳清（11 月离职）
钱卫东（11 月离职）
徐 波（11 月任职）
王玉军（11 月离职）
闫 鹏
郑同忠（12 月任职）
许传峰（12 月任职）
胡玉福（11 月任职）
时 勇
人大主席团
主 席
董 锋（12 月离职）
钱卫东（12 月任职）
副主席
钱卫东（12 月离职）
王树建（12 月任职）
镇 长
陈丙铜
副镇长
时 勇（12 月离职）
石明君（女，12 月离职）
闫 鹏（12 月任职）
许传峰（12 月任职）
程玉立（12 月任职）
政协委员联络室主任
石治国（12 月离职）
杜雪燕（女，12 月任职）

崔寨镇

党委书记
张 方（11 月离职）
董法明（11 月任职）
党委副书记
董法明（11 月离职）
张 健
王友斌（11 月任职）
人大主席团
主 席
张 方（12 月离职）
孙延周（12 月任职）
副主席
高成军（12 月离职）

付传昌（12 月任职）
党委委员
王永杰（3 月任职）
白兆明（11 月离职）
王奉章（11 月离职）
高成军（11 月离职）
陈　键（11 月任职）
梁乐顺（11 月任职）
张星绪（11 月任职）
韩长运
王隆烈（11 月任职）
镇　长
董法明（12 月离职）
张　健（12 月任职）
副镇长
马　骁（回族，12 月离职）
梁乐顺（12 月任职）
王隆烈（12 月任职）
韩　明（12 月任职）
白兆明（12 月离职）
王奉章（12 月离职）
政协委员联络室主任
张　健（12 月离职）

太平镇

党委书记
李金峰
党委副书记
李宪亮（11 月离职）
张爱霞（女，11 月任职）
王　良（11 月离职）
王传武（11 月任职）
党委委员
杜雪燕（女，11 月离职）
张文军（11 月离职）
梁乐顺（11 月离职）
冯佩泉（11 月任职）
陈　涛
贾明永
赵建亭（11 月任职）
付延宝
王宣明（12 月任职）
人大主席团
主　席
李金峰（12 月离职）
王　斌（12 月任职）
副主席
张文军（12 月离职）
孙玉亮（12 月任职）
镇　长
李宪亮（12 月离职）
张爱霞（女，12 月任职）
副镇长
陈　涛（12 月离职）
赵建亭（12 月离职）
贾明永
王宣明（12 月任职）
纪成华（12 月任职）
政协委员联络室主任
王　良（12 月离职）

新市镇

党委书记
许崇勇（11 月离职）
张本才（11 月任职）
党委副书记
付丰亮
王　斌（11 月离职）
王　勇（11 月任职）
党委委员
张文军（11 月任职）
王洪涛

马科新（11月任职）
黄桂彬（12月任职）
李　勇（12月任职）
赵艳莉（女，12月任职）
范翠芳（女，11月离职）
冯佩泉（11月离职）
刘金民（11月离职）
马相圣（11月离职）
人大主席团
主　席
许崇勇（12月离职）
范翠芳（12月任职）
副主席
冯佩泉（12月离职）
任　刚（12月任职）
镇　长
付丰亮
副镇长
王洪涛
马科新（12月离职）
赵艳莉（女，12月任职）
肖安雷（12月任职）
政协委员联络室主任
王　斌（12月离职）

回河镇

党委书记
常为民
党委副书记
卢　波
王　斌
党委委员
王四勇（11月离职）
齐卫平（11月任职）
卜令涛（11月离职）
王　超
杨海港
高成军（11月任职）
李　华（12月任职）
杨延国（11月离职）
冯　琳（女，11月离职）
于学菲（女，11月任职）
人大主席团
主　席
常为民（12月离职）
王四勇（12月任职）
副主席
杨延国（12月离职）
马庆堂（12月任职）
镇　长
卢　波
副镇长
卜令涛（12月离职）
杨海港
张子江（12月任职）
李　华（12月任职）
政协委员联络室主任
王　斌（11月任职）

济阳街道

党工委书记
李永军
党工委副书记
刘小波
张世东（3月离职）
马小东（11月任职）
党工委委员
崔吉勇
朱宝刚（11月离职）
刘金材
魏　宾（11月任职）
杨敬林（11月任职）

人大工作室
主　任
李永军
副主任
崔吉勇（11 月离职）
主　任
刘小波
副主任
刘金材
魏　宾（12 月任职）
张云文
朱宝刚（12 月离职）
政协委员联络主任
张世东（3 月离职）
张爱霞（女，3 月任职，11 月离职）
马小东（12 月任职）

济北街道

党工委书记
李庶森
党工委副书记
庞兴友（3 月离职）
张世东（3 月任职）
葛三东（3 月离职）
胡玉建（3 月任职）
党工委委员
王　勇（11 月离职）
卢士生
柏洪钧
杨代方（回族，10 月任职）
田淑云（女，11 月任职）
张长虹（3 月任职）
人大工作室
主　任
李庶森
副主任
王　勇（12 月离职）
主　任
庞兴友（3 月离职）
张世东（3 月任职）
副主任
卢士生
张长虹
政协委员联络室主任
葛三东（3 月离职）
胡玉建（3 月任职）

中共济阳县委员会

重要会议

【党风廉政建设工作会议】 2月4日，在会务中心礼堂举行。县委书记、县人大常委会主任祖爱民在会议上要求，要勇于担当，真抓实干，不断取得全县党风廉政建设和反腐败斗争新成效，为全面融入济南、早日全面建成小康社会努力奋斗。祖爱民在讲话中指出，2015年，全县各级党组织认真贯彻中央和省、市、县委决策部署，始终把党风廉政建设和反腐败工作作为全面从严治党的重要内容，保持政治定力，履行主体责任，党风廉政建设和反腐败工作取得了新的成效。坚持以落实"两个责任"为统领，以上率下，传导压力，压实责任，切实把从严治党责任沉到底、落到位。全县各级纪检监察机关，按照中央和省市县委的决策部署，聚焦中心任务，深化转职能、转方式、转作风，忠诚履行党章赋予的职责，强化责任担当，做了大量卓有成效的工作，为全县经济社会发展提供了坚强有力的纪律保障。在肯定成绩的同时，也要看到，当前全县反腐倡廉建设任务仍然较重。各级各部门和纪检监察机关要进一步增强责任感、紧迫感、使命感，以更加坚定的信心和更加有为的工作，坚决把党风廉政建设和反腐败斗争进行到底。

【三级干部大会】 2月14日，在济北中学礼堂召开。会议总结回顾2015年工作，安排部署2016年工作任务。县委书记、县人大常委会主任祖爱民讲话并要求，要进一步贯彻落实全市经济工作暨"四个中心"建设动员大会精神，动员全县上下进一步弘扬"五加二，白加黑"的作风，抢抓机遇，对接四个中心，融入现代泉城，在携河发展中再掀济阳跨越赶超新高潮。

【第一书记工作会议】 4月15日，在县会务中心礼堂召开，贯彻落实中央和省、市、县扶贫开发工作会议精神，对进一步做好第一书记驻村帮扶工作、推动精准脱贫进行安排部署。县领导庞金良、黄凯东、王秀成、高继锋出席会议。县委副书记、县选派第一书记工作领导小组组长庞金良讲话指出，第一书记驻村帮扶，是贯彻上级要求、推动精准脱贫的实际行动，是赢取群众信任、维护第一书记品牌的现实需要，是巩固基层基础、加强村级组织的有力措施。此次第一书记驻村帮扶，要落实好习近平总书记提出的"抓好党建促扶贫"的要求，努力把村党组织建成带领群众脱贫致富的坚强战斗堡垒。要进一步明确第一书记驻村帮扶要干什么，重点在"摸清底子、开对方子、选准路子、搭好台子、建好班子"五个方面下功夫。要抓班子、强队伍，抓发展、促脱贫，抓服务、办实事，抓治理、促和谐。要端正态度，克服"镀金思想""自由思想""官僚思想"三种错误思想，要主动向基层干部群众学习，尽快进入角色、融入工作。要注意方法，在解决问题、化解矛盾中出实招、办实事，切实为贫困村的发展找准突破口，在真抓实干中赢得信任、凝聚力量。要摆正位置，处理好与现任村党支部书记、所在镇（街道）、派出单位的关系。要高度重视、严格落实责任，积极参与，切实做到责任落实到位、服务保障到位、督查考核到位、宣传引导到位，确保工作扎实深入开展，顺利完成贫困村、贫困户的精准脱贫。

【三项重点工作调度会】 5月20日，全县招商引资、项目建设、镇域经济三项重点工作调度会召开，分析存在问题，研究推进措施，动员全县上下进一步统一思想、凝心聚力、积极作为，确保半年顺利实现时间、任务“双过半”。县领导祖爱民、王壮、杜爱君、叶维平、王洪忠、孙战宇、孙良才参加会议。县委书记、县人大常委会主任祖爱民指出，今年以来，全县上下积极行动，真抓实干，全力推进招商引资、项目建设、镇域经济三项重点工作，取得了明显成效。看到成绩的同时，更要清醒地看到，三项重点工作推进过程中仍存在诸多问题和困难。祖爱民要求，关于招商引资工作，各级各部门要认真学习领会全市开放型经济工作会议精神，善于借势，借好市里的势、借好机遇的势、借好品牌的势，推动全县招商工作实现新突破。关于项目建设工作，要继续坚持“三重点”、“四个一”推进机制，靠上工作、加大力度，项目进度不能拖延、问题不能搁置、督查不能放松，加快推进重点项目建设。关于财税工作，要大胆探索实践，积极引进总部经济、强化小税源组织征收，努力拓展培植新税源。要以敢想敢干、敢于担当的魄力和狠抓落实的工作作风，全身心地投入到各自的工作中去，切实盯紧关键节点，解决关键问题，抓牢关键工作，齐抓共管、协同发力，全面完成“双过半”任务，推动全县经济社会发展实现新的更大突破。县委副书记、县长王壮讲话要求，各级各部门要聚焦招商引资，进一步明确目标，以一抓到底的狠劲、一以贯之的韧劲、一鼓作气的拼劲，保质保量的完成招商引资任务。要聚焦项目建设，开通重点项目建设“绿色通道”，勇于担当，多想办法，共同加快项目建设进度。要聚焦考核，认真研究考核标准和内容，确保在全面推进三项重点工作的同时，努力在考核中获得理想的成绩。

【农村改厕工作座谈会】 6月2日，在曲堤镇政府会议室召开。县领导祖爱民、庞金良、王秀成、李莉、任道胜、高继锋出席会议。县委书记、县人大常委会主任祖爱民主持会议并讲话指出，开展农村改厕是群众的需求和期盼，我们不仅要全面完成农村改厕任务，而且要把这件好事办好，让群众受益，努力为群众营造清洁、整齐、优美的村庄环境。

【创建省级食品安全先进县工作会】 6月8日召开。县领导祖爱民、王壮、杜爱君、叶维平、庞金良、黄凯东、王洪忠、孙良才、王长军、王秀成、于炳基参加会议并在主席台就坐。县委书记、县人大常委会主任祖爱民讲话指出，食品安全是当前群众最关注的民生诉求，是济阳发展最根本的信誉保障，是党委、政府义不容辞的政治责任，全县各级各部门要充分认识创建省级食品安全先进县的重要性，借助创建这一契机、用好这一载体，把食品安全工作抓的更加扎实有效。

【庆祝中国共产党成立95周年大会】 6月30日，在会务中心礼堂举行，热烈庆祝党的生日，回顾党的光辉历程。县领导祖爱民、杜爱君、叶维平、庞金良、王洪忠、孙战宇、孙良才、王长军、王秀成、李莉参加会议并在主席台就座。县委书记、县人大常委会主任祖爱民讲话指出，要认真回顾党的光辉历程，进一步坚定加快科学发展的信心和决心。全县广大党员干部在中国共产党的领导下，始终秉承和弘扬革命先辈的优良传统，坚持以邓小平理论、“三个代表”重要思想、科学发展观为指导，解放思想、锐意进取，团结一致、真抓实干，全县经济社会和党的建设不断实现新发展。特别是“十二五”以来，县委坚持以习近平总书记系列重要讲话精神为指引，团结带领全县各级党组织和广大党员干部群众，紧紧围绕“深化对接融合，加快跨越赶超，全面开启济阳科学发展新征程”的奋斗目标，科学务实，积极作为，开创了全县经济社会发展新局面。当前，济阳县已进入抢抓新机遇、谋求新跨越的关键时期。我们既面临着世界形势复杂多变、国内宏观环境趋紧、区域竞争日趋激烈等严峻挑战，也迎来了省城打造四个中心、推进携河发展、申报黄河新区等重大发展机遇。站在新的历史起点上，全面实现“十三五”确定的“打造全市区域性经济中心新的增长极、区域性物流中心重要板块、济南卫星城、泉城生态后花园”的总体目标，核心和关键在于加强和改进党的建设。全县各级党组织和广大党员干部要以庆祝建党95周年为契机，进一步坚定信心，鼓足干劲，顽强拼搏，锐意进取，为全面融入济南、早日建成小康社会提供坚强的组织保证。

【“勇于担当、务实有为”主题实践活动动员大会】 10月10日召开。会议决定从现在起至2017年1月底在全县开展“勇于担当、务实有为”主题实践活动。县领导孙斌、王壮、杜爱君、叶维平、庞金良、王洪忠、孙良才、王秀成、李莉、于炳基出席会议。此次主题实践活动突出问题导向，重点对照检查和解决精神状态低迷、工作热情不高、思想消极和懒惰；工作中不担当、不作为，存在“等靠要”思想；工作效能低下，服务环境不佳；落实力度不大、执行力不强四个方面的问题。活动从现在开始到2017年1月底结束，具体分为学习发动、查摆问题、整改落实、总结提高四个阶段。

【全市贫困村脱贫事迹报告会】 10月19日，在会务中心一楼礼堂举行。县领导庞金良、黄凯东参加活动。县委副书记黄凯东主持报告会并讲话指出，要对照报告团四位同志的先进事迹，认真学习、仔细揣摩，深入查找自己工作的缺项和不足，切实推动脱贫攻坚工作再上新台阶。要进一步提高认识，勇于担当，把脱贫职责扛在肩上，把脱贫任务抓在手上，高标准定位、高质量推进，按时限完成。要认真梳理、统筹规划，以更实的措施、更大的力度，全力以赴抓好落实，确保年底前顺利完成扶贫开发工作目标任务，为全面打赢脱贫攻坚战奠定坚实基础。

【全县农业工作座谈会】 10月28日，在政务中心四楼会议室召开。县领导孙斌、高继锋出席会议并讲话。县委书记孙斌讲话指出，近年来，济阳县高度重视农业工作，创新发展思路，突出县域特色，打造知名农产品品牌，构建起特色鲜明、优质高效和持续增长的现代农业产业体系，农业产出效益和综合实力不断提高。虽然济阳县农业取得了很大发展，但与现代农业发展要求还有一定差距，在下一步工作中，要继续坚持济阳农业大县的基础性地位不动摇，优化提升农业产业，促进传统农业向都市农业、精致农业、休闲观光农业转变。

【城市建设工作座谈会】 11月11日，在县会务中心二楼会议室召开。县领导孙斌、孙战宇、王秀成、任道胜出席会议。县委书记孙斌讲话指出，近年来，济阳县创新举措，扎实推进城市建设工作，并取得了明显成效。但要清醒的认识到，我们城建工作中存在着城市规划滞后、部门职能划分不够明确、城市管理比较粗放等问题。城市规划建设管理直接展示城市市容市貌和形象，直接影响城市的对外开放和投资环境，直接制约城市经济和社会发展的速度和质量，直接关系人民群众的生产生活。在下一步工作中，我们要把城市建设放到与工业强县同等重要的位置进行谋划推进，“建管结合、以城兴城”，以更高标准的城市建设管理推动济南北部新城快速崛起，推动济阳经济社会更好更快发展。

【总体规划修编工作调度会】 12月1日，在政务中心四楼会议室召开。县领导孙斌、孙战宇、王长军、任道胜出席会议。县委书记孙斌出席会议并讲话指出，要充分认全县总体规划修编工作的重要性和必要性，统一思想，切实推进全县总体规划修编工作的开展。要坚定信心抓发展，抢抓携河发展机遇，推进产城融合发展，努力建设济南北部新城。要结合城区功能定位、空间框架、产业布局、土地集约利用和重大基础设施建设，为全县总体规划修编工作提出意见建议，推进城市布局越来越合理、越来越科学。各相关部门要迅速行动，制定专项规划，与回河镇的镇域规划、撤镇设办等工作相结合，推进总体规划修编工作的扎实开展。交通、教育、文体等部门要加强与市城乡规划设计院的沟通和联系，做好衔接工作，及时制定专项规划，努力使全县总体规划更具前瞻性、指导性和可操作性，为济阳县更好更快发展奠定坚实基础。（陈光会）

重要决策

【“三农”工作】 3月17日，县委、县政府印发《关于落实发展新理念加快农业现代化实现全面小康目标的实施意见》。意见指出，“十二五”时期，全县各级各部门认真贯彻落实中央关于“三农”工作的重大决策和习近平总书记系列重要讲话精神，落实省、市关于“三农”工作的安排部署，大力发展现代农业，强化农村扶贫开发工作，加快推进美丽乡村建设，着力促进农民增收，深化农村各项改革，农业农村工作取得显著成绩，为赢得全局工作主动发挥了重要作用。“十三五”时期，是全面建成小康社会的决胜期，农业农村发展既面临难得机遇，又面临严峻挑战，加快转变农业发展方式、推进农业转型升级、提高农业质量效益和竞争力的任务十分艰巨，持续增加农民收入、缩小城乡差距、提前实现农村贫困人口脱贫、确保农村如期实现全面小康的任务十分繁重，全面深化农村改革、健全城乡发展一体化机制、加快建设美丽乡村的任务十分重大。必须始终坚持“三农”工作重中之重的战略思想，以新的发展理念引领农业农村发展，推动“三农”工作迈上新台阶。

【群团工作】 4月7日，县委印发《关于加强和改进党的群团工作的实施意见》，当前，济阳正处在对接四个中心，融入现代泉城，早日全面建成小康社会的关键时期，必须加强和改进新形势下党的群团工作，充分发挥群团组织作用，调动人民群众的积极性、主动性、创造性，形成推动济阳持续跨越赶超的强大合力。

【党风廉政建设和反腐败工作】 7月11日，

县委印发《关于2016年全县党风廉政建设和反腐败工作任务分工意见》的通知，要求认真落实2016年全县党风廉政建设和反腐败各项工作任务，按照党风廉政建设责任制有关规定，对全县党风廉政建设主体责任进行分工。监督责任由全县各级纪检监察机关负责。

【“六五”依法治县】 8月22日，县委印发《济阳县“六五”依法治县纲要（2016—2020年）》的通知，要求紧紧围绕“四个全面”战略布局，以开展“法治六进”活动和创建法治县为主要抓手，坚持依法治县、依法执政、依法行政共同推进，法治县、法治政府、法治社会一体建设，全面推进严格执法、公正司法、全民守法进程，切实发挥法治的引导、规范、保障和促进作用，努力建设与全县经济建设、政治建设、文化建设、社会建设、生态文明建设和党的建设相适应的法治体系，为“对接四个中心，融入现代泉城”营造良好的法治环境。

【科学发展考核】 9月1日，县委、县政府印发《关于2016年度科学发展考核评价工作意见》，要求牢固树立并切实贯彻创新、协调、绿色、开放、共享的发展理念，充分发挥科学发展综合考核的“指挥棒”“风向标”作用，紧紧围绕县委、县政府提出的中心任务，进一步健全完善考核评价体系，突出考核重点，创新考核方式，强化考核结果运用，发挥考核评价工作的导向和激励作用，更加注重发展质量、发展方式、发展后劲，促进经济社会更有效率、更可持续发展，打造全市区域性经济中心新的增长极、区域性物流中心重要板块、济南卫星城、泉城生态后花园。

【基层领导班子换届】 9月5日，县委印发《关于认真做好镇领导班子换届工的意见》，指出必须把加强党的领导贯穿全过程，落实全面从严治党要求，发挥党委总揽全局、协调各方的作用，牢固树立政治意识、大局意识、核心意识、看齐意识，确保换届工作的正确方向；必须充分发扬民主，坚持民主集中制，尊重和保障代表和党员干部群众的民主权利，改进和完善有序政治参与，进一步提高民主质量；必须严格依法依规办事，自觉维护国家法律和党内法规的严肃性、权威性，善于运用法律法规解决问题；必须坚持从实际出发，综合考虑班子差异，突出问题导向，加强分类指导；必须严明纪律和规矩，加大监督、查处和问责力度，确保换届工作风清气正、健康有序进行。

【“勇于担当、务实有为”活动开展】 10月9日，县委印发《关于深入开展“勇于担当、务实有为”主题实践活动的意见》，这次主题实践活动突出问题导向，重点对照检查和解决四个方面的问题，一是精神状态低迷、工作热情不高、思想消极和懒惰的问题，二是工作中不担当、不作为，存在“等靠要”思想的问题，三是工作效能低下，服务环境不佳的问题，四是落实力度不大、执行力不强的问题。（陈光会）

办公室工作

【政研工作】 全年起草讲话、致辞、汇报等各类综合材料200余篇，特别是起草的县委领导在县委全委会、全县三级干部大会、全县领导干部大会等重要会议上的重要讲话，得到县委领导和社会各界的认可和好评，较好地实现了“日常工作零失误，参谋服务出精品”的工作要求。组织开展调研活动30余次，参与中共济南市委政研室组织开展的《城镇化的市场化路径研究》等重要课题的调研工作。编发《决策参考》9期，其中，《发展实体项目，积聚源头活水——关于垛石镇发展工业经济增强镇域活力的调查与思考》获山东省党委政研系统优秀调研成果三等奖，《资本上山下乡，积聚源头活水——关于宜昌市夷陵区推进城乡一体化发展的经验和借鉴》被评为济南市党委政研（改革办）系统优秀调研成果三等奖，《开局在收官之前，起步于实干之中——崔寨镇全面打响“十三五”开局攻坚战》得到济阳县委书记祖爱民的批示。县委政研室被中共中央政策研究办公室《学习与研究》杂志社评为先进集体。

【改革工作】 县委改革办牵头印发《关于明确2016年度重点事项、重点工作和重点项目责任分工的通知》《中共济阳县委全面深化改革领导小组2016年工作要点》《济阳县2016年改革任务台账》等改革文件，发表各类改革信息67篇，其中在《济南改革》《济南日报》《大众日报》等市级以上党报党刊发表18篇，在县级媒体发表49篇。全县103项改革事项有7项阶段性工作已完成，96项长期性工作均达到进度要求，其中公车改革、营改增改革扎实推进、成效明显，济北开发区扩区强权、投融资体制机制改革破题起步。

【保密工作】 制定完善信息公开保密审查、门户网站信息发布管理等6项工作制度，保密管理工作进一步规范。对全县新配备的120名保密干部进行培训，组织重点单位部门40名保密干部参加“全县重点涉密人员培训班”。坚持对全县各部门开展例行保密检查的同时，对重点涉密部门和部位的制度建设、责任落实、人员管理进行不定期检查和抽查，促进保密工作正常开展，确保党和国家秘密安全。

【机要工作】 收发电报、通知、文件1862份，办理电报、通知3300余件次，定期对全县普密和商密使用单位进行安全检查，对工作人员进行培训和安全教育，确保全县密码通信工作安全畅通，连续11年被评为济南市密码工作先进单位。

【督查工作】 下发中共济阳县委办公室、济阳县人民政府办公室《关于构建“大督查”工作格局狠抓工作落实的实施意见》，强化各级领导抓落实的主体作用，调动各级各部门督查工作的主动性。对落实中央八项规定精神、党风廉政建设责任制、项目建设、棚改旧改、创建省级卫生县城、城乡环卫一体化、农村改厕等重要工作，进行专项督查调度80余次，对督查中发现的问题一督到底、跟踪问效，做到问题不解决、督查不松劲。办理上级和县委主要领导批交办事项73件，办结率100%。编发《督查专报》《督查通报》《督查反馈》79期，多篇得到县委领导批示，《济阳县多措并举打好扶贫工作攻坚战》等文章被省委督查室采用刊发。

（陈光会）

组织工作

【概况】 2016年，全县有党组织1736个，其中，党委31个（二级党委2个），党总支105个，党支部1600个。有党工委4个，党组35个。有党员26099人，其中女党员3975人，占总数15.2%；预备党员274人，占总数1.05%。新发展党员270名，其中女性99名，占36.7%；少数民族4人，占0.148%；35岁及以下155名，占57.4%；大专及以上学历138名，占51.1%；农民166人，占61.8%；工人26人，占9.63%。

全县有县管干部974人，平均年龄47岁。其中党政机关干部728人，占总数74.7%；女干部130人，占总数13.3%；非中共党员干部

27 人，占总数 3%；大专以上学历 933 人，占总数 96%。有党政群机关 19 个，其中县委工作部门 8 个，归口县委办公室管理 2 个，县纪委机关 1 个，县人大机关 1 个。县政府工作部门 23 个，归口县政府办公室管理 1 个，派出机构 2 个；县政协机关 1 个；县审判机关 1 个，县检察机关 1 个；县群团机关 8 个；镇（街道）10 个；事业单位 44 个。实有公务员 1741 人。

【“两学一做”学习教育】 4 月，全县“两学一做”学习教育工作座谈会召开，组织部履行牵头组织实施的政治责任，精心组织谋划，加强统筹协调，突出领导带头，指导全县各级切实落实好“学”“做”任务，围绕“如何学、怎样做”采取有效措施，促进学习教育扎实有序推进。打牢“学”这一基础。注重分类指导，分别制定农村、机关、非公企业等不同领域的学习教育工作方案，鼓励基层党组织积极探索创新，最大限度调动党员参加学习教育积极性。创新学习形式，通过确定党员活动日、聘请专家辅导、观看专题记录片、建立“济阳先锋”微信公众号及时推送学习内容等方式开展学习，提升学习教育效果。抓住“做”这一关键。结合精准扶贫工作，在全县范围内开展县直单位与贫困村之间“党组织共建促学”活动，

2016 年 4 月 28 日，全县“两学一做”动员大会

组织机关党员干部结对帮扶困难群众，在精准扶贫和一事一议项目、产业发展等方面出谋划策。同时，把学习教育与提升非公企业优质服务水平和履行社会责任紧密衔接，取得企业服务回馈社会的良好效果。突出“查”这一导向。加大抽查督导力度，不定期对基层进行实地督导，对发现的问题，当场进行反馈，限期整改落实，并“回头”查看整改情况。通过实实在在的督导，层层传导压力，确保真学真做。

【干部选拔调配工作】 坚持“实在实干实绩”导向和“四看一听”选任机制全年调整领导干部 224 名。年初，对部分县直部门和镇（街道）领导班子进行调整充实，调整干部 100 人；下半年，对镇（街道）领导班子进行集中换届调整，调整干部 124 人。两次调整坚持人岗相适，不搞论资排辈、平衡照顾，对那些敢于担当、熟悉业务、实绩突出的优秀干部不问资历问能力，大胆启用，对那些在工作岗位上长期打不开局面、不适应的干部坚决调整下来。做好“三类人员”选拔工作，从镇事业编制人员、优秀村干部和大学生村官中选拔镇领导班子成员换届提名人选 16 名，进一步优化乡镇领导班子结构，解决乡镇事业干部使用“天花板”问题。

【干部管理与监督】 完善干部选拔全程纪实制度，开展任前联审制度，干部档案坚持“凡提必审”，个人有关事项报告坚持“凡提必核”，做实《廉政鉴定意见书》出具工作，多措并举防止干部“带病提拔”。做好个人有关事项报告及查核工作，换届时，对考察人选全部进行审核，并要求拟提拔为副科人选填写个人有关事项报告，逐一进行审核。“两代表一委员”人选是县管干部的，由县委组织部负责审核；人选是垂直管理部门干部的，委托相关垂直管

理部门予以审核；人选是市管干部的，请市委组织部帮助审核。全年查核295人个人有关事项。做好清理公职人员在企业兼职和投资办企业行为。4月，安排各单位自查，集中清理出27名公职人员出资办企业或在企业中兼职行为。做好信访举报案件处理工作，受理上级转办信访件11起，组织部接到信访件6起。在反映问题中，请求落实政策的有10件，揭发反映类的有7件。参考其他地市做法，开展干部监督联席会议制度，主动加强与联席会议成员单位联系，每月及时催要干部监督信息，并汇总上报部门领导班子成员。严肃换届纪律，对照换届工作部署，逐一梳理各个环节换届风气监督工作，进一步细化整理出《换届风气监督工作配档表》，按照配档表逐项抓落实，确保监督工作扎实有序开展。

【干部教育培训】 围绕全县中心工作、重点工作，制定年度干部教育培训计划，探索创新干部教育培训方式，先后举办十八届五中全会及习近平总书记系列讲话精神专题轮训班及优秀中青年干部、农村党支部书记、管区书记、信访干部、环保干部、工会干部、统计干部培训班等8个班次，联合同济大学、上海交通大学等高校，举办城市建设与运营管理、招商引资与项目建设等异地专题研修班2个，全年培训干部1400余名。

【基层组织建设】 完成基层党建七项重点工作，通过省委组织部验收。其中，基层党组织按期换届专项检查工作和党费收缴专项检查工作提前完成工作任务。从严落实基层党建责任。实施抓基层党建“书记项目”，压实“书记第一责任人”党建责任。开展基层党组织书记抓基层党建工作述职工作，建立基层组织工作联席会议制度，完善基层组织工作责任清单，健

2016年3月10日，全县农村党支部书记培训班

全“书记抓、抓书记”的党建责任制。提升基层基础保障能力。发展村集体经济，拨付资金135.5万元，为年内新建村级活动场所村配备了办公家具；探索村级场所利用最大化，试行推广“支部＋邮政农资超市”项目，在46个村启动该项目，实现新增集体收入12余万元，提升了村党组织的服务能力。强化党员教育阵地建设，在恢复重建济阳县第一个党支部旧址、建设党史展览馆基础上，投资60余万元，对济阳党建频道进行升级改版，打造10个高标准远程教育学用示范基地，党员教育载体平台进一步丰富。开办“济阳先锋”微信公众号，面向广大基层党员，宣传党的政策、传播党的声音、展示党建成果、交流先进经验，每周推送两期信息。“济阳先锋”微信公众号开通以来，推送信息60余期，积累微信订阅用户3000余人。严格代表选举、大会选举。对市、县、镇三级“两代表一委员”，一律严格审查和考察，具体工作中严把“五关”（提名关、身份关、考察关、联审关、整改关），确保代表委员的代表性和胜任度，保证大会选举工作顺利进行。

【抓党建促脱贫攻坚工作】 突出选优配强扶贫工作重点镇领导班子，换届镇领导班子换届提名人选中，具有2年以上乡镇工作经历的有

89人，占92.7%；乡镇党政正职具有2年以上乡镇领导工作经历或3年以上乡镇工作经历的有15人，占93.8%。加大考核力度，把“建档立卡贫困人口减少计划完成率”纳入全县科学发展综合考评体系，并将抓党建促脱贫工作，列入镇（街道）党委书记抓基层党建工作述职评议主要内容。抓好贫困村软弱涣散党组织整顿工作，对所有贫困村党支部书记进行集中分析研判，对不能胜任工作的及时调整到位，确保脱贫攻坚工作开展。加大村级后备干部培养，优先发展贫困村致富能手、脱贫攻坚带头人等人才入党，发展党员82名。抽调政策解读、农村实用人才等24名专家成立脱贫攻坚专家顾问团，帮助第一书记熟政策、解难题，全年接受第一书记咨询400余次，帮助解决种养殖方面的困难70余个。严格执行《关于建立四个清单加强第一书记管理服务的二十条意见》规定，先后开展2次电话调查，对第一书记到岗到位、工作开展、群众满意度等进行督查。因群众满意度低，约谈3个派出单位主要领导，对5名第一书记进行诫勉谈话。在落实好待遇保障的同时，联合县电视台《新济阳》开设“咱们的第一书记”专栏，宣传第一书记工作事迹。

【党员队伍建设】 推行“三推三示两票决”“考试审查”、村干部亲属入党报告等制度，建立发展党员事先沟通机制，严格落实《发展党员工作细则》和《全县农村党员2011—2020年发展规划》，全面做好发展党员工作，全年发展党员270名，党员队伍结构比例进一步优化。恢复党员冬训制度，每年从党费中拿出50余万元举办专题培训班和补助各基层党委开展轮训，保障集中培训工作开展。

【人才工作】 印发《济阳县关于实施人才强县战略进一步加强人才工作的意见》《济阳县关于实施产业人才集聚计划的意见》等一系列政策性文件，进行一系列改革探索，如筹建“人才基金”，探索政府、社会、人才共同参与的多元化投入机制。筹建人才综合服务中心，开通济阳至济南“人才公交”。举办首届“济阳工匠”评选活动，弘扬工匠精神，激发人才活力。推动人才工作信息化建设，开展全县高层次产业人才“需求调查”与“信息采集”活动，采集111家企业310类用人需求，为173名高级人才建档备案。建成全县人才信息数据库，实施信息动态管理，每2个月收集动态投放企业需求，赴上海交大、上海复旦、山东大学等省内外高等院校开展人才引进和项目推介活动，解决企业人才和技术需求230余项。

搭建引进和培养各类人才的载体平台。搭建信息交流平台，与网通公司合作开发协同办公平台，开通善e济阳公众号，为企业创新创业、招才引智提供宣传推介、交流对接等各类线上服务。搭建“双创”服务平台，与山东华天软件公司合作，建立济阳智造云平台，在企业产品研发、技术改造、人才引进及智力合作、项目众包众筹、产品售后服务等方面发挥作用。搭建培训实训平台。与山东英才学院、“好品山东”网络营销管理服务平台三方合作，建立“政校企”人才合作基地及“好品山东”济阳

2016年7月5日，济阳县政校企人才合作基地签约揭牌

服务中心。搭建人才智力引进平台，以济北开发区、台湾工业园为依托，以海峡两岸青年企业家创业基地为突破口，开展对台招才引智工作，吸引海峡两岸特别是台湾企业家、青年人才来济创业。（张　楠）

宣传工作

【概况】 2016年，济阳县委宣传部深入做好理论武装、新闻宣传、文明创建和公共文化事业等工作，获济南“中国梦·小康情”百姓宣讲比赛优秀组织奖，被省委宣传部评为2016年度全省理论教育工作先进单位，被市委宣传部评为2016年度全市理论教育工作先进单位、2016年度舆情信息工作先进单位，组织撰写的《济阳县农村移风易俗情况调查》被市委宣传部评为2016年度优秀调研报告。

【理论工作】 2016年，印发《中共济阳县委关于2016年济阳县党委（党组）中心组理论学习安排意见》，做好县委理论中心组学习服务工作，结合“两学一做”学习教育，开展学习习近平系列讲话、党的十八届六中全会精神、现代城市规划建设等专题学习辅导报告。订阅发放《习近平总书记系列重要讲话读本（2016年版）》《全面小康面对面》等学习读物1.5万册，指导编印《理论文章选编》5期。加强基层党委（党组）中心组理论学习考核，严格执行《中共济阳县委宣传部关于进一步加强党委（党组）中心组理论学习检查考核工作的通知》，加强调度、抽查、检查和通报，推动基层单位中心组学习制度化、规范化、常态化。加强意识形态责任制落实，印发《济阳县党委（党组）意识形态工作责任制实施细则》，确保意识形态责任制落实到位。组建党的十八届六中全会集中宣讲团，到基层开展集中宣讲20余场次，组团参加济南市“中国梦小康情”百姓宣讲活动，3人分别荣获一、二、三等奖，县委宣传部获优秀组织奖。

2016年11月25日，济阳县十八届六中全会宣讲团到回河镇宣讲

【新闻宣传】 对内宣传氛围浓厚引导有力。引导县内传统媒体和网络媒体融合发展、各展所长，开展纪念《新济阳》创刊20周年系列活动，“新济阳”微信公众号、客户端和济阳电视台微信公众号粉丝已接近7万人，成为全县广大群众获取信息的重要来源和渠道。整合、汇集各方面宣传力量，构建大宣传格局，围绕“对接四个中心，融入现代泉城”战略，做好项目建设、招商引资、美丽乡村建设、扶贫攻坚、民生改善等重大主题的宣传工作，营造“勇于担当、务实有为”的良好氛围。对外宣传重点突出效果明显。印发《关于加强济阳外宣工作提升济阳形象的意见》，公开征集济阳外宣口号，完成在上级媒体上的发稿任务，在中央电视台、《大众日报》《齐鲁晚报》等省级以上媒体刊登新闻稿件110余篇。在《济南日报》刊登头版头条11篇，其他重点稿件80余篇。加强新媒体建设，打造新闻门户网站、济阳发布微博、微信公众号、客户端、手机报“五位一体”的新媒体宣传平台。加强舆情管控，完善监管责任，筹建网信办公室。重视舆论监督引导工作，建立不同层级的网络评论引导员，建

好、用好济阳宣传（济阳发布）官方微博和济阳宣传（济阳发布）官方微信公众号，处置媒体监督 30 余起。

【文明创建】 积极培育和践行社会主义核心价值观，贯彻落实《中共济阳县委关于培育和践行社会主义核心价值观实施意见》，新增公益广告宣传画 500 余幅，建筑工地围档 320 块。在济北公园集中开展“创建文明家庭”优秀家风图片展，设置 40 块展板，制作“文明济阳”专版 4 期。利用《新济阳》、广播电视台、济阳新闻网、室外 LED 电子宣传屏幕等宣传阵地集中宣传“中国梦”核心内容。在中小学校和职业中专开展“我们与梦想同行”主题教育活动，增强青少年学生对中国特色社会主义道路的理解和认同。开展“我推荐、我评议身边好人”活动，在《新济阳》、济阳电视台、新济阳微信公众号、客户端开辟“好人赞”栏目，宣传“身边好人”60 余人（次）；向中央文明网上报“中国好人榜”线索 1800 余条；向济南市推荐“身边好人”46 人（次），段朋、张茜等 6 人入围济南市“身边好人榜”；任长燕入选“山东好人之星”、济南十佳孝子（女）称号。娄长民、刘春明被评为“济南市道德模范”。做好“善行义举四德榜”普及提升活动，选取 20 个村（居），打造四德榜示范点，其他村镇全面更新四德榜，村（居）覆盖率 100%，县直机关、学校、企业、医院设置更新四德榜近 200 块。春节期间印发 5000 余副文明春联，在各居民小区、村民社区张贴。投资 20 万元在城区集中悬挂“有德吉祥”灯笼 3000 余个。深化“十星级文明户”“好媳妇、好婆婆”等群众性文明创建活动，选树“十星级文明户”1100 余户，好媳妇、好婆婆 700 余人，发放奖励资金 20 万元。开展移风易俗创建活动，全县 853 个村（居）全部建立红白理事会。开展济阳县志愿服务联盟的志愿团体及个人的注册工作，形成“济阳义工”“爱心志愿者”“垄上行”志愿服务品牌。贯彻落实《关于进一步加强和改进未成年人思想道德建设的实施意见》，健全和完善未成年人活动阵地，投资 95 万元改造提升乡村学校少年宫项目。在济南市乡村学校少年宫乒乓球比赛中，济阳县代表队获总分第一，并代表济南市参加山东省第二届乡村学校少年宫成果展示活动乒乓球比赛。组织开展道德实践活动，联合有关单位成功举办济阳县首届经典诵读电视大赛（小学组）、庆“六一”经典诵读·唱响中国梦艺术展演、“创建文明家庭”优秀家风图片展等活动。在“声动泉城——2016 泉城市民诗文咏诵会”比赛

2016 年 5 月 23 日，李尧《中国好人传》赠书仪式

2016 年 6 月 13 日，举办家风档案展

中，济阳县选送的2个参赛节目，分别获“最佳组合奖”和“最佳魅力奖”。建成省级示范家园1家，投资近40万元为146个贫困村制作安装高标准文化墙板166块。开展文明生态村、星级文明户、文明信用户等创建活动，推进文化特色示范镇和“乡村文明家园”示范点建设，发放扶持资金20万元，新建回河镇大安村、新市镇路楼村等5个“乡村文明家园”示范点。

【公共文化】 济阳县文体中心工程外部装修基本竣工。文化精准扶贫工作扎实推进，新建36个贫困村文化大院和提升30个文化大院，新建村给予以奖代补资金3万元，已建村补助1万元提档升级；出资36万元对18个村文化大院建设进行奖励扶持。新配发基层文化广场音响150套，补充配发300个农家书屋图书6.5万册。深化公共文化场馆免费开放工作，依托尼山书院开展国学讲坛等传统文化讲座10期，统筹开展舞蹈、器乐等公益性文化辅导培训20期，服务接待文艺爱好者6000余人次。完成济阳县电影公司的整体划转工作，完成农村公益电影放映9753场，进校园、社区、福利机构、工地等放映301场。开展长征题材电影《我的长征》观映活动，弘扬伟大长征精神。举办“文化大篷车、新春大拜年”“梨园闹新春”庄户剧团展演、首届民间吹打乐比赛和民间艺术展演等系列活动40场，举办第二届电视春晚、电视少儿春晚。元宵节期间举办“济阳县2016迎新春书画作品展”“济阳县2016迎新春摄影作品展”“济阳县2016迎新春剪纸作品展”。完成“一村一年一场戏”300场文化惠民工程。结合纪念中国共产党成立95周年暨中国工农红军长征胜利80周年，组织“颂歌献给党、激情促跨越”首届职工合唱节，5000余名干部职工积极参加。完成全县地方戏曲剧种普查工作。完成与槐荫区文化惠民交流演出季、山东商报社区邻里济阳站、市群星剧场文化惠民展演济阳专场和市优秀青年演员艺术比赛（曲艺组）等演出任务。组队参加全市“纪念中国共产党建党95周年暨红军长征胜利80周年”合唱比赛获二等奖。

【《新济阳》编辑与发行】 2016年，《新济阳》编辑出版230余期，刊登稿件9000余篇，发行10000余份。《新济阳》设有“工作动态”“镇域新闻”“基层传真”“经验交流”“农村风景线”“回音壁”“新闻故事”等30余个栏目，每期60%以上的版面，刊发来自基层、一线的报道。加强专题栏目建设，与县司法局、县教体局、县妇联、团县委、县人社局、县交警大队、济北街道、崔寨镇等10余个部门联合开设固定栏目，如“法制之窗”“教育之声”“济北开发区专刊”“崔寨专刊”“行在济阳”等，成为全县各部门展示自我、相互交流的平台。《新济阳》不断进行创新，革新版面设计，提升版面质量和办报水平。重视报纸的“第一眼效应”，把内容与形式有机结合起来，增强版面吸引力，在色彩、图片、标题、版式、字体等版面因素上进行探索和创新。

2016年8月19日，庆祝《新济阳》创刊20周年

（刘宝剑　于　冰）

统一战线工作

【综述】2016年，济阳县委统战部全面贯彻落实《中国统一战线工作条例（试行）》及省、市、县工作方案和各级统战工作会议精神，构建大统战工作格局，做好统一战线各领域工作，为推动济阳跨越发展做出积极贡献。县委统战部被市政府命名为全市民族团结进步模范集体。

【构建大统战格局】成立以县委书记为组长，组织部、宣传部、政法委、统战部、民宗局、台办等17个部门负责人为成员的济阳县统一战线工作领导小组。召开县委统战工作会议。会议传达学习中央和省、市委统战工作会议精神，对进一步加强和改进全县统战工作作出安排部署。研究印发《济阳县贯彻落实〈中国共产党统一战线工作条例（试行）〉工作方案》。构建县、乡两级统战工作组织网络。全县10个镇（街道）教育、卫生、台办、民宗等县直有关部门都设立分管领导和联络员。

【开展政治协商】组织工商联、无党派人士学习济南市《关于加强社会主义协商民主建设的实施意见》。印发《2016年度政治协商计划》。以工商联和济阳县党外知识分子联谊会为载体，设立5个课题研究小组，分别到菏泽、临沂、江苏等先进地区开展学习调研。政治协商成果显著，收集到工商联和无党派人士意见建议90余条，形成5篇有价值的调研报告。

【党外代表人士队伍建设】充实调整济阳县党外知识分子人才库，至2016年年底，登记在册2236人。进一步做好党外干部的实践锻炼和交流轮岗工作，规范3处教育实践锻炼基地，选派参加锻炼干部3人，党外干部交流轮岗7人。做好同党外干部联谊交友工作。下发《济阳县党政领导班子成员与党外代表人士联谊交友工作制度》和《济阳县党政领导班子成员与少数民族代表人士联谊交友制度》，建立联谊名单。

【干部教育培训】组织统一战线广大成员系统学习《济阳县贯彻落实〈中国共产党统一战线工作条例（试行）〉工作方案》及各级统战工作会议精神三次。4月6日，组织部分非公有制经济代表人士及各镇（街道）统战工作分管负责人，召开习近平总书记在全国政协民建、工商联界别联组会上重要讲话精神学习座谈会。11月16—18日，在市委党校举办全县党外代表人士培训班，组织党外代表人士45人参加培训3天。

【工商联工作】做好会员发展工作，2016年发展会员140家。参与扶贫工作，组织广大民营企业家参与“千企帮千村”脱贫攻坚行动，开展捐资助学，救助贫困学生200余人，救助额10万余元。6月，在太平镇组织开展“助力精准扶贫、关爱受灾群众”为主题的捐助活动，会员企业踊跃参加，筹集救灾款物总价值60余万元。加强非公经济党组织建设。2016年吸收新党员4名，转正3名，培养入党积极分子6名，完成党员近5年的党费清缴、组织关系摸排等工作。

【换届工作】印发《中共济阳县委办公室转发〈县委统战部关于工商联（民间商会）换届工作的实施意见〉的通知》，结合非公经济人士综合评价工作，做好人选推荐、提名工作。12月23日，召开县工商联第六届会员代表大会，完成大会各项任务。制定印发《中共济阳县委组织部、中共济阳县委统战部关于推荐提名十届县政协委员人选的意见》，召开县政协换届工作会议，严格按照年龄、党内外委员、男女委员比例要求安排政协委员推荐工作。

【民族宗教工作】 开展清真食品检查、送医下乡、送文化下乡、对少数民族贫困生发放助学金等民族团结进步宣传教育活动，会同县民宗局对民族村提供法律法规服务活动，开展统战政策及法律法规的宣传教育活动。协助各宗教团体加强自身建设，7 月，指导济阳县基督教三自爱国运动委员会完成换届工作。（王春晓）

编制管理

【概况】 2016 年，县编办深入推进各类改革、管理和自身建设，推进政府职能转变和重点领域体制机制改革，深化事业单位分类改革，严控机构编制，创新管理，强化监督，提高机构编制管理水平，为推动全县经济社会快速发展提供体制机制保障。

【行政审批制度改革】 5 月，确定调整《济阳县县直部门（单位）行政审批中介服务收费项目清单》15 项，其中，新增 4 项，不再纳入清单管理 11 项。至 11 月，行政审批中介收费项目 26 项。6 月，确定调整县级行政许可事项 1 项，承接省政府下放管理层级行政许可事项 6 项。同时，新增行政权力事项 5 项，停止实施行政权力事项 1 项，优化整合行政权力事项 1 项。6 月，在县政府各部门推广“双随机一抽查”机制。涉及相关县直部门 20 个，至 11 月，有 15 个部门报送本部门《推广随机抽查规范事中事后监管实施方案》。开展行政审批制度改革阶段性“回头看”活动，撰写自查整改情况报告，对行政审批制度改革工作进行梳理，巩固行政审批制度改革成果。7 月，县审改办对县级行政许可事项进行全面梳理，对个别行政权力事项编码、法律依据、承办机构、法定时限等要素进行调整，并于 7 月底完成梳理和赋码工作，相关数据已导入省行政权力事项动态管理平台。梳理后，县级行政许可事项目录涉及行政许可实施主体 30 个，行政许可事项 264 项。配合县政务服务中心管理办公室推进网上审批工作，合力推进省动态管理平台建设，不断加强“四库一平台”建设，初步实现对行政权力运行的实时监控。

【重点领域体制机制改革】 进一步优化乡镇机构设置和编制配备，单独设立安全生产监督管理办公室、乡村规划建设监督管理办公室，在经济发展办公室加挂环境保护办公室牌子，由安全生产监督管理办公室承担道路交通安全监管职责，加强乡镇安全生产、建设工程质量、环境保护和道路交通安全四个领域的安全监管工作，提高乡镇政府管理和服务水平。根据济南市要求，在县司法局加挂社区矫正管理局牌子，由社区矫正与帮教安置工作科和乡镇司法所承担社区矫正具体工作，推动编制资源向基层社区矫正工作力量倾斜，加强社区矫正工作机构和队伍建设。整合县直有关部门扶贫职责，组建县扶贫开发领导小组办公室，在县农业信息中心加挂“县扶贫服务中心”牌子，调剂 5 名行政编制、7 名事业编制从事扶贫工作，为扶贫工作提供体制机制保障。

【事业单位分类改革】 配合教育部门重点做好中小学校长职级制、取消行政级别和县管校聘等相关工作，新设立的济阳县兴隆街小学、澄波湖幼儿园等机构不再明确机构规格。围绕 2017 年底前全面解决城镇普通中小学大班额问题的目标，根据上级要求，为全县 37 所公办中小学重新核定编制 3559 名，并设立教师编制临时周转账户，含编制297名。贯彻落实上级关于公立医院人员控制总量备案有关规定和要求，为济阳县人民医院、济阳县中医院2家县属公立医院核定人员控制总量2060名，收回空余编制466名。2016年起，不再安排公立医院用编进人计划，由公立医院在人员控制总量内自主制定，执行新进人员计划。原编制内人员身份记录在案，继续实行编制实名制管理，只出不进。结合全县实际，对县机关事务管理局机构职责和人员编制重新进行核定，为机关后勤体制改革做好准备，并配合相关部门研究提出县直机关后勤服务社会化改革意见。进一步规范事业单位经费来源，印发《关于规范全县事业单位经费来源有关问题的通知》（济阳编发〔2016〕8号），全面实现事业单位经费类型与分类结果挂钩。继续清理“僵尸”事业单位，进一步优化配置全县事业机构编制资源，根据省市要求，印发《济阳县集中清理“僵尸”事业单位工作方案》（济阳编办发〔2016〕11号），对规模较小、不具备转企条件的2个事业单位进行撤并整合，补充完善7个单位11项机构编制要素，并配合财政部门做好从事生产经营类事业单位转企改制工作。

【机构编制管理】 贯彻落实财政供养人员只减不增的要求，严格审批，严格控制机构编制。在预计减编316人前提下，补充人员计划175人。为10个机构调剂42名编制，保障重点、民生工作开展。

【实名制管理】 规范人员入减编管理。严格控编准入和减员退编制度，加强监督管理，严格依照程序进行审核把关。全年办理入减编业务407人次。做好实名制月报工作。按照上级工作部署，健全月报工作机制，完善月报工作责任体系，规范月报工作流程，确保实名制数据库信息及时更新，上报数据准确完整。做好机构编制信息维护更新和审核工作，全面实现人员管理业务网上办理。全年受理审核业务65项，增人业务21项，增加人员35人，减人业务41项，减少人员66人。

【网上名称管理】 推进网上名称管理，采取多种措施，完成全县中文域名注册单位357个，注册开通域名数369个，注册覆盖率111.48%；机关事业单位网站加挂标识61家，挂标覆盖率100%，实现域名注册和网站挂标“两个全覆盖”。

【机构编制监督检查工作】 6月，参与县经济责任审计工作，配合县审计局制定《济阳县审计局二〇一六年度领导干部经济责任审计工作方案》，审计内容新增机构编制管理和执行情况审计相关工作任务。至11月上旬，会同审计部门完成县教体局、县林业局、县民政局等10个部门（单位）主要领导干部的审计工作。下半年，对县农业局和县教体局开展机构编制综合评估。评估主要内容包括职责履行、内部机构设置及职责落实、编制及人员配备、机构运行、机构编制纪律执行等情况，实地评估结束后，形成评估报告，指出2个部门存在的问题，提出整改要求和建议并及时跟进督查，提升2个部门的机构编制管理的规范化水平。

【政府部门“三定”修订工作】 全面启动政府部门“三定”规定修订工作，并将“三定”规定修订与落实“三张清单”统筹考虑，扎实推进。县编办成立3个工作组，与纳入修订范围的32个部门（单位）进行对接。在酝酿准备基础上，按照方案要求，坚持原则，科学谋划，严格实施，定期调度，及时对各部门上报方案审核并反馈意见，确保“三定”规定修订工作按时完成。

【事业单位监督管理】 2月，全面完成2015年度事业单位绩效考核工作，科学合理评定全县229家事业单位考核等级，评定35家事业单位为A等级，192家事业单位为B等级，2家事业单位因设立未满一年不定等级。按照相关程序，将考核结果予以公示，接受社会监督，就发现的问题书面反馈主管部门，督促其进行整改。

【党政群机关统一社会信用代码赋码工作】 6月，召开全县党政群机关统一社会信用代码工作会议，印发《济阳县党政群机关统一社会信用代码服务指南》。至10月底，为全县明确纳入赋码范围的56家党政群机关颁发社会统一信用代码证书。

【事业单位年度报告公示】 1月，印发《关于做好2015年度事业单位法人年度报告公示和新版法人证书换发工作的通知》(济阳编办发〔2016〕1号)和业务流程明白纸。至3月，应参加2015年度报告公示的事业单位法人131家，实际参加127家。同时，结合年度报告公示为符合条件的127家事业单位法人颁发带有18位统一社会信用代码的事业单位法人证书。

（肖南方　杨东春娇）

老干部工作

【概况】 2016年，济阳县有离退休干部3586人，其中离退休干部党员1898人。同年，县委老干部局被市委、市政府评为全市老干部工作先进集体、济南市关心下一代工作先进集体。

【老干部政治生活待遇】 2016年，县委专门听取老干部工作汇报，并对全县慰问老干部、阅读文件、情况通报、参观视察、县领导参加老干部座谈会、老干部意见建议督办落实等提出明确要求。县委、县政府重要活动、会议、座谈等邀请老干部代表参加，春节、“七一”，对全县老干部进行走访慰问。对在异地居住的离休干部坚持2年走访一次。2月，建立完善结对帮扶责任制，每位老干部工作者结对包扶15名离休干部。将老干部教育培训纳入全县干部教育培训计划，邀请省市有关专家教授，组织4次全县副科级以上老干部及老干部支部成员培训班。5月，邀请济南市委党校经济学教研部主任吴学军给学员做《济南市经济社会发展战略及实施》专题辅导报告，300余名新老学员参加。7月，对全县110名党务工作者、34名离退休干部党支部书记进行党建专题培训。县委组织部从党费中拨付2万元用于生活困难离休干部和离休干部遗属救助，拨付1万元用于老干部报刊订阅，离休干部医疗费统筹金计划从2016年1月起由17000元提高至26000元，离休干部政治生活待遇得到全面落实。镇(街道)、县直各部门为老干部订阅报刊、杂志700余份。

2016年6月17日上午，济阳县老年大学迎七一联欢会在县老年大学教室举行

【老干部文体活动】 加强老干部文体活动阵地建设，提升改造老城区老干部活动中心。新城区老干部活动中心在筹建中。统筹协调全县42个活动室、8个日间照料中心，全部向老干部开放。富锦文苑、汇鑫苑社区活动室被列为市级“开放式”老干部活动室。结合全市离退休干部“泉城乐”系列活动开展，五一、十一等节日期间，举办麻将、象棋、台球、门球等一系列老年文体活动，连续两年获济南市象棋比赛二等奖。7月，举办“老干部风采摄影展”。8月，深入学习贯彻习近平总书记在庆祝中国共产党成立95周年大会上的讲话精神，开展“不忘初心——我的入党故事”主题征文活动。9月，为迎接2016年老年节，举办“我阳光、我健康、我快乐”演讲比赛。10月，举办庆祝“老人节”全县离退休干部门球赛、全县离退休干部太极展演。

4月28—29日，由县委老干局举办的老干部庆“五一”文体比赛在县老干部活动中心二楼举行

【老年教育】 2016年，县老年大学打造县级文化养老重要平台。建设多个媒体教室、电教室、舞蹈室和太极拳馆，开设书法、绘画、剪纸、太极、舞蹈、电脑、演讲等常年班。进一步增强办班灵活性，做到长短班、校内校外、自办联办相结合。聘请9名教师，吸收新学员150余人。与济阳知行教育咨询服务中心合作签订联合办学协议，拓展教学空间，提高教学质量和管理服务水平。4月，投资6万元对老年大学进行维修改造，增加2个教室。6月，投资10万元购置电脑20台，建立电教室。6月下旬，举办庆“七一”老年大学学员文艺汇演，庆“七一”老干部书画、剪纸展。与文广新局联合成立老年歌唱团，与老年体协和部分社区联合举办广场舞、太极拳班，与县文联联合成立诗歌朗诵班。9月，举办迎“十一”老干部合唱团汇报演出。10月，举办庆国庆“展阳光心态、体验美好生活、畅谈发展变化”主题诗歌朗诵会。

【关心下一代工作】 2016年，县关工委开展“两史”和“三爱”主题教育系列活动。举办全县青少年纪念中国共产党成立95周年、红军长征胜利80周年书画大赛。开展第三届“关爱明天，普法先行——百案释法进校园”活动，举办交通安全、食品安全方面宣讲3期，受教育师生3000余人次。集中组织网吧义务巡查2次。联合县教体局利用建党95周年、中国工农红军长征胜利80周年、少先队建队日等契机，开展“红领巾心向党”“红领巾相约中国梦”“我的中国梦”“爱学习、爱劳动、爱祖国”“我们是共产主义接班人”主题活动。争创全市百名“学法守法用法模范青少年”10

12月23日，关工委为“青少年农业科普教育基地”授牌

名和全市百家“学法守法用法模范校园”10所。申报第三批青少年农（林）业科普教育基地2个。向市关工委推荐“全市青少年普法宣讲团”宣讲员2人，零犯罪学校8所。向全县中小学发放青少年法制教育读本(漫画版)7000余本。

（刘　宇）

台湾事务

【概况】 2016年，签约引进台资项目4个，其中过亿元项目3个，完成招商引资任务8.4亿元，实现外贸进出口7560万美元，实际利用外资1100万美元。台资项目累计60家，合同利用台资累计13.4亿美元，实际利用台资累计5.9亿美元。

【对台经济工作】 3月11日，济南禾田绿能农业有限公司项目签约，总投资1.1亿元人民币，注册资金1500万元人民币，占地面积13.3万平方米，位于现代农业科技示范园，主要从事农业产品种植、推广、展销及其技术研发，填补了台资农业项目空白。24日，天晴能源“零能”科技园项目签约，该项目是台湾天晴集团在大陆投资的全资公司，注册资本1亿元人民币。28日，济南统一销售公司项目签约，总投资3亿元人民币，注册资金5000万元人民币，年纳税额2000万元人民币。9月12日，山东西丝朵拉生物科技项目签约，注册资金5000万元人民币。

【对台交流交往】 全年，接待台湾经贸、媒体等各类团组22批270人次。1月23日，中华两岸企业发展联合总会总会长林国栋一行到济阳实地考察济北台湾工业园和海峡两岸青年企业家创业基地，并召开座谈会了解济阳投资环境。2月23日，中华两岸企业发展联合总会秘书长林淳浩一行到济阳实地考察济北台湾工业园和海峡两岸青年企业家创业基地，并召开座谈会了解济阳投资环境。25日，台湾天晴集团董事长叶志忠一行到济阳商谈山东天晴“零能”科技园项目签约事宜。3月1日，统一集团蒋怀平一行到济阳商谈统一销售公司建立事宜。24日，台湾天晴集团董事长叶志忠一行到济阳就山东天晴“零能”科技园项目进行签约。28日，鲁台创业创富博览会一行到济阳实地考察济北台湾工业园和海峡两岸青年企业家创业基地，并召开座谈会，了解济阳投资环境。4月4日，台湾天晴集团董事长叶志忠一行到济阳商谈山东天晴“零能”科技园项目奠基事宜。22日，台湾财团法人环境永续发展基金会一行到济阳考察济北台湾工业园。5月7日，台湾天晴集团董事长叶志忠一行到济阳就山东天晴“零能”科技园项目举行奠基仪式。6月13日，统一集团徐明辉一行到济阳商谈统超物流建厂事宜。25日，中华两岸企业发展联合总会总会长林国栋一行到济阳考察济北台湾工业园和海峡两岸青年企业家创业基地，并召开座谈会了解济阳投资环境。7月6日，中华两岸企业发展联合总会秘书长林淳浩一行到济阳商谈首届鲁台中小企业创业创新论坛举办事宜。8日，中华齐鲁文经协会理事长刘育兰一行到济阳考察济北台湾工业园，并建立友好园区联系。23日，中华两岸企业发展联合总会秘书长林淳浩一行到济阳商谈首届鲁台中小企业创业创新论坛举办事宜。8月5日，海峡两岸共同基金会执行长陈德升一行到济阳考察，先后参观考察澄波湖风景区、县人民医院、文体中心项目和济北台湾工业园。7日，西丝多拉李中正一行到济阳商谈西丝朵拉签约洽谈事宜。27日，中华两岸企业发展联合总会副总会长林秀珍带领台湾中小企业经理人到济阳考察交流。29日，台湾中小企业负责人一行60人到济阳参加首届鲁台中小企业创业创新论坛活动。9月12日，西丝朵拉李中正一行到济阳就山东西丝朵拉项目进行签约。14日，天晴能源总经理叶志忠一行到济阳商谈天晴能源项目建厂事宜。10月18日，西丝朵拉李中正一行到济阳办理山东西丝朵拉项目公司成立手续。12月4日，“台湾青年创业齐鲁行”参访团一行36人到济阳考察济北台湾工业园基本情况，并建立友好园区联系。

全年组织举办2批次4个关于济阳县对台招商引资专场推介会。4月11日，在台湾中华两岸企业发展联合总会举办专场推介会，40家台湾企业参加活动。7月12日，在台湾炎洲集团总部举办台湾北部专场推介会，90家台湾企业参加活动。13日，在台湾东海大学产学与育成中心举办台湾中部专场推介会，76家台湾企业参加活动。14日，在台湾水月囍楼举办台湾南部专场推介会，114家台湾企业参加活动。（罗　磊）

机关党建

【概况】济阳县围绕经济发展新常态、从严治党新常态、作风建设新常态，展现机关党建新作为，丰富机关党建工作内容，改进机关党建工作方式，创新机关党建工作模式，推进机关党的思想、组织、作风和制度建设，打造一支政治强、业务精、作风正的机关党员干部队伍。

【党建工作】加强党员教育，提高思想认识。年初组织县直机关党员冬训，开展《学习习近平同志系列讲话精神》专题党课，培训1000余人。以“为民 务实 清廉”和“两学一做”为主要内容，组织党委中心组学习调研会、读书交流会，通过观看党风廉政建设及正反典型事例等电教片、到县党建示范点、反腐倡廉教育基地和党员教育基地观摩学习等方式，强化县直机关党员理想信念思想教育。机关单位基层党组织利用党员学习日、“三会一课”等传统方式组织学习同时，利用宣传栏、手机信息、共产党员微信号、微博等现代信息手段组织开展学习。围绕县委中心工作经常开展形势任务教育活动。增强机关党员干部把握和正确判断国际、国内形势适应形势任务需要的能力。注重加强基层组织建设。加强机关基层组织工作情况调研，加大基层组织建设力度。对工委指导所有基层党组织进行换届选举，119个基层党组织进行换届选举，调整支部书记119名，改选支部委员232名，成立4个新党支部，撤销4个党支部，吸纳新党员23名，转正党员35名，培养全部县直机关入党积极分子103名，其中外党委入党积极分子62名。对县直机关优秀党员、优秀党务工作者和基层党组织进行表彰。表彰优秀党务工作者30名，先进基层党组织30个，优秀共产党员115名。

【创新机关党建工作方式】组织创先争优工作。围绕县委的工作中心，以创先争优为动力加强基层组织建设，以基层组织建设年为抓手深化创先争优，充分发挥基层党组织推动发展、服务群众、凝聚人心、促进和谐的作用。为巩固深化党的群众路线教育实践活动成果，持续深入推进全县党政机关作风建设，提高行政效能，优化发展环境，推动改革创新。不断创新工作形式，对服刑人员进行警示教育，老党员重温入党誓词，新党员入党宣誓，聘请专家作专题辅导，举办先模人物事迹报告，主题演讲，知识竞赛，案例分析，研讨交流，撰写调研报告，参观革命烈士陵园，参观工农业生产和城市建设成就等。不断创新工作载体。利用党校培训主渠道，以会代训、自学等传统载体的同时，创新工作载体，充分利用网络教育、远程教育等现代化载体，开展以“一网、一廊、三室”廉政文化为载体，“一网”即创建廉政文化网页，“一廊”即廉政文化宣传教育长廊，“三室”即廉政文化展览室、活动室和教育室。为干部职工搭建学廉政、评廉政、议廉政的学习交流平台。坚持“严”字当头，通过建立健全规章制度等方式，对党员干部进行规范化、制度化管理。对机关工委2356名党员进行组织关系梳理，清查出党建信息化平台漏统人员20名，其中对有入党材料的11名党员进行系统补录。做好县直机关济阳县第十三届党代表选举工作。按照民主集中制和体现代表结构要求做好选举工作。12月21日，采取差额选举办法，从58名侯选人中选出44名出席中国共产党济阳县第十三次代表大会代表，代表构成符合县委要求。

【创新党员干部教育培训方式】 组织县直各部门开展各种形式理论培训班，让机关党员干部根据工作需要，自主选择培训方式，加快专业技术型和高效务实型党员干部队伍建设。举办3期培训班，工委书记为机关党员上党课，有500余名机关党员干部参加培训。加强入党积极分子教育培训。在2016年度入党积极分子培训班中，县直部门103名积极分子参加学习培训。各党支部通过以会代训、形势报告、集中学习、分组讨论等形式组织广大党员学习。参加市直机关工委组织的党建研究会专题会，济阳县直机关工委撰写的《提高机关党建信息化水平的思考》报告获省市党建研究成果奖。印发《县直机关工委关于济阳县第十八届县直人大代表换届选举工作安排意见》。县直机关于11月11日召开县直机关人大换届选举工作培训会议，划分13个选区，深入各选区搞好调查研究，严格程序要求，选出出席县第十八届人代会的24名代表。完成所属2356名党员党费收缴、补缴任务，上缴党费65.95万元，补缴2008年至2016年党费126.20万元。

（李云竹）

信访工作

【概况】 县信访局在维护信访秩序、畅通信访渠道、解决信访问题、确保社会各项事业顺利发展等方面做了大量工作。全年受理群众来信来访1629件次，其中，来信259件，来访1370批4787人次。在各级“两会”及十八届六中全会等重大政治活动期间，信访秩序保持良好。

【领导干部接访工作】 制定下发《关于进一步深化领导干部公开接访的实施意见》，县委、县政府领导同志按照安排坚持每月每人安排1天时间在接访室候访。建立党政主要领导定期阅批群众来信制度，对重点群众来信全部实行领导阅批。全年县级领导参与候访239人次，接访37批47人次，阅批来信15件。

【矛盾纠纷排查化解】 坚持定期排查，注重点面结合，做到全时段、全覆盖、无死角、无空档。在各个重点敏感时期前，及时部署、集中力量、集中时间，采取“自下而上、纵向到底、横向到边、不留死角”的方法，对重点单位、重点区域及集体访易发部门的不稳定因素进行拉网式排查，坚持“边排查、边调处、边化解”的工作原则，对重点不稳定因素进行分析梳理，分类整理，逐一明确稳控责任人，落实化解措施。全年集中开展矛盾纠纷排查12次，累计排查出矛盾纠纷264件，化解264件，排查率、化解率100%。

【三级网络建设】 为达到“基层信访组织网络

建设好、领导干部信访职责履行好、信访工作制度健全落实好、资料台账档案管理好”的目标。县信访局按照“三有三落实”的标准，加强基层信访工作机构、组织网络和干部队伍建设，推动基层组织网络建设向纵深发展。各镇（街道）全部设立接访办公场所、安装专用微机和电话、有完备工作制度上墙、有排查化解和信访台账及各级工作人员档案橱，达到“三有三落实”标准。

【开展“五率”达标建设活动】 以严格落实国家信访局《信访事项办理群众满意度评价工作办法》和省、市信访局《实施细则》，在受理率、办理率和满意度上下功夫。把“信访事项办理群众满意度”评价提升工作列为全县“三重点”工作之一，并纳入全县科学发展考核指标。全年收到来信及网上信访259件，信访部门及时受理率100%，责任单位及时受理率98.84%，责任单位按期办理率100%。纳入满意度评价信访事项138件，及时受理率100%，按期办理率100%，参评率94.93%，满意度100%。

【印发《全县信访工作业务指导手册》】 印发《全县信访工作业务指导手册》1000册，为各级领导指导工作提供参考，方便信访干部学习、查找、使用，方便向人民群众宣讲国家信访政策。做到“一切工作有程序、一切程序有规定、一切规定有标准、一切标准有监督”，保障各环节业务有章可循、规范有序，提高了全县信访工作的规范化水平。

【信访干部培训】 通过聘请专家讲课、政策讲评、专题研讨、岗位练兵等形式，拓展全县信访干部的工作思路及业务能力。5月18—19日，举办全县信访业务专题培训班，邀请省信访局副局长刘东范、省信访局调研处处长孟新军、国内著名心理学专家王铮教授等，对《山东省信访条例》进行详细解读，对当前的信访工作面临的新情况、新问题进行深入解析，对信访干部如何提升应对突发事件的能力进行讲解，对信访干部如何提升人际互动能力、有效应对生活压力等进行培训，提高基层信访工作人员的业务素质和心理素质。

【信访宣传】 结合《信访条例》实施十一周年、《山东省信访条例》正式实施等契机，在全县范围内统一组织开展集中宣传活动，让群众深入了解政策规定，自觉理性有序信访。发放各类宣传资料2000余份，摆放宣传图板10个，悬挂宣传条幅10条，全县参与活动的机关干部200余人，济阳电视台、《新济阳》报等媒体进行报道。（何　健）

党校工作

【概况】 全年举办各类干部教育培训班9个15期，学员2837人次。全年发表论文4篇，6项科研课题获得省委党校科研项目立项。

【干部培训工作】 举办各级各类培训班9个15期，培训学员2837人次。全县农村党支部书记培训班(4期)、全县十八届五中全会及习近平总书记系列讲话精神专题培训班（4期）、全县信访业务专题培训班、全县优秀中青年干部培训班、全县环保干部培训班等。完成年初制定的主体班的培训计划。结合全县开展的“两学一做”和“勇于当担、务实有为”主题实践活动，党校把马克思主义基本理论、党章党规、习近平总书记系列重要讲话精神和十八大以来系列会议精神作为主课，设置党性修养、党章教育、路线方针政策等几个教育单元。做到每个培训班次，党性修养和党的理论教育占总学时的70%以上。

2016年6月14—24日，全县优秀中青年干部培训班在党校四楼会议室举办

【党校科研】 承担山东省委党校6项科研课题，全部立项。2016年12月，科研课题《济阳县民营经济产业集群发展研究》获第三届全市党校系统优秀科研成果一等奖。《现代小资产阶级知识分子的悲剧成因——以〈伤逝〉和〈寒夜〉为例》和《基层党校脆弱问题解决路径刍议》等6篇论文在省级以上刊物发表；调研课题《目前济阳县发展软环境存在的突出问题及解决对策和建议》得到县领导批示。

【基础建设】 4月，购置大型电子显示屏1个，面积10余平方米，投资4万余元。5月，为建设“花园式”校园，投入2万余元购入薰衣草、四色堇、大丽菊等花种，播撒面积660平方米。6月，投入6000余元更换电子亚克力标语牌“实事求是”。投入5000余元购音响设备功放1台、消噪器1台、电子石英钟3台。建立书画室和阅览室，配备高性能电子阅览设备、多功能打印机。相继订购《求是》《党建》《党风廉政》等20余种学习书籍、报刊，订阅社科类期刊和著名大学期刊《北京大学学报》《人民大学学报》《济南市委党校学报》等30余种。

【队伍建设】 全年派出20人次外出培训，提高教师授课水平。上半年3批次5名骨干教师到山东省委党校、中山大学培训，接受最前沿理论和技术教育。下半年，选派年青教师到省市党校参加师资班培训和十八届六中全会精神学习培训，选派教师到沂蒙党性培训基地接受党性锻炼。全年有1名教师晋升为高级讲师职称，有1人获全省党校系统优秀教学奖，1人获“全省党校系统优秀教师”称号，1人获“全市党校系统先进工作者”称号，1人获全市党校系统优秀教学奖。 （孟 革 刘培延）

党史资料征集与研究

【概况】 紧扣“资政、育人”任务，推进党史资料征集、编写、研究、宣传等工作。征集文字资料100余万字、图片资料100余份，开展调研活动10余次，出版图书2册，上报论文2篇。

【出版发行《四海济阳人》】《四海济阳人》的征编工作始于2015年3月，于2016年6月出版发行。全书收录济阳籍在外有一定影响人员360人，并配以442人的通讯录。

【《济阳县改革开放实录》征编】 召开《济阳县改革开放实录》征编工作会议，成立由县委书记任组长的征编工作领导小组。全县102个单位分为5组，每组由1名工作人员负责，配备1名党史顾问。通过建立QQ群、组建课题组、确定专题题目、审改专题提纲、催报专题初稿、召开调度会等系列工作，组织全县各单位开展专题撰写工作。10月，完成84个专题的审阅修改。11月，选取22篇质量较高稿件，编辑《济阳县改革开放实录》（第一辑）。2016年12月，出版发行。

【《济阳县社会主义建设时期县委书记口述历史》征编】 7月14日，召开《济阳县社会主义建设时期县委书记口述历史》征编工作会。印发《济阳县社会主义建设时期县委书记口述历史征编工作方案》，成立以县委组织部部长为组长、县委老干部局和县委党史研究室主要领导为副组长的工作领导小组。依据《中共济阳县组织史资料》（第一卷），列出社会主义建设时期济阳历任县委书记、县长名单，根据摸查名单，县委党研室和县委老干部局分组打探线索，对符合要求的对象进行走访。调查走访后，对没有形成有价值材料的县委书记，通过档案进一步查找署名文章，确保全覆盖、无遗漏。

【申报济南市党史教育基地】 济南市遴选命名第一批党史教育基地，济阳县申报的中国共产党济阳县第一支部旧址和济阳县烈士陵园两处教育基地入选并挂牌。

【抗战时期人口伤亡和财产损失课题调研资料成果电子转化】 按照省、市要求，对在抗战时期人口伤亡和财产损失课题调研工作中形成的口述资料和有关档案文献等资料进行电子转化。（罗珊珊）

纪检监察工作

【概况】 济阳县纪委按照市纪委全会总体部署和要求，聚焦主业主责，强化监督执纪问责，践行监督执纪“四种形态”，持之以恒纠“四风”，党风廉洁建设和反腐败各项工作取得明显成效。

【落实“两个责任”】 分解责任。召开全县党风廉政建设分工会议，落实“三书两报告制度”，将79项党风廉政建设重点工作具体分解落实到各级党政领导班子、牵头部门和协办单位。创新机制。印发《县纪委常委、监察局副局长联系指导镇（街道）、个别派驻部门党风廉政建设工作制度》《关于在派驻机构中实行党风廉政建设谈心制度的规定（试行）》，加强对基层党风廉政建设工作指导。加强约谈。针对农村小麦补贴落实不到位等问题，对13个涉农部门党委（党组）书记、纪委书记进行约谈，各部门对相关问题进行认真整改；对2015年行风评议排名末位的3个单位主要负责人进行约谈，督促其整改有关问题。落实“双述”。组织召开述责述廉会议，县级党政班子成员向县纪委全委会进行述责述廉，并由县纪委委员对其进行民主评议，强化党内监督，推动“两个责任”的落实。

2016年5月25日，县委常委、县纪委书记于炳基到曲堤镇调研党风廉政建设主体责任落实情况

【实行廉情预控】 研究制定《中共济阳县纪委关于开展廉情预控工作的实施意见》，指导督促各级各部门围绕重点岗位、关键环节深入查找廉政风险点，形成各单位的“廉情预控明白纸”，并以“电话簿”的形式摆放在党员领导干部桌上，使他们对自己职责范围内的廉情风险做到常见、常思、常调度，真抓、真管、真落实。结合《中国共产党廉洁自律准则》《中国共产党党纪处分条例》《中国共产党问责条例》《中国共产党党内监督条例》的新要求，

督促各级各单位针对廉政风险健全完善各项管理规章制度，形成以岗位为点，以流程为线，以制度为面，具有行业特色和岗位特点的因人、因岗施策的廉情风险防控机制。坚持每季度召开党风廉政廉情分析会，要求各级各单位在安排部署业务工作同时，参照廉情预控明白纸，对照“六项纪律”及中央八项规定精神，有针对性的进行分析研判，对出现的苗头性、倾向性问题，及早谈话提醒，切实做到关口前移，治病于初，抓早抓小。

【加强教育引导】 抓好宣传工作。做好新闻宣传工作，至11月，在《中国纪检监察报》发稿3篇，在《中国纪检监察》杂志发稿1篇，《党风廉政建设》杂志发稿1篇；在省纪委网站发稿13篇，在《济南日报》廉政纵横栏目发23篇。抓好廉政教育。精选22副廉政文化宣传展板，安装在县纪委办公地点走廊两则，打造廉政文化长廊。完成市纪委组织的全县39名副县级以上党员干部和49名纪检监察干部的测试。组织全县885名副科级以上党员干部，参加全县统一组织的测试，100分的148人，80分及以上的达98.42%。

【开展“四风”整治】 完善“四风”监督平台。发挥狠刹“四风”网络监督平台作用，对群众反映的“四风”问题直查快办，公开处理。全年受理“四风”投诉36起，办结34起，查实结果全部回复投诉人，满意率100%。开展“庸懒散”专项治理。着重对管理薄弱的基层站所、群众办事服务窗口和服务大厅等进行“庸懒散”“为官不为”等专项整治。针对“庸懒散”等行为不定期明察暗访36次，发现问题11件，其中，通报批评2人，调离工作岗位1人，纠正单位不规范行为3起。加强监督检查。紧盯重要节点、特殊地点，对各级党政机关和企事业单位公款吃喝、利用内部食堂违规饮酒等违反中央八项规定精神情况进行明察暗访。全年开展明察暗访60余次，发现问题2起，处分2人。完善领导干部个人有关事项报告备案网络平台，实行有关事项网上申报制度。对评先树优、干部提拔、出国（境）人员等进行廉政审查。全年有58人（次）报告个人有关事项。共审查1474人（次），其中科级干部出国（境）备案39人（次），对领导干部提拔审查171人（次）。四是健全完善制度。印发《关于严肃查处违反中央八项规定精神和“四风”问题的实施办法（试行）》，从制定层面扎紧纠“四风”的笼子。

【整治“微腐败”】 完善领导机制。制定下发《关于开展侵害群众利益不正之风和腐败问题专项治理的工作方案》，建立“日收集、周汇总、月排查、季分析”的案件源头管控机制，加强对查处群众身边腐败问题的统一领导。这一做法被中纪委《党风廉政建设》杂志在第8期上予以刊登。“拉网式”排查问题线索。对信访举报、“12345”为民服务热线、狠刹“四风”网络监督平台等渠道反映的问题进行“拉网式”排查。对56起侵害群众利益的不正之风和腐败问题进立案查处，3人因严重违纪涉嫌违法被移交司法机关。开展巡查。下发《济阳县农业支持保护政策自查自纠活动实施方案》，对农业支持保护补贴政策落实情况进行专项巡查。发现违规问题20个，清退资金6.97万元，下达监察建议书13份。联合市人社局纪委对济阳县人社局开展上下联动巡查，收到问题建议10条，发现33人冒领新农保资金7855元，对相关人员严肃处理，对资金进行追缴。四是建立防止群众身边不正之风和腐败问题的长效机制。深化“451”村级工作法，加强对村级“小微权力”监督。将村级权力绘制成流程图，严格按照“四议”程序决策村级事务，使农村基层各项工作实现流程化、程序化管理。“451”村级工作法在全县851个村（居）全面推开。同时，推广“闻韶清风”村报，将惠农政策、农村低保、财务收支等内容以报纸形式向群众发放，至12月，全县10个镇（街道），刊发“闻韶清风”132期。

【纪律审查】 严厉打击诬告陷害行为。对受到诬告的党员干部给予澄清保护，维护党员干部的正当权益。相关做法被《中国纪检监察报》《济南日报》等媒体进行报道，大众网、河南大河网、《济南时报》等省内外多家媒体进行转载评论。迅速查办上级交办案件。对市纪委交办的6起案件进行迅速查办，其中，开除党籍4人，党内警告处分2人，移送司法机关2人。全面把握监督执纪“四种形态”。转变执纪审查方式，发现干部的苗头性、倾向性问题，及时咬耳扯袖、诫勉谈话，防止小问题变成大问题。全年受理信访举报210件（次），上级纪委转来142件（次），其中，中央巡视组转来42件（次）。谈话函询33人（次）。对十八大以来的63件（次）公职人员问题线索进行清理排查、建立台账，加强对问题线索的集中管理，按照“拟立案、初核、谈话函询、暂存、了结”五类标准进行处置，全部办结。全年立案审查123件，结案126件，处分122人，其中党纪处分120人，政纪处分8人，双重处分6人，组织处理5人，挽回经济损失357.46万元。（张　亮）

2016年2月15日，济阳县纪检监察干部参加全市纪检监察机关执纪审查业务交流会

济阳县人民代表大会常务委员会

综　　述

【概况】济阳县人大常委会全年听取和审议“一府两院”专项报告18次。全年任命国家机关工作人员15人，免职19人。组织开展专项视察、调研活动20次，并做出审议意见，做出决议决定25项。

【人民代表大会第五次会议】济阳县第十七届人民代表大会第五次会议于2016年1月22日至25日在济阳县城召开，会期4天。出席代表217人，列席112人。会议听取和审议县政府县长王壮作的《政府工作报告》、县人大常委会第一副主任叶维平作的《济阳县人大常委会工作报告》、县法院院长温磊作的《济阳县人民法院工作报告》、县检察院检察长赵性雨作的《济阳县人民检察院工作报告》；审议《济阳县人民政府关于济阳县2015年国民经济和社会发展计划执行情况与2016年国民经济和社会发展计划（草案）》的报告，审查并批准《济阳县2015年国民经济和社会发展计划执行情况的报告与2016年国民经济和社会发展计划》；审议《济阳县人民政府关于济阳县2015年财政预算执行情况和2016年财政预算（草案）》的报告，审查批准济阳县2015年财政预算执行情况的报告和2016年县级财政预算。会议对以上六个报告作出决议。

【人大换届选举工作】按照省、市人大常委会有关决定和县委安排，依法做好人大换届选举各项工作。9—12月，在建立机构、宣传发动、培训骨干，划分选区、分配代表名额和选民登记，提名推荐酝酿确定代表候选人、投票选举代表等各个环节，提出具体要求，并根据工作进展情况及时调度，对工作中遇到的具体问题及时进行协调，研究解决办法，确保各镇（街道）、县直机关严格程序，依法操作。在这次人大换届选举工作中，全县划分县人大代表选区127个，镇人大代表选区441个，参加登记的选民44.8万人，占总人口的78.87%，参加投票选举的选民共42.8万人，参选率为95.6%，选出县级人大代表228名，镇级人大代表633名。

【专题调研】4月，对县政府关于中央惠农政策落实情况、全县侨务外事工作情况、公立医院改革与发展工作情况、全县民政工作情况进行专题调研。6月，对县政府2015年县级预算和其他财政收支执行情况的审计工作、关于水资源管理工作情况、县法院关于行政审判工作情况进行专题调研。8月，对县政府2015年县级财政决算报告和2016年上半年财政预算执行情况、2016年上半年国民经济和社会发展计划执行情况、《“七五”普法规划》和《“六五”依法治县纲要》的制定情况进行专题调研。10月，对县政府关于对台经济工作情况、代表议案建议办理情况、气象工作情况以及县人民检察院关于刑罚执行监督工作情况进行专题调研。

【代表工作】 采取集中培训、以会代训等多种方式，加强对代表的履职学习。组织省、市代表围绕济阳县重点工程重点项目建设等事关全县经济社会发展大局的工作情况进行专题视察调研活动，形成专题调研论文3篇。做好市人大“双联系”活动的组织、协调和服务工作，为全市经济社会发展积极建言献策。认真督办代表议案建议。及时召开代表建议交办会，将34件建议转交承办单位。10月，对办理情况进行调研，县十七届人大常委会第四十一次会议，听取县政府关于代表议案建议办理情况汇报。

【乡镇人大工作】 加强对镇、街道人大工作的指导，年初制定《2016年镇（街道）人大工作指导意见》，并指导镇（街道）人大工作开展情况。5月、7月、11月，组织基层人大干部到全国人大培训基地、省人大珍珠泉宾馆参加人大换届选举学习培训。指导各镇依法顺利召开新一届的镇人民代表大会第一次会议，至12月30日，8个镇依法选出人大主席8名，副主席8名；镇长8名，副镇长24名。

（杨　萍　李　芹）

第十七届人大常委会会议

【第三十三次会议】 1月13日召开。县人大常委会党组书记、第一副主任叶维平，县人大常委会副主任王向军、杨玉美、董树村、马庆军，县人大办公室主任高继胜及委员共23人参加会议。会议传达学习省加强县乡人大工作和建设会议精神；听取审议县政府关于济阳县国民经济和社会发展第十三个五年规划纲要（草案）的说明；听取审议县政府关于济阳县2015年预算执行情况和2016年预算草案的报告。以电子表决的方式通过县十七届人大常委会关于济阳县2015年预算执行情况和2016年预算草案的审查报告草案。

【第三十四次会议】 2月25日召开。县人大常委会党组书记、第一副主任叶维平，副主任王向军、杨玉美、董树村及委员共21人出席会议。会议以电子表决的方式通过《济阳县人大常委会2016年工作要点》《济阳县人大常委会2016年镇（街道）人大工作指导意见》和有关人事任免事项。

【第三十五次会议】 3月22日召开。县人大常委会第一副主任叶维平，县人大常委会副主任王向军、杨玉美、董树村、马庆军，办公室主任高继胜及委员共20人出席会议．会议首先听取《济阳县人大常委会主任会议关于提请任免王协芳等职务的议案》《济阳县人民政府关于提请任免杨春亭等职务的议案》《济阳县人民政府关于局部修改济阳、济北街道土地利用总体规划（2006—2020年）的议案》。随后，会议对以上三个议案进行集中审议，以电子表决的方式通过有关决议及人事任免事项。

【第三十六次会议】 4月22日召开。听取审议县政府关于中央惠农政策落实情况的报告、县政府关于全县外事侨务工作情况的报告、县政府关于公立医院改革与发展工作情况的报告、县政府关于民政工作情况的报告。

【第三十七次会议】 6月22日召开。县人大常委会第一副主任叶维平，县人大常委会副主任王向军、杨玉美、董树村，办公室主任高继胜及委员共18人出席会议。与会人员首先到牧马河综合治理工程现场、济北水厂及饮水安全工程施工现场、兴阳供热公司远程表水资源管理现场等处进行实地察看。会议听取并审议县审计局负责同志所作的县政府2015年度县级预算执行及其他财政收支情况的审计工作报告，县水务局负责同志所作的县政府关于水资源管理工作情况的报告，县法院院长温磊所作的县法院关于行政审判工作情况的报告，县国土局有关负责同志所作的县政府关于对垛石镇等5镇土地利用总体规划（2006—2020年）进行局部修改的议案以及县法院院长温磊、县检察院检察长赵性雨所作的关于提请任免职务的报告。会议以电子表决的方式通过有关决议及人事任免事项。

【第三十八次会议】 7月8日召开。县人大常委会第一副主任叶维平，县人大常委会副主任王向军、杨玉美、董树村、马庆军，办公室主任高继胜及委员共18人出席会议。会议首先听取审议《济阳县人民政府关于调整太平镇土地利用总体规划（2006—2020年）局部修改方案的议案》。以电子表决的方式通过《济阳县人大常委会关于批准济阳县人民政府关于调整太平镇土地利用总体规划（2006—2020年）局部修改方案的议案的决议》。

【第三十九次会议】 8月31日召开。县人大常委会党组书记、第一副主任叶维平，县人大常委会副主任王向军、杨玉美、董树村、马庆军，县人大办公室主任高继胜及委员共20人参加会议。与会人员首先调研了澄波湖、回河镇陶瓷厂片区、华百广场等重点项目和重点工程进展情况。听取审议县政府2015年县级财政决算报告和2016年上半年财政预算执行情况的报告，审查2015年县级财政决算；听取审议县政府2016年上半年国民经济和社会发展计划执行情况的报告；听取审议县政府关于《济阳县“七五”普法规划》和《济阳县2016—2020年依法治县纲要》的报告，并作出相应的决议决定。

【第四十次会议】 9月18日召开。接受祖爱民辞去济阳县第十七届人大常委会主任职务。

【第四十一次会议】 10月20日召开。接受叶维平辞去济南市第十五届人民代表大会代表职务、济阳县第十七届人大常委会副主任职务。

【第四十二次会议】 10月26日召开。应到22人，实到18人。听取审议县政府关于对台经济工作的报告；听取审议县政府关于代表议案建议办理情况的汇报；听取县政府关于气象工作的报告；听取审议县检察院关于刑罚执行监督工作情况的报告；审议表决县、镇人大换届选举有关事项，并做出相应决议决定。

【第四十三次会议】 12月9日召开。应到22人，实到19人。听取审议县政府关于2016年地方政府债券收支安排及全县预算调整方案的议案、济阳县崔寨安置房PPP项目相关费用纳入政府性基金预算的议案和将营家社会二期、三期棚改项目政府购买服务资金列入财政预算的议案，听取审议县政府关于济南市济北化工产业园纳入“十三五”规划的议案，通过人事任免事项。会议做出相应决议决定。

（杨　萍　李　芹）

济阳县人民政府

综　述

【概况】 2016年，济阳县适应把握经济发展新常态，深入学习贯彻党的十八届三中、四中、五中、六中全会精神，践行党的群众路线，勇于担当，务实有为，实现经济社会持续稳健发展。全县实现生产总值295亿元，增长7.9%；一般公共预算收入18.58亿元，增长10.8%；三次产业比例调整为18∶52∶30；固定资产投资305.76亿元，增长16.3%；社会消费品零售总额125.9亿元，增长10.8%；进出口总额2.87亿美元，增长2.4%。

【县政府常务会议】 2016年1月5日，县政府常务会议听取关于解决中小学大班额问题和教师绩效工资有关情况、电影公司职能划转有关情况、政府工作报告起草情况的汇报。2月3日，听取关于澄波湖学校建设有关情况的汇报。5月3日，听取关于建立城市居民生活用水阶梯价格制度、关于企业不动产登记历史遗留问题、关于重大火灾隐患整治、关于创建省级食品安全县、关于残疾人康复中心建设、关于推进总部经济发展、关于乡村医生补助、关于有关违纪人员处分建议的汇报。7月15日，会议听取关于不动产登记有关问题、老城改造有关情况的汇报。11月25日，会议听取关于县残疾人康复中心纳入医保定点单位、关于为县国土局记集体三等功建议、关于有关人员违纪处分建议的汇报。

【县政府工作会议】 2016年2月3日，全县安全生产工作会议在为民服务中心二楼视频会议室召开。县领导王壮、王洪忠、孙战宇、孙良才、王秀成、高继锋、呼廷贵、郭冬梅出席会议。2月23日，县政府十七届六次全体（扩大）会议召开。县政府全体组成人员，县政府派出机构、县属事业单位、部门管理单位、垂直管理单位的主要负责同志参加会议。2月26日，全县审计工作会议在为民服务中心二楼会议室召开。县领导王壮、孙战宇、王秀成出席会议。3月3日，全县贫困村道路硬化建设工作会议在政务中心二楼会议室召开。县委常委、副县长孙良才出席会议。3月4日，全县城乡环卫一体化调度会在政务中心二楼会议室召开。副县长任道胜出席会议。3月13日，全县重点项目调度会在政务中心四楼会议室召开。县领导祖爱民、王壮、杜爱君、叶维平、庞金良、孙良才参加会议。3月15日，城乡环境综合整治“百日行动”调度会在县政务中心二楼会议室召开。县领导任道胜、呼廷贵参加会议。3月23日，全县食品工业招商工作对接会召开。县委常委、副县长孙良才参加会议。4月5日，全县创建省级卫生县城培训推进会议在会务中心礼堂召开。4月14日，全县“营改增”税收政策培训会议在为民服务中心二楼会议室召开。县委常委、常务副县长孙战宇出席培训会。4月28日，全县庆祝“五一”国际劳动节暨纪念五四运动97周年大会在为民服务中心一楼礼堂召开。5月20日，全县招商引资、项目建设、镇域经济三项重点工作调度会召开。县领导祖爱民、王壮、杜爱君、叶维平、王洪忠、孙战宇、孙良才参加会议。5月24日，全县旅游工作会议召开。县领导王壮、孙战宇、郭冬梅参加会议。5月31日，全县党政机关公务用车制度改革动员暨工作培训会议在为民服务中心二楼综合会议室召开。县委常委、常务副县长孙战宇出席会议。6月8日，全县创建省级食品安全先进县工作会议召开。县四大班子领导成员，其他副县级以上领导干部，县直各部门（单位）主要负责人；各镇（街道）党委（党工委）书记、镇长（办事处主任）参加会议。6月12日，全县农村改厕工作会议在会务中心二楼会议室召开，安排部署全县农村无害化卫生厕所改造工作。县领导庞金良、任道胜出席会议。7月28日，召开全县征兵工作会议。8月24日，召开全县养老保险金清理工作会议。9月14日，召开全县秋季秸秆综合利用与禁烧工作会议。9月27日，召开全县人口和计划生育工作形势分析会。9月29日，全县经济形势分析会召开。县领导孙斌、王壮、王洪忠、孙战宇出席会议。9月30日，全县重点项目推进工作调度会在会务中心二楼会议室召开。县领导孙斌、王壮、庞金良、王秀成、呼廷贵、温磊、赵建凯参加座谈会。10月17日，全县城市规划、土地利用规划、产业规划编制工作调度会在会务中心二楼会议室召开。县领导孙斌、王壮、孙战宇、孙良才、任道胜、高继锋参加活动。10月18日，济阳县“撤镇设办”务虚会在会务中心二楼会议室召开。县领导孙斌、王壮、杜爱君、叶维平、孙战宇、王长军、王秀成、任道胜、高继锋、呼廷贵、郭冬梅参加会议。11月1日，召开县政府十七届七次全体（扩大）会议，深入贯彻落实全县“勇于担当、务实有为”主题实践活动动员大会精神。11月10日，济北开发区工作座谈会议在政务中心四楼会议室召开。县领导孙斌、孙战宇、孙良才、王长军、王秀成、任道胜出席会议。12月1日，召开全县总体规划修编工作调度会。12月4日，召开全县消防安全“大排查、强责任、除火患”百日攻坚行动工作部署会议。12月22日是济阳县县、镇两级人大代表换届选举投票日。选举济阳县第十八届人民代表大会代表。

【电子政务】 政府信息公开。依托县政府门户网站公开发布各类政府信息3000余条，涵盖教育、医疗、交通、民生、城建等各个方面。电子政务内网。完善内网管理制度，理顺体制，提升内网使用安全系数，实现与互联网完全物理隔离，发挥上传下达文件、沟通交流的作用，提高办公效率。电子政务外网。承建济阳县电子政务外网，利用该外网建设网上审批大厅，企业、群众足不出户即可在网上实现一站式办理。济阳县审批大厅于11月运行，至12月，办件量1000余件。

【政务信息】 2016年，编写《济阳县政务信息（动态参阅）》220期，外地经验类信息2期，为县领导决策提供参考和借鉴。编发上报济阳政务信息400余条。

【应急管理】 加强演练，提高应急处置实战能力。组织相关单位开展桌面推演、实战模拟演练等多种形式的应急预案演练，及时总结演练工作经验和教训，督促有关部门、单位针对存在问题及时修订预案。在济北石化、弘丰化工、实验小学、汇鑫苑小区等5个社区、7所学校、13家企业等开展各项预案演练30余次。县政府副县长高继锋、呼廷贵、郭冬梅分别参加突发高致病性畜禽流感防控演练、旺旺集团消防演练和突发公共卫生事件演练。加大宣传，增强群众防灾减灾意识。结合“5・12防灾减灾日”“11・9消防宣传日”等，开展一系列宣传活动。县住建委、卫计局、公安消防等单位分别在县政务中心广场、县城主要路段、各镇（街道）集市、危化品企业等地点开展居民燃气安全、手足口病防治、火灾预防与救援等宣传活动。悬挂防震减灾宣传横幅标语50余条、发放宣传资料2万余份。通力合作，应急队伍逐步扩大。以公安、消防、民兵预备役等骨干队伍为主，以防汛抗旱、畜禽防疫、医疗救护等专业队伍为基本力量，以镇（街道）、部门专兼职人员为辅助力量的应急队伍体系。成立各类专兼职应急救援队伍12支，专兼职及志愿人员3000余人。消防车、急救车、拖车等各部门专业救援车辆127台（辆），吊车、货车、抽水机等民间志愿设备530台（辆）。

【政务督查】 2016年，县政府办公室督查科围绕县政府中心工作，以《政府工作要点》中各项工作的落实为抓手，进一步强化督查手段，完善督查措施，转变督查方式，推动各项工作顺利开展。对一些群众反映强烈的重点、热点问题提出合理解决方法或者建议，做到事事有着落，件件有回音。对县政府确定的重点工作和县政府常务会议、县长办公会等重要会议、重要文件决定事项，明确责任单位、责任人，确定完成时限。对重大项目建设、城市建设和农业农村及扶贫工作等事关全县大局的阶段性工作，及时跟上督查，确保按照时间节点完成。做好领导批示件督办和人大代表建议、政协提案办理工作。全年开展专项督查21次，编发《政务督查》18期，下发督办通知单9份，办理领导批示件105件；办理人大代表建议、政协提案115件，办结率、回复率均为100%。

（王　峰）

外事侨务

【对外联系工作】 2016年，与县教育体育局及济北中学等单位协调，派出2名支教教师，一名是县垛石中学张庆丽，到泰国合艾树强华侨中学任教；一名是济北中学陈亮，赴韩国汉城华侨中学任教。

【侨眷服务工作】 2016年，对全县31户侨眷、侨属进行逐一电话调查，安排专项慰问资金走访慰问。把6000元救助金送到吴法湖及赵兴兰2位困难侨眷家庭手中。11月，把新市镇侨眷孙春玉作为种养殖帮扶对象向市侨办申报。

【出国（境）管理工作】 2016年，办理审批出访团组16批38人次，其中，本县自组团出访4批23人次，随省市团组出访12批15人次。出访团每到一处发放有关济阳县情况介绍，介绍济阳食品产业、机械产业、旅游文化产业等发展状况、管理情况及济阳现有的外资企业情况和投资环境。通过拜访丹麦丹尼诗特色食品公司，促进公司开拓中国市场、出口本公司产品等事宜，确定公司在济阳设立总部经济，就丹尼诗济阳项目二期建设及加大投资计划等事项进行交流和沟通，为生产基地早日投产达效奠定了基础。

【深化国际交流工作】 做好外事接待工作。先后完成韩国安东农协代表团、韩国水原市餐饮代表团、法国孚日代表团等团体的来访接待工作。印尼迈大集团董事长蓝方玉，菲律宾上好佳集团董事长、菲律宾总统中国事务特使施恭旗等著名侨胞侨领先后到济阳县参观考察。深化对外经贸往来。以上好佳、印尼迈大、丹尼诗等外企为依托，开展以商招商活动，赴日韩、东南亚及欧美发达国家和地区开展招商推介活动，进一步推介宣传济阳良好投资环境和优势产业。

（王　峰）

机关事务管理

【概况】 2016年，济阳县机关行政事务管理局更名为济阳县机关事务管理局。职能包括公共机构节能、公务用车管理、办公用房管理、公务接待。全年完成67家党政机关、事业单位公务用车改革处置工作。筹集资金60余万元为政务中心更换节能设备。利用上级建筑节能扶持政策，对县政务中心和为民服务中心更换使用LED高效照明灯、节水龙头。争取到市住建委绿色建筑示范片区建设项目，对县政务中心及县财政局办公楼进行外墙保温及节能窗改造。先后与台湾天晴能源有限公司、山东同方德诚有限公司合作，建立2处公共机构光伏发电项目。公务用车改革后，与兹兹新能源公司合作，在全市率先建设1处标准化充电站，设充电桩10个。先后印发《济阳县县属行政事业单位房屋资产管理办法》《关于规范县属行政事业单位新建、装修改造办公用房和房屋资产出租出借管理的通知》等文件，防止办公用房闲置浪费和资产流失，确保实现国有资产的保值增值。获山东省“十二五”公共机构节约能源资源工作先进集体、济南市节能示范单位、济阳县2016年度科学发展三等奖等称号。

【公车改革】 完成67家党政机关、事业单位411辆公务用车改革处置工作，其中，287辆分5批次公开拍卖，共749.5万元，全部上交县财政，剩余123辆进行报废处理。牵头公开招标17家汽车租赁公司为有汽车租赁需求的单位提供服务。会同相关部门印发《济阳县党政机关公务出行保障办法（暂行）》《济阳县党政机关车改后保留车辆使用管理办法（暂行）》，提出“三定点”要求，即定点加油、定点保险、定点维修，降低用车成本。对全县保留公务用车统一张贴公务用车标识，30辆机要通信、应急用车安装GPS定位系统。

2016年8月31日，公车拍卖会现场

（任业鹏　摄）

【资产管理】 印发《济阳县县属行政事业单位房屋资产管理办法》《关于规范县属行政事业单位新建、装修改造办公用房和房屋资产出租出借管理的通知》，对县级机关办公用房的产权、调配、建设和修缮管理等工作进行集中统一管理。对出租出借办公用房进行摸底造册，原法院、原检察院、原教育局等3处闲置房产进行收回、测量、评估。完成县国税局、县地税局的办公大厅合并工作，县农业局搬迁至质检大楼，县扶贫办公室搬迁至县国土局腾退闲置的办公用房，办公用房实现有效整合。

【公共机构节能】 组织千人节能签名绿色骑行活动，针对机关单位工作人员，开展“低碳体验日”和“能源紧缺日”活动。与县文明办、县直机关工委联合下文，对文明单位创建、考核、申报增加节能工作内容。筹集资金 60 余万元为济阳县政务中心更换节能灯具、节能开水炉、节水龙头，新上红外感应式冲厕设备，增加中水回收系统，加装楼顶隔热层。利用上级建筑节能扶持政策，对县政务中心和为民服务中心更换使用 LED 高效照明灯共计 4000 余只，节水龙头 200 余个。争取市住建委绿色建筑示范片区建设项目，投资 760 万元对县政务中心及财政局办公楼进行外墙保温及节能窗改造，改造面积 2 万余平方米，节能率提高 20% 以上。公务用车改革后，与兹兹新能源公司合作，在全市率先建设 1 处标准化充电站，共设 10 个充电桩，为新能源汽车进行充电，用实际行动倡导绿色出行、低碳出行。

2016 年 6 月 3 日，全县举行以“节能领跑，绿色发展”为主题的“绿动济阳”骑行活动

（任业鹏　摄）

【后勤保障】 根据机关后勤改革与发展实际，发挥物业公司作用，将安全保卫、卫生保洁、会务服务、水电暖维护全部外包，及时有效地处理问题和故障。全年累计处理各类维修工作 1000 余件，完成各类会议接待服务 500 余场次，节约维修经费 5 万余元。先后接待省、市巡视、调研、考察 20 余批次。　（任业鹏）

政务服务

【概况】 2016 年，县政务服务中心管理办公室积极贯彻党的十八大及历次全会精神，围绕县委、县政府中心工作，高度重视政务服务工作，强化服务重点，从体制、机制、制度方面入手，有效整合优化政务服务资源，扎实开展各项工作。被评为全县落实党风廉政建设责任制、党风政风行风民主评议先进单位、全县优化发展环境先进单位、服务企业发展先进单位。

【行政审批服务】 新大厅入驻 18 个职能部门，60 名工作人员，95 项行政许可和非行政许可审批事项。政务大厅不断推动行政审批“两集中、两到位”，强化窗口业务职能，国土资源局窗口由 5 个扩充到 10 个，市政园林公用事业局窗口增加污水排入排水管网许可等 5 项行政许可事项。将县人社局、县公安局等 9 个部门（单位）自设办事大厅设为县政务服务大厅分大厅，统一挂牌，加强业务指导，切实提高全县政务服务系统整体工作水平。全年政务服务大厅各窗口办理审批服务事项 43745 件，按时办结率 100%；新注册登记各类市场主体 6145 个；备案、核准和批复项目 210 个，总投资额 113.76 亿元。

济阳县政务服务大厅　　（肖培勇　摄）

【热线运行服务】 政务服务中心管理办公室不断规范热线办理流程，强化协调督办，市民服务热线及时接转率100%，按时办理回复率98%以上。2016年，先后开展“第一书记”电话调查活动、创建省级卫生城市电话调查活动、党风政风行风民主评议电话调查活动。组织环保局、房管中心、住建委等31个部门开展“政务热线接听”活动，畅通群众诉求渠道。全年编发《热线专报》52期、《热线月报》12期、《热线专报》（特刊）10期；刊登回音壁52期，政务播报52期。全年受理12345市民服务热线3.46万件，办结率为99.94%，群众满意率为88.20%。热线在全市区县排名有大幅度提升。

2016年12月2日，全县党风政风行风民主评议电话调查活动 （肖培勇 摄）

【公共资源交易服务】 2016年6月，下发《关于进一步规范招投标活动的通知》（济阳政管办发〔2016〕14号），加强对招标项目申报及招标文件现场勘查内容的管理。联合县财政局完成资产评估、财务审计及咨询、拍卖中介机构备选库招标工作，为产权交易做好准备。联合县财政局、县机关事务管理局完成全县行政事业单位公车租赁招标工作，并为济阳县公车拍卖提供业务咨询服务。济阳县公共资源交易网站发布各类公告、信息1447条，招投标项目视频监控影像资料下载刻盘550次，建设工程招投标项目专家抽取46次（电子评标6次）。2016年，完成550个交易项目，预算金额共计14.61亿元，实际成交金额共计13.26亿元，节约资金共计1.35亿元，为县财政节省大量资金。

（肖培勇）

金融管理

【概况】 全县各类金融机构（组织）42家，其中，银行10家、保险27家、融资性担保公司1家、典当公司2家、民间资本管理公司1家，民间资本登记服务机构1家，各类金融机构营业服务场100余处，基本实现城乡全覆盖。至年末，全县金融机构本外币各项存款余额185.80亿元，比上年同期增长17.33%；各项贷款余额115.84亿元，比年初增长26.71%。全县各保险公司实现保费收入6.44亿元，比上年同期增长30.87%。其中，财险保费收入2.66亿元，同比增长39.90%；寿险保费收入3.78亿元，同比增长25.18%。金融业实现税收1.78亿元，占全县税收总额的7.6%。全县1家融资性担保机构在保户数83户，在保责任余额1.69亿元。全县1家民间资本管理机构，有投资业务26笔，投资余额为3025.00万元。全年新增“新三板”挂牌企业2家，新增场外交易市场挂牌企业3家，新增直接融资4838.4万元。全年新增区域性股权市场挂牌公司2家。邮储银行、齐鲁银行发放全济南市第一批土地经营权抵押贷款。

【资本市场发展】 3月8日，山东温声玻璃科技股份有限公司（证券简称：温声股份，证券代码:836128）在“新三板”挂牌。5月23日，山东徒河食品股份有限公司（证券简称：徒河食品，证券代码：837233）在“新三板”挂牌上市。在上市后备资源方面，还有3家企业与券商签订“新三板”挂牌协议书，35家企业启动改制工作。全年完成规模化企业规范化公司制改制企业37家，累计达45家，按照《关于印发济阳县规模企业规范化公司制改制工作实施方案的通知》(济阳政办发〔2015〕37号)要求，研究印发《关于分解下达2016年规模企业规范化公司制改制任务的通知》(济阳改制办字〔2016〕1号)，建立规模企业规范化公司制改制联席会议制度，明确相关责任部门，设立规模企业改制专门窗口，统一受理涉及规模企业规范化公司制改制行政许可事项。至年底，全县实现台湾上市1家，“新三板”挂牌企业6家，区域性股权交易中心挂牌企业3家，在资本市场融资2.5亿元，企业融资渠道进一步拓宽。

【普惠金融发展】 1月14日，济阳北海村镇银行正式开业，进一步丰富了济阳当地“三农”、小微企业、个体工商户和社区居民的贷款融资渠道。至年末，全县普惠金融机构有5家，分别为山东济阳农村商业银行股份有限公司、济阳北海村镇银行股份有限公司、济阳县金鑫中小企业融资担保中心、济南融通典当有限责任公司、济南市银鹏民间资本管理有限公司，总资产70.41亿元，普惠金融规模13.78%，超额完成济南市下达的2016年普惠金融9.07%的发展规模目标。

2016年6月15日，济南市普惠金融调研组到济阳县调研

【金融招商引资】 全年招商引资到位资金7245.11万元，超额完成4000万元工作任务。其中，惠誉民间资本管理有限公司200万元，农业银行营业用房及后台中心档案库1100万元，安信种苗股权融资2650万元，同智创新股权融资1200万元，白马数控股权融资638.4万元，天茂新材股权融资350万元，利宝保险206万元，渤海财险216万元，安诚财险187万元，长安责任保险208万元。同时，为惠誉民间登记服务公司、徒河食品、温声股份、安信种苗、同智创新、白马数控、天茂新材、利宝保险、长安财险、渤海财险争取省级、市级扶持资金289.71万元。

【金融创新发展】 3月18日，济南惠誉民间融资登记服务有限公司成立，作为济南市首家在县域设立的民间融资登记服务机构，当年完成资金登记78笔、1379万元，为民资对接实体经济搭建起服务平台。2016年，引进各类金融机构在济阳设立分支机构，不断完善县域金融服务网络。先后引进长安保险、安诚保险、渤海保险、利宝保险等4家保险机构。其中，利宝保险济阳支公司是全县首家外资保险机构，也是利宝保险在全国的第一家县域支公司，实现县域落户外资金融机构的突破。2016年，全县1家融资性担保公司注册资本金2000万元，在保余额1.69亿元，同比增长21.8%。全县1家典当行注册资本金2600万元，典当余额2545万元，同比增长7.43%。

【其他金融改革创新】 研究印发《济阳县农民专业合作社信用互助业务试点方案》，降低农民专业合作社自发开展资金互助的风险，联合农业、工商等部门对农民专业合作社资金互助问题进行规范整改，督促指导4家农民专业合作社完成整改任务，其中1家试点申请获批复。印发《2016年金融创新发展试点工作实施方案》，县域金融改革试点、民间资本支持创业创新试点等取得新进展。

【中小微企业融资】 持续推进农业银行和邮储银行的大棚抵押贷款、农商银行的钢结构资产抵押贷款、建设银行和邮储银行的“助保贷”贷款、齐鲁银行的互助基金贷款、中国银行的旺旺速贷等业务。同时，发挥金鑫中小企业融资担保中心作用，担保各类贷款余额达1.43亿元。做好企业直接融资文章，针对企业在上市挂牌过程中遇到的财务、房产、税收等问题，在政策允许范围内，妥善处理企业遇到的问题，推进上市挂牌工作。

【优化金融生态环境】 在全县开展防范非法集资有奖知识竞赛活动，参与群众1000余人。组织开展3次打击防范非法集资宣传集中活动，发放宣传单3000余份、各类宣传品2000余件，接待咨询群众200余人次。同时，投入2万元在电视台、新济阳报设立宣传专栏，向全县公众发布防范和打击非法集资宣传信息，宣传参与非法集资的风险及危害。

2016年3月15日，县金融办在曲堤镇集贸市场进行防范非法集资宣传活动

【金融精准扶贫】 印发《金融办脱贫攻坚实施方案》和《金融办脱贫攻坚工作配档表》，协助县扶贫办、县财政局、中国人民银行济阳县支行印发《小额扶贫工作实施方案》，细化金融办扶贫工作，创新金融扶贫产品，落实金融支农政策。细化《大棚抵押贷款暂行办法》各项配套措施，至11月，全县新增大棚抵押等涉农贷款610万元。指导邦信小贷曲堤营业部累计帮扶困难户22户，帮扶金额56.8万元，开辟金融扶贫新路径。下发《回河镇小仁岸村精准扶贫工作方案》，明确目标主体责任，做到“不脱贫不收队”。宣传金融知识，重点宣传富民生产贷和富民农户贷政策。投入800元为小仁岸村订阅党报党刊；投入1.55万元，协调25.65万元为小仁岸村修建公路；投入2万元，协调8万元修建两委办公室；投入0.56万元，协调40万元为小仁岸村争取光伏发电项目；投入1.02万元，协调0.12万元帮扶困难家庭，送温暖；投入资金0.5万元，新上路灯9盏；协调资金8.1万元，为全村52户都通上自来水；协调资金50余万元，更换300千伏变压器；协调资金10余万元，为村打机井2眼，修生产路930米。至年末，光伏并网发电、道路，变压器、办公室投入使用，打机井2眼，930米生产路签完合同，准备施工。

（马　萌）

史志工作

【概况】 2016年，济阳县史志系统结合工作实际，履行国务院《地方志工作条例》所赋予的职责任务，以弘扬优秀历史传统文化、服务经济社会发展为己任，志鉴库馆开发利用五业并举，强化组织领导，健全工作机制，创新工作方法。《济阳县志（1991—2011）》出版发行，获全省优秀市县级志书奖。方志馆建设、地情网站等信息化工作全面提高。

【《济阳县志 (1991—2011)》出版发行】《济阳县志 (1991—2011)》采用述、记、志、传、图、表、索引等体裁，以志体为主。全书计 170 余万字，设 31 编、161 章、579 节，内容涵盖 1991 年至 2011 年 21 年间济阳县自然、经济、政治、文化、社会等方面的发展变化。获山东省优秀市县级志书奖。

【乡镇村志、部门志编修】 加强对乡镇村志编修工作的指导支持，有计划推进基层志编修工作。至年底，《仁风镇志》《济阳法院志》等 3 部志书出版发行。年底，相继启动《新市镇志》《崔寨镇志》《太平镇志》《济阳公路志》《耀德庄村志》的编修指导工作。

【年鉴工作】 在学习贯彻全省年鉴会议精神的基础上，借鉴其他区县年鉴编纂工作先进经验，结合济阳实际，进行《济阳年鉴（2017）》编纂准备工作。拟定编纂方案，力求全面详尽。拟定年鉴框架，力求科学严谨。编辑年鉴培训材料及年鉴行文规范，形成《济阳年鉴编纂手册》。聘请 1 名资历深、文字功底深厚的退休职工充实编辑力量。

【信息化建设】 对济阳县情网进行改版升级，升级后的济阳县情网设有县情概况、县情动态、业务法规、大事记、济阳人物、方志馆藏、史镜鉴今、生活百科、招商引资、企业之窗、为您服务、街镇风采、地方文化、魅力新济阳、地方特产等 15 个一级栏目和强镇名村、名士济阳、风土人情、古迹文物等 37 个二级栏目，2031 个页面，成为宣传济阳风土人情的窗口。网站动态栏目及时更新，实现史志服务社会的效益最大化。至 2016 年 12 月，收录存储各类数字化史志资料 2000 余万字；年均点击率 10 余万人次。

【方志馆建设】 7 月，方志馆建成免费向社会开放。总投资 30 余万元，方志馆面积 600 平方米，集阅览、展览、藏书于一体。至 2016 年年底，馆内藏书 4000 余册，涉及 10 余个门类。购置图书展示柜 6 组，定制藏书家并添置阅览桌椅、数字电视等设备，具备基本展示阅读功能。投入使用以来，接待单位和个人地情咨询 300 余人次。

【开发利用】 发挥志书、年鉴的社会功能，向各级、各部门赠阅《济阳年鉴（1991—1995）》《济阳县大事记（1991）》《济阳县志》（1994 年版）等史志书籍 200 余册。（肖端良）

民　　政

【概况】 2016 年，济阳县民政局扎实有序推进救灾救济、城乡低保、社会救助、农村五保、基层政权建设、社区建设、双拥共建、行政区划、地名管理、优抚、烈士褒扬、慈善、退伍军人安置、军队干部休养、民间组织管理、社会福利、福利彩票发行、婚姻登记、收养登记、殡葬管理等各项工作。婚姻登记处被评为全国巾帼文明岗，提升改造后的烈士陵园通过省级烈士陵园检查验收。殡葬改革和公益骨灰堂建设走在全省、全市前列，成为山东省民政工作的著名品牌，并向全国介绍经验，获全国民政工作创新二等奖。济阳县通过“全省双拥模范县”复核验收。

【双拥优抚】 2016 年，全县有优抚对象 5263 人（复员军人 378 人、伤残军人 352 人、参战 634 人、参核人员 177 人、带病还乡 654 人，

60周岁以上农村籍退役士兵2811人，烈士子女257人）。全年发放各类抚恤补助金2300余万元，为607名优抚对象报销住院补助费182.9万元，为2200名优抚对象缴纳医保费109.4万元，为306名困难优抚对象发放慰问品、救助金33.6万元。将义务兵家庭优待金标准提高至每年15000元，进疆兵22500元，进藏兵30000元，为全县504名义务兵发放优待金793.5万元。全面推进双拥模范县创建工作，利用春节、建军节等重大节日，精心组织走访慰问活动、军民联欢会等共建活动，实现“全省双拥模范县”三连冠目标。

【基层政权】 组织全县基层民政干部和社区居委会主任进行培训。不断推动基层民主建设向纵深发展，完善各项规章制度，对民主选举、民主决策、村务公开、财务管理、农民负担管理、村干部廉政、民主评议党员干部、村规民约等方面的制度进一步规范。

【退伍安置】 2016年，济阳县所有军休干部有住房12套，500平方米。接收军队离退休干部37人，其中，离休干部3人，退休干部34人，为军休干部解决实际困难200余次。

【地名区划】 2016年，有序推进第二次全国地名普查工作，完成地名普查内外业工作，采集地名和地名标志影像资料，对有地无名、有名无地的地理实体进行统一命名，对非标准地名进行标注化处理。将地名属性和图形信息等数据录入国家地名数据库，转入成果转化阶段。在省民政厅统一部署下，完成边界联检工作。

【婚姻登记】 2016年，全县依法办理结婚登记3615对，离婚登记1434对，补发结婚登记证1296对。同时，坚持对登记员进行业务和服务技能培训，提升服务水平和服务效率。县婚姻登记处被全国妇联授予“巾帼文明号”称号。

【社会组织】 2016年，全县登记社会组织149家，其中新登记39家。

【殡葬管理】 2016年，结合城区公益祠堂建设，对殡仪馆告别厅进行提升改造。改扩建后的告别厅，设施高档齐全，告别仪式的层次进一步提高。对遗体运送、整容、告别、火化等服务人员进行轮流培训，培养高级殡葬司仪人员3～5名，提高殡葬服务水平。至年底，全县建成公益祠堂86处。 （艾明青 刘海滨）

人力资源和社会保障

【概况】 2016年，坚持“以服务民生为根本，以群众满意为标准”的宗旨，围绕就业、社保、人才等工作加强“温暖人社”建设，为全县经济发展提供人才支持和保障服务。获“山东省人力资源社会保障优质服务窗口”“济南市廉政文化建设示范点”“济阳县科学发展一等奖”等称号。

【劳动就业】 2016年，县人力资源和社会保障局加大政策扶持力度，促进就业创业。搭建就业平台，通过开展“春风行动”“民营企业招聘周”“就业政策集中宣传月”“农民工恳谈日”等活动，召开综合性招聘会6场，各类专场招聘会40余场次，90余家县内外企业提供就业岗位1万个，达成就业意向6000余人。加强技能培训，围绕“济阳缝纫工”“济阳电子工”“济阳机械工”“食品制作工”等4个劳务品牌扩大对外影响力，成功在日本、韩国、新加坡、澳大利亚等4国申请注册涉外劳务商标，向境外输出品牌工人 93 人，向青岛、威海、烟台等地输送品牌工人 1600 余人，为济北经济开发区企业提供品牌工人 965 人。强化创业扶持，加大创业担保贷款等政策扶持力度，建成县农民工综合服务中心、六福国际商贸城、济阳中小企业创业孵化园、浙江建材城、新济阳创业街、济南市大学生创业孵化基地、曲堤创业街等 21 个创业孵化基地，涉及建筑、商贸、运输、种植等行业，从业户 2810 余户，从业人员 3760 余人。创新举措，促进高校毕业生就业，全县有 15 家高校毕业生就业见习基地提供就业岗位 200 余个，为 150 余名毕业生办理人事代理。实现下岗失业人员就业 202 人，困难群体就业 45 人。全县新增就业 4200 人，实现农村富余劳动力转移就业 8557 人，完成转移就业能力培训和技能提升培训 4560 人。发放一次性创业补贴 385 人，审核通过小微企业 1 家，创业担保贷款审批 229 人，发放贷款 2271 万元，实现成功创业 1014 人，带动就业 3516 人。

【专业技术人才】 2016 年，县人力资源和社会保障局立足高起点、高标准，加大人才培训力度，健全和完善专业技术人员信息数据库，认真做好专业技术人员的职务资格晋升工作，在全县事业单位中按照人员、编制、职能重新核定岗位，扩容增岗。有各类专业技术拔尖人才 16 人，带动骨干人员 33 人。加强高技能人才队伍建设，审核通过高级工以上 220 人；县供电公司郭华，被评为全省有突出贡献中青年专家。加强以县职业中专为重点的高技术人才培训基地建设，增加同智科技有限公司（第四批院士基层工作站）和济阳县农民工综合服务中心（政校企战略合作协议实习基地）等 2 处高技能人才实训基地。继续推进“高师带徒”项目，结成师徒对子 730 对。联系争取济南市人才服务局选派技术单位骨干，到济阳县 100 余家企业培训讲课。加强与山东建筑大学合作，通过专业机构培训、外出参观考察、异地高端培训、专家专题讲座等多种形式使企业经营者开阔眼界、提升境界，增强创新创业发展本领。组织各类培训 11 场次，培训人员 3669 人。引进海外高层次人才，打造台湾人才智力试验区品牌，加快海峡两岸青年企业家创业基地建设，对 14 家台资企业的科技领军人才进行了摸底调查，建立日常联系制度，引才引智工作实现新突破。

【人事管理】 2016 年，县人力资源和社会保障局建立健全人事管理制度，印发《济阳县人事管理的规范性程序》，制订《行政任免工作规范》《干部调配工作规范》《公开选调干部工作规范》，完善公开考录工作流程。对全县政府序列公务员、事业单位参照管理人员等数据进行排查，全县行政机关公务员 1590 人，其中，县直机关公务员 1330 人，镇（街道）机关公务员 260 人，参照管理事业单位工作人员 151 人。代县政府办理干部任免 58 人，提请任免 6 人。与县委组织部研究拟定《关于引进高层次人才的暂行规定》，从薪酬、住房、职称评定、家属随调、户籍等方面给予政策照顾。举办事业单位公开招考 1 次，招聘高校毕业生 108 人，其中为教育、卫生等事业单位公开招考工作人员 88 名。组织对全县 853 名公务员和 8957 名事业单位工作人员进行考核。

【工资及离退休金调整】 2016 年，县人力资源和社会保障局对全县 12000 名符合晋升级别和薪级的人员晋升级别和薪级工资手续。完成全县机关事业单位 12000 余名在职人员调整基本工资标准和机关事业单位离休人员增加离休工资的测算和审批工资。根据国家、省市相关文件规定和干部管理权限，完成符合晋升职级人员的档案审核工作和符合职级晋升人员的工资审批工资。同时，对晋升职务、调动人员和受处分人员办理相应工资审核手续，为2015年招录的公务员和大学毕业生办理转正定级手续，为2016年招录的公务员和大学生审核工龄和试用期工资，为全县307名符合退休条件的人员办理退休审批手续，为符合条件的人员办理抚恤费和遗属补助审批手续。

【企业劳动管理】 2016年，县人力资源和社会保障局开展劳动保障年检、农民工工资支付、人力资源市场秩序整治等专项行动，指导企业建立劳动用工备案制度。推行劳动合同制度和工资集体协商，企业劳动合同签订率97.6%，比上级规定指标超出5.6个百分点。开设信访窗口，设置信访专线电话，接受群众咨询投诉，纠正违反劳动法律法规行为，全年巡查企业86家次，处理群众来信158封，来访173批234人次，立案查处违反劳动法律法规案件92宗，依法纠正企业的违法行为，责令15家用人单位和劳动者补签劳动合同380余份，补缴社会保险费46万元。处理各类群体性劳资突发事件172宗，其中涉及农民工134宗，清欠农民工工资1586万元，较好化解影响企业劳资关系稳定的矛盾。成立各类调解组织220个，有兼职调解员630名，全年接受劳动争议案件101件，调解成功86件，立案受理15件，按时结案率100%。

【服务平台建设】 2016年，县人力资源和社会保障局规范基层公共服务平台建设，对4个新建服务场所的镇（街道）给予重点扶持，对11个改扩建服务场所的镇（街道）给予部分扶持，全县11个服务场所全部建成投用。均设有服务大厅、档案室、配备微机、打印传真机、指纹识别仪、信息发布电子屏等设施。选派19名“三支一扶”大学生，充实到基层所，全县基层服务平台有专职工作人员79人、镇（街道）协理员15人、社区协理员7人、村级协理员554人，实现机构、人员、经费、场地、制度、流程、服务“六到位”，达到服务平台形象外观、环境设施、服务行为、业务流程、管理制度、工作岗位“六个规范”，县人社部门承办的就业、人力资源、社会保障、劳动关系、调解仲裁、劳动监察等53项服务项目全部下放到乡镇人社服务平台办理，为群众办事提供方便。

（杨光路）

中国人民政治协商会议济阳县委员会

综　述

【概况】 政协济阳县委员会履行政治协商、民主监督、参政议政职能。精选“半年经济运行”“城市功能提升”“现代农业发展”等多个议题开展协商活动。抓好提案质量和提案落实，开展“集中督办”“二次督办”活动促进提案落实。收集社情民意信息230余条，向县委、县政府及市政协报送信息6期40余条，其中，“关于健全居民低保救助机制的建议”被全国政协采纳。围绕文化旅游产业、教育发展等工作开展10余次专题建言活动，提出意见建议100余条。配合省、市政协在济阳县开展扶贫攻坚、县域经济发展等调研活动。协助省政协在济阳开展送文艺走基层活动。接待东营市、枣强县等省内外政协考察团。重视政协宣传工作，在各级各类媒体发表委员履职稿件200余篇，被评为全省、全市政协宣传工作先进集体。

【全委会会议】 1月21—24日，中国人民政治协商会议第九届济阳县委员会第五次会议，在济阳县会务中心礼堂召开。出席委员238名，分7个界别活动组。会议听取并审议政协第九届济阳县委员会常务委员会工作报告和提案工作报告；与会委员列席济阳县第十七届人民代表大会第五次会议，听取并讨论县政府工作报告和其他工作报告，讨论济阳县国民经济和社会发展第十三个五年规划纲要；审议并通过各项决议。

【委员提案】 县政协九届五次会议以来，提案委员会收到委员提案96件，提案委员会根据《政协济阳县委员会提案工作条例》，对全部提案进行审查，立案83件，并案11件，作为一般性意见处理2件。主席会议确定7件提案为重点提案，由县政协主席分别督办，协调解决办理过程中的困难和问题。提案委员会与县委、县政府督查室密切配合，多次组织委员到有关承办单位督办提案。在提案办理过程中，各承办部门纷纷通过“面对面”办理、电话沟通协商、书面情况征求等方式，主动与提案者沟通协商，采取有效措施及时办理提案，提案涉及的经济农业科技，交通、城建，教文卫体，民生事业等方面的意见建议得到有效落实。

【视察调研】 3月24日，县政协组织县住建、市政园林、城管执法、环卫、城改、规划设计院、水务、交通、环保、商务信息中心、交警、自来水等有关部门召开调研座谈会。县政协副主席杨秀章、张乃杰，秘书长盛伟出席会议。与会部门结合各自工作实际，简要汇报了在提升城市功能方面的主要经验做法和存在的困难、问题，重点就进一步提升城市功能的对策建议进行座谈交流。

5月19日，县政协组织部分政协委员对

全县教育工作进行集中调研。县政协副主席杨秀章、张学兰、张乃杰参加活动。调研人员先后到兴隆街小学、天山外国语学校、澄波湖学校、回河镇中心小学以及申庄民族小学等处，实地查看了学校校舍建设情况、校园改造情况和教学设施及教师资源的配备情况。在政务中心六楼会议室召开座谈会，调研组听取县教育体育局负责人对全县教育工作情况的汇报，与会政协委员做交流发言。县政协副主席张乃杰主持座谈会。

10月19日，县政协副主席杨秀章，秘书长盛伟到县政协机关帮扶的垛石镇米桥村调研，实地察看米桥村街道硬化、新建蔬菜大棚等帮扶项目进展情况，研究下一步帮扶措施。

【民主监督】 抓好提案质量和提案落实。将81件提案督办任务分解落实到各专门委员会，分头开展“集中督办”“二次督办”活动，促进提案落实。加大社情民意信息采编力度，收集社情民意信息230余条，编辑整理后，向县委、县政府及市政协报送信息6期40余条，其中，“完善低保政策”的建议经上级政协转报，被全国政协采纳，通过内刊《政协信息》报送中央领导参阅。

2016年9月2日，县政协对县环保局、环卫中心、水务局和自来水公司进行提案集中督办

【参政议政】 先后围绕文化旅游产业、教育发展等工作开展10余次专题建言活动，提出意见建议100余条。

【联谊工作】 2月19日，致公党中央常委、省政协副主席、致公党山东省委主委赵家军到济阳县调研。县政协主席杜爱君、副主席杨秀章陪同调研。赵家军一行先后察看了旺旺集团山东总厂、济南优诺思喷印设备有限公司、济南统一企业有限公司、现代农业示范园一期育苗大棚和黄河古镇等处，听取有关负责人情况介绍，详细了解企业生产、经营情况。

2月23日，山东省政协委员艺术团、山东画院、省致公党艺术院联合到济阳县开展送文艺走基层活动。省政协常委、副秘书长王琳，全国政协委员、省文联副主席、山东画院院长孔维克，省政协常委、致公党山东省委副主任王传凯，县领导祖爱民、杜爱君、庞金良、李莉、郭冬梅、杨秀章、郭协勇、张学兰、卢士平、张乃杰、赵建凯参加活动。书画现场，来自山东画院的十余名知名书画家挥毫泼墨，创作《儒风雅韵》《大漠孤烟直 长河落日圆》《济北韶台圣人迹 食品工业四海名》等书法作品，《岁寒三友图》《清风雅韵》《虎虎生气》《龙驹

2016年2月19日，致公党中央常委、省政协副主席、致公党山东省委主委赵家军到济阳县调研

四骏图》《岁岁平安节节高》等山水、花鸟中国画。晚7时30分,“猴年庆新春 文艺走基层”文艺晚会在会务中心礼堂举行，来自省政协委员艺术团和省致公党艺术团的艺术家们为观众送上一场精彩纷呈、高端大气的视听盛宴。与会人员还实地参观了澄波湖水库和海棠湾温泉度假村项目。

3月30日，济南市政协副主席冯光文带领市政协致公党、台联、侨联界别部分政协委员到济阳县调研视察科技创新工作。市政协副秘书长司志坤，县政协主席杜爱君，副县长高继锋，县政协副主席杨秀章、张学兰，秘书长盛伟陪同调研。冯光文一行实地察看统一食品项目、山东安信种苗股份有限公司、济南优诺思喷印设备有限公司、山东汉方制药科技有限公司等科技创新企业，并听取企业负责人情况介绍。在县为民服务中心三楼会议室召开座谈会，副县长高继锋介绍济阳县科技创新工作开展情况。

4月6日，济南市政协副主席徐明梅带领市政协妇联界别女委员到济阳县调研帮扶村精准扶贫工作。市妇联主席刘勤，县政协主席杜爱君，县领导庞金良、黄凯东陪同调研。徐明梅一行到市妇联帮扶村垛石镇柳家村，观看村里组织的巾帼健身广场舞表演，参加现场植树活动，察看黄瓜大棚、文化大院，并走访了两户贫困户，为他们送去慰问品和慰问金。随后，在垛石镇柳家村文化大院召开座谈会，县政协主席杜爱君介绍了济阳县经济社会发展情况，市派“第一书记”杨小朋以及柳家村党支部书记徐金桢分别汇报了帮扶工作及有关情况，并就帮扶工作与有关企业签署合作备忘录，市政协委员、市农办、市委组织部等有关负责人进行交流发言。

26—29日，县政协副主席张学兰带领政协工作人员赴安徽省泾县查济村学习政协文史资料征集工作的先进经验做法，考察解查济村迁建历史及发展情况。

5月13日，河北枣强县政协主席张英带领枣强县移民文化研究会相关负责人到济阳县学习考察。县政协主席杜爱君、副主席张学兰及县政协相关委室负责人陪同。与会人员就两县经济社会发展、风俗文化、枣强移民在济阳情况以及文史工作进行交流座谈。张英一行参观考察旺旺食品有限公司和现代农业科技示范园。

5月13日，济南市政协副主席刘梦海一行到济阳县调研物流产业发展情况。县领导杜爱君、杨秀章、张乃杰陪同调研。刘梦海一行实地察看佳怡物流、中通快递等项目。

2016年5月13日，河北枣强县政协主席张英带领枣强县移民文化研究会相关负责人到济阳县学习考察

5月23日，市政协副主席张辉到济阳县调研扶贫开发工作。市经信委主任李会宝，县领导祖爱民、王壮、杜爱君、叶维平、黄凯东陪同调研。张辉一行实地察看垛石镇布家村扶贫解困工作情况，走访慰问李吉新、张甲功2户贫困户，为他们送去慰问品。随后在为民服务中心三楼会议室召开座谈会，县委书记、县人大常委会主任祖爱民汇报了济阳县扶贫开发工作情况，垛石镇主要负责人汇报了垛石镇扶贫开发工作。

10月11日，济南市政协副主席冯光文带领市政协“突破远郊县域经济”专题调研组到济阳县调研。县领导孙斌、王壮、杜爱君、孙战宇、王秀成、杨秀章、张乃杰参加活动。调研组现场察看博通产业园、金麒麟刹车系统有限公司、旺旺总厂，听取有关负责人项目介绍。随后在县为民服务中心三楼会议室召开座谈会，冯光文听取县委副书记、县长王壮所作的关于济阳县县域经济发展情况的汇报。

10月18日，省政协副主席许立全一行到济阳县调研民族宗教工作。县领导孙斌、杜爱君、王秀成陪同调研。许立全一行察看了山东佳怡物流有限公司、澄波湖风景区、济阳街道粮食口村清真寺、现代农业科技示范园、海棠湾温泉度假村、济南统一企业有限公司等处，并听取有关负责人情况介绍。

11月8日，东营市政协副主席温龙亭带领考察团到济阳县学习交流。市政协台港澳侨和外事委员会主任张爱国，县政协主席杜爱君，副主席杨秀章、张学兰、张乃杰，秘书长盛伟陪同。考察人员观看了济阳县台湾工业园视频宣传片，听取济北开发区管委会副主任李庶森关于台湾工业园建设及台资企业发展情况的介绍。考察团到统一食品、旺旺食品、界龙电子等处进行参观。

2016年11月8日，东营市政协副主席温龙亭率考察团到济阳县学习交流

【文史资料工作】 县政协文史委发挥“存史、资政、团结、育人”社会功能，做好文史资料征集、研究、编辑、出版等各项工作。牵头县档案局、党史办及各镇（街道），完成《四海济阳人》征集、编辑、出版工作。以留存县域村落重要史料为目标，开展《村落史话》征集编辑工作。组织文史工作人员到安徽泾县查济村进行实地考察探访，编辑出版《济阳堂考——查济初探》。以张稷若诞辰400周年为契机，联合县委宣传部、文广新局、张稷若研究会等部门征编出版《纪念张尔岐诗书画作品集》；协助县工商联编辑出版《济阳商会》1期；协助县档案局编辑《资政参考》1期；组织书画室成员参加“济阳县首届名人名画收藏展”。

【基层政协】 按照“职能相近、工作相通、增强活力”的原则，将16个界别组整合为7个界别联组。突出界别特色，组织各界别联组开展1～2次界别活动增强政协工作活力。提升专门委员会基础作用，制订完善专门委员会《工作通则》，细化工作职责和任务目标。各镇（街道）高标准建设政协委员联络室，健全完善年度工作计划、联系委员制度、社情民意制度和委员学习制度等各项工作制度，定期通过组织驻街道政协委员采用集中学习和分散学习相结合、业务培训与主题活动相结合、入户走访与调研视察相结合、提案撰写与监督落实相结合等形式，开展系列活动，提高委员的理论水平与履职能力。联络室主动发挥贴近基层优势，组织驻镇（街道）政协委员开展列席人代会、为镇域经济发展提一个建议、帮扶一名困难群众等系列活动，为促进镇域经济社会发展发挥作用。

（任小萍　王继堂）

第九届常委会会议

【第二十次会议】 1月15日召开。县政协主席杜爱君，副主席杨秀章、郭协勇、张学兰、卢士平、张乃杰、赵建凯，秘书长盛伟出席会议。会议审议通过政协第九届济阳县委员会第二十次会议议程；听取县政府工作报告起草情况和政协第九届济阳县委员会第五次会议筹备情况的说明；审议通过关于召开政协第九届济阳县委员会第五次会议的决定；审议通过政协第九届济阳县委员会第五次会议日程、议程（草案）；审议通过政协第九届济阳县委员会第五次会议秘书长、副秘书长名单；审议通过政协第九届济阳县委员会第五次会议主席、副主席、秘书长、轮值常委名单；审议通过政协第九届济阳县委员会常务委员会工作报告（草案）、提案工作报告（草案）和各专门委员会工作报告及2016年工作要点；审议通过人事任免决定。县政协副主席杨秀章主持会议。各镇（街道）政协委员联络室工作室主任、分管负责同志和机关副科级以上干部列席会议。

【第二十一次（扩大）会议】 1月23日召开。县政协主席杜爱君，副主席杨秀章、郭协勇、张学兰、卢士平、张乃杰、赵建凯，秘书长盛伟出席会议。会议由县政协副主席赵建凯主持。会议听取了各界别活动组对各项工作报告讨论情况的汇报；审议通过了政协第九届济阳县委员会第五次会议关于常务委员会工作报告的决议（草案）；审议通过了政协第九届济阳县委员会第五次会议关于常务委员会提案工作报告的决议（草案）；审议通过了大会政治决议（草案）；通过了提案审查委员会关于政协第九届济阳县委员会第五次会议提案审查情况的报告。各界别活动组组长参加会议。

【第二十二次会议】 3月31日召开。与会人员实地察看了稍门平原水库、清华园、安大城市广场等处，随后在为民服务中心二楼会议室召开的座谈会上，学习传达全国政协会议精神，表彰社情民意信息先进工作者，通过有关人事任免事项，部分常委、委员及有关部门负责人就提升济阳县城市功能发言。县政协主席杜爱君，县政协副主席杨秀章、郭协勇、张学兰、赵建凯，秘书长盛伟出席会议。副县长任道胜，县环保局、房管服务中心、市政园林局、城管大队主要负责人应邀出席会议。县政协副主席张乃杰主持会议。各镇（街道）政协委员联络室主任、分管政协工作的副书记，机关各委（室）主任、副主任，特邀社情民意信息员出席会议。

【第二十三次会议】 7月22日召开。会议审议通过常委会议议程；县委常委、副县长孙良才通报全县上半年经济运行情况；济北开发区、县发改委、县投资促进中心、崔寨镇、回河镇有关负责同志就服务全县经济发展作了会议发言。县政协主席杜爱君，副主席杨秀章、郭协勇、卢士平、张乃杰、赵建凯，秘书长盛伟出席会议。县政协副主席张乃杰主持会议。各镇（街道）政协委员联络室主任、分管政协工作的班子成员，机关各委（室）主任、副主任列席会议。

【第二十四次会议】 10月14日召开。与会人员首先到开元大街人行道整治现场、全民健身广场、新华能源、博通产业园进行现场察看。随后，在县为民服务中心二楼视频会议室召开常委会议。会上，与会人员一起观看换届警示教育专题片《镜鉴》；听取县政府办公室关于政府部门承办提案办理落实情况的报告，县环保局、市政园林局就提案承办工作作会议发言。县政协主席杜爱君，副主席杨秀章、郭协勇、张乃杰，秘书长盛伟以及全体政协常委出席会议。县政协副主席杨秀章主持会议。各镇（街道）政协委员联络室主任、分管政协工作的负责同志，县政协副科级以上领导干部列席会议。

（任小萍　王继堂）

社会团体

县总工会

【概况】 2016年，济阳县总工会下辖基层工会组织1647个，职工14.66万人，其中农民工4.9万人。按照“建组织夯基础，搭平台促服务，立品牌上水平”的思路，突出工作重点，力抓落实，有序推进工会各项工作有效提升和回归。济阳县总工会被评为2016年度全市工会工作先进单位、被县委、县府评为人民满意机关。

【“查保促”活动】 2016年，县总工会把职工查隐患活动作为年度“一号”工程。开展“查保促”活动专题培训，扩大活动覆盖面和影响力。各级工会组织开展安全培训80余次，接受安全培训职工2.8万人。结合省、市、县各类检查，发动安全专家参与隐患排查治理，增

2016年1月5日，全县组织“查保促”活动行动现场

强安全检查专业性、针对性和实效性。推广职工代表“巡查隐患”，推进结对班组“互查隐患”，确保隐患排查治理到位。以查找“问题”，解决问题为目的，针对难题，进行“拉网式”督导，面对面交流服务。全年各级工会干部督导开展“查保促”活动企事业单位185家，参与职工85600人，职工查出安全隐患3090项，整改完成2900项。全县安全生产形势持续稳定。

【劳动竞赛活动】 第一届济阳工匠评选。2016年4月，县总工会和县人社局联合举办第一届济阳工匠评选活动，活动与2016年全县职工职业技能大赛同时进行。选取食品、机械两个重点行业的电焊工、维修电工两个通用工种。28个企业130名选手参加决赛。经过2天激烈比赛，有2名选手（各工种第一名）当选济阳杰出工匠，8名选手（各工种的2～5名）当选济阳优秀工匠，分别被授予“济阳县五一劳动奖章”，符合条件颁发高级技工证书。4月28日，县委、县政府召开大会，表彰10名首届“济阳杰出工匠”“济阳优秀工匠”。第一届济阳工匠评选活动，成为县总工会服务职工的一张新名片。

以《济南市职工素质建设工程五年规划》为指导，印发《关于开展全县职工技术创新竞赛活动的实施意见》。在全县基层工会开展职工职业技能竞赛、职工革新发明竞赛、职工合

理化建议竞赛、创建劳模（高技能人才）创新工作室竞赛等四大竞赛活动。全县各基层工会开展各类职业技能竞赛21项，开展“五小”革新发明89项，新创建劳模创新工作室15家，有26家基层工会在四大竞赛中被评为工人先锋号。

【工资集体协商工作】 把工资集体协商作为维护职工合法权益的重要内容，列入考核体系。制定贯彻落实深化集体协商“五年规划”和三年工作规划，按照市总工会下发的《工资集体协商实效评价标准》，推动提质增效。在原有工资集体协商员基础上，按照市《专职集体协商指导员选聘及管理办法》，又聘任3名工资集体协商员。召开工资集体协商推进会，以济北开发区、济阳街道、回河镇工业园为重点，组织集中签约行动，培育工作典型。建会企业集体协商建制率动态保持在85%以上，建会企业职工对集体协商参与率达70%以上，知晓率达95%以上。

【基层工会建设】 抓工会组建和规范化，提升工会组织覆盖面。贯彻落实《济阳县机关团体事业单位基层工会组织建设工作方案》，全县104家县直机关事业单位全部按《中华人民共和国工会法》《中华人民共和国工会章程》规定，建立工会组织，做到工会主席由会员大会或代表大会选举，由县总工会任命，报县委组织部备案。1月，县委召开常委会会议，专题研究工会经费问题，形成专门会议纪要。根据纪要，县总工会下发《关于贯彻落实加强基层工会经费管理有关规定的指导意见》，对工会经费的收、管、用提出要求。以“七有”（办公有场所、门口有牌子、桌上有岗牌、墙上有制度、工会有公章、工会有经费、活动有记录）“双亮”（工会组织亮牌子、工会干部亮身份）为标准，推进基层工会规范化。县直机关事业单位工会规范化率80%。把工会主席培训纳入县委干部培训计划。探索创新支持镇（街道）工会工作的途径和举措，为每个镇（街道）配齐工会社会化工作者，实行基层工会活动经费补助制度。力抓“示范镇（街道）工会”创建考核。2016年，有14名连续三年被评为“示范镇（街道）工会”“县直机关五星级工会”基层工会主席被授予“济阳县五一劳动奖章”。抓企业工会建会扩面，特别是以济北开发区、崔寨工业园等工业园区新建会企业、农业新兴经济组织为重点，推进农民工入会工作，全县农民工数量比上年增长15%。

县总工会把2016年确定为“基层工会活动创意年”，鼓励支持指导基层工会结合实际，开展丰富多彩的工会活动。统筹安排，做到月月有活动、季季有亮点、常年不断线。先后开展技能大赛、职工合唱节、乒乓球比赛、第三届济北开发区职工运动会等活动，各基层工会开展活动达200余次。

【“会、站、家”一体化职工服务平台体系】 构建信息阵地、惠民阵地、活动阵地、维权阵地“四位一体”的大群团格局，服务职工群众。按照基层“大群团”工作格局要求，整合群团工作优势资源，在农民工比较集中的崔寨镇和企业职工相对集中的孙耿镇建设2个群团阵地共同体。崔寨群团共同体以济阳农民工综合服务中心为依托，工、青、妇、科协、残联分别在一楼大厅设立服务窗口，集中受理群众需求。工会着力建设创业培训、劳动争议调解室、会员管理室、职工书屋等4个农民工之家核心阵地，硬件设施、规章制度、工作平台、组织机构全部按省、市职工服务中心标准建设。同时建立阳光大姐、安培培训2个实训基地。举办春风行动招聘会，参与企业40余家，参与农民工1000余人。阳光大姐培训3～4期，进行家政、月嫂培训2500余人次。安全生产培训25期，项目包括电工、电焊工、计算机、叉车，培训农民工996人。妇联创建农村妇女示范基地3个，开展巾帼示范村、文明特色村创建，组建巾帼卫生志愿者队伍。落实帮扶结对62对，关心和关爱贫困妇女儿童。立足家庭，开展妇女儿童之家、平安家庭、五好文明家庭、最美家庭等“家”字号各项创建活动。团委建立青少年就业创业指导中心、青少年服务中心，开展权益维护、志愿者服务和社会组织交流活动。建设农民工子女课余学习和活动基地“七彩小屋”，为崔寨镇农民子女及到服务中心参加培训的农民工子女开设“七彩课堂”，提供学业辅导、亲情陪伴、感受城市、自护教育服务，促进农民工子女健康成长。“七彩小屋”投入使用后，授课20场，辅导青少年2000余人。科协建设科普书屋、科普画廊，对农民工进行科普培训1000余人次。残联安排政策熟知度高、业务能力强的残疾人工作者在窗口上岗，为残疾人提供集就业、培训、教育、康复为一体的综合“零距离”服务，同时不断开展窗口“延伸服务”。设立由20名社会助残志愿者组成的服务站，开展残疾人家庭无障碍厨卫改造志愿服务，开展残疾人教育救助服务、法律维权服务、技能培训就业服务。崔寨镇群团共同体的建设，集信息阵地、惠民阵地、活动阵地、维权阵地于一体，打通服务群众“最后一公里”，初步实现政府搭台、群团唱戏、群众受益的目标。12月，孙耿镇群团共同体正式启动运行，对发挥群团力量为域内企业职工服务的路径、方法和效益进行了探索实践。（卢璐 刘芳）

共青团济阳县委员会

【概况】 2016年，共青团济阳县委以精准扶贫活动为契机，以“结队帮扶、服务青年”为宗旨，真抓实干，锐意进取，完成全年各项扶贫工作。获“2016年度济南市青春扶贫行动优秀组织单位”等称号，涌现出一批“省级优秀个人”和先进单位。

【青少年思想工作】 2016年，共青团济阳县委通过举办报告会、座谈会、成人仪式、演讲比赛、征文比赛等形式，开展“中国梦——我的梦”“与国旗合影·为祖国祝福”“我为核心价值观代言”“不忘初心跟党走”“青年之声青年交流平台”等围绕核心价值观的主题教育活动，着力打牢未成年人的理想根基，夯实党的执政基础。全县各级团队组织开展活动150余次，唱响爱党、爱国主旋律，培养青少年健康向上的精神追求，以核心价值观武装青少年。重点举办以“感恩、责任”为主题的“成长心连心”“感恩DIY”等大型公益活动。拓展“大手拉小手 共筑碧水蓝天”等少先队实践载体。全县各级团队组织开展50余次形式多样的志愿活动，参加活动团员有5000余人次。适应新形势，开通微博、微信、青年之声交流平台，组建200余人网宣队伍。用QQ群、微信群等平台把共青团的声音传播出去，用超越空间的组织形式把青年群体团结起来，把有意义的事情做得有意思，把有意思的事情做得有意义，开展青年之声网上论坛等活动，以新媒体方式引领青少年健康成长。

【维护青少年合法权益】 2016年，团县委深化创建“青少年维权岗”和在学校设置法制副校长等活动。县教体局、县公安局等部门开展13次普法进校园活动，通过校园法制报告会、交通安全知识图片展等形式，净化青少年成长环境，维护青少年合法权益，促进广大青少年知法、懂法、尊法、守法，提高青少年法制意识和自我保护能力。

【青年服务活动】 2016年，团县委关爱团员青年群体，开展志愿者公益活动，加强青年之间的交流和沟通。以座谈会等形式，与非公有制企业、青年社会组织、新文化领域中的青年代表及创业青年进行交流。组织基层团委书记到山东青年政治学院培训，并到杭州等地参观学习。帮扶济阳县青年企业家协会，对接团省委“鲁青 基准贷”小额贷款，扶持创业青年。全年上报13名创业青年贷款申请项目，获批3个，争取专项资金360余万元。启动以行业青年文明号评选活动，号召济阳青年立足本职岗位，实现自身建功立业。依托各级团组织和县志愿者协会，组织青年志愿者参与文明创建等志愿服务30余次。开展“慰问贫困孤寡老人”“关爱留守儿童”“清除城市牛皮癣”“大学生圆梦行动”“阳光助残”等一系列志愿活动，受到社会各界称赞。

【希望工程】 2016年，团县委加强与各种爱心组织合作，加大筹集力度，扩大贫困生资助范围。大学生圆梦行动资助贫困在校生25人，救助金额5万元；与10名特殊家庭大学生实行结对帮扶，争取发放山东省青少年发展基金会和“国酒茅台”救助资金3万元，资助学生10名。开展“关爱留守儿童健康成长”活动，与留守儿童构建“亲情连线”，与远方务工爸爸妈妈通话。“省青联公益大篷车”为希望小学师生开展义诊活动，关爱留守儿童，募集衣物和学习用品，价值63万余元。 （潘　安）

县妇女联合会

【概况】 县妇联下设镇妇联8个，街道妇联2个，村妇代会850个，“妇女之家”实现村（居）妇代会全覆盖。年内，省级三八红旗手1名、市级三八红旗手5名。“三八”期间，表彰30名巾帼建功先进个人、10名科技致富女能手、10名全县十佳经济女性。评创省级大姐工坊4家、巾帼扶贫基地1处。开展市、县两级巾帼文明岗、巾帼建功先进个人（标兵）创建活动，获市级巾帼文明岗5个，市级巾帼建功标兵4人，县级巾帼先进个人30人。县妇联被评为城乡妇女岗位建功先进集体。

【妇女创业就业发展】 举办女性专场招聘会12场次，提供就业岗位1500余个，解决300余名农村妇女就业。依托妇女创业导师团，开展“送岗位、送技能、送项目”活动，为314名妇女提供劳动维权服务和法律援助，为2000余名妇女提供就业创业指导服务。张德兰、刘芳获全省创业大赛二等奖。

【巾帼脱贫行动】 承办全市巾帼脱贫行动推进会，做典型发言。举办柳编加工、绢花制作等培训班5期，培训400余人次。举办电子商务、四新培训12期，培训970余人。举办巾帼扶贫家政培训2期，培训370余人。

2016年6月27日，济南市巾帼脱贫行动推进会在济阳县召开

【家庭文明建设】 开展“母亲——家风践行者”主题教育活动，常态化寻找“最美家庭”。

联合文明办、档案局举办优秀家风家训图片展。举办“家长学校”“母亲课堂”，邀请教授王俊升开办家庭教育巡讲课堂10期。组织协调“泉城家庭读书活动暨亲子读书公开课”走进济阳，协调社会组织推进“爱上阅读”公益课堂，实现常态化、规范化运作。深化家庭教育建设，开展“最美家庭”评选表彰活动，万兰英家庭被评选为全国“最美家庭”，王红霞等4个家庭被评为全市“最美家庭”，评选表彰县“最美家庭”50户。

2016年6月13日，在济北公园举办优秀家风家训图片展

【评估监测工作】 县妇儿办加大统筹协调各成员单位力度，完成“十二五”妇女儿童规划的中期（终期）评估监测和“十三五”妇女儿童发展规划编制工作。

2016年3月16日，济南市副市长巩宪群带领妇儿工委相关成员单位到济阳对“十二五”妇女儿童规划进行终期监测

【妇女儿童维权行动】 开展“三八维权周”系列主题宣传5期，举办反家暴培训2期，培训700余人。新建妇女儿童维权站4处，发挥“12338”妇女维权热线、基层维权站点等各类维权平台和阵地的作用，接待信访41件，办结率100%；深入研究深化农村改革中农村妇女权益保障问题，在农村宅基地、集体经济收益分配等工作中维护好妇女合法权益。

【帮困送温暖活动】 成立济阳妈妈爱心志愿服务团，与97名贫困儿童结成帮扶对子，为100名困难母亲发放免费爱心体检卡。巾帼卫生志愿者到156个贫困村开展白内障免费筛查、口腔义诊、老年人常见病护理等送医送药下乡活动。帮扶救助贫困母亲。组织开展农村“两癌”妇女免费筛查2100人，开展农村“两癌”妇女救助申报工作，救助25名“两癌”贫困母亲4.55万元。救助帮扶贫困儿童。为305名同学实现微心愿，争取济南祥顺置业有限公司向垛石镇中心小学赠送4.5万元的爱心礼物。实施“春蕾计划”，为527名女童发放23.3万元救助款，救助女大学生28名，救助贫困村学生137名。开展以空巢老人、留守流动儿童、贫困母亲为服务重点的“与爱同行”巾帼志愿服务“三关爱”系列活动。

2016年5月31日，济阳县妇联向垛石镇中心小学赠送4.5万元的爱心礼物，为305名贫困学生实现微心愿

【妇联组织建设】 联合县委组织部印发《关于做好扩大基层妇联组织成员的实施方案》。6月底，完成27名镇（街道）妇联兼职副主席、850名兼职村妇代会主任选聘工作。推进群团服务站建设，构建“大群团”工作格局和“一体化”服务格局。在济北街道汇鑫苑社区设立“缤纷汇”群团服务站、在崔寨镇前街社区设立“暖情前街”群团服务站，完成市群团共同体建设任务。（韩芸芸）

县科学技术协会

【概况】 2016年，济阳县科协履行“三服务一加强”工作职责，践行“科技为本、服务至上”工作理念，坚持“一二三四五”工作思路，各项工作取得新成绩。

【科技教育】 召开科技教育工作座谈会和全县青少年科技教育工作暨县青辅协第四次理事（扩大）会议。各学校组织实施“校园数字科普行动”，校园数字科技馆进一步健全管理制度，运行正常。完善落实全县中小学校科技辅导员动态管理和工作考评机制，提升科技辅导员业务水平和工作能力。组织优秀中小学生和科技辅导员参加第31届济南市和山东省青少年科技创新大赛，获少儿科幻画作品一等奖2个、二等奖6个，科技实践活动一等奖1个、二等奖1个，科技创意二等奖2个，优秀教师成果一等奖2个，教师论文一等奖4个、二等奖5个；科技创新成果小学组一等奖2个，初中组一等奖1个，高中组一等奖1个、二等奖2个。在山东省青少年科技创新大赛上，学生科技创新项目获一等奖2个、二等奖1个；科技辅导员成果获一等奖1个；青少年科技实践活动评选获2个；少年儿童科幻画获一等奖2个。仁风镇中学的“空中城市”、曲堤镇姜集小学的“绿色城市”，经推荐参加全国青少年科技创新大赛，同获二等奖。这是全县在多次参加济南市青少年科技创新大赛获多个奖项后首次组团参加省级科技比赛。启动山东省“县域流动科技馆”济阳巡展活动。流动科技馆展品涵盖数学、力学、光学、电磁、天文、地理、生物等各方面内容的互动科普展品50件，有由数字科技馆课件、七巧板、鲁班球等益智玩具组成的科学体验项目，还有机器人表演、多媒体科普展示组成的科普演示项目，以及平面科普知识展板、科普图书、宣传册、光盘组成的科普时效项目等。在曲堤镇姜集小学举办第九届济南市青少年科技节——国际数棋济阳赛区比赛。来自济阳、商河的24个代表队260余人参赛，有16个代表队获团体一、二等奖，80余名选手分获个人赛一、二等奖。举办“航模”演示和观摩活动。“航模”演示活动分为学生室内组装调试、室外飞行展示、交流讨论三个阶段，提高学生们动手操作能力和实践创新能力。

【科普基础设施建设】 抓好科普画廊建设。多方筹集资金，分两批在曲堤黄瓜市场、仁风政府广场和3个重点村新建24块高标准科普画廊。参与群团共同体建设。会同县总工会、团县委、县妇联等群团组织，按照“会、站、家”一体化建设要求，以信息、惠民、活动、维权为主要内容，按照有办公场所、有工作人员、有工作制度、有服务项目的“四有”标准，在崔寨、孙耿2个乡镇建设群团共同体，实现群团组织建设全覆盖，全面提高服务群众、维护群众权益的能力和水平。

【科普信息化建设工作】 与济阳县广播电视台合作，开办“科普大篷车”栏目，每周2次滚动播出，提高全县城乡居民科学文化素质。“泉城科普”全媒体数字终端阅览屏落户济阳县人社局综合服务大厅，以公众科学需求为导向，及时更新发布与百姓息息相关的科普信息、便民资讯，满足信息时代公众日益增长和不断变化的科普服务需求。面向农村开展科普信息化培训。各科普服务站和农村专业技术协会全部配备科普培训的信息网络和电化教育等设备，购置音像资料。制定活动计划，建立健全管理使用制度，保障科普信息化培训活动的经常化、规范化。

【企业科技创新工作】 开展“讲理想、比贡献”活动。县河务局的“YZS-10-2 便携激振式电动植桩机的研制与应用”获济南市“讲、比”活动优秀科技创新项目，县供电公司的“一种变电站快速整流装置”“降低变电站内潮气成套装置”“一种基于单串口实现多路数据上传的通信系统”“一种监控信息报警提示装置”、县人民医院的“CA125 在子宫内膜癌腹腔细胞学中的预测价值”和县河务局的“重构网络环境下档案信息平台的分布式开发与利用”等项目获济南市“讲、比”活动科技创新项目。

【人才工作】 发挥科协系统“跨学科、跨部门、跨领域”人才优势，构筑科技人才“服务平台”。实施“精准扶贫专家服务行动”，推选2名农业技术人员参加精准扶贫专家团，在专家服务过程中实行项目管理制、结对子帮扶制、全程跟踪考核制。按照市科协统一安排，推荐2名优秀科技工作者参加第十一届济南市青年科技奖评选，调动科技人才积极性。县人民医院主治医师张洪源入选第十一届济南市青年科技奖。仁风西瓜协会理事长张召文被评为中国农技协优秀乡土人才，应邀参加由中国农村专业技术协会在北京举办的基层农技服务带头人经验交流座谈会。抓好科技辅导员队伍建设，李兴超、张光玉、王坤入选2016年济南市优秀青少年科技辅导员，对在市数棋比赛中取得优异成绩的优秀辅导教师进行表彰。

【科普惠农工作】 按照“科协主导、企业搭台、科技服务、农民收益”原则，推进科普惠农服务体系建设工作，通过开展各类科普服务活动，组建专家和科普服务者队伍，引导、服务农民科学生产，推进现代农业发展；面向群众开展农村新技术、新品种的科技咨询、培训、讲座、示范、推广，建设科普示范基地；帮助农民解决生产中的技术困难，带领农民依靠科技增收致富。抓好科普惠农项目申报工作。实施“基层科普行动计划”，通过层层选拔、推荐和项目评审，济阳县黄瓜协会（曲堤）入选2016年全国科普惠农兴村计划项目，曲堤镇西魏蔬菜协会、太平镇周家浅水藕协会和垛石镇前赵番茄种植基地入选2016年济南市科普惠农兴村计划项目。在曲堤镇启动2016年“全国科普日”暨“崇尚科学、反对邪教宣传周活动”仪式，向参加活动的1000余人展示科普展板，发放宣传材料、画册和科普图书。回河镇被命名为省级“科学·关爱·和谐示范乡镇（街道）”，县农业科技示范园被评为济南市科普教育基地，曲堤镇、仁风镇被评为济南市科普示范乡镇。

（赵　霞）

县残疾人联合会

【概况】 2016年，济阳县残联履行残疾人代表、服务、管理三大职能，开展残疾人康复、扶贫、教育、劳动就业、职业培训、文化、教育、科研、用品用具供应、残疾鉴定、依法推进无障碍建设和残疾预防工作，扶助残疾人平等参与社会生活。被济南市残疾人福利基金会表彰为爱心助残捐助优秀组织单位，被济南市文明办授予“济南市文明单位”称号。

【济阳县残疾人康复中心】 2016年，县残疾人康复中心全部建成启用，总建筑面积3078平方米。一楼以成人肢体康复、言语吞咽康复、日常能力康复、心理康复、矫形工程、社区康复服务指导为主，二楼以儿童脑瘫康复、智力康复、肢体康复、认知康复、言语康复、多感官康复、视力康复、儿童心理康复及儿童矫形工程，配有残疾人辅助器具服务中心。11月，县政府常务会议听取卫生、残联、人社局关于将康复医疗项目纳入医保报销体系汇报，通过有关报销办法。

【康复工作】 通过机构康复、家庭康复、家长培训班等形式，对450名肢体残疾人，63名智障、脑瘫、孤独症儿童，实施系统康复训练，为800名残疾人适配轮椅、助行器等辅助器具1300余件，对240名贫困精神病患者提供免费用药，为24名住院治疗的贫困精神病患者每人提供6000元救助。

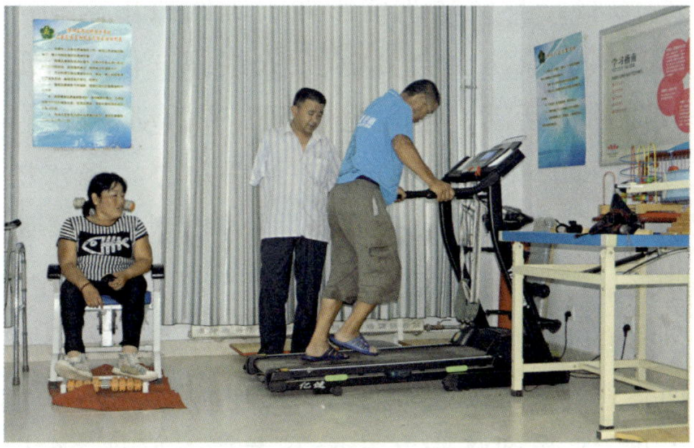

2016年8月，残疾人在残疾人康复站进行康复训练　　（刘智松　摄）

【就业、助学】 残疾人就业，2016年，结合各镇（街道）产业特色，依托社会力量举办手工编织、盲人按摩、农村种养殖等专业培训班16期，培训残疾人1500余人次，对参训学员发放生活补贴24万元。全年新增残疾人就业创业230人，其中刘佃敏、高延华等被评为残疾人“致富能手”。残疾学生救助，资助11名残疾学生和38名贫困及贫困边缘残疾家庭子女接受中高等教育，发放助学金14.61万元。

【扶贫、社会保障】 残疾人扶贫工作，落实困难残疾人生活补贴和重度残疾人护理补贴政策，全年累计为2370名残疾人发放困难残疾人生活补贴284.3万元，为3256名残疾人发放重度残疾人护理补贴285.3万元。在非重度非贫困残疾人医疗保险补贴工作中，通过筛查摸底，为全县符合条件的4430名残疾人发放补贴资金22.15万元。残疾人托养工作，建成县残疾人托养中心，规范3处镇残疾人托养中心，对32名智力、精神和重度肢残等三类重度残疾人集中托养，至2016年年底，投入托养补助资金4.8万元。

【文体、宣传活动】 开展助残活动，利用全国助残日、世界爱耳日、国际盲人节、国际聋人节、世界残疾人日等残疾人节日，围绕残疾人脱贫奔康目标，举办大型宣传活动，全县各级各部门广泛参与，累计投入资金10万元，为残疾人发放慰问金7万元，轮椅、拐杖305件，救助面粉600袋，食用油300桶。通过广播、电台、电视台、报纸、网络等新闻媒体对全县残疾人事业进行宣传报道，初步形成关心残疾人事业、帮扶弱势群体的浓厚氛围。

【残疾人维权】 2016年，县残疾人联合会严格残疾人二代证办理程序，全年为1613名残疾人办理残疾人证。对行动不便的残疾人采取上门、入户办证，共上门办理残疾证42人。

做好来信来访工作，处理来访信件 8 次，对诉求较多的残疾人，采取专人负责，确保残疾人群体稳定。（刘智松）

县文学艺术界联合会

【概况】2016 年，济阳县文联按照县委、县政府和上级文联的工作部署，学习和贯彻习近平总书记文艺座谈会讲话和在全国十次文代会、九次作代会上的重要讲话精神，团结带领各文艺家协会会员和广大文艺工作者，坚持党的文艺工作方针，把握先进文化的方向，扎根生活，服务人民，围绕中心，服务大局，较好地完成各项工作任务。

【文学创作】鼓励和引导全县作家和文学爱好者坚持正确的创作方向和创作理念，提高精品意识，努力创作具有鲜明济阳地域特色的“接地气”的正能量作品。县文联通过召开文艺创作座谈会、文艺作品研讨会等，激发文艺爱好者的创作积极性。2 月 4 日，组织张志云长篇小说《蒿庵记》研讨会，省市县作家 23 人参加作家研讨。齐建水的长篇小说《哦，粮食》、杨光路的长篇小说《奔跑的拖拉机》分别入选山东省作家协会 2016 年作家定点深入生活项目和重点扶持作品项目。鞠慧的纪实文学《圆桌对面的孩子》出版发行，同时入选“中国好少年金盾丛书”。张加增的长篇小说《大河悲歌》在《济阳文艺》连载。作家结集出版的作品有阎维杰的《墨斋诗文》丛书、卞允斗的长篇小说《老片长》、杨光路的长篇小说《奔跑的拖拉机》、周复兴的诗文集《漂泊的种子》、孙厚德的《家乡记忆》、孟庆贵的散文集《书斋梦》、田万和的诗文集《岁月悠思》。

【《济阳文艺》编辑与发行】《济阳文艺》作为济阳县文学艺术爱好者的一个创作平台，在发现、培养、激励业余作者的文艺创作方面起了很大作用。全年编辑出版《济阳文艺》3 期，1～2 期合刊精选 2016 年新春书画、摄影、剪纸的部分作品，制作成特刊，强化装祯的精美度和印刷质量，受到社会各界好评。编辑《初心未央——济阳文艺创作 2016 作品年展》，交付出版社编印。

【文化主题活动】县文联始终坚持“文艺为民、文艺惠民、文艺乐民”宗旨，通过举办各类丰富多彩文艺活动，增强会员凝聚力，促进会员创作积极性，丰富群众精神文化生活。元宵节期间，县文联组织举办“济阳县 2016 迎新春书画作品展”“济阳县 2016 迎新春摄影作品展”“济阳县 2016 迎新春剪纸作品展”，展期 9 天，展出书画作品 120 余幅、摄影作品 500 余幅、剪纸作品 400 余幅。同时，会同济南市摄影家协会、影像中国网联合开展新春摄影采风活动，先后拍摄崔寨镇前街舞龙、民间艺术展演、澄波湖风景区、迎新春书画、摄影、剪纸现场等活动，作品发表在报纸和各大网站上，为宣传和推介济阳文化起到推动作用。4 月 16 日，县文联邀请影像中国网摄影家和济阳县摄影家协会会员 20 余人组织“仁风西瓜节”拍摄活动，全程记录西瓜节活动盛况。4 月 24 日，在山东省文化馆组织举办“济水墨韵——济阳籍画家五人展”，展出谢景勇、张华之、李长三、董罡、张健等 5 位济阳籍画家创作的近百幅作品。5 月 6—8 日，在济阳黄河古镇组织举办“济水墨韵——济阳籍画家五人展”，受到济阳文艺爱好者普遍好评。6 月 25 日，县文联御兴红木馆文艺创作基地正式启用，县美术书法家协会、县摄影家协会、县戏剧家协会、济阳画院等进驻基地，并举办书画、京剧表演等活动。参与组织山东省农民书画艺术作品展，济阳3位农民画家在全省艺术展中获奖，县文联获“第二届山东省农民书画艺术作品展”组织奖。

【文艺志愿服务活动】 县文联组织全县文艺家和文艺工作者开展“扎根生活、服务人民”主题实践活动，先后组织文艺工作者到富锦文苑居民小区、华北液压升降平台有限公司、济阳街道杨寨村、小高家村、济北街道徐家鑫苑小区等单位开展送“福”字、写春联活动。全年组织活动20次，丰富群众文化生活。

（胥 倩 温 娟）

县红十字会

【社会救助】 春节期间开展"温暖过寒冬，博爱助好年"活动，对汇鑫苑、曲堤镇王元气等5个红十字博爱社区(村)30户特困家庭进行集中慰问救助，送款物价值1.2万元，其中，现金3000元，物资9000元。为曲堤镇王元气红十字博爱村3户特困老党员发放慰问金900元。1月28日，全县首例、济南市第30例造血干细胞捐献者孟宪胜捐献成功，为其发放慰问金3000元。全年为县内24户大病特困家庭进行集中救助，发放大病救助金4.4万元。对所包村济阳街道囤家村，汇鑫苑、曲堤镇索家村等红十字博爱社区（村）进行走访慰问，送去物资6.1万元。开展“助青春——圆梦大学”扶贫助学活动，救助成绩优异却家境贫寒考入名校的3名大学生，提供救助资金共1.5万元。

【应急救护培训】 2016年，启动济阳县红十字会初级卫生救护培训基地，基地能容纳70余人进行高标准培训。举办大型初级卫生救护知识普及培训与宣传12场次，发放自救互救知识宣传材料10000余份，培训人数3600余名。

【志愿者队伍建设】 招募组建5支“济阳县红十字志愿服务队”。招募注册登记志愿者132人。选送5名语言表达能力强、热心公益活动的志愿者参加省市组织的师资培训。

【无偿献血和造血干细胞捐献】 全县街头自愿无偿献血人数逐年上升，全年采集造血干细胞血样108份，全部加入中华骨髓库。1月28日，造血干细胞捐献志愿者——济阳县中医院职工孟宪胜在省千佛山医院成功捐献造血干细胞，成为济南市第30例、济阳县首例造血干细胞成功捐献者。启动以“心髓我动，大爱济阳”为主题的无偿献血大型宣传月活动，先后举办4场次无偿献血宣传，有123人义务献血48000毫升。

（孙翠兰）

法 治

综 述

【维护社会稳定】 2016年，济阳县采取有力措施维护全县社会大局和谐稳定。落实维稳责任制。坚持党委领导、政府主导、群众参与的联动机制，明确第一责任人、直接责任人、具体责任人，严格落实责任追究制。妥善化解疑难信访问题。县政法委领导定期到县信访局接待中心接访，每月主动增加接访次数，坚持对重点上访群众约访、下访。有效化解胡某、郭某等10余起未结疑难信访积案，实现“案结事了、息诉罢访、群众满意”。健全完善工作机制。建立每周信访稳定联席会议制度，定期组织政法、国土、住建、信访等相关部门参加专门协调会，对信访疑难案件进行集中会诊，督查督办。建立维稳情报信息工作制度，在县乡村和县直单位组建一支301人的三级情报信息员队伍，形成全方位覆盖情报信息网络。加强情报信息报送，注重情报信息分析研判，全年分析研判12次，编写研判报告12篇。落实社会稳定风险评估制度。把风险评估作为做决策、出政策、上项目的前置程序和必要条件，并扩大评估范围，凡是牵扯群众切身利益及民生类的重大项目，未经评估的项目一律不得立项，不得开工建设。做好特殊利益群体稳控工作。针对不同利益群体和人员，做到“一人一组、一人一案、一人一策、一人一档”。定期组织召开研判会议，关注重点人员动态，通报有关情况，组成督查组深入各乡镇、责任单位进行明查暗访，督促指导。

【“平安济阳”建设】 2016年，济阳县以争创“全省平安建设先进县”为目标，以夯实基层基础为重点，探索社会治理新机制，做好综治和“平安济阳”建设工作。筑牢矛盾纠纷排查调处“前沿防线”。探索关口前移、超前预防的矛盾纠纷排查调处工作新机制，建立矛盾纠纷排查调处分类和重大复杂矛盾纠纷工作台账，探索形成“五老工作法”（老家族长、老党员、老干部、老战士、老教师），以各行政村为单位，选出“五老”组成专门调解小组，在工作中发挥好“三员”（民调员、信息员、综治协管员）作用，在调解中用亲情、关系、风俗、威望化解矛盾。推行综治网格化精细化管理。以县乡村网格为载体，在全县构建“三级平台、四级网格”，形成以“网格化管理、信息化平台、精细化服务”为内容的全覆盖综治网格化管理体系，做到“小事不出网格、大事不出村组、矛盾不上交”。累计收集社情民意1万条，化解各类矛盾纠纷1250起，为群众办理各类服务事项3560件，其中即办件占85%以上，办结率100%。完善立体化治安防控体系。探索推广人防、技防、物防“三防合一”工作模式。在人防上抓落实，组建以大中专毕业生、退伍军人为主的190人的高素质专职巡防队；在技防上抓提升，推进视频监控系统建设，高起点规划、高标准建设，安装摄像头1000余个；在物防上抓巩固，先后实施“护村工程”“防御工程”，在重点村安装智能型联防报警器。夯实综治基层基础。开展10个层面平安创建活动，细化平安创建标准，基层平安创建覆盖面100%，开展干部干警大走访活动。开展2次乡镇干部和政法干警大走访活动，排查出基层基础、治安、信访、民生等问题422条，其中就地化解298条。

【政法队伍建设】 2016年，县政法委每季度组织开展一次政法讲坛活动，加强对政法干警的思想政治教育。深化基层联系点工作，全县40余名政法领导干部在企业、基层政法单位、乡镇、行政村设92个基层联系点。排查出基层基础、治安、信访等问题121个，解决104个，暂时不能解决的问题建立工作台账，明确时间节点，制定工作措施。开展廉政文化示范点建设、警示教育、“公平、公正、公信”执法大检查、“执法能力、效率、责任心”大检查等活动，强化廉政风险防控。组织开展案件评查，评查执法案件273件，发现案件存在问题24个，其中共性问题29个，个性问题12个，全部整改。4月、10月，组织督查人员携带摄像机、照相机，采取明查暗访的方式，对政法干警工作期间是否饮酒、串岗闲聊、上网聊天、警车乱停乱放等违规违纪现象进行检查，提升政法机关工作效能和服务水平。

【执法监督】 重点对一些久拖不决的涉法上访案件，把握好各类因素，协调处理好各种关系。组织召开公、检、法、司等部门主要负责人参加的案件协调会6次，受理政法机关提交各类疑难案件6起，对几起多年未能结论的案件，落实办案单位。要求政法各机关的信访、控审部门对一些历史积案，本着实事求是的态度进行研究，做出相应结论。对新产生的上访案做好解释工作，使当事人按法律程序行使公民权力。对部分无理缠访与闹访者，做到动之以情，晓之以理，力争使其息访罢诉。组织工作组对全县政法系统9件到京、省、市上访案件进行自查。案件评查组从每个案件的卷宗材料、适用程序、实体、信访接待等方面逐项检查评查，并针对存在问题提出相应整改意见。

（齐祥善）

政府法制

【文件审查】 严格落实规范性文件“三统一”制度要求，完善规范性文件制定程序，重点健全完善规范性文件公开征求意见和集体研究决定等程序，强化文件制定征求意见环节，确保公众知情权、监督权。政府部门在代政府起草规范性文件时都根据情况采取座谈会、论证会、网上公开征求意见等方式听取意见，畅通公民、法人和有关部门对规范性文件提出异议的渠道，增加规范性文件的大众参与度；每个规范性文件都经过集体讨论决定。对在公开征询意见、讨论过程中存在问题较多、争议较大的规范性文件和上位法可操作性较强的，坚决不出台。县政府（政府办）出台规范性文件3件，通过合法性审查3件，及时向市法制办报备，在济阳县政务信息公众网规范性文件专栏中对社会公开。

【法律顾问】 县政府法制办落实政府法律顾问制度，完善专家库结构，专家库成员涉及宪法、行政法、民商法、经济法、涉外法律等多个领域以及城市建设、征收拆迁、国企改制、公司、金融等多个方面。形成了政府法制机构人员为主体，吸收法学专家和律师参加的法律顾问队伍。抓好法制机构参与行政决策的规范化建设，县政府办公室印发《济阳县人民政府法律顾问工作规则》《济阳县人民政府法律顾问考核办法》《关于政府机关普遍建立法律顾问制度的通知》，推动政府法律顾问制度全覆盖。全县 8 镇 2 街道和政府部门计 45 个单位于 7 月普遍建立政府法律顾问制度。所有单位和部门涉法事项一律进行合法性审查或通过法律顾问进行法律论证，确保所有行政行为合法规范。2016 年，县政府法律顾问办公室和外聘政府法律顾问参与县政府重大决策合法性审查 13 件次，审查和备案招商引资合同 29 件，出具法律审查意见 80 余条。各级政府法律顾问参与徐家居征地拆迁、银花公司片区改造研究等信访接待、处置济北开发区村居建设、老城开发重大涉法事项 22 次，重大复杂疑难案件论证 14 次，接受县政府委托代理行政复议、行政诉讼案件 26 件，每一起都得到了妥善处理，依法维护当事方合法权益。

【执法监督】 推行行政执法公开制度。县政府办公室发布《关于做好行政许可和行政处罚等信用信息公示工作的通知》（济阳政办发〔2016〕14 号），自 2016 年 4 月 1 日起，除涉及国家秘密、商业机密和个人隐私外，最大限度公开执法依据、执法程序、执法进度、执法结果，县政府各有关部门要在作出行政许可、行政处罚决定之日起 7 个工作日内，通过县政府门户网站和本部门网站进行公示，县政府办公室负责在县政府门户网站建立全县行政许可和行政处罚信息“双公示专栏”，并将各有关部门报送的行政许可和行政处罚信息实时发送至市政府门户网站，为社会各界提供多渠道信息查询服务。行政权力事项实现动态管理系统运行。县政府法制办督促各执法单位接通政务专网，各执法单位全部实现行政处罚电子监察系统的联网运行。按照省政府关于全省行政许可事项“一张网”办理要求，县政管办组织全县 36 个部门搭建平台用户信息系统，对行政许可事项涉及的基本要素、办理条件、申请材料、办事地址、办理流程、审批流程等 10 大类 70 余项信息要素录入行政权力事项动态管理系统，实现行政许可事项通过政务服务平台上网运行。县编办根据市网上审批推进工作会议精神和《山东省机构编制委员会办公室关于实施地方标准〈行政权力事项编码规则〉》（鲁编办〔2016〕104 号）要求，对县级行政许可事项目录进行全面重新梳理，并将相关数据导入山东省省级动态管理平台。审核行政执法主体资格。开展行政执法主体资格审核确认工作，通过审核，确定全县法定执法主体 30 个，授权行政执法主体 77 个。严格执法人员资格管理。组织全县 502 名执法人员依托山东省行政执法证管理系统进行年审申验，清理劳动合同制人员、劳务派遣人员、临时借调人员、工勤编制人员以及其他未取得执法资格的人员 92 人，未通过执法证件年度审验和因离职、退休、工作调动、岗位调整或者其他原因不在执法岗位的人员 15 人，收回不具备行政执法资格人员的执法证件。对全县 187 名新申领行政执法证件人员进行公共法律知识培训，上传单位出具的人员编制情况证明文件，按新版行政执法证件标准要求提交录入证件申领信息。组织全县行政执法案卷评查。对 33 个部门的执法案卷从执法主体、执法人员持证、案件实体内容、执法程序、自由裁量权运用、案卷制作水平等方面进行案卷评查，抽查案卷 52 件，对审查出的问题及时向各部门反馈，以促进执法规范化。建立行政执法与刑事司法衔接机制。贯彻执行《济南市行政执法与刑事司法衔接工作规则》工作方案，印发《济阳县行政执法与刑事司法衔接工作规则》，建立经常化、制度化、规范化的工作联系机制。

【行政复议与应诉】 加强复议规范化专业化建设。发挥复议委员会在解决重大、疑难、复杂案件中作用，定期召开案件审理会议，实行集体讨论，充分吸收意见建议，提升行政复议的权威性。坚持重大、复杂案件组织听证，充分听取当事人意见，确保当事人行使陈述、申辩权。在复议决定的规范化、说理性上下功夫。全年办理复议案件41件，无一件被法院改判。提高行政应诉能力。法制办加强指导对部门的应诉指导，通过典型案例学习、案件研讨指导等方式，提升部门行政应诉能力。建立以法制机构工作人员为主体，以政府法律顾问为辅助的行政应诉队伍，按照《济南市政府行政应诉和参加行政复议工作程序规定》推进行政应诉承办机关负责制度落实，规范行政应诉工作程序。全年行政应诉案件40件，除4件在审外，无败诉案件。启用山东省行政复议应诉管理平台。组织全县47个部门完成济阳县行政复议应诉主体初始化工作，行政复议案件、行政诉讼案件按省法制办的要求全部录入管理平台，实现统计信息化。建立行政复议、应诉败诉纠错制度。发挥行政复议纠错能力，下发《关于建立济阳县行政复议纠错和行政诉讼败诉案件报告制度的通知》，对撤销的复议决定落实情况跟上监督，要求行政机关必须按要求整改。2016年行政复议中决定撤销的4件行政案件，均整改督促落实到位。 （高峰德）

公 安

【概况】 2016年，济阳县公安局完善情报先行预警防控、反恐一体化指挥、重点人员闭环管控、党政机关信访维稳联动工作运行机制，全县未发生影响稳定的问题。完成全国和地方“两会”、十八届六中全会等节点维稳安保任务。全年刑事发案同比下降24.9%，重点要害部位零发案，连续9年保持命案全破；织密视频卡口、街面巡逻、网络管控等“8张网络”，重点部位实现视频监控全覆盖；开展“三区三圈”治安秩序净化提升行动，紧盯“政区、站区”，严打“景区、商圈”，严管“校圈、医圈”，41个重点单位零发案，提升了全县治安秩序。树立“少发事故、少伤亡就是最大民生”的理念，开展公共安全隐患大排查、大整治，严查各类交通违法，构筑消防安全“防火墙”，公共安全形势持续好转。强化危爆物品管理，开展缉枪治爆、烟花爆竹整治、危爆物品隐患排查整治等专项行动，实现“不流失、不打响、不炸响”目标。全年有53个集体141名个人受到上级机关记功表彰，1人记二等功。

【维护社会稳定】 济阳县公安局依托维稳平台，对涉稳重点人员和重点群体开展动态管控，加强政治敏感节点涉稳信息搜集工作，完成全国“两会”、十八届六中全会、G20峰会等政治敏感节点维稳工作。

【社会治安防控】 2016年，对辖区公共娱乐场所检查132次，对济北龙海私营园无名按摩房、城区无名洗头房进行集中突击检查4次，取缔违规场所3家，下达整改通知书6份。娱乐服务场所信息系统升级后，辖区16家重点娱乐服务场所全部纳入管理，检查率100%，场所营业日志上传率95%以上。全县有137家旅馆业户，全部安装旅业信息系统，信息上传率及民警检查率、监控安装率均为100%，处罚不按规定登记人员51人次。打击非法刻制公章行为，严格公章刻制审批程序，进行公章刻制备案审核6828件次，较2015年增加31%，无一疏漏。先后完成王书坚、张务峰等省市领导到济阳调研等活动安全保卫任务18次。加大涉黄涉赌查处力度，查处涉赌案件5起，其中刑事案件3起，较上年增加50%。查处治安案件2起，查处并处理各类违法犯罪人员27人，其中刑事打击12人，较上年增加500%。枪支管理，全县有县公安局、县人民法院、县农商行、齐州监狱等4家涉枪单位。爆炸物品管理，济阳有山东新阳能源有限公司1家使用爆炸物品的单位。使用煤矿许用毫秒电雷管29.79万发，工业炸药11.01万千克。烟花爆竹管理，全县有济阳县烟花鞭炮专营有限公司、济南星宇烟花爆竹经营有限公司2家烟花爆竹批发经营单位，山东熊猫烟花有限公司1家存储单位。3家烟花爆竹批发储存经营企业全部安装烟花爆竹定向流向系统，开运输证79个。大型活动管理，完成济阳县第二届电视春晚、第二届少儿电视春晚、“梨园闹新春”庄户剧团展演、第二届“舞动济阳”广场舞展演、民间艺术展演、首届民间吹打乐比赛等10场大型群众和民俗活动的安保工作，出动警力1000余人次，车辆200余台次。剧毒化学物品管理，全县有济南界龙科技有限公司、济南弘丰化工有限公司2家使用单位，均实现安全无事故生产使用。有源射线装置管理，全县有济阳县中医院、山东天阳纸业有限公司2家使用单位，均实现安全无事故使用。全年检查12次195个次学校，确保校园安全稳定。

【户政管理】 2016年，户政科强化户政民生服务创新，探索在省公安厅、济南市公安局规范范围内加大简政放权力度，探索部分户籍审批手续一站式办理：先期将补报往年出生登记、变更更正姓名、问题户口注销等需报经县公安局审批的户籍手续，由户籍内勤受理上传材料图片到县公安局，由县公安局内勤审核后先行予以审批办理，其他需要审批手续由派出所统一上报县公安局审批，最大限度减少群众往返次数和成本，此便民举措得到群众的认可。打造济阳县公安局综合服务大厅，形成户政、车管、出入境、消防、治安许可等证件一站式服务。在全县推广临时证受理发放“一站式”快捷服务。

【出入境管理】 2016年，受理出国（境）人员申请8013人次，其中，出国申请4432人次，赴港澳申请3383人次，赴台申请198人次。临时入境住宿登记133人次。全县有常住境外人员70人。三资企业计32家。接收报备法定不批准出境人员128人次。非工作日受理申请出国（境）297人次。

【完善打防管控体系】 以建设“平安济阳”为目标，以“三率两数”为主要抓手，开展打击“盗抢骗、黑毒枪”犯罪专项行动，构建大侦查格局，完成刑侦各项目标任务，维护全县社会治安持续稳定。发破案，全年发案600起，比去年同期834起下降28.1%；破现案150起，破案率25%。打击处理235人，其中，逮捕113人，直诉122人。抓获公安部网上逃犯49人，其中抓获历年外省逃犯19人。全年发生3起命案，全部侦破，命案现案破案率100%，破获积案1起。破获毒品案件8起（刑事4起，治安4起），打击处理涉毒人员7人（刑事处理4人，强制戒毒1人，社区戒毒2人）。勘查现场667起，现场勘查率142.5%；提取痕迹物证557件，提取率83.5%；DNA、指纹采集率分别达96.2%、95.3%。在暴力案件侦办中，推行“三位一体”和“同步上案”制度，以快制快，精确打击，迅速破案。在强化命案攻坚的同时，加大对抢劫、强奸和黑恶势力打击力度。全年抢劫等八类案件破案率71%，打掉邵强、孙阳、孙浩3人恶势力团伙。打击侵财性犯罪，从群众最关心的“两盗一骗”案件入手，坚持“零容忍”“零懈怠”。刑警大队与技侦、网侦、情报、辖区所密切配合，加大打击盗窃案件，特别是入室盗窃案件力度，摧毁德州籍谭某生、王某东盗窃团伙，济阳籍朱某立为首的盗窃、销赃团伙、在平籍田某礼、田某院盗窃沿街门市团伙，破获刘某系列飞车抢夺案、尹某华系列盗窃电瓶车案等。抓获公安部网上逃犯 49 人，其中抓获历年外省逃犯 19 人，挽回人民群众损失 200 余万元。

【公安执法规范化建设】 2016 年，济阳县公安局加大执法检查及监督指导力度，推进执法规范化建设工作，强力推进执法办案场所升级改造，完善案件审核制度，健全领导干部学法、用法机制，推行阳光警务，改革完善执法质量考评等措施，在基础建设、执法机制、案件质量等方面取得明显成效，提升规范执法水平。制定执法质量考评和执法突出问题整治工作方案，规范涉案财物管理，对各执法部门涉案财物进行清理，做到案件与财物吻合，台账与实物对应，案物相符，账实统一，转接登记，妥善保管。强化对基层所队开展日常考评工作，建立以执法问题为导向，以执法考评负面清单为基础的考评机制。采取警综随机抽案并结合办案场所视频资料与台账登记情况一并检查的方式，全年抽考 130 宗案件，发现及整改执法突出问题 208 个。规范执法责任追究，每月进行一次执法通报，对屡纠不改和出现较大执法问题的，移送纪检督察部门作出相应处理，并进一步完善执法质量责任终生追究制度。法制大队审核取保候审案件 106 起，取保候审 106 人，解除取保候审 40 人，监视居住 7 起 7 人。受理刑事不予立案复议案件 2 起，全部维持。审核行政案件 213 起，审批行政拘留 135 人，行政罚款 84 人。上级机关复议县公安局案件 13 起，维持 13 起；行政诉讼案件 3 起，全部维持。开展专门法制宣传和法律培训 10 次，进行常规、专项执法检查 7 次，审核疑难复杂案件 5 起。加大执法培训力度，开展针对性执法培训，全年开展各类执法培训 5 次，受训 300 余人次。规范场所使用管理，指定专人进行场所管理，规范操作程序，填写《办案区使用情况登记表》。落实录音录像工作制度，规范执法办案录音录像，要求一线执勤执法单位接处警使用执法记录仪，询（讯）问一律同步录音录像。所有案件必须当场拷贝视频资料至光盘随案附卷，规范视频资料保管。

【公共安全宣传】 针对刑事案件高发问题，济阳县公安局制作展板、宣传册、给群众的一封信，开展多种形式的以案说法宣传。“法治六进”活动小组到乡镇社区开展法治进社区活动，向群众分发“防范电信诈骗非法集资宣传手册”“拒绝诱惑警惕诈骗”等宣传资料，向群众讲解预防几种常见电信诈骗行为知识。现场解答农民工欠薪问题、家庭暴力等问题。同时，为“三区三圈”治安秩序整治行动创造良好舆论氛围和法制环境。在企业及重点单位开展演练、演习、培训活动 20 次，培训人员 11000 余人次，提升单位职工应对突发事件能力。

2016 年 6 月 23 日，全市检察机关反渎工作现场会暨案件质量分析会在济阳县检察院召开

【和谐警民关系】 落实《金盾护企服务民生20项举措》,依法查处重点工程阻工事件33起,行政拘留、教育训诫80人。部署开展“法治六进”活动,到机关、企业、学校、社区、乡村开展普法宣传,提升社会法制化管理水平。窗口单位简化办事流程,缩短办事时限,规范接待细则,推行“一次性告知”“承诺期限”“节假日办证”“预约服务”“急事急办”“绿色通道”等便民利民措施。依托民生警务平台办理群众诉求1803件,群众满意率99.6%,12345政府热线办理各类事项325件,群众满意率99.5%以上。

附:典型案例

【抓获一潜逃17年的重大逃犯】 2016年2月16日,济阳县公安局刑警大队侦查员远赴辽宁省抚顺市,将潜逃17年的抢劫、盗窃、故意杀人逃犯徐某平(男,43岁,垛石镇白杨店村人)抓获并押解回济阳。1998年至1999年,徐某平伙同王某久、崔某海、姚某成等人多次抢劫出租车,涉案价值较大。济阳县公安局先后将王某久、崔某海、姚某成抓获,徐某平负案潜逃。2003年12月22日晚,犯罪嫌疑人徐某平伙同王某新、王某永、杨某江在济阳县开发区某饭店内将饭店老板许某杀死,王某新等3人被抓获,徐某平逃脱。刑警大队自1999年成立追逃专案组,将徐某平列为重点逃犯,上网追逃。经过17年努力,2016年2月16日,在辽宁省新宾县将化名“汪平”的徐某平抓获。

【侦破“6·18”杀人案】 2016年6月18日18时许,禧福凤凰城西区发生一起命案,犯罪嫌疑人作案后潜逃。案发后,市县两级公安机关成立两级公安机关组成的专案组开展侦查。经查,犯罪嫌疑人高某立(男,38岁,济阳县仁风镇姬店村人),于案发后逃窜至滨州市邹平县。专案组民警据视频侦查,在邹平县医院发现高某立活动轨迹,立即包围医院,等待高某立困顿难耐时,化装成医生逐层实施搜捕。6月20日,将佯装病人家属留宿过夜的高某立擒获。经审讯,犯罪嫌疑人高某立对抢劫杀人犯罪事实供认不讳。

【破获“8·26”重大交通肇事逃逸案】 2016年8月26日,济阳县公安局交警大队肇事处理中队接到指挥中心指令:在太平镇冯井村北的一条东西小公路上发生一起重大交通事故,事故造成1人当场死亡,肇事车辆逃逸。接警后,经初步勘查,事发现场除了遗留的逃逸车辆几片细小的大灯残片和塑料残片之外,没有任何有价值的线索。经查,6月26日早上,犯罪嫌疑人胡某(男,27岁,齐河县宣章屯镇人)驾车由齐河去济阳县太平镇,途中发生交通事故后驾车逃逸,于当日潜逃外地。9月2日,迫于压力胡某投案自首。 (刘 臻)

检　察

【概况】 济阳县检察院在县委和上级检察院领导下,全面履行检察职责。受理公安提请逮捕案件108件、119人,其中批捕85件92人,起诉194件247人,立查职务犯罪案件7件13人,推进平安济阳建设。连续4年被山东省检察院表彰为“无违法违纪、无责任事故”检察院创建活动先进单位;获济阳县科学发展三等奖、平安建设先进工作奖;反渎职侵权局被表彰为2016年度全市检察机关先进集体。有12名干警获县级以上表彰。

【刑事检察】 受理公安机关提请逮捕案件108

件 119 人，批准逮捕 85 件 92 人，不批捕 20 件 24 人，不捕率 20.9%。所办理案件，无捕后不诉、撤案、判无罪情形。监督立案 6 人；有罪判决率 100%。监督撤案 7 件，纠正漏捕 5 人。有罪判决率 100%。书面纠正违法 11 件。2016 年，受理公安机关及自侦部门移送审查起诉案件 203 件 246 人，审结 232 件 291 人，审结率 114%，其中，提起公诉 271 件 247 人，不起诉 21 人。依法起诉故意伤害致死、强奸、故意杀人等严重暴力犯罪 12 件，其中提起公诉的李某某强奸 78 岁留守老人一案，被法院判处有期徒刑四年。依法起诉抢劫、盗窃、诈骗、抢夺类案件 40 件，其中提起公诉的张某某以子女出交通事故需要调解为由诈骗农村留守老人一案、蔡某某等人以“涨吨”方式诈骗第三粮库 20 余万元等案，被一审法院作出有罪判决。依法起诉聚众斗殴、寻衅滋事、妨害公务等案件 14 件，办理的杨某某带领多人殴打警察妨害公务一案，已被法院判处有期徒刑。对利用渗坑、渗井、私设暗管排放污水污染环境的案件严格依法起诉，对通过非法途径抢夺工程，带领 20 余人殴打工地施工人员并打砸设备的赵某某等人以寻衅滋事罪提起公诉。全面贯彻宽严相济刑事政策，减少社会对抗，对犯罪情节轻微案件依法作出不起诉决定 13 人。依法落实检察宣告制度，对不起诉、变更强制措施等决定，公开宣告 20 次。注重办案延伸，加强释法说理工作，将说服教育与严格执法相结合，有效防止各类涉检上访案件的发生。正确运用刑事速裁程序，对符合规定的案件，协调公安法院全面运用程序，依法办理 15 件，有效缩短办案期限，提高工作效率。强化侦查活动监督能力，建立重大刑事案件提前介入侦查制度。对公安机关侦查的高某甲强奸在校小学生、高某乙故意杀害未成年少女等社会影响较大、舆论高度关注的案件，提前介入调查，依法引导侦查取证工作，为后续起诉审判工作奠定基础。加大追诉漏罪工作力度。追诉漏犯 16 件，判决生效 10 件，同比上涨 128%。对张某某及其亲属生产销售假药窝串案进行集中追诉，净化全县药品生产销售市场。提升审判监督工作强度。提起抗诉案件 3 件 3 人，改判 1 件 1 人。对董某某父子等 8 人雇凶伤人案件深挖细查、找准抗点，依法快速反应，及时提起抗诉，取得良好效果。

【职务犯罪侦查】 2016 年，立查各类职务犯罪案件 7 件 13 人，起诉 5 件 9 人。通过办案，为国家挽回经济损失 200 余万元。罪名分布。贪污罪 7 人，受贿罪 1 人，滥用职权罪 5 人。人员分布。所立查 13 人中，国家机关工作人员 4 人，农村基层组织人员 7 人，其他社会人员 2 人。

反贪局立足查办贪污贿赂犯罪的职能优势，服务和保障全县扶贫开发工作，开展惩治惠农补贴及扶贫领域职务犯罪专项活动，以惠农资金、扶贫资金的申报审核、发放管理等职务犯罪易发多发的环节为工作重点，立查贪污种粮补贴案件 5 件 7 人，受贿案 1 件 1 人。济阳街道副主任朱某某利用分管“美丽乡村建设”工程职务便利，在工程招投标过程中收受他人贿赂，破坏工程招投标公平竞争环境，影响恶劣。反贪局在初查工作基础上采取强制措施，查证朱某某受贿 20 余万元犯罪事实。立案查处县供销社系统工作人员滥用职权、不严格审批“供销社改革发展专项资金”和“新网工程专项资金”给国家造成 130 余万元损失重大案件，5 人受到刑事追责。法院作出有罪判决 3 人，待判 5 人，其中判决实刑 1 人，缓刑 2 人，为国家挽回经济损失 130 余万元。

【预防职务犯罪】 2016 年，加强与县扶贫开发工作领导小组联系，探讨并会签在扶贫领域开展同步预防工作意见，在扶贫资金使用中开展同步预防。进一步深化农村职务犯罪风险预警工作，敦促有关单位查找犯罪风险点，消除风险隐患10项。针对济东高速、济阳银花纺织有限公司片区改造、2016农田水利县建设等项目，介入开展工程项目预防，会签工作开展预防工作意见，在项目重点环节进行跟踪预防，促进工程优质，干部优秀。进一步推动有关单位加强行贿犯罪查询系统应用，先后为有关单位开展查询1200次，推动有关项目把无犯罪记录证明作为参与工程建设必要条件，推动全县诚信市场建设。结合“法治六进”活动，先后深入县食药局、县民政局、县环保局等20家单位进行法治教育讲座，促进有关单位严格规范执法。

【刑事执行检察】 加强对看守所监管活动监督，监督看守所搬迁新址，入所检察196次，开展安全防范大检察6次，与在押人员谈话教育86人次，解答在押人员咨询1315人次，召开联席会议2次，检察长检察4次，向看守所提出书面纠正违法3件。加大社区矫正监督力度，开展社区矫正大检察1次，向县司法局发出书面纠正违法6件，向县公安局发出书面纠正违法1件，向县法院发出书面纠正违法1件，对司法局判前调查监督1次，对司法局解矫程序监督1次。对全县首例强制医疗案件进行监督。办理羁押必要性审查案件15件，全部被办案机关采纳。强化监管活动监督，维护监管场所安全。派驻检察室坚持日常巡视检察制度，深入被监管人劳动、学习、生活“三大现场”，及时消除安全隐患。加强社区矫正监督工作，促进社会和谐稳定。加强社区矫正交付执行环节监督。针对轰动全国的山东疫苗案，与县司法局联合部署研究如何加强社区矫正管理工作。对一起判前调查活动进行实施监督，并在上半年对全县10个司法所开展一次大检察，针对发现问题，发出书面纠正违法通知书4份。对垛石镇司法所白某某的二次犯罪，深入调查研究，查缺补漏。全面加强刑事强制措施执行监督，以新理念促司法规范化。6月起，执检业务实现与统一业务系统对接，办理羁押必要性审查案件14件，全部被办案机关采纳。推进强制医疗执行监督。加强专题研究，与法院、公安等部门沟通协调，在监督内容、程序、方式以及保障强制医疗人合法权益等方面形成具体规范，办理济阳首起依法不负刑事责任精神病人张某某强制医疗执行监督案件，防止被申请人再次危害社会。

【控告申诉检察】 受理来访137件266人，其中集体访7件35人，来信25件，受理举报线索13件。与业务科室制定重点信访案件安全防范预案，健全涉检信访风险防范评估预警机制。建立应急处置预案，进行有针对性演练，确保对突发事件和极端事件处置有序、得当。依法开展举报初核、举报奖励和举报线索审查工作。以“举报宣传周”为载体，结合“法治六进”活动，融入举报宣传新形式新内容，做好检察宣传工作。积极与公诉、执检等业务部门沟通协调，进行业务对接，开辟司法救助绿色通道。共受理公诉部门移送救助案件1件，发放救助资金3万元。建成集控告申诉举报、案件信息查询、行贿犯罪档案查询、接待律师、律师阅卷、法律咨询、检务公开等于一体的“一站式”检察服务大厅，为群众提供“一站式”服务。

【民事行政检察】 2016年，全年办理民行申诉监督案件15件，提请抗诉和再审改判3件；执行监督、诉讼活动违法和支持起诉等案件

16 件。开展行政执法监督专项活动，会签《环境保护检察监督工作协作机制》，办理各类行政监督案件 13 件。在全省检察机关对基层法庭民事诉讼监督专项活动现场会上，济阳县检察院作典型发言。

【检察技术】 开展同步录音录像、技术协助及司法鉴定工作，为自侦办案提供科技支撑。配合自侦部门查办案件，为自侦部门录制同步录音录像 6 案 24 人 140 小时，所录制材料均符合省、市检察院要求。为业务部门提供技术协助，为自侦部门提供技术协助 12 案 35 人 166.5 小时，提供司法鉴定 1 件。建成远程讯问系统，实现公诉、侦监等部门能对看守所犯罪嫌疑人进行远程讯问；建成电子证据实验室，为自侦办案提供技术平台；建成司法鉴定应用系统，实现远程司法鉴定，完成曲堤检察室和垛石检察室监控系统与济南市检察院网络监控系统对接。（段佳贝）

审　判

【概况】 2016 年，济阳县人民法院坚持司法为民、公正司法的宗旨，不断加强审判执行工作和自身建设，各项工作取得新发展。全年新收各类案件 6043 件，审结 5934 件，结案标的额 3.2 亿元。

【刑事审判】 坚持宽严相济的刑事政策，审结刑事案件 219 件，结案 231 件，判处罪犯 300 人。严厉打击故意伤害、盗窃、涉及食品药品安全等严重侵犯公民人身权利、危害公共安全的犯罪和非法组织传销、诈骗等涉众型经济犯罪。对初犯、偶犯、未成年犯等犯罪情节较轻、认罪悔罪态度较好、确实不再危害社会的被告人，严格落实宽严相济的刑事政策，坚持适当从宽，有效减少社会对抗，保障社会稳定。

【民商事审判】 坚持通过依法审理民商事案件，妥善化解各类矛盾纠纷，新收各类民商事案件 4038 件，审结 4082 件。不断强化诉讼指导，完善便民措施，服务经济发展，倡导和谐友善的社会风气，切实保障群众的合法权益，维护市场经济秩序。

【行政审判】 转变行政审判理念，注重行政争议的实质性化解，严把裁判尺度，强化事项协调，提高办案效率，促进法治济阳建设。新收各类行政诉讼 47 件，审结 35 件。加强非诉执行工作，新收非诉执行案件 137 件，结案 212 件。

【执行】 加大执行和惩戒力度，执行立案后，第一时间即对被执行人的存款、车辆、房产、土地等财产采取查控措施，保障案件顺利执结。新收执行案件 1366 件，结案 1057 件，对 93 名被执行人实施罚款、拘传、拘留等强制措施，将拒不履行法定义务的 2846 名被执行人纳入失信被执行人名单，并通过中国法院网、法院官方微博、微信公众号向社会公布，起到有效震慑作用。

【司法为民】 加强诉讼服务中心建设，推行“一站式”服务，使法律咨询、诉讼引导、立案登记、银行缴费、联系法官、案件查询、信访投诉等诉讼活动均可在诉讼服务中心大厅内完成。在法院诉讼服务大厅和派出法庭建立诉调对接中心，加强对人民调解员的培训，加大诉前调解力度，诉前化解矛盾纠纷 1000 余件，将大量矛盾纠纷化解在萌芽状态。

【司法公开】 全面推进审判流程公开、裁判文书公开、执行信息公开三大平台建设，做到依

2016 年 6 月 1 日，济阳法院少神庭法官化身爱的快递员送爱回家

法应当公开审理的案件，一律公开审理，依法应当公开的裁判文书一律上网公开。2016 年，在中国裁判文书网公开裁判文书 4414 份。实施陪审员倍增计划，陪审员达 115 名，普通程序案件陪审率达 90% 以上，保障公众知情权、参与权和监督权。

【司法宣传】 扎实开展“法治六进”活动，推动形成办事依法、遇事找法、解决问题用法、化解矛盾靠法的社会风尚。拓宽宣传渠道，运用官方微博、微信公众号、今日头条客户端、官方网站“两微一端一网”新媒体平台，发布信息及典型案例 2 万余条，受到广大网民的关注和点赞，促进法治济阳建设。（韩　莹）

司法行政

【概况】 2016 年，司法行政部门认真履行人民调解、法治宣传、社区矫正、安置帮教、法律服务等职能。创新调解机制，筑牢维稳防线，完善“大调解”工作格局，深入排查、全力化解重大疑难纠纷。全年各级调解组织受理矛盾纠纷 5200 件，调解成功 5166 件，调解成功率 99.3%，挽回直接经济损失 653 万元。县法律援助中心开展“温暖法律”服务活动，全年办理各类法律援助案件 425 件，挽回各类经济损失 120.6 万元。公证处受理各类公证事项 560 件，办结各类证件 560 件。县司法局被省司法厅评为全省司法行政重点工作完成先进集体（记集体三等功），县普法办被评为全省“六五”普法先进集体。

【普法教育和依法治理】 打造以“济阳普法”官方微博，“公民与法治”电视节目，《新济阳》法治之窗专刊，QQ、微信、手机短信、贴吧、微电影等法治宣传群为主的全媒体普法教育传播新平台，满足新时期群众法治需求。印发《关于加强国家工作人员学法用法的意见》，突出加强领导干部和公务员学法用法工作。完善在线学法和考试系统，搭建起集在线学法、模拟测试和正式考试为一体的新型学法考法平台。组织开展“3·15”“12·4”等系列法治教育活动，开展青少年学法用法实践活动。加强农村普法新途径新方法，重点宣传打击防范电信诈骗、非法集资及黄、赌、毒等方面法律法规，提高群众自我防范意识和自我保护能力，教育引导群众正确表达利益诉求，依法维护自身权益。抓住各类法治宣传月、宣传周、宣传日等重要时间节点和社会热点难点问题进行普法，引导群众有序参与社会事务管理，提高群众学

2016 年 12 月 1 日，县司法局在老干部局门前广场举办“12·4”国家宪法日暨全国法制宣传日集中宣传活动

法用法积极性。建成并启用曲堤法德广场、新市法治文化公园等群众身边法治文化新阵地。下发《关于深入开展“法治六进”活动的实施意见》,建立信息报送联系员网络,印制发放“崇法尚德”警示桌牌2500个,《拒绝诱惑 警惕诈骗》宣传折页12.4万份,《渎职犯罪典型案例》宣传资料6000份。开展“法治六进”活动。制定《2016年度“法治六进”活动配档表》,加强对全县“法治六进”工作的指导;创办“法治六进”工作简报,及时传达“法治六进”工作安排部署,通报政法各部门“法治六进”活动开展情况;利用电视、报纸,互联网等各类媒体,全面宣传“法治六进”活动进展情况。开展“法治镇(街道)”“法治机关(单位)”“民主法治示范村”“依法治校示范学校”“诚信守法企业”等多层次多领域创建活动,涌现出回河镇、县河务局、崔寨镇前街村、县职业中专等一批创建先进典型,推动基层民主法治建设。至年底,全县有128个村获市级以上“民主法治示范村”称号,其中崔寨镇前街村被评为“全国民主法治示范村”,济阳街道高楼村等9个村被评为“全省民主法治示范村”。有6所学校被授予市级以上“依法治校示范学校”称号。

【公证事务】 县公证处围绕县委、县政府中心工作和重点工程、重大项目,拓展公证服务领域,提高服务质量,为重大项目建设、和谐城乡建设等重点工作服务,为政府有效规避法律风险提供保障。现场办理徐家商业街、棉纺厂、济东高速建设等拆迁和徐家社区、营家社区等居民回迁安置公证11场次。

【律师工作】 全县有律师事务所3家,律师23人。受理并完成律师执业审核19件。完成对全县律师事务所和执业律师的年度考核,考核结果全部为合格。律师事务所受理各类案件288件,担任法律顾问15家,追回和避免经济损失560万元。律师参与公益事业和社会活动15次,提供法律援助90件。

【矛盾纠纷调解】 全县有人民调解组织887个,其中,镇(街道)人民调解委员会10个,村(居)人民调解委员会847个,社区人民调解委员会6个,企事业单位人民调解委员会22个,交通事故损害赔偿人民调解委员会1个,地区性人民调解委员会1个,人民调解员3088名。5月,在县民政局婚姻登记处设立“惜缘调解室”,至年底,挽救婚姻危机350起。7月,与县综治办、县人民法院召开联席会议,商定设立驻法院(庭)人民调解工作室实施方案,在县人民法院和三个驻镇法庭设立4个人民调解工作室,面向社会公开招录7名专职人民调解员,至年底,调解案件124起。坚持“重点矛盾纠纷月报制度”和“调解工作协调会制度”,开展案卷观摩活动,加大案件补贴力度,实现矛盾纠纷排查常态化、制度化。

【社区矫正与安置帮教工作】 以“社区矫正执法规范建设年”活动为契机,建立健全社区矫正工作例会制度、执法巡查机制和重犯分析研判制度。统一社区内矫正工作台账,改进矫正方案的制定与实施,夯实社区矫正工作基础。3月,济阳县社区矫正工作管理局挂牌成立,增加2名政法专项编制,社区矫正工作机构和队伍建设得到加强。建立社区服刑人员信息数据库,为司法所配置多媒体考勤终端机,使用脸谱识别仪、指纹识别仪以及LBS定位手机方式进行综合管理。摸清未成年社区服刑人员及社区服刑人员未成年子女基本情况,加强帮扶工作。开展社区矫正执法大排查活动,及时掌握社区矫正人员的实际情况,对社区服刑人员审前未羁押判处实刑未执行刑罚开展专项检查。至年底，累计接收社区服刑人员 2093 人，计解除 1789 人，社区服刑人员 304 人，无脱管、漏管现象，重新犯罪行为控制在 0.3% 以下。

【法律援助】 建立健全案件评审制度、案件旁听制度和案件回访制度，采取电话询问、上门了解等方式，对办结案件进行回访。降低法律援助门槛，拓展法律援助渠道，以“法治六进”“精准扶贫”等县委、县政府的重点工作为着力点和切入点，开展法律援助工作。加强刑事案件法律援助工作，完善被羁押犯罪嫌疑人、被告人经济困难证明制度，协调办案机关建立健全通知辩护工作机制，确保告知、转交申请、通知辩护（代理）等工作协调顺利。在济阳县人民法院和新搬迁的济阳县看守所设立法律援助工作站，建立经常性的联络机制，完善律师值班制度，明确职责分工，畅通联系渠道，加强协调配合，做好刑事法律援助工作。全年受理刑事法律援助案件 31 件。

2016 年 12 月 15 日，山东省司法厅巡视员吴清溪率省综治考核组到济阳县考核法律援助工作

【基层法律服务和基层司法所】 检查整顿基层法律服务市场，完成法律服务工作各项登记、统计和年检注册工作。注销执业资格 8 人，缓注 3 人，新注册 2 人，3 个所变更合伙人和法人。参与“法治扶贫”工程，担任 76 个贫困村法律顾问。年底，全县有 6 个法律服务所，21 名法律服务工作者。担任法律顾问 192 家，代理民事诉讼 910 件，代理经济诉讼 98 件，行政诉讼 6 件，非诉讼 102 件，调解案件 189 件，协办公证 14 件，解答法律咨询 5500 人次，办理见证 88 件，代写法律文书 2203 件，办理法律援助 95 件。

全县 10 个司法所，承担人民调解、矛盾纠纷排查调处、社区矫正、帮教安置、法治宣传、依法治理、法律服务等职责任务，参与社会治安综合治理工作。编制 30 人，实际在编在岗 20 人，每所在编在岗 2 人。办公用房总面积约 800 平方米，有独立办公场所 8 个，省级规范化司法所 5 个。年初制定《2016 年基层司法行政工作要点》，召开司法所长会议，安排部署全年工作目标任务，使各项工作有计划、有目标、分步骤进行。实行日常考核和年终考核相结合的形式进行考核评定。参加济南市司法局组织司法所长培训班，更新和完善业务知识，学习借鉴兄弟单位先进工作理念和方法。开展岗位练兵活动，促进各司法所之间相互学习、相互借鉴、取长补短，提高基层司法行政队伍业务知识和工作技能。（曹光才）

军　事

济阳县人民武装部

【概况】 济阳县把握“五部”建设要求，按照固本凝神、练兵强军、抓建求实、创新唯精的工作思路，开展“两学一做”学习教育和改革强军主题教育活动，围绕改革、强军、征兵三项重点任务和抓党委班子建设、帮抓帮建基层、安全管理、军地协调这四项经常性工作，干事创业、求真务实，较好地完成上级部署的各项工作任务。

【思想政治建设】 坚持理论学习制度不动摇。坚持党委中心组学习和每周二、五理论学习日制度，建立“五个一”学习制度，做到每人每周一篇心得体会，每月一次集中学习，每季一次专题研讨座谈，半年一次述学，年底组织学习成果展评，重点学习习近平系列重要讲话精神，每名同志结合理论学习，摘抄学习笔记，撰写心得体会。开展“两学一做”学习教育活动和改革强军主题教育，扎实组织拥护支持改革教育，经验做法被上级军事机关转发。抓好主题教育。坚持党委正副书记负总责，分管科室具体抓，创新教育形式，把向先进典型学习活动贯穿教育的全过程，重点突出解决问题。做到教育内容一个不少、教育对象一人不落，切实增强教育实效。制定主题教育实施方案，按计划、有步骤落实，增强忧患意识、责任意识和使命意识。

【军事训练工作】 济阳县人武部按照习近平“能打仗、打胜仗”的要求，以《民兵军事训练大纲》和济南警备区《军事训练工作指示》为依据，坚持以军事训练为牵引，狠抓训练工作落实，完成以现役干部、专武干部、民兵干部、学生军训、黄河防汛和民兵应急分队为重点的多项训练内容。民兵整组落实到位。按照“平战结合、突出重点、建用一致”的原则，采取科学合理，灵活多样的编组方法，编实人员和装备，完善应急预案和机制，搞好维稳和救护训练，正确处置应急情况，切实做到“拉得出、用得上、起作用”。不断强化实战训练。根据省军区和警备区关于大抓民兵应急队伍军事训练的指示精神，利用5月25日到6月18日25天时间，依托济南军徽亮剑培训基地，分2期组织全县10个镇（街道）民兵应急排共

2016年6月，县民兵应急分队训练
（徐传海　摄）

计290人封闭式强化训练，设置应急拉动、军事技能，实打实战3大项9个课题的训练。根据山东省军区安排的黄河防汛任务，立足“防大汛、抗大洪、抢大险、救大灾”实际，8月10—25日，联合济阳县黄河河务局在葛店险工段，组织30人的黄河防汛抢险训练，训练内容包括捆抛柳石枕、编抛铅丝笼和反滤围井3个科目。8月12日至9月7日，组织济阳县第一中学、济北中学2所普通高中学校3135人参加军训，包括单个军人队列动作、阅兵式、分列式队形、军体拳、内务整理，国防教育和国防知识学习等内容。9月4日，济阳县组织预定新兵赴济南军徽亮剑培训基地集中开展役前教育训练。9月7日，到济南战役纪念馆接受爱国主义教育，缅怀革命先烈的丰功伟绩。实战化训练见成效。兵员集结速度慢、组织指挥不畅、战备器材保障不到位等问题得到较好解决，较快提高队伍应急应战能力。

2016年6月，县黄河防汛分队捆抛柳石枕
（徐传海　摄）

【征兵工作】 以《中华人民共和国兵役法》《征兵工作条例》为依据，按计划做好征兵宣传、体检、政治考核、初定兵、定兵、档案整理、交接和运输等各项工作，完成年度征集任务。

【双拥共建】 济阳县人武部以深入开展“军民共建、双向奉献”活动为重点，以加强“同呼吸、共命运、心连心”的新型军民关系为主线，以促进社会生产力、提高部队战斗力为根本任务，不断深化和发展双拥工作，先后组织民兵预备役人员参加地方的重点工程建设、扶贫帮困、义务劳动等活动，推动驻地经济建设和国防事业全面发展。（徐传海　王明华）

人民防空

【人民防空】 2016年，人民防空工作加强民用建筑项目审批管理，执行人民防空建设工程文件规定，落实结建防空地下室报建联审制度，制定完善防空地下室易地建设集体审批制度。

【通信警报建设】 2016年，成立警报试鸣领导小组，组织警报点工作人员进行专业培训，保养维护警报器。以警报试鸣工作开展为契机，加大人防工作宣传力度，通过电视、报纸、宣传单、标语等多种方式进行人防宣传。全县警报器有11台，警报试鸣覆盖率95%。县人防办与县教体局联合制定“五月三日”疏散演练方案，因地质条件限制不能修建防空地下室的民用建筑，一律按规定收缴人防工程易地建设费。3日当天，全县中小学生进行防空疏散演练。济北小学400余名师生全部撤离教学区。县住建委、县教体局、济南人防设计院负责人为学生发放《人民防空知识》读本。

【人防宣传教育和法制建设】 县人防办联合县教体局进一步规范初级中学防空防灾知识教材，把防空防灾教育训练纳入中学军训内容，开展初级中等防空防灾教育师资力量业务交流培训，累计培训6.5万人。坚决查处违规违法行为，到建设单位上门执法，从源头上保证不漏建、不免建、不少建防空地下室。

（陈培堂）

经济综合与管理

发展与改革

【概况】 2016年,县发改委贯彻落实中央、省、市关于经济社会发展工作会议精神,围绕县委、县政府工作部署,抓好各项工作落实,积极争取项目和资金,全面推进重大项目建设,发挥在经济社会发展中的调度、调控、指导和协调作用,有效促进县域经济社会又好又快发展。被济南市政务服务中心管理办公室、济南市精神文明建设委员会办公室授予“2016年度文明服务优秀窗口”称号,被县委、县政府评为科学发展综合考评一等奖。

【年度计划编制与实施】 12月,编制《关于济阳县2016年国民经济和社会发展计划执行情况与2017年计划草案的报告》。实现地区生产总值295.02亿元,增长7.9%,三次产业结构由18.8∶52.6∶28.6调整为17.8∶51.6∶30.6,第三产业增速分别高于GDP、规模以上工业增加值增速4.3、5.3个百分点。全县完成一般公共预算收入18.58亿元,增长10.8%。全县固定资产投资完成305.76亿元,增长16.28%。实现社会消费品零售总额125.9亿元,增长10.8%。城镇居民人均可支配收入27087元,增长8.8%;农村居民人均可支配收入14298元,增长8.1%。物流业迈上新台阶,翰迪物流园被纳入全市物流业发展规划,中通吉物流等一批物流企业开工建设。工业主导地位进一步凸显。全县规模以上工业企业215家,工业税收占全部税收50%以上,印尼迈大、金罐包装等项目推进迅速,统一公司、易得电子实现扩容扩产,2家企业在“新三板”挂牌。基本农田划定工作全面完成,粮食综合生产能力显著提高。新“四个一”计划扎实推进,“一镇一品”展示中心建成启用,现代农业科技示范园引领作用增强。项目引进成效显著,大润发华北区物流基地及结算中心、庚辰钢铁等一批引领性大项目签约落地,完成招商引资142.5亿元,实际到账外资5.56亿元。安大城市广场建成启用,济东高速建成通车,国道G104线拓宽改造有序实施,实现济南黄河大桥、济阳黄河大桥对济南牌照7座以下小型客车免费通行,对接省城的交通体系进一步完善。稍门平原水库主库区建设基本完成,全县供水一体化管网贯通。创建省级卫生县城取得初步成果,脏乱差现象得到有效治理,环境质量持续改善,被命名为“省级生态县”。

【十三五规划编制】 2016年1月,《济阳县国民经济和社会发展第十三个五年规划纲要》编制完成,规划分10章、29节。主要奋斗目标:到“十三五”末,将济阳建设成为与济南高度融合、一体发展的全市区域性经济中心重要增长极、区域性物流中心重要板块、济南卫星城、泉城生态后花园,早日实现全面建成小康社会目标。"十三五"期间，全县生产总值年均增长 8.5%，人均生产总值 1.1 万美元以上，迈入现代化门槛。地方公共财政预算收入年均增长 9%，固定资产投资年均增长 13%，社会消费品零售总额年均增长 12%。提前一年完成 GDP"翻番"目标，率先实现全面小康社会目标。经济结构调整更优化。先进制造业、现代服务业、现代农业加快发展，三次产业比例调整为 16∶52∶32，形成现代产业体系。高新技术产业产值占规模以上工业总产值比重每年提高 1 个百分点，2020 年达 29%。人口规模适度增长。2020 年县域总人口控制在 60 万人以内，中心城区人口规模 22 万人。城镇化水平逐年提高，到 2020 年户籍人口城镇化率 50%，形成城乡空间布局合理、基础设施配套完善、生活环境良好、产业布局合理的新型城乡发展格局。社会发展达到新水平。城乡居民收入水平明显提高，农村居民可支配收入年均增长不低于 10%，城镇居民人均可支配收入年均增长不低于 9%。生态环境优美更宜居。基本形成节约能源资源和保护生态环境的产业结构、增长方式、消费模式。森林覆盖率 30% 以上，雾霾天数低于全省平均水平，环境质量进一步改善。

济阳县"十三五"时期经济社会发展的主要指标

序号	主要指标	单位	属 性	2015 年完成	2020 年计划	年均增长（%）
1	生产总值	亿元	预期性	276.3		8.5
2	地方公共财政预算收入	亿元	预期性	17.1		9
3	三次产业比例		预期性	18.8∶52.6∶28.6	16∶52∶32	—
4	固定资产投资	亿元	预期性	【903】		13
5	社会消费品零售总额	亿元	预期性	113.7		12
6	规模以上工业增加值	亿元	预期性	121.2		11
7	进出口总值	亿美元	预期性	2.8		6
8	实际到账外资	亿美元	预期性	【1.58】		6
9	招商引资	亿元	预期性	140		10
10	高新技术产业产值占规模以上工业总产值比重	%	预期性	25.37	29	1
11	户籍人口城镇化率	%	预期性		50	**
12	城镇人均道路面积	平方米	预期性	28	38	—
13	城镇集中供热普及率	%	预期性	87	89	—
14	万元 GDP 能耗	吨标煤 / 万元	约束性		0.9	—
15	人均公园绿地面积	平方米	预期性	14.5	15	—
16	耕地保有量	万亩	约束性	106	106	—
17	城镇污水处理率	%	约束性	42	47	—

续表

序号	主要指标	单位	属 性	2015 年完成	2020 年计划	年均增长（%）
18	森林覆盖率	%	约束性	25.7	30	—
19	城镇居民人均可支配收入	元	预期性	24896		9
20	农村居民人均可支配收入	元	预期性	13226		10
21	新增城镇就业人数	万人	预期性	0.33	0.36	—
22	新增农业富余劳动力转移就业人数	万人	预期性	0.93	0.65	—
23	城镇调查失业率	%	预期性	3.2	3.8	—
24	城镇基本养老保险参保率	%	预期性	99	100	—
25	城镇基本医疗保险参保率	%	预期性	99	100	—
26	人口自然增长率	‰	预期性	7	9	—
27	常住人口	万人	预期性	53.46	55.9	—

说明：【 】内为五年累计数据。

【项目审批】 落实各项简政放权措施。对省市下放审批权限事项，全部承接到位。落实济南市印发的《稳定增长促进发展若干政策措施》，对核准、备案的项目在办理程序上进一步优化，对节能评估、环评、地震等前置审批要件进行进一步精简。加快行政审批在线监管平台建设。按照国家发改委要求，全县 9 个审批部门完成专网接入，实现各部门并联审批。提升窗口服务水平。开展责任清单、权力清单清理工作，优化项目审批流程，加强窗口工作人员业务培训，提高审批服务能力。完成审批、核准、备案各类投资项目 180 个，其中，审批、核准 40 个，备案 140 个，权限内项目核准、备案限时办结率 100%。

【项目管理】 推进市重点项目建设，加强对市重点项目调度管理，2016 年，全县列入市重点项目 8 个，计划总投资 23.3 亿元，完成投资 26.1 亿元，超额完成全年投资计划，其中迈大食品、浙江五金建材城项目投资额度大，进展较快。做好项目协调服务。协调做好石济客专公铁两用桥、邯济—胶济铁路征地补偿协调工作。做好稍门平原水库沉沙池项目前期协调服务，做好新一轮千亿斤粮食项目资料整理上报工作。

【资金引进】 2016 年，争取各类资金 3816.6 万元，其中省区域战略推进专项切块资金扶持回河镇中学项目 700 万元，卫生领域中央投资、省预算内基本建设投资扶持中医院病房楼项目 2270 万元，为阳光大姐项目争取省级服务业发展引导资金 300 万元。项目引进方面，华能生物质热电联产项目顺利签约，项目选址太平镇，占地面积 13.3 万平方米，投资 4.5 亿元建设一台 30 兆瓦规模生物质热电联产项目，至年末，正在进行开工前准备。引进光伏扶贫发电项目，建设地面光伏电站 133 个，计 6.8 兆瓦，总投资 5500 万元。其中市级财政投资 2500 万元建设的 59 个电站基本完成，其余电站已选址，部分开工建设。

【政策研究和项目策划】 加强对济南新区、携河发展等政策及战略研究，启动轨道交通、黄河大堤改造、城际铁路、石济客专黄河公路桥等重点交通基础设施项目前期研究策划工作。汇总安排2017年政府投资项目102个，总投资50.39亿元，2017年计划投资28.28亿元。

【公车改革】 做好方案制定和牵头协调工作，严格政策要求，推进按照改革顺利实施。全县党政机关和参公单位车改工作完成，取消各类车辆411辆，车补全面发放，公车取消并顺利拍卖。

【与高新区对接】 在全面做好济南市县域经济差别化扶持政策落实、总结工作基础上，积极推进与济南高新区对接。起草《关于与济南高新区对接工作方案》，组织多次部门对接活动，明确规划对接、产业转移、人才交流等多项扶持政策。 （徐玉珍）

国土资源管理

【概况】 2016年，济阳县国土资源局以“两学一做”为契机，发扬“勇于担当、务实有为”精神。有力保障了全县经济社会快速健康发展，先后获“全国节约集约模范县”“济阳县科学发展观一等奖”“集体三等功”等称号。

【土地资源】 济阳县位于黄河下游，鲁北平原南部。全县行政区域总面积10.99万公顷，其中，耕地7.07万公顷，园地391.10公顷，林地4469.24公顷，草地509.81公顷，城镇村及工矿用地1.51万公顷，交通运输用地4095.36公顷，水域及水利设施用地1.17万公顷，其他土地2898.07公顷。人均耕地0.13公顷。

【土地规划】 主动对接“北跨”，做好永久性基本农田划定和规划调整完善工作。7月15日，通过省国土资源厅、农业厅专家论证。县城周边永久基本农田划定后，中心城区发展空间由37.8平方千米增至69.3平方千米。有5.76万亩基本农田和周边河流湿地、黄河林带等天然生态边界共同形成生态屏障，对中心城区进行有效保护和隔离。进一步固定城市开发边界，形成人与自然协调发展的空间格局。总体规划调整完善后，新增建设用地空间进一步扩展，其中中心城区1254公顷，太平工业园210公顷，崔寨片区483公顷，曲堤化工园66公顷。为下一步“四个中心”建设及“济南新区”发展规划出较大发展空间。

【耕地保护】 2016年，济阳县坚持最严格耕地保护制度，列为全县科学发展观考核重要指标。严守全县6.93万公顷耕地、5.93万公顷基本农田的保护红线。做到耕地保有量6.93万公顷和基本农田保护面积5.93万公顷不减少，完成市政府分配的指标要求，完成新增耕地220公顷的目标，完成高标准基本农田2.28万公顷建设任务，新增耕地220公顷，总投资3.15亿元。

整平土地项目

【建设用地管理】 2016年，全县上报审批各

修筑田间道路

类建设用地10个批次、2个单独选址项目，75宗，面积168公顷。主要项目有大润发、凯莱电缆、昊阳热力、东普机械、稍门水厂、庚辰钢铁、新元学校、闻韶中学、佳怡物流、旺旺集团、银丰集团、斯帕法斯、中央华府、浙江五金建材、博通工业园、省监狱管理局监狱集群等。通过招拍挂供应土地66宗，面积220公顷，收缴土地价款11.22亿元；超额完成县府下达的任务。加强土地批后监管，现场巡查项目84个，签订交地确认书36宗，现场竣工验收20宗。对省厅下发的70个疑似空闲图斑，清查出空闲土地25宗，经过督促，约谈，有18宗土地全面开工建设。盘活低效用地11宗，面积34.67公顷。

【地籍管理】 2016年5月23日，济阳县政府召开全县农村集体土地确权登记发证工作会议，由各镇（街道）政府（办事处）主要负责人参加，各镇（街道）组织专门工作队伍，审核确认后进行登记发证，发证率99%。

【不动产登记】 按照省、市国土部门要求，完成不动产登记人员和业务整合工作，从济阳县房管中心和县林业局选定13名同志，工作关系全部划转到不动产登记中心，在完成系统对接基础上，在济阳县为民服务中心设立10个窗口，确保不动产统一登记流程和职责的完整性。对历史土地、房屋登记数据进行整合完善、整理入库，保障新旧登记系统的有效对接。针对一些遗留问题和疑难问题认真梳理，下发《济阳县人民政府关于划拨土地上住宅交易补缴土地出让价款的意见》等3个文件，促进不动产登记工作高效、顺利开展。全年颁发不动产权证书2765本，不动产登记证明1728份，12万本宅基地证书全部发放到户。

【矿产资源】 济阳县地处济南市北部黄河冲积平原。至2016年底，发现矿种有煤、石油、地热、天然气等。石油、煤、地热已开发利用。煤炭主要分布孙耿、崔寨、回河一带，探明资源储量15.48亿吨，保有储量为10.37亿吨，依法加强对矿产资源开采与保护日常监管，为煤矿完善远程监控设备和人员定位系统，建立矿产资源动态监察管理体系，为科技管矿奠定基础。矿产资源督察员先后4次对新阳煤矿生产活动进行监督检查，防止超层越界等违法违规行为。

【执法监察】 2016年，印发《济阳县开展无违法用地县创建活动实施方案》，开展“无违法用地县”创建活动。各镇（街道）制定相应工作方案，变土地违法一家管变为大家管。印发《济阳县规范土地行政处罚切实维护土地管理秩序实施意见》，统一明确执行主体及执行办法，解决土地违法案件执行难问题。全年查处违法占地87宗。面积5.54公顷，拆除7宗，移送法院强制执行案件81宗。

【节约集约模范县创建活动】 2016年，济阳县国土资源局加大节约集约宣传力度，积极争创国家级节约集约模范县。为营造浓厚的宣传氛围，“6·25土地日”，开展“节约集约用地，切实保护耕地”主题活动。与县教体局联合组织全县教师、中小学生绘画大赛作品评选活动，100余副优秀参赛作品在安大广场展出。成功创建“全国节约集约模范县”，获500亩土地指标奖励。（何怀友）

审计管理

【概况】济阳县审计局围绕全县经济发展大局，深化“民本审计”品牌建设，加大审计工作力度，提升审计质量，为全县经济健康发展做出新的贡献。全年完成审计和审计调查项目54项，查出主要问题金额62915万元，促进增收节支7561万元，提出审计建议160余条。连续保持“省级文明单位”称号。

【财政审计】以预算执行情况、财政资金安全和绩效情况为重点，对县财政局、县地税局、县农业局、县安监局、县成教局5个部门和单位进行预算执行审计。按照上级审计机关统一部署，开展减轻和公平企业税负、实行精准扶贫减少贫困人口两个“稳增长”政策措施落实情况跟踪审计项目。在县农业局的预算执行审计中对农业专项资金管理使用情况进行审计调查。以上项目查出违规金额431万元，管理不规范金额31815万元。通过审计发现存在预算内容不够完整和细化，少缴税款、部门预算编制和执行不规范，非税收入管理不规范等问题，提出建议28条。

【经济责任审计】加大经济责任审计力度，促进领导干部守法、守纪、守规、尽责，完成24个经济责任审计项目，查出主要问题金额2002万元。各审计组明确审计重点和内容，所有项目运用AO操作系统开展计算机辅助审计，运用OA管理系统加强审计实施管理。经济责任审计结果分别向县纪检委、县委组织部进行报送，作为考核任用干部的重要依据。

【固定资产投资审计】坚持“预防为主，效益第一”原则，以扩大审计成效，节约建设资金、维护项目安全，提高投资效益为目标。严格把关，看好政府“钱袋子”。先后完成济北开发区营家社区一期工程决算审计、2011—2013年度供热管网建设工程决算审计、2015农田水利建设项目县工程决算审计、2012—2014年度基础设施建设项目决算审计、济乐高速济阳连接线工程决算审计、济北中小企业科技产业园一号厂房及室外配套工程决算审计、汇鑫苑二期工程决算审计等13项审计任务，审减工程额6000余万元。

【专项审计和审计调查】按照省市审计机关统一部署，完成促进内贸流通健康发展，加强社会救助、扶持小微企业健康发展。大气污染防治政策措施落实情况跟踪审计和建购职工住房情况专项审计调查，解决城镇中小学大班额问题专项审计调查，信息系统专项审计调查等审计任务。在建购职工住房情况审计中，按照上级审计机关和县委、县政府要求，对建购职工住房审计查出的问题整改工作进行督促。（肖家东）

统计工作

【概况】开展第三次农业普查和1%人口抽样调查，提高统计监测分析质量，夯实统计基层基础，加强统计法制建设和作风建设，完成全年各项工作任务，为全县经济发展做出了贡献。获“全县科学发展先进单位”“人民满意机关”“省级文明单位”称号。

【第三次全国农业普查面积遥感测量调查】 2016年4月26日起，国家统计局山东调查总队在邹平召开全省第三次农业普查农作物面积遥感测量工作部署暨培训会议后，济阳县制定方案，全面开展济阳县三农普面积遥感测量工作。这次普查工作历时6个月，聘任辅助调查员和数据录入员40余人，组织现场培训会议2次，召开业务培训4次，开展数据会审6次，到20个调查村，100个调查样方的2000余调查地块开展调查，完成上级交给的各项任务。

【居民收支调查】 严格落实居民收支调查制度，积极开展全县15个调查样本点、150户调查对象的记账工作。通过建立住户家庭基本情况电子档案，逐户登记调查户的家庭基本情况，包括人员从业情况、收入情况、子女上学情况、家庭固定资产拥有情况了解城乡居民收入支出情况，为县委县政府及时了解居民收入提供参考依据。

【农作物对地抽样调查】 通过空天地一体化的调查模式开展粮食种植面积调查工作，配备精干人员，利用PDA设备在20个调查村的1800多个自然地块开展粮食种植面积测量；坚持深入田间地头，逐块丈量面积，实割、实打、实晒、实测，确保调查流程规范，测量小麦、玉米粮食单产数据真实有效。

【1%人口抽样调查】 成立县1%人口抽样调查工作协调小组，制定调查实施方案和调查细则，做好调查人员选聘和业务培训工作，深入镇（街道）村（居）社区开展宣传，严格执行普查标准进行入户调查。调查小区33个，登记户数2025户；调查户籍人口6186人，调查常住人口5981人。调查数据为县委、县政府制定发展规划提供参考依据。

【企业一套表联网直报】 推进固定资产投资统计、服务业统计、“四上”企业联网直报等统计制度方法改革。全县纳入企业一套表联网直报的“四上”企业334家、5000万元及以上投资项目单位196家，直报率100%。

【统计法制建设】 与县委组织部、县委党校联合举办全县统计干部培训班，邀请省、市统计局专家做统计法律与职业道德专题报告。组织开展统计法知识竞赛、以弘扬统计职业道德为主题的演讲比赛。严格按照法定权限、程序和要求，对全县72家企业开展统计基础工作和数据质量检查工作。

【统计信息服务】 加强经济运行统计监测，定期召开季度经济分析会，做好调研分析和信息咨询服务。编发《统计信息专报》22期，《统计月报》《统计快报》各12期，撰写统计信息80余篇，编辑印发《2015年济阳县统计服务手册》《2015年济阳县统计年鉴》等资料；组织撰写《济阳县政策性农业保险调研报告》《济阳县农村土地确权后经营方式转变及应用情况的调查报告》等关系民生的调查分析，为政府决策提供信息参考。 （杨　松　李继峰）

物价管理

【概况】 2016年，济阳县物价局维护市场价格秩序，对全县价格信息进行监督检查；依法查处价格与收费违法行为，调查处理“12358”举报电话和群众反映的价格问题。协调处理价格和收费争议，贯彻落实上级价格部门制定的成本调查、测算、审核工作。负责全县重要商品和服务价格的检测工作，负责价格评估、涉案物品价格认定和征地地面附着物清点认证工作。济阳县物价局被评为2016年度价格宣传报道工作表现突出单位。

【收费管理】 下发《关于取消收费许可证制度加强事中事后监管的通知》，对行政事业性收费管理工作实行新的监管模式。开辟政府网站“填报、公示”系统，与县财政局联合下发《关于开展2015年度行政事业性收费年度报告工作的通知》，明确规定自2016年开始，行政事业性收费年度报告工作依托“政府网站”在线填报系统，全面实施网上申报。与县财政局联合举办全县收费单位网上系统填报培训班，使报送人员熟悉系统、流程和填报要点。40个单位收费年报全部按时保质保量地完成上报，为收费监管打下基础。同时，全力推行“政府网站公示收费目录清单”制度，全面清理行政事业性收费项目和标准，及时更新发布项目和标准目录，禁止将已取消的行政事业性收费转为经营服务性收费或通过第三方强制收费，切实强化对价费行为的监管，严格政府定价、政府指导价和备案管理制度，加强跟踪巡查力度，及时纠正乱收费行为。

【价格管理】 按照定价目录规定管理权限，重点对电力、供水、药品、客运、粮油、蛋、奶、茶、农资等价格进行管理。为解决城区居民普通住宅小区物业服务收费问题，打破小区物业服务收费管理“瓶颈”，在深入调研、立足实际、突出职能、大胆创新、强化措施的基础上，抓住社会“焦点”、群众“热点”问题，重点突出统一领导、统一摸底、统一部署、统一审核、统一样式、统一安装等“六统一”模式，破解小区物业服务收费难题，在对全县住宅小区物业收费情况进行规范整顿的基础上，先后为49个小区全部安装公示牌，公示率100%。同时，进一步加强旅游景区、停车场和教育机构等收费公示监管，有3处旅游景点2个停车场、7所中小学和125所幼儿园收费全部进行规范化公示。

【价格监督】 按照“法无授权不可为，法定职责必须为”原则，在执行《山东省价格行政处罚自由裁量基准》基础上，严格规范价格行政执法自由裁量权，结合工作实际，探索统一部署与分类指导，专项检查与重点检查，调查、提醒、告诫与行政处罚“三个”相结合监督检查工作模式，重点开展教育、医疗两个价费领域专项检查，依法对4个有违规违法行为的单位，履行行政处罚程序，没收并处罚金额380余万元。开展涉农、涉企、交通运输、驾培驾考、市场中介常规领域以及电子商务、物流、家政等新兴领域收费专项整治，规范收费行为。同时，进一步加强重点时段、敏感时期市场价格的巡查、检查，重点对粮油、肉菜等生活必需品和液化气、成品油等民用能源价格及商场超市、宾馆酒店、物业等商品服务价格展开巡查，严肃查处经营者串通定价、捏造和散布涨价信息、超出成本增加的合理幅度哄抬物价、搭车涨价和通过抬高等级、短缺数量、以假充真、以次充好等价格违法行为。加大对价格违法案件查处力度，提高查办价格违法案件的震慑力。

【农产品成本调查】 开展各项农产品成本常规及直报调查、农户存粮、购买农资、种粮意向等专项调查。针对市场生猪价格波动较大，群众反映强烈情况，通过深入农户、经销商、生猪定点屠宰场走访等形式，及时了解生猪存栏及价格波动原因，作出可行性分析，加强正面宣传报道，缓解群众恐慌情绪，维护市场物价稳定。同时，按照《政府制定价格成本监审办法》和《政府制定价格行为规则》，严格执行成本监审工作程序，履行成本监审工作职责。服务重点领域价格改革，完成6所幼儿园幼儿培养、自来水阶梯价格供水和城市供暖成本监审工作，为政府决策当好参谋、助手。

【价格监测】 高标准完成省、市局部署的《主要副食品价格监测表（集贸市场）》等常规报表的监测上报工作。及时掌握蔬菜产地价、批发价、零售价格形成从地头到消费者之间的价格链条。与新济阳报社、济阳电视台协作，深化价格监测数据公布工作内容与形式，打造数字物价工程，以更加便捷的方式为百姓服务，并把价格变动情况及时上报给省、市物价局监测中心及县委、县政府，给政府决策提供第一手资料。

【价格认证】 全年办理刑事、行政、车物定损价格认定业务400余件，标的额1000余万元。切实做好每一起案件的资料审查、实物勘验、价格调查、鉴定测算、结论撰写、案件审核工作。严格工作程序，切实做到价格认定测算的科学性、统一性、可操作性，为司法机关办理案件提供有力价格依据。（刘素云）

市场监督管理

【概况】 2015年4月，原县工商行政管理局和原县质量技术监督管理局合并，组建县市场监督管理局。2016年，县市场监管局适应深化改革发展新常态要求，狠抓服务发展、市场监管、消费维权、产品（商品）质量监管、特种设备监察等工作落实，各项工作均取得优异成绩。获省级“文明单位”称号。

【“窗口”建设】 县市场监管局深化落实商事制度改革，加强服务“窗口”建设，提高服务效能。坚持人、财、物向“窗口”倾斜原则，将除公司登记外的其他市场主体登记权限全部下放到基层监管所，实行局所登记一体化，为各类市场主体登记提供“一站式”服务。在服务“窗口”落实一审一核、一次性告知、限时办结、预约和延时服务；实行“三通（符合规定的确保畅通、不违反原则的适当变通、无法办理的主动疏通）、三办（预约项目马上办、紧急项目加班办、重大项目跟踪办）”工作法；做到“四零”（服务受理零推诿、服务方式零距离、服务质量零差距、服务结果零投诉）。

【市场主体发展】 2016年，全县新发展各类市场主体6770户，其中，企业1596家、农民专业合作社110家、个体工商户5064户，分别同比增长32.12%、19.56%、6.12%。

【市场主体年报】 2016年，县市场监管局利用宣传车、广播、媒体、网信等方式广泛宣传市场主体年报公示制度，采取发放一封信、电话提醒、上门指导等方法推进年报公示。全县2015年度企业、农民专业合作社、个体工商户年报率分别达89.69%、99.81%、93.58%，名列全市系统前茅，依法将1925户未年报市场主体列入经营异常名录并向社会公示。

【两押一推】 2016年，县市场监管局落实动产抵押、股权质押和向金融机构推荐信誉良好企业“两押一推”措施，破解企业融资难问题。办理动产抵押登记44件、股权质押登记31件，抵押金额达11.4亿元，举办银企联谊会2次。

【市场监管】 2016年，县市场监管局加强网络市场监管，搜索率、研判率100%，网络经营主体建档率、亮照率、巡查率大幅度提升。走访约谈济阳圈、微济阳、济阳吧、众望商城等网络公众平台，加大网络交易违法案件查处力度，查处网络违法案件7起。加强农资市场监管，开展“红盾护农”行动，引导农民群众科学正确购买农资商品，规范农资生产经营行为，打击坑农害农违法行为。开展春节、端午、仲秋、国庆、元旦节日市场整治和校园周边环境整治。牵头开展城区集贸市场环境综合整治，采取“白＋黑”“5+2”工作法，老城农贸市场及城里集搬入新建市场大厅，王奎楼、朱家、徐家集贸市场秩序环境得到改善，城区环境面貌进一步提升。

【合同监管】 2016年，县市场监管局加强合同法律法规宣传和加大公用事业类、房地产、旅游、电器和汽车销售合同格式条款查处力度，检查37家企业的合同文本73份，查处合同违法案件1起。加强“守合同重信用”宣传，引导各类市场主体诚信生产经营，指导有条件的企业争创省级“守重”企业。全县73家企业提出省级“守重”企业申报，审核通过24家，最终公示省级“守重”企业22家。

【消费维权】 2016年3月14日，县市场监管局联合司法、农业、食药等部门，在曲堤集贸市场开展“3.15国际消费者权益保护日”宣传纪念活动暨送法下乡启动仪式，活动现场受理消费者投诉5件，发放宣传资料300余份，解答消费咨询200余人次。不断完善维权体系，畅通投诉举报渠道，及时解答消费咨询，依法受理和处理申诉举报。全年受理、处结“12315”消费者申诉举报咨询348件，处理各类转办件1180件，为消费者避免和挽回经济损失7.93万元。

【公平交易执法】 2016年，走访约谈供水、供电、供气、供暖等56家公用企业，开展直销经营服务网点及经营直销企业产品经营业户检查，建立档案，加大对违法组织直销员业务培训及违法从事直销活动行为查处力度，查处直销案件2起。加强投资担保理财类企业监管，排查清理出非融资担保企业58家。

【商标监管】 2016年，县市场监管局帮助各类市场主体查询商标、联系商标注册代理机构和办理商标转让、变更、续展、申报著名商标事项。申请商标注册136件，获省著名商标2件，续展省著名商标2件。加大商标专用权保护和打击“傍名牌”违法行为力度，将全县2件驰名商标、2件地理标志商标、25件省著名商标列为重点保护对象，开展商标专用权执法检查一次，检查市场主体486个、批发零售市场4处、大型商场3处，下达《责令改正通知书》13份，查处商标违法案件14起。

【广告监管】 2016年，县市场监管局加大药品、医疗器械、保健品、金融理财类、房地产、招生培训类等广告整治力度，召开广告媒介约谈会1次，查处广告违法案件16起。

【无照经营专项整治】 2016年5—10月，在全县范围内开展无照经营专项整治活动，下达《违法违章提示通知书》和《责令改正通知书》1221份，办理市场主体开业、变更登记1057户次，立案查处无照经营违法案件5起，向相关部门抄告《行政建议书》68份。

【标准计量监管】 推动企业产品标准备案登记制度向“企业产品标准自我声明公开”制度过渡，指导督促全县57家企业在国家企业产品标准信息服务平台上进行注册，自我声明公开企业产品标准311项，涉及972种产品。指导济南同溢兴业材料有限公司制定的企业标准通过专家委员会考核上升为国家标准。开展“一机二器四表”（加油机、出租车计价器、衡器和水表、电能表、热量表、煤气表）计量、安全防护用计量器具、医疗机构专项计量器具检查活动，累计检定、校准各类计量器具11768台（件），检验生产流通领域定量包装19个批次。组织开展“5·20”世界计量日和“计量惠民生、诚信促和谐”双十工程活动，宣传计量知识，免费为上千群众提供珠宝首饰、眼镜、电子血压计等检测和视力测试，深入2家学校、6个社区提供计量服务。

【质量监管】 2016年，县市场监管局配合上级检验检测机构对全县71家工业产品生产企业的99个批次样品进行抽样检测，合格率100%。对服装、儿童玩具、运动鞋、小家电、光纤电缆和轮胎等六大类商品的17个批次进行抽样检测，抽检煤炭样品12个，抽检肥料生产企业7家共计12个样品，抽检加油站60家次燃油样品118个，依据检验结果依法查处生产销售不合格商品（产品）案件13起。检查华联超市等3家销售企业的相关3C认证产品、7家资质认定检验检测机构，核查11家危险化学品生产企业。

2016年9月1日，济阳县市场监管局召开煤炭行业约谈会

【特种设备监察】 县市场监管局采取宣传教育、行政指导、执法监察三管齐下，开展特种设备安全监察和安全生产月活动，全年检查特种设备使用单位240家次，监察锅炉、压力容器、电梯、游乐设施等特种设备1100余台次，消除安全隐患53处，下达《特种设备安全监察指令书》42份，督促拥有和使用特种设备单位落实主体责任，提高安全管理意识。6月29日，在济阳新华能源实业有限责任公司举行特种设备事故应急演练，县市场监管局特种设备监察人员、公司分管安全生产的负责人及安全管理人员、锅炉操作人员50余人参加演练。

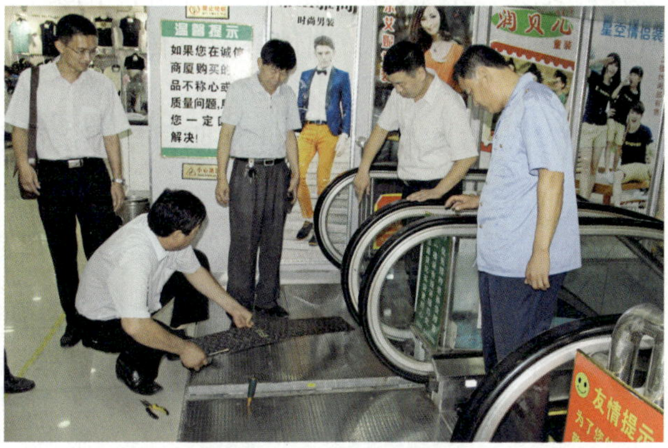

2016年6月，济阳县市场监管局开展特种设备（电梯）安全检查

【商事制度改革】 9月1日，在企业和农民专业合作社“三证合一、一照一码”（营业执照、税务登记证、机构代码证）登记的基础上，实行“五证合一、一照一码”登记改革，即整合社会保险登记证和统计登记证，由市场监管部门核发加载法人和其他组织统一社会信用代码的营业执照。12月1日，实施个体工商户“两证整合”，将原由市场监管、税务部门分别核发营业执照和税务登记证，改由市场监管部门核发一个加载法人和其他组织统一社会信用代码的营业执照。“两证整合”，进一步简化个体工商户市场准入流程，降低公民创业准入的制度性成本。

【无传销城市创建】 2016年，县市场监管局扎实开展“无传销城市”创建工作。在居民小区、镇政府驻地、集贸市场、学校安装“拒绝传销、建设平安家园”宣传栏，悬挂宣传条幅，公开举报电话，发放宣传材料。在山东英才学院等院校举办“无传销校园”宣传活动，进行案例、漫画讲解，发放法律法规小册子，签订《大专院校防控传销工作合作服务协议》。落实“五个一”（建立一个信息台、发放一封公开信、签订一份责任状、构建一张监管网、搭建一块宣传阵地）工作法和“五项”（打击传销责任机制、定向培训机制、知识普及宣传机制、举报快速行动机制、部门协作机制）工作机制。9月1日，济阳县通过济南市“无传销城市”验收工作组验收。

【事中事后监管服务平台建设】 2016年，县市场监管局协调联通公司建立起市场主体事中事后监管信息化平台，全县35个职能部门中24个安装调试上线运行，上线部门及时将市场主体有关信息推送到信息化平台上，实现信息共享。

2016年济阳县申报济南名牌产品、济南服务名牌名单

序号	企业名称	申报项目	申报产品名称 / 服务项目	品牌
1	山东重联电动车辆制造有限公司	名牌产品	全方位移动智能电动平台车	鲁重
2	济南深蓝动物保健品有限公司	名牌产品	液态维生素预混合饲料－金达维	深蓝动保
3	山东汉方制药有限公司	名牌产品	复方黄柏液	殨克
4	山东安信种苗股份有限公司	名牌产品	蔬菜种苗	安信种苗
5	济阳县政务服务中心	服务名牌	行政审批服务	智慧政务

2016年济阳县著名商标统计表

级别	商 标	认定商品或服务	企 业 名 称
省级	特地	牛奶；酸奶	山东高速生物工程有限公司
省级	蓬生及图	新鲜蘑菇；鲜食用菌	济南蓬生农业科技有限公司
省级	酷嗑	加工过的瓜子	山东酷嗑食品有限公司
省级	仁风西瓜及图	西瓜	济阳县仁风西瓜协会

（李国玉）

安全生产监督管理

【概述】 2016年，全县发生生产安全事故62起，死亡45人，伤21人。其中，道路交通死亡事故58起，死亡41人，伤21人；建筑施工事故3起，死亡3人；济章黄河浮桥水上交通事故死亡1人。春节期间申请办理烟花爆竹销售点193家，经过严格审查落实最后办证127家，烟花炮竹市场运行良好，各项控制指标均在市政府下达的控制范围内。

2016年2月4日，副县长呼廷贵督导安全生产工作

【夯实监管责任】下发《2016年度安全生产工作目标》及《2016年度安全生产工作要点》，对全年安全生产工作进行重点安排和综合部署。县政府与全县10个镇（街道）及32个负有安全监管职责的部门签订《安全生产目标责任书》，落实责任。印发《济阳县2016年度安全生产目标任务考核办法》，建立安全生产“党政同责、一岗双责、齐抓共管”的安全格局。

【专项治理】召开5次工作会议，组织各镇、各部门、各企业开展5次全县范围内安全生产大检查。以安全生产大检查、百日攻坚行动、安全生产隐患“大排查快整治严执法”集中行动为载体，做好重点行业领域专项整治和隐患排查治理工作。其中，按照“全覆盖、零容忍、严执法、重实效”要求，先后组织开展危化品、烟花爆竹、道路交通、建筑施工、消防安全、管线设施、特种设备等行业领域10余次专项行动。危化品领域，对全县12家危险化学品生产企业进行复工前全面检查，对使用危险化学品企业开展专项检查，整改隐患50余处。开展化工企业转型升级“三评级一评价”工作，29家化工企业完成安全生产评级。烟花爆竹领域，严查烟花爆竹非法违法生产储存、运输经营行为，强化烟花爆竹经营源头管理。春节前，对193家申办烟花爆竹临时经营许可证业户，严格审查评估，对符合法规标准的127家业户发放许可证。道路交通领域，认真开展“平安行你我他”行动，整治道路交通秩序，对大货车超限超载、司机酒后驾驶等行为进行严厉整治，查处酒后驾驶违法行为53起；处置3起危化品泄露道路交通事故；投入92万余元对道路交通标志缺失、遮挡、视距不良路段进行集中整治；结合“四城联创、五化提升”，对道路交通领域安全隐患进行整改。建筑施工领域，对在建项目安全保证体系的建立情况、施工作业人员上岗前的教育培训情况等进行复工前安全检查。整改施工现场未按要求进行围挡，施工现场办公区、生活区及作业区未划分等安全隐患。督促施工企业开展建筑施工安全质量标准化工作。消防安全，全面抓好火灾防控工作，加强居民社区、人员密集场所及商住楼消防安全专项治理，督促整改火灾隐患或违法行为163处，临时查封经营单位3家，依法处理2月27日名仕城爆燃事故。油气管道领域，加大对油气、供热、燃气管线日常巡查和随机抽查力度，排查整改安全隐患10余项。此外，还对特种设备、水利、电力、教育、农业机械等其他行业领域进行不断治理。

【企业主体责任落实】突出源头管控，抓好建设项目安全“三同时”审查，严把设计、施工、投产使用等环节安全监管，保证安全设施与主体工程同时设计、同时施工、同时投入生产和使用，严把高危行业准入门槛。与企业签订《安全生产目标责任书》，推行“日巡查、周检查、月报告”及隐患自查自报工作制度，提升企业安全管理水平。按照“全覆盖、零容忍、严执法”要求，以“六打六治”专项行动为抓手，始终对各种非法违法生产经营行为形成高压态势。取缔烟花爆竹一条街和乡镇集市烟花爆竹店外成片经营。县安监、公安、市场监管及属地街道等部门联合执法，取缔烟花爆竹一条街。同时，协助指导各镇取缔20个集次的烟花爆竹店外成片经营行为。对非法生产经营单位挂牌督办。针对“大快严”集中行动中排查出的17家非法违法生产经营单位，提请县政府进行挂牌督办，全部整改完毕。同时，多部门联合执法，依法取缔非法加油站（点）10余家。油气管线占压整改走在全市前列。经过排查，经过济阳县127千米的油气管线上，非法占压有3处。县经信、安监、油区办及相关镇政府依法采取措施，拆除3处占压油气管道非法建筑物。强化督导引导，落实企业主体责任。以法规宣传督促引导企业落实主体责任。印发《安全生产法》《职业病防治法》《山东省生产经营单位安全生产主体责任规定》等法律法规单行本计15000余册；印制“五落实五到位”“法释〔2015〕22号”挂图、活页4000余套，以镇（街道）为单位召开企业负责人、安全生产负责人、安全员专题会议30余场次，受教育群众3200余人。在危化品、涉氨制冷企业推行聘请专家查隐患制度试点基础上，督促其他行业领域聘请专家对企业安全生产条件进行评估和检查，借助专家技术优势，克服隐患排查治理的“视觉疲劳”，深入开展风险排查和安全隐患整治。全县企业自行聘请专家50余人次。

【宣传教育培训】 以“三进三促”“安全五进”等活动为抓手，印发《安全生产倡议书》，组织开展法律法规、安全常识和安全技能进企业、进镇村、进社区、进家庭等专项宣教活动。组织大型宣传讲座3期，安全教育小讲堂20余次，印发各种安全宣传资料3000余份。以“强化红线意识，促进安全发展”为主题，组织开展安全生产月活动。利用组装流动宣传车、刊发公益广告、发送手机短信、设立安全咨询服务点、成立安全生产服务队和组织安全知识竞赛等形式，开展宣传教育活动，促进安全文化、安全意识深入人心。提高从业人员安全技能。组织非煤矿山、危险化学品等重点行业（企业）负责人及专职安全员参加安全资格证取证复审培训班。同时，对全县50名镇安监员进行安全教育培训，提升基层安监队伍业务水平，培训次数达10次，每次1～2天。持续推进安全生产标准化创建工作。在多家危化品生产和烟花爆竹批发企业安全生产标准化创建达标基础上，印发《关于印发济阳县企业安全生产标准化建设工作实施方案的通知》。利用现场宣讲及各种媒体，采取公益广告、消夏电影、知识竞赛、摄影、展板、微博、微信等形式普及安全生产常识，宣传安全生产知识。全年播放消夏电影50场，普及应急知识。利用各镇（街道）农民大学堂，农民工培训基地等载体，每年培训农民工3000余人。

【违法违规行为查处】 调查处理20余起生产安全事故。把职业健康监管纳入日常执法检查，开展重点行业领域专项执法检查，采取“四不两直”、明察暗访、奖励举报、聘请专家、异地互查、联合执法等方式加强对违法违规行为的查处力度。全年处罚违法行为68家次，处罚金额97.98万元，其中涉及职业健康处罚4起，处罚金额4万元。对近160起群众举报进行受理，结案率和群众满意率均达98%以上，对群众举报奖励1.5万元。

【基层建设】 梳理确定单位行政权利清单和责任清单。权利清单规范行政许可事项5项，行政备案事项8项，行政处罚等事项106项。责任清单明确部门责任5项，界定与其他部门的职责边界6项，监管职责12项，公共服务事项 3 项。做到“法定职责必须为”“法无授权不可为”。加强安全生产队伍建设。推行服务标准化、执法规范化，审批服务和监管执法质量有较高提升。举办 2 期安监系统业务培训班。投入 6 万元，为各镇（街道）安监中队购买执法装备，提高安监中队执法能力。推行风险防控和隐患排查治理 2 个体系建设。在全县建立 76 个安全生产网格，按照实名制要求落实网格监管人员 28 名，协管人员 115 名，实现县、镇（街道）、村（居）三级安全生产监管全覆盖。印发《关于印发〈加快推进安全生产风险分级管控与隐患排查治理两个体系建设工作方案〉的通知》（济阳安发〔2016〕7 号），依托“济南智慧安监”系统，在政府层面、企业层面推开。同时落实乡镇安监基层建设，6 月 13 日，根据济编办发〔2016〕32 文件精神，印发济阳编发〔2016〕22 号文件，规定每个镇（街道）单独设立安全生产管理办公室，为副科级工作机构，核定行政编制 5 名，配 1 名副科级专职副主任，各镇（街道）编制人员均到位。（胡元刚）

油区工作管理

【概况】 2016 年，济阳县油工委主要工作是服务油田企业、服务涉油镇村、服务全县中心工作，创新油区环境，抓好油区生产。全年新打油井 11 口，投入 3800 万元，青苗补偿款 370 万元。

【油区综合整治】 协同油区分局整治非法土炼油、收油站点、打孔盗油盗气、管道违法占压物等影响油区秩序稳定问题。深入开展整治“两非一小”（非法收购原油、非法运输原油，小土炼油）专项活动，加大对输油气管道的监管力度，确保油区秩序有序规范。全年出动执法人员 136 人次，机动车 45 台次，办理群众举报电话 4 件。对重点区域和路段进行不间断巡查，保证输油气管道运行安全。

【油地关系协调】 坚持“服务是宗旨”理念，做好油区协调、服务工作。主动为油田生产建设做好超前服务、跟踪服务和善后服务工作，把一些苗头性、倾向性工作纠纷化解在萌芽状态。搞好工农协调，为油田企业创造良好的生产生活环境。坚持每月组织济北公司、涉油乡镇召开座谈会，查找工作中存在问题和不足，共同研究措施，及时化解矛盾。重视补偿款兑付工作，坚持到款即付，切实维护群众利益。2016 年，油田企业在济阳境内新打油井 11 口，施工顺利。

【安全生产】 坚持“安全第一、预防为主、综合治理”的方针和“安全发展”理念，发挥县公安局管线保护中队、油工委联防稽查队、油区派出所联防队三支队伍作用，到涉油镇村及管道企业宣传《中华人民共和国石油天然气管道保护法》，加强保护输油管道的保护意识。加大巡逻检查力度和密度，做到昼夜值班、时刻巡查，确保长输管线安全畅通，境内没有发生一起打孔盗油现象。严厉打击、排查各类生产安全中的安全隐患，及时消除管道占压隐患，协调处理管道占压隐患 7 处，全部拆除并且销

油田生产

号，隐患整改率100%，进一步规范油区生产秩序，确保管道安全运行。

【环境保护】 为防止单井污水污染，修建2个防漏污水池，实现污水全部收集，统一外输。修建污水集输管线，使污水进入联合站管网，集中处理，实现污水排放达标要求。

原油取样

（王爱芹）

综合检验检测

【概况】 检测中心有固定资产700余万元，实验室及办公面积1500平方米，仪器设备100余台（套），具备对食品、工业产品、农产品等产品的检验检测能力。

【实验室优化提升】 检测中心投资近40万元，对实验室进行搬迁改造和优化升级：重新设计建设微生物实验室，改造建设实验室通风系统，新建实验室集中供气系统，实验室水电改造以及实验室设备、实验台等搬迁调试。搬迁重建后的实验室硬件水平得到明显提升：实验室水电线路布局不合理和承载能力不足问题得以解决；增加集中供气系统，解决了气瓶摆放不规范、不安全等问题；重建后的微生物实验室解决了空间不足、功能不全、标准不高、水暖泄露等问题。

【资质认定】 检测中心经过省质监局考核，取得检验机构资质认定证书和资质认定计量认证证书。取得山东省质量技术监督局颁发的检验检测机构资质认定证书，可对食品类79种产品的1266个参数和非食品类25种产品的167个参数进行检验，并出具具有法律效力的检测报告。

【扩项】 检测中心认证扩项，拓展检测范围，在全市率先取得土壤检测资质认定基础上，于2016年4月着手水果和蔬菜中的农残项目扩项工作，总计61项，61个参数，检验检测能力及项目均走在全市前列。（张小梅）

食品药品监督管理

【概况】 济阳县食品药品监督管理局以争创省级食品安全先进县为总抓手，深入开展食品治理整顿工作，牵头组织“守护舌尖安全”专项行动，重点整治肉制品、初级农产品、食品添加剂等10个领域突出问题。累计检查单位4255家次，责令整改单位265家，签订食品安全承诺书300余份，查处违法违规行为162起。开展省级放心食品生产基地创建，总结“三治”工作经验，提炼“三警”“三示”工作法，引导企业采取先进管理模式。获“济南市药品不良反应监测工作先进单位”“济南市化妆品不良反应监测工作先进单位”等称号。

【食品安全监管】 强化食品生产单位监管，对全县72家食品生产加工企业、125家食品加工小作坊进行全覆盖巡查。实施大型单位食堂和集体聚餐单位备案管理制度，将全县80余家承接10桌以上宴席的餐饮单位纳入重点监管范围。落实学校食堂季度检查，加强对学校周边餐饮、流通单位的监管，累计检查餐饮服务单位1604家次，食品流通单位5772户次，各类批发市场、集贸市场184个次。开展食品安全“双随机”督导检查，抽查食品加工小作坊60家、食品流通业户20户，餐饮服务单位11家，发现21处问题全部责令整改。采取全程指导、重点培育等方式做好“食安山东”“食安济南”创建工作。至2016年年底，全县流通和餐饮示范单位分别为39家和31家。

【药械安全监管】 对全县药械生产、经营单位及一级以上医疗机构监督检查实现100%全覆盖。开展相对人及监管人员药品、医疗器械专业知识培训5次，培训人员340人。推进药品GSP认证，累计完成企业认证169家，认证通过率100%，药品经营管理更加规范。药品、医疗器械安全性监测稳步推进，2016年度分别报送药品、医疗器械不良反应（事件）报告688例、379例。

【保健食品、化妆品安全监管】 落实保健食品生产企业质量受权人制度，强化对生产规章符合性和质量保证性进行内部审核。落实保健食品生产企业定期自查制度和保健食品会议营销报告制度。加强监督抽检，对辖区内2家保健食品生产企业和1家化妆品生产企业进行抽样，抽取化妆品12批、保健食品6批。完成化妆品不良反应监测任务，完成不良反应报告40例。

【综合治理和专项整治】 牵头开展联合执法。1月，印发《济阳县“守护舌尖安全”专项整治行动方案》，联合县农业局、县公安局、县市场监管局等多部门开展专项整治。累计出动执法人员11392人次，查办食品案件138起，侦破食品犯罪案件3起，抓获犯罪嫌疑人3名，形成食安、农安、公安“三安”联动工作机制。规范重点食品生产加工行为。开展食用油、白酒、肉制品等重点食品安全专项检查工作10余项，对全县2家白酒生产企业、6家配制酒企业、4家肉制品生产企业、37家肉制品加工小作坊和2家保健品生产企业生产经营行为重点进行规范，对检查发现的12项问题全部督促整改。强化农村“三无”“三小”治理。开展农村市场“三无”食品专项整治工作，检查食品经营业户4000余家，查办各类食品案件133起。针对小食品店、小餐饮、小摊贩可能存在的食品质量安全问题，组织开展假冒伪劣整治、五毛食品整治和校园周边、景区周边食品安全整治等专项行动20余次。强化药械治理。开展药品生产质量提升行动，按照GMP管理要求，对辖区4家药品企业生产管理进行梳理检查。开展2016医疗器械专项整治行动，重点查处未注册、非法宣传等行为，共检查医疗器械生产经营单位50家，责令整改15家。

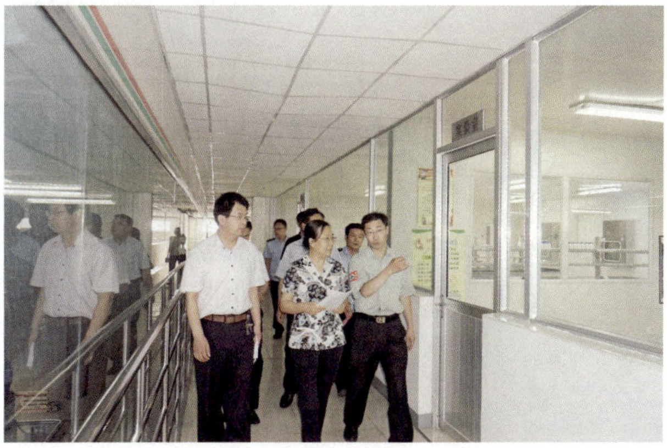

2016年6月24日，济南市副市长巩宪群到山东旺旺食品有限公司观摩放心食品生产基地建设情况

【产业状况】 食品药品产业是全县经济发展重要支柱产业，产业增加值每年保持30%的高速增长，食品工业总产值200余亿元，占全

县工业总产值的45%，占全市同类行业产值的1/3。济阳县成为全国食品工业强县、中国最佳食品投资园区、全省食品工业基地。至2016年年底，全县有食品生产企业203家，SC获证企业71家，产业规模5亿元以上企业10家。农产品形成“一镇一品”特色，市级以上农业示范园区14家，市级以上农业龙头企业57家，“三品一标”认证71个。全县有食品经营单位3629家，餐饮服务单位1104家，镇街农贸市场81个；药品生产企业4家，批发企业1家，零售企业167家；二级医疗机构3家，镇（街道）卫生院10所，村卫生室671个，个体诊所16家；保健食品生产企业3家，经营企业185家；化妆品生产企业2家，经营企业134家；医疗器械生产企业2家，专营企业41家。全县有食品药品从业人员5万余人。

【示范创建】 创建省级食品安全先进县。召开全县创建动员大会，成立县委书记、县长双任组长的高规格创建领导小组。采取“每周检查、双周现场调度，月督查通报”制度，狠抓工作落实。发挥食安办综合协调职能，推动创建工作深入开展。创建省级放心食品生产基地。建立“共治、法治、德治”三治工作体系，推出“三警”“三示”工作法规范企业生产过程，提出“五项独特技法”解决企业管理控制难题。8月17—18日，山东省放心食品生产基地创建现场推进会在济阳县召开，济阳的监管方式被认定为具有总结推广价值的亮点工作，成为济南市创城考核中加分项目之一。

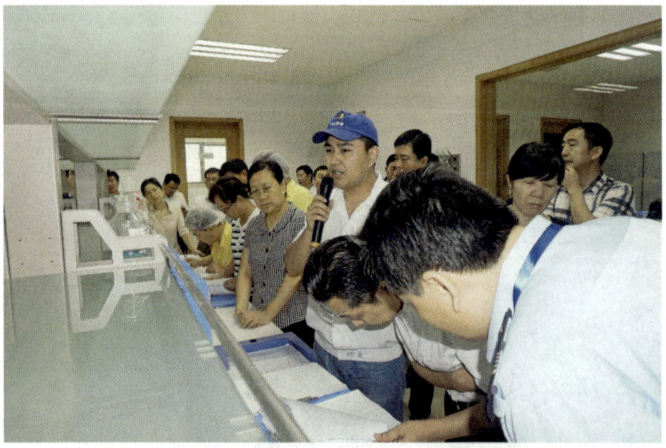

2016年8月17—18日，山东省放心食品生产基地创建现场推进会在济阳县召开

【宣传教育】 加强舆论宣传。在《济南时报》《齐鲁晚报》和《新济阳》设立专栏；编发《创建食品安全先进县工作简报》，在县城主干道设置灯箱广告，主要路口设置大型公益广告牌，公园广场设置宣传栏，张贴宣传标语，城区突出位置多媒体循环播放食品安全公益宣传片，出动食品安全宣传大篷车，在车站、广场、集贸市场进行集中宣传。组织开展“食品安全知识五进”“食品安全大讲堂”“食品安全周”宣传活动。制作主题宣传海报10000份、宣传彩页5000份、清凉扇10000把、鼠标垫5000个、桌牌1200个，全部发放到村居社区、生产经营单位、中小学校和医疗机构。妥善处理投诉举报问题，回应社会诉求。全年受理食品类投诉举报330件，全部按时办结并及时回复。引导广泛参与。多次邀请媒体记者、人大代表、政协委员和退休老干部到旺旺、达利等食品企业参观座谈；定期举办“食堂开放日”活动，邀请学生家长参观学校食堂，对食品安全工作提出意见建议。（柏金凤　刘世雄）

招商引资　园区建设

招商引资

【概况】 2016年，全县完成招商引资142.5亿元，同比增长10.47%。实际到账外资完成5.56亿元，同比增长12.06%。新签约引进项目84个，合同额98.58亿元。全县在建项目273个，其中，续建项目132个，实际到位资金85.5亿元。新建项目141个，实际到位资金57亿元。

【主导产业】 济阳县工业企业主要涵盖食品饮料、机械装备、电子信息、纺织服装、新材料等产业。随着招商工作的深入推进，食品产业群聚效应开始凸现。全县调整招商机构，充实招商队伍，瞄准重点地区，突出重点产业，组建专门招商队伍进行集中攻坚。围绕食品饮料这一特色产业，做好招商引资项目的储备、推进、跟踪和服务工作。按照资源深度利用、产品中高端延伸思路，做优存量，扩张增量，形成和扩大产业链经济，培育出具有本地特色产业群。先后引进旺旺、达利、统一、上好佳、康师傅、爱之味、加多宝、巧媳妇、丹夫、印尼迈大等50余家国内外知名食品企业。食品产业成为济阳独树一帜的特色主导产业。全年食品产业销售收入突破240亿元。济阳县被命名为山东省第一家省级食品工业基地、中国最佳食品投资园区、全国十大“食品工业强县”。

【招商成果】 先后赴台湾、北京、上海、江苏、广东等地开展招商活动20余次，参加各类推介活动12次，接待外商参观考察600余人次。全年新签约凯莱东尼电线电缆、大润发物流及结算中心、天晴能源、金罐包装、亚轩工程咨询、德信和保险等项目22个。其中实体经济项目18个，总部经济实现新突破，签约项目4个，过亿元项目9个，过10亿元项目1个，外资项目5个，新签约项目合同引资额26.2亿元，新、续建到位资金38.8亿元。全年盘活汉磁生物、天和韦博等闲置低效用地3宗170余亩，引进鲁枫家具、艾仕得华佳、统超物流等项目3个。

（代传德　杜　丹）

济北经济开发区

【概况】 2016年，济北经济开发区保持经济社会平稳较快增长。有工业企业497家，其中，规模以上工业企业94家，商贸企业400余家，限额以上贸易27家。辖区94家规模以上工业企业完成产值249亿元，同比增长4.1%；实现增加值65.4亿元，同比增长5.3%；实现利税36.5亿元，同比增长7.1%；实现进出口总额2.87亿美元，同比增长2.4%；实际利用外资55600万，同比增长12.1%；完成社会固定资产投资93.1亿元，同比增长34.7%。全年完成地方财政收入5.83亿元，同比增长13.8%。被授予“中国改革创新示范基地”称号，获济阳县科学发展一等奖、济阳县招商引资工作奖、济阳县财税工作奖等3个奖项。

【基础设施建设】 修订完善城区规划。将规划面积由建区之初的10.9平方千米调整至42平方千米，并细化功能分区，商贸区、住宅区、教育文化区、服务娱乐区，布局更加合理，为外来企业落户创造良好条件。加大基础设施投入。优先保证开发区基础设施建设资金。至2016年，累计投资近60亿元建设完善道路、供电、燃气、蒸汽、供水、雨水、污水，通讯、有线电视等基础设施，实现“九通一平”。同时，建设3座热源厂，兴建平原水库，扩建自来水水源地，兴建7座大型变电站，扩容污水处理厂，提升园区服务功能。开展配套和补链招商。

【管理与服务】 持续创新企业服务。推行和完善“6+信息化”企业服务平台，在用工、融资、惠企、交流、服务外包等方面为企业做好服务。全年为40余家企业解决用工缺口2600余人。为企业协调用水、用电、蒸汽、天然气等问题100余项。通过银行与企业采取“多对多交流、竞争性合作”的模式，为10余家企业累计融资5000万元。组织金麒麟、四方钢管等10余家企业申报各类扶持项目3项，累计金额300余万元。坚持和完善企业诉求月会制度，先后召开月会12次，协调解决天阳纸业、力生体育、金力液压等企业难题170余件。加大园区监管力度。联合税务部门开展税源普查活动，调查区内企业260家、清缴税款2350万元，全部催缴入库。完善安全生产网格化管理体系，检查工商贸企业80余家次，排除隐患500余项。对辖区内45家企业进行大检查，发现隐患311余处，限期整改38处，下达停产通知1份。全年没有发生一起重大安全事故。

【项目建设】 围绕服务食品产业，打造现代物流服务体系，利用济阳南部崔寨镇等便利的交通优势，规划建设翰迪物流园，纳入全市物流园区规划，新引进中通速递、上海宇培、丰树物流、普洛斯物流等一批知名现代物流企业，增强济阳招商和经济发展承载能力。建立特色园区。开发区内台资企业规模较大、相对集中，至2016年，济北台湾工业园发展成为黄河以北、华北地区最具发展活力和开发前景的台资工业园区和台商集聚地。入驻台资企业60家，合同利用台资14亿美元，实际到位资金5.9亿美元，是全国18家“中国最具台资企业投资价值园区”之一。与中华两岸企业发展协进会签订战略合作协议，建立起长期战略合作关系。设立全省第一家引进台湾人才智力试验区，将对台合作由引投资、招项目拓宽到科技合作、人才交流领域。举办首届鲁台中小企业创业创新论坛，邀请各界台商240余名参会。丹夫食品、上好佳二期等一批项目投产运营。印尼迈大主体结构完工，设备在安装中。熊猫乳业、紫燕食品完成主体建设，预计2017年上半年投产运营。9月，九阳豆浆机项目一期投入生产，项目二期正在办理相关手续。

【项目选介】

德信和保险代理 由山东德信和保险代理有限公司投资，从事寿险、财险、车险、团险等保险产品咨询和销售的专业保险代理机构。公司结算中心落户开发区。把济阳县以外的保险业税收引入开发区，年纳税额1000万元以上。

济北云众创客空间创业总部基地 由济阳县人民政府、北京云众创客投资管理有限公司和济南济北经济开发区管委会在济北开发区内合作建设。项目位于海峡两岸青年企业家创业基地内，办公面积3000平方米。众创项目每

年聚集活跃的创客100余人，集聚活跃的创业团队20余个，每年新增注册企业50家余，每年路演项目次数50次以上，每年举办2次以上大型项目创业大赛。

凯莱东尼电线电缆　由山东凯莱东尼电线电缆股份有限公司在济北开发区内投资建设，项目总投资2.8亿元，其中固定资产投资2.3亿元。总建筑面积7.2万平方米,其中,厂房5.5万平方米，库房1.2万平方米，办公、宿舍等5000平方米。项目主要生产电线电缆，年产电线1000万米，电缆600万米。项目年实现销售收入4亿元，上缴税收2000万元。

金罐包装制品　是香港广纪有限公司在大陆投资的全资公司，迈大集团战略合作伙伴。项目总投资1.2亿元，注册资本1000万元，建设规模1万平方米，位于正安路西、天业能源北。主要从事研发、生产、经营各类食品、药品、文具等马口铁包装制品。年实现销售收入1亿元，上缴税收400万元。　（朱　超）

农　业

综　述

【概况】 2016年，县农业局以粮食生产为主，加快现代农业园区建设、推进农业产业化进程，扶持农业龙头企业做大做强，提升规范农民合作社发展，培育家庭农场、种粮大户等新型农业经营主体，推进农村产权交易工作，多措并举发展现代农业。粮食种植面积9.15万公顷，单产412.1千克/亩，总产56.54万吨。全年补贴小麦种植面积5.3万公顷，补贴资金9935万元，亩均补贴125元。

【农业产业化经营】 认定市级农业龙头企业8家，全县市级以上农业龙头企业达52家；完成市级及以上农业龙头企业动态监测18家、合格企业9家（其中，市级合格5家、省级4家）、放弃监测7家、注销企业2家；获批一镇一品示范镇5个，其中，国家级1个（曲堤镇）、省级4个（太平、回河、垛石、济阳街道）；组织农业龙头企业负责人培训12人；组织科技企业对接6家，其中，对接齐鲁大学4家、省农科院1家、山东农业大学1家；加大对企业的扶持力度，为企业争取扶持资金170万元，其中项目奖励4家，贷款贴息2家，品牌奖励1家。

【新型农民科技培训】 承担《山东省新型职业农民培育示范县项目》，培育生产经营型职业农民200人，培训对象年龄为18～55周岁，以农业生产为职业、具有较高专业技能，主要包括专业大户、家庭农场主、农民合作社骨干等。培训分两阶段进行，第一阶段为生产技能培训。重点培训实际操作技能，在当地农业生产现场，采取“田间课堂”方式，培训42学时。第二阶段为经营管理培训。重点培训生产管理与市场营销知识，在济南市农民教育培训基地集中培训6天。认定2016年新型职业农民150人，颁发“济阳县新型职业农民证书”。承担《济南市现代农业科技培训项目》，培育基层农技人员200人，培训对象是县、镇两级农技人员，培训专业是农产品质量安全及生态循环农业；培育职业农民400人，培训专业为番茄及苹果栽培种植技术。

【农村经济管理】 坚持四个统一规范财务管理。坚持统一财务制度；坚持统一科目设置；坚持统一票据，全县按统一格式、统一编号，印制《村级集体经济组织收款收据》《村民一事一议筹资筹劳专用收据》《农民承担生产生费用专用收据》《村级集体组织付款凭据》4种村级票据；坚持统一财务软件。根据各镇（街道）的农村财务管理情况，按季度或半年对全县村级财务管理进行检查通报。

【农村专业合作经济组织】 济阳县农民专业

济南瓦力蚯蚓养殖

合作社在省级示范社评选中，有7家合作社被评为省级示范社。在市级示范社评选中，有17家合作社被评为市级示范社。有10家合作社被评为县级示范社。全年，新增农民专业合作社90家，总数达1130家，涉及种植、养殖、林果、农机服务等多个类别。

【农村产权交易】 6月28日，济南市首批农村土地经营权抵押担保贷款发放暨济阳县农村产权交易中心揭牌仪式在县农业局六楼会议室举行，济阳县农村产权交易中心正式成立。至年底，办理37个土地经营权证，其中，家庭农场10个，合作社7个，农业企业7个，种植大户13个。涉及土地面积429.74公顷，农村土地经营权抵押担保贷款金额1485万元 。办理大棚证176个，涉及土地面积328公顷，大棚证抵押贷款金额1518.5万元。

济阳县农村产权交易中心正式成立

【土地流转】 全县有农业人口48.96万人，实行家庭承包经营的农户11.9万户，承包经营土地5.5万公顷。全县农村土地经营权流转面积为9902.4公顷，占承包土地面积的18%。从流转方式看，以转包为主，通过转包方式流转的土地5449.6公顷，占流转总数的55.03%。从乡镇看，全县8镇2街道都存在土地流转现象，发生流转的村数为852个，签订流转合同数为97356份。流转的土地，在农村土地流转服务中心登记备案的为4233.87公顷，签定土地流转合同799份，其中整块流转面积100～300亩的107宗，300～500亩的17宗，500亩以上的12宗。

【三品一标认证】 7月5日，召开“三品一标”工作会议，印发《关于加快推进“三品一标”工作的意见》。9月7日，召开“三品一标”工作会议，印发《关于加快推进新型农业经营主体“三品一标”认证工作的意见》。全年，完成无公害农产品复查换证5个，绿色食品新认证上报材料9个，其中，3个农产品通过中国绿色食品发展中心的审核颁证，6个农产品正在审核中。

【植物检疫】 对全县范围内910.49公顷桃树、李树、杏树进行李痘病害调查，对全县800公顷水稻进行水稻细菌性穗枯病调查，均未发现疫情。开展小麦育种基地的产地检疫工作，未发现检疫对象。开具产地检疫合格证60份，调运检疫证书48份。发放《致广大蔬菜种植户的一封信》，黄瓜绿斑驳花叶病毒病等检疫性有害生物的形态识别及防控基本知识宣传册2200余份。

【农产品、农资质量检测】 配合省市完成农产品抽检工作13次，共抽取样品211个（其中

无人机防治病虫害

韭菜样品120个)，合格率100%。开展监督抽检，委托抽检韭菜样品130个。全年，各镇(街道)、各新型农业经营主体共完成农产品抽检12256个，检测合格率100%。

【农业标准化生产】 对全县农业生产经营主体落实农业标准化生产责任，出现农产品质量安全问题，一票否决，取消一切扶持资金。坚持绿色生产理念，推广质量控制技术，提高农业生产组织化程度，推行三品一标认证，省级农业标准化生产基地数量达3个，分别为济阳番茄特色品牌基地、济阳县仁风镇富硒西瓜标准化生产基地、济南曲堤黄瓜特色品牌基地。

【农产品安全监管】 结合省级农产品质量安全创县工作，对全县范围内30家种植单位、40家农资店开展农药使用和销售、生产安全、生产档案专项检查，保障农产品质量安全。

【农业执法】 开展农资市场清查工作，严查高毒农药，落实农药备案。针对农药监管薄弱环节，组织开展村级农资店禁限用农药清缴行动。出动执法人员1000余人次，检查农资生产经营单位900余家次，随机抽检农药样品23个，没收农药500余千克，立案查处5起违法经营行为。组织协管员先后开展百草枯水剂、二溴氯丙烷产品专项整治行动。 (高玉新)

【美丽乡村建设】 对照《美丽乡村建设规范》(山东地方标准DB37)85项指标进行评价打分，确定全县村庄等级，达到A、B级美丽乡村有275个，覆盖率32.66%；C、D级村提升到A、B级村的村庄有43个，完成全年美丽乡村覆盖率37.77%的任务目标。

依托济阳黄河水稻特色，在济阳街道建设“稻花香里，黄河人家”美丽乡村精品路线，包括7个示范村，其中，省级示范村5个(葛店、化仁村、北肖、孟家、宋家)，县级示范村2个(高楼、新罗家)。在崔寨镇建设市级示范村1个(狮子孙村)；全县建设79个镇级示范村。主要建设内容是硬化道路、胡同，修建排水沟，村庄绿化、亮化，文化广场和公厕建设。省市县级示范村项目总投资884.88万元，镇级示范村总投资2400万元，全年各类示范村完成工程量95%以上。 (刘金民)

种植业

【概况】 全县粮油种植面积9.29万公顷，粮油总产56.54万吨。小麦种植面积5.08万公顷，总产量是30.67万吨；玉米种植面积4.12万公顷，总产量是24.89万吨；水稻种植面积1020公顷，水稻总产量6979吨。棉花种植面积533.33公顷，总产量是586.7吨；油料作物种植面积846.67公顷，总产量4175.8吨；蔬菜种植面积2.33万公顷，产量139.04万吨。

【强农惠农政策】 全年补贴小麦种植面积5.3万公顷，补贴资金9935万元，亩均补贴125元。政策性保险，小麦投保面积2106.94公顷，玉米投保44551.16公顷，小麦受灾面积762.97公顷，玉米受灾面积4735.65公顷。小麦、玉米共赔付受灾资金700万元。种植种粮大户141个，种粮总面积是1096.56公顷，发放补贴资金892672.8元。

【粮食生产】 粮食种植面积9.17万公顷，单产是412.1千克/亩，总产量56.54万吨。实施农业支持保护补贴和小麦、玉米政策性农业保险等惠农政策。在小麦生产中重点推广小麦宽幅精播、规范化播种、氮肥后移、一喷三防等技术，在玉米生产中重点推广“一增四改”、机械精量播种、“一防双减”、适期收获等技术。

【植物保护】 全县农作物病虫害发生20.56万公顷次，较上年减少1.66%，其中，小麦病虫害发生面积7.35万公顷次，较上年减少9.45%，玉米病虫害发生面积3.18万公顷次，较上年增加14.94%；水稻病虫害发生面积1180公顷次，较上年减少18.43%；农田杂草发生面积6.77万公顷次，较上年减少0.49%。通过防治挽回损失26万余吨，其中，粮食作物7.64万吨，油料作物（花生）700吨，蔬菜18.29万吨。实施小麦“一喷三防”项目，通过公开招标，采购杀虫剂、杀菌剂、叶面肥等246.55万袋，计107.58吨，分发到户。5月12日，在太平镇小麦高产创建示范方开展病虫害飞机防治，喷防面积4466.67公顷。（高玉新）

【现代农业科技示范园】 济阳县现代农业科技示范园位于济北经济开发区以北，占地面积266.67公顷，由农业部规划设计研究院规划设计，按照“体现三生、实现三变”的总体功能定位，以“科技示范、辐射带动、科技服务”为宗旨，引进、孵化国内外具有领先地位的山东安信种苗股份有限公司、山东嘉元食用菌有限公司、山东硕博农业、山东乐途旅游有限公司等14家企业，形成“六区一中心”建设布局，涉及农业工厂化蔬菜、仲秋红大枣、精品花卉、食用菌生产、农产品加工等多个特色产业。被评为“省级农业科技示范园”和“山东省休闲农业园区”。园区基础设施基本完善，道路、桥涵和排灌渠全部建成，农业“展示中心、体验中心、培训中心”建成并投入使用；建成近13万平方米的智能育苗温室，实现年集约化育苗能力1.6亿株，秧苗辐射山东、辽宁、河南、江苏、河北、内蒙古、山西等10余个省市自治区，服务周边农民3万余户，实现销售收入8000余万元；建成7万平方米的连栋高温棚体，实现一年四季“红心火龙果、富硒西瓜、葡萄、草莓、哈密瓜”等经济作物的休闲观光采摘。

（张泽利　朱新燕）

瓜菜生产

【概况】 全县瓜菜生产围绕“扩面、提质、增效、推新、保安”的发展思路，通过政策引导、技术支持、项目扶持等系列措施，瓜菜生产在产业扶贫、优化布局、标准化生产和科技投入等方面有了长足发展。全年新上各类蔬菜大棚3228个，除去土地减少及自然减少因素，瓜菜种植面积稳定在2.33万公顷左右。曲堤镇被农业部公布为第六批全国“一村一品”示范村镇，也是济南市唯一获此殊荣的乡镇。在以“创变、升级”为主题的2016年中国蔬菜育苗产业大会上，济阳县被授予“全国蔬菜产业先进县”称号。

【产业扶贫】 落实《关于加快全县蔬菜大棚产业发展推动贫困村脱贫致富的实施方案》和《关于加快全县蔬菜大棚产业发展推动贫困村脱贫致富的实施方案的补充意见》，组织全县贫困村利用政策优势，加快发展大棚规模生产，全县贫困村扶贫项目入库评审，蔬菜产业项目达

60%。

【加快标准化生产】 加快蔬菜标准园建设。按照农业部“五化”标准和“六统一”要求，建设7个市级标准园。开展蔬菜技术规程宣传推广专项活动。在曲堤镇和回河镇开展冬暖棚黄瓜、西红柿、拱棚黄瓜栽培模式技术规程的宣传推广，提升标准化生产水平提升。实施蔬菜种苗振兴计划。全年培育扶持集约化育苗企业6家，全县规模化较大育苗企业15家，年育苗量3.2亿株，其中，育苗能力过亿株的有1家，过3000万株的有2家。发展生产菌包能力1000万个以上的食用菌标准化、专业化良种繁育场2处。

【瓜菜科技推广能力】 以大宗蔬菜产业技术体系示范县建设为平台开展新技术推广应用和新品种推广，推广蔬菜新技术1项，推广蔬菜新品种3个。实施“大拱棚小型西瓜高产高效栽培技术示范推广”项目，在西瓜产区开展小型西瓜综合技术推广，引导瓜农采用新优品种和优质、高产、高效、生态安全的西瓜种植模式与配套技术。加大技术培训力度，对全县蔬菜基地主要蔬菜生产全程性技术咨询服务，全年举办培训班8期，培训1200人次。

【提升蔬菜食用安全】 对全县所有大棚种植户发放蔬菜安全生产承诺书、蔬菜生产销售记录、和标准化生产技术资料各一份，指导标准化生产，做出安全生产承诺。开展全县韭菜安全生产专项整治活动。绘制韭菜生产地图，通过报纸等媒体动员安全生产，举办安全生产培训班3期，与全县248户韭菜种植户签订安全生产告知责任书。

【信息化平台建设】 建成与菜农沟通的三个信息化平台。延长热线电话服务时间。建立“济阳蔬菜”微信公众号，把工作动态和政策信息对外发布；不定期传播新型实用技术，指导菜农发展蔬菜生产；开设公众号留言功能，架设与菜农直接对话平台。建立“济阳蔬菜信息网”，展示全国各地蔬菜科技博览情况、济阳县蔬菜工作动态、新技术新品种推广等信息技术，蔬菜相关政策及时向群众发布，接受群众咨询、投诉，解答群众疑难问题。（张　雷　罗明胜）

林　业

【概况】 2016年，县林业局把林业生产工作和生态县建设、大气污染防治、农村扶贫工作结合，以开展植树造林、保护绿化成果、发展林业产业为重点，扎实工作，各项工作取得明显成效。被授予全县“科学发展二等奖”。

【植树造林】 2016年，按照济南市林业局下达的林业生产任务，重点打造济乐高速绿色通道建设、村庄绿化、水系生态绿化、高标准农田林网建设、沙化土地治理和林下种养项目建设等六项工程。完成造林面积812.07公顷，其中，用材林677公顷，经济林137.47公顷，新建农田林网1333.33公顷，完善农田林网666.67公顷，全民义务植树100余万株，林果花卉育苗200公顷。

【经济林产业】 全年新发展经济林面积137.47公顷，超额完成133.33公顷退耕还林任务。同时开展林业产业扶贫工作，扶持贫困村发展经济林特色产业和实施低产低效果园提升改造，提供技术指导和资金奖补，全县贫困村种植经济林66.67公顷。启动食用林产品质量安全快速检测工作，保障果品的市场准出。

【林下经济】 利用林地空间，发展林下经济。重点抓好济乐高速两侧及贫困村林下育苗、林下养鸡养鸭、林下养猪、林下发展中草药、养殖食用菌等项目，全年新发展林下种养经济200余公顷。

【林业有害生物防治防治】 加强虫情监测，开展以春尺蠖为重点的林业有害生物防治工作，组织相关镇（街道）采取释放烟雾弹、喷洒药物等方式对发生虫害的640公顷林地进行集中防治。县域内有零星发生的美国白蛾得到及时防控，没有造成危害。启动林业有害生物普查工作，对十几种发生概率较大、危害较重的林业有害生物设立标准地进行调查，为做好防控工作提供依据。

【野生动物保护】 开展打击破坏野生动物资源违法犯罪专项行动和“清网行动”，组织森林公安、森保、林政等部门联合执法，对滩区、林场、湿地等重点区域进行拉网式巡护，加强对鸟类等野生动物越冬地、栖息地、迁飞停歇地、集群活动区等区域的野外巡护和监管，严厉打击乱捕乱猎、收购运输野生动物的违法犯罪活动，查处野生动物案件2起，解救灰斑鸠50余只，麻雀200余只。

【林业执法】 合理安排林木采伐限额指标，全年批准采伐林木6500立方米。组建县森林公安局，完善林业执法体系，初步形成森林公安、林政、森保联合执法机制，联合开展专项清理整治行动3次，处理涉林违法案件3起。

（王　萱　董红凤）

畜牧业

【概况】 济阳县畜牧兽医局主要负责全县畜牧生产指导、养殖技术推广、动物疫病防控、畜禽品种改良、动物卫生监督、畜禽及产品检疫、畜禽屠宰管理、畜产品质量安全和兽药饲料监管等工作。

【畜禽养殖】 全县存栏奶牛1万头、肉牛1.6万头、羊8.39万只、猪12.67万头、禽597.11万只（其中，蛋鸡82.05万只、肉鸡263.75万只、鸭248.98万只、鹅2.33万只）；出栏肉牛1.48万头、羊15.11万只、猪20.27万头、禽1923.11万只；肉类总产量7.3万吨、鲜奶4.39万吨、禽蛋1.14万吨。

【规模经营】 以规模经营为导向，推广养殖小区、标准化养殖场和畜牧养殖合作社发展模式，向质量效益型、生态环保型现代化畜牧业发展。全县有规模化养殖场（小区）141家，其中国家级养殖示范场1家，省级养殖示范场18家，市级养殖示范场18家，当年全县有2家养殖示范场被评为省级养殖示范场，3家养殖示范场被评为市级养殖示范场。

【科技推广】 深入基层开展畜牧养殖技术培训，重点推广高产奶牛、优质肉牛、优质肉羊和生猪快速育肥的饲养管理技术。举办各类培

2016年3月16日，全县举行首批基层动物防疫与畜产品质量安全防监员培训

训班6次，培训人员300余人次。利用《齐鲁牧业报》和《山东畜牧兽医》等刊物推广畜牧养殖技术，向养殖户发放各种资料800余份，提高广大养殖户的养殖、饲养管理技术。

【疫病防控】 对重大动物疫病实行免费免疫注射疫苗，春秋两季免疫猪25万头、牛羊30万头（只），家禽2100余万羽。5月、11月，对全县存栏奶牛养殖进行“两病”（结核、布病）检测，检测奶牛2000头，无奶牛阳性病例。

【检疫执法】 重新规划产地检疫申报点10个，建立标识牌，公布报检电话及报检制度，从源头上控制动物疫病传播。严把屠宰检疫关，实行定点屠宰和牲畜报检同步进行。检疫员驻场检疫，牲畜进入屠宰场查标验物，全年检疫生猪83768头，禽1624.65万只；猪产品1228.1吨，牛产品2449.1吨，鸡产品42103.2吨。全年上报病死猪34604头。开展“瘦肉精”检测7350次；通过兽药GSP认证兽药经营业户8家，取缔不合格的兽药经营业户20家；对全县15家生鲜乳收购站和7辆生鲜乳运输车每月进行一次全面检查，全年抽检生鲜乳12批次，合格率100%。

2016年8月17日，防监员到仁凤镇华多农牧有限公司进行生猪免疫培训

【养殖保险】 全县养殖业保险累计承保奶牛4197头、能繁母猪7155头、育肥猪145479头，参保保费收入605.277万元，赔付率85%。

（朱宝强）

水产业

【概况】 2016年，全县淡水水产面积1656公顷，其中，池塘养殖面积1211公顷，水库211公顷，河道91公顷，湖泊143公顷。孵化各种鱼苗6000万余尾，放养大规格鱼种2470万余尾。淡水水产品产量10637吨，其中，养殖产量10502吨，捕捞产量135吨，产值11188万元。

【水产品养殖】 抓好“鱼藕混养”产业化生产，采取“藕+鲫”“藕+鲤”“藕+鲶”等多种混养模式，济阳街道慈兴村孙忠友的“鱼藕混养”面积10.7公顷，平均每公顷产藕4.05万千克，产鱼5400千克，每公顷效益达5.25万元。2016年，全县“鱼藕混养”面积464公顷，实现每公顷效益3.45万元。济南市标准化设施渔业提升项目，在新阳家庭农场实施的“济南市标准化设施渔业提升项目”南美白对虾养殖，获得成功，亩产量400千克，产值1.6万元。山东省基层农技推广体系改革与建设补助项目，水产办公室参与山东省基层农技推广体系改革与建设补助项目，项目在实施中。

（鲁文凤　陈　刚）

农业机械

【概况】 全县农机总动力达94.88万千瓦，大中型拖拉机4641台，小型拖拉机2566台，小麦联合收割机1411台，玉米联合收割机955台。拖拉机配套比达1∶2.6，农机综合服务化水平达 83.6%，主要农作物玉米机收率达 90%，小麦机收率达 99%。培训农机修理人员、农机具操作人员、农机管理人员 4.32 万余人次。

【农机购置补贴】 全年争取中央农机购置补贴资金 2285 万元。补贴各类农机具 1122 台套，受益农户 1045 户，带动农民投资 6500 余万元。通过项目实施，拉动农民投资，优化全县农机装备结构。

【农作物秸秆机械化还田】 全县秸秆综合利用率 99%。深松作业面积 1.33 万公顷，涉及全县 10 个镇（街道）200 余个村。在土地整理过程中，推广使用激光整平设备，精细整理，效果良好。在旭丰公司推广整理 133.33 公顷。

【水稻机插秧技术推广】 选取有实力的合作社、农机大户加入水稻全程机械化生产队伍，加强技术指导，提高合作社和稻农的积极性，加快济阳水稻机械化生产进程，逐步增加水稻种植面积。实现水稻全程机械化生产 333.33 公顷。

机收水稻

【农机新技术、新机具推广】 全县小麦种植面积 5.08 万公顷，机播率 98%，机收率 99%，小麦生产机械保有量 7300 台。玉米种植面积 4.12 万公顷，机播率 99%，机收率 90%，玉米生产机械保有量 6900 台。水稻种植面积 1020 公顷，机播率 30%，机收率 85%，水稻生产机械保有量 214 台。花生种植面积 2200 公顷，机播率 90%，花生生产机械保有量 213 台；全县棉花种植面积 533.33 公顷，机播率 90%，棉花生产机械保有量 80 台。

机收玉米

【农机安全生产】 全县有农机监理服务机构 1 个，农机管理人员 34 名，拥有拖拉机及配套农机具 2.62 万台，综合机械化水平达 83.6%。全年农机“三率”80%（上牌率、检验率、持证率）。 （马　琳　朱宝珍）

水　务

【概况】 全年实施徒骇河干流济阳段应急治理项目，节水灌溉、小农水重点县项目、城乡供水一体化，县管河道治理工程进展顺利。在全市率先建立县级水资源远程在线监测系统，对已办理取水许可的部分取用地下水单位用水量进行实时在线监测。自来水入户率 89%，征收水资源费 409 万元。获县委、县政府表彰的“科学发展一等奖”“招商引资工作奖”“新农村建设工作奖”“突出贡献奖”“三重点”工作突出贡献奖、县级档案工作先进单位等称号。

【河道治理】 完成大寺河、齐济河、牧马河三条骨干河道防洪除涝工程，对三条河道进行拓宽综合治理，增强河道拦蓄客水功能，有效拦蓄引黄尾水和雨洪水，增加河道水源2000～4000万立方米。投资58.788万元，对张辛总干、王让沟进行清淤治理，清淤长度14.61千米，土方15.22万立方米。做好徒骇河应急治理工程，治理26千米，投资近1亿元。

【水利基础设施建设】 在沟杨、葛店闸前新安装移动应急泵站2处。投资76万元，对8座危桥改建维修。对牧马河牧马闸、芦兰河平家闸及徒骇河沿线岸7座涵闸进行维修改建。新改造坑塘20余处，引导群众利用机井、坑塘等各类水源灌溉。督促各镇（街道）村对排涝沟渠进行清淤疏浚，对辖区内水利设施进行再检查，检修泄水闸门，修护提水设备。投资340万元，实施小农水维护工程。

【水源工程建设】 稍门水库及其配套工程总投资6.35亿元。稍门水库工程。完成水库围坝填筑、库底防渗工程，坝坡防渗及衬砌工程、入库泵站、出库涵洞，水库主体工程全部完成。其他配套工程。主管网一体化工程总投资1.35亿元。完成全部建设内容实现全县供水一体化管网贯通，将稍门水库的净水通过主管网输送至现有水厂，现有水厂作为二级加压站，将净水通过原有供水管网输送至各用水户。投资1691万元对西总干渠进行清挖、扩挖、改造、衬砌，修建水泥路，两侧绿化等。投资2500万元，实施葛店引黄闸前泵站工程，至年底，看护房已竣工。稍门水库水厂建设分二期进行，总投资1.35亿元。其中，第一期为9

稍门水库引水渠道　（周伟伟　摄）

万立方米净水厂，投资9000万元；二期增加投资4500万元。完成稍门水库水厂73亩用地手续报批和迁占及项目各项工作，正在履行开工前的手续。

【饮水安全工程】 投资510.42万元，完成17个省级贫困村饮水安全工程；投资2030万元，完成87个市级贫困村项目饮水安全工程。投资150万元，实施沟杨、太平两处水源地改造工程。对6眼机井进行改造，新建水源井3眼，对主管网进行维修，地下电缆更新，日供水能力增加3000立方米。投资370余万元，实施济北水厂、孙耿水厂维修改造工程。投资2017万元，实施富阳街加压站至太平水厂PE630主管道管网改造工程，铺设PE630管道14.71千米。

【城乡供水一体化】 通过提升改造主管道，建设深度水处理车间，建立高标准水质检测中心，进一步提升供水水质，实施村内管网延伸工程。投资2017万元，铺设澄波湖加压站至太平水厂PE630主管道14余千米。至2016年底，全县自来水通村率达99.5%，实现89%的农村用户用上自来水。稍门水库主体工程全部竣工，具备蓄水条件，主管网建设纳入“十三五”农村饮水安全政策建设项目。

【小农水项目】 实施垛石、太平、玉蕈等3个项目的小农水工程。涉及垛石镇、太平镇和玉蕈合作社3个项目区，建设内容包括新建泵站4座、铺设PVC管道54.09千米，新建节制闸2座，新建井房4座，水肥一体设备4套，铺设PE管道98.02千米，稳流器37208个，旋转喷灌套装385套，控制井204个等。项目区设计总灌溉面积645公顷，其中垛石镇项目区333.33公顷，太平镇项目区253.33公顷，玉蕈合作社项目区58.33公顷。垛石镇和太平镇项目区为提水泵站管灌区，玉蕈合作社项目区为浅机井小管出流、喷灌区。总投资1202.71万元。实施2016年农田水利项目县工程，发展高效节水灌溉1553.33公顷。项目涉及济阳街道、太平镇、仁风镇，面积1553.33公顷，其中济阳街道项目区面积733.33公顷，太平镇项目区面积486.67公顷，仁风镇项目区面积333.33公顷。发展高效节水灌溉工程1553.33公顷，新建泵站3座，新打配套机井115眼，维修配套机井32眼，铺设PVC输水管道145.87千米，铺设PE管道760.94千米。项目投资2480万元。

【节水灌溉】 微滴灌，投资174万元在仁风镇片区实施西瓜大棚滴灌工程，实施面积220公顷。利用济南市市级扶持新型经营主体资金分别在山东安信种苗股份有限公司和济阳县玉波苗木种植专业合作社开展高效节水项目——苗木滴灌工程，投资226万元，实施面积40.33公顷。渠道防渗，在济阳县葛店灌区节水配套改造项目中，疏浚和衬砌葛店引黄总干西干渠5.4千米，开挖疏浚排水沟2.9千米，新建管理道路6.42千米，增设和建设水工配套建筑物29座（套）。种植绿化苗木2699棵。改善灌溉面积3千公顷。

【水资源、水事管理、水资源费征收】 严格水资源论证制度，新建、改建、扩建取水项目依法落实水资源论证制度，对未依法完成通过水资源论证工作的建设项目，不予审批取水许可证。对审批新增取水项目建成竣工并试运行期满后，依据水资源论证意见，对取水水源、取水设施、计量设备、节水设施、退水水质和去向等试运行情况进行逐项验收，验收合格后按规定发放取水许可证，县级管理范围内非农业取水户发证率100%，做到无越权审批行为。严格落实用水计划管理。依据有关行业用水定额标准、取用水户实际用水量科学确定工业、农业、服务业等各类用水户年用水数额。对超计划用水严格实行累进加价制度。县域内非农业许可取水户用水计划下达率100%。及时查处无证取水、非法凿井、欠缴拒缴水资源费等水事违法行为，对已取得取水许可证单位的用水量进行严格管理，实施水资源在线监测，水资源费征收到位率100%，全年征收水资源费409万元。（鲁文凤　陈　刚）

黄河河务

【概况】 2016年，济阳黄河河务局以“治河为民，人水和谐”为主线，扎实开展各项工作，继续深化治黄改革，推进依法治河管河，完成全年各项工作任务。获省河务局“六五”普法先进单位和济南市普法依法治理工作先进单位称号。

【防汛抗旱】 2016年，济阳河务局严格落实行政首长防汛责任制、内部全员防汛责任制及班坝责任制。新进石料7916立方米。结合实际，周密安排，细化分工，精心编制修订防汛（凌）预案，印发《关于公布2016年防御大洪水局领导分工、成员部门包防汛和机关职能组设置及职责的通知》，成立33066人的黄河防汛队伍，对群防一线队伍进行技术培训，全方位做好防汛准备工作。开展以“依法防汛、科学防汛、全民防汛”为主题的“黄河防汛宣传月”活动，提高沿黄群众的防汛意识。举办职工防汛业务培训班，6月下旬，与县人武部联合组织黄河防汛演练，提升防汛抗旱能力。建成沟杨、葛店闸前临时提水泵站，全年累计引水6830万立方米，保障全县工农业用水。

2016年3月24日，山东河务局到济阳县调研　　（郭沙沙　摄）

【防洪工程建设】2016年是黄河下游防洪工程建设（济阳段）的开局之年，河务局及早谋划、统筹管理，各项工作有条不紊地展开。征地移民工作涉及济阳县沿黄5个镇（街道），56个自然村，1300户居民。成立以县长为组长、相关单位和部门为成员的工作领导小组，制定济阳县黄河防洪工程建设《征地补偿及移民安置工作实施方案》，加强征地移民业务培训，集中学习解读征地移民政策、补偿标准等规定；成立由40余人组成的清查工作小组，完成勘测定界及地面附着物清查工作。

【依法治河】2016年，以“世界水日”“中国水周”、宪法宣传日为契机，开展普法宣传工作。编写“七五”普法教育规划。8月，进一步完善水政公安协作办案机制，全年共查处违章种植阻水片林、滥伐林木等案件30余起，维护了辖区水事秩序。12月，组建水政执法监察大队，为强化依法治河打下坚实基础。举办普法联络员培训班，加强对沿黄群众的法制宣传教育。加强对非防洪工程建设的日常管理，不定期走访，提高服务水平，确保河道管理范围内各项涉河项目合法有序开展。

【安全生产】2016年，济阳河务局签订安全责任书、承诺书226份。对基层管理段、施工工地、水上作业、车辆交通、消防安全、用电安全等进行各类安全检查22次。完成局机关电气整治、淤区监控完善、灭火器更新及维修、曲堤管理段配电室迁址重建、崔寨管理段变压器扩容改造、沟杨管理段输电线路整改等工作。落实安全生产网格化管理工作，细化安全生产职责，确立“一岗双责”领导机制，将网格化安全生产管理纳入工作目标。组织安全培训及应急预案演练，规范内业资料的整理，开展“安全生产月”“消防安全知识答题”等宣传活动，全年制作安全宣传展板8块、发放安全宣传材料360份、悬挂宣传布幅17幅、宣传画报、标语81幅，组织消防培训及演练1次，安全知识答卷292人次。　（刘强　栾金灏　张建华）

工　业

综　述

【概况】2016年，全县工业经济运行呈上升趋势。规模以上工业215家，完成增加值128.38亿元，增长6.9%，低于全市平均水平0.4个百分点，列全市第六名。主营业务收入491.49亿元，增长4.1%，低于全市平均水平3.2个百分点，列全市第五名。实现利税74.96亿元，增长1.4%，落后全市平均水平6.3个百分点，列全市的第七名。实现利润52.74亿元，增长3.4%。工业用电量55707万千瓦时，同比增长6.9%。县经信局被省中小企业局授予“山东省中小企业服务体系建设示范服务单位”称号。

【服务体系建设】发挥济阳县中小企业服务中心公共服务作用，整合引进各类服务机构30余家入驻，为全县中小企业提供投融资、管理咨询、电子商务、业务代理等服务，累计提供服务5万余人次。依托担保中心，联合人民银行，组织各类金融服务机构，在中小微企业互助基金会、助保贷基金会基础上，创建“济阳创造”基金会、融资超市等融资新模式，累计为全县200余家企业融资过5亿元。

【工业园区建设】引导回河、太平等镇加快产业园区建设，完善基础配套，引进庚辰钢铁等项目；推动曲堤化工产业园项目，就合作区域、方式等主要内容达成意向并签约。

【产业升级转型】在全省，率先与第四方电商平台“好品山东”签订战略合作协议。液压升降平台产业集群馆在好品山东官网上线，30余家液压机械企业在阿里巴巴、慧聪网等第三方平台上开展电商营销专题推介会。与通讯公司合作，采用互联网＋售后服务模式，打造“济阳县液压机械行业安装、维修服务平台”，50余家升降平台企业参与其中，企业成本进一步降低。另外，联合县住建委、县国土资源局等部门，为规划和建设手续不全的企业补办不动产登记证。

【智慧济阳打造】打造智慧物流工程。发挥佳怡、盖世、捷瑞等物流产业集聚发展优势，印发《智慧济阳总体规划和顶层设计》，推进济阳智慧物流建设方案实施及系统平台上线运行。打造智慧政府工程。实施行政审批大厅启动审批系统升级改造，开发协同办公系统，整合共享政府大数据资源，提高工作效率。加强与支付宝等交流，探索“支付宝＋县域服务”新模式。打造智慧农业工程。在“51特色购”全国特产网开通淘济阳馆，实现特色农产品网上交易，减少交易环节，增加农民收入。新建“济阳人商城”“淘济阳”等线上交易线下购物模式平台，济阳特色产品走向全国。加快推进网络化生活模式，协调三大运营商和广电网络公司，在政务中心广场、济北公园，安大广场等区域开通智慧生活免费 WiFi，启动无线城市建设。

【技术改造与创新】 2016 年，济南市确立济阳县 7 个重点项目，除旺旺集团纸箱厂、赖氏家具两项目因总部计划调整项目未开工外，其余 5 个重点项目年计划投资 13.2 亿元，均超额完成全年任务。另外，全县有 6 项企业技术改造备案项目，成功申报《中国制造 2025》重大项目库项目、山东省企业技术改造导向目录等国家级、省级项目计划。2016 年，全县有济南金麒麟刹车系统有限公司技术中心等 5 个市级技术中心，济南联星石油化工有限公司企业技术中心 1 个省级技术中心。济南同智创新能源科技股份有限公司的干煤粉流化床气化炉高效型点火烧嘴技术等 9 个项目申报成功，列入 2016 年山东省技术创新项目。

【节能降耗】 分解指标，明确责任。年初，将全县节能责任目标分解落实到各镇（街道），县政府有关职能部门和 20 家重点企业，并分别签订《节能目标责任书》，年终进行综合评价考核。严格把关。对新建、改建、扩建的固定资产投资项目，一律进行节能评估和审查，全年核准或备案项目 176 个，没有 1 个高耗能、高污染项目。专项支持。拨付项目资金，组织实施“配套热源管网建设项目”和“绿色建筑示范片区项目”等重点节能工程。全年财政列入预算的节能专项资金为 657.74 万元，实际落实 657.74 万元，占全县财政收入的 0.354%，比上年增加 0.041 个百分点。重点用能单位节能管理。对 6 家市级以上重点用能企业施行重点监督，6 家企业均设立了能源管理岗位，聘任了能源管理负责人，按规定配备能源管理师，并报市、县节能办备案。按照市计划推进能源管理体系建设工作，3 家“省千家重点用能单位”全部通过能源管理体系效果评价工作。工业节能。完成 3 家企业的清洁生产审核任务，共实施清洁生产方案 96 个，实现经济效益 1479 万元，年节约标煤 2431 吨。建筑节能。推广绿色建筑示范面积 1.8 万平方米。全县新建建筑施工阶段节能强制性标准执行率、建制镇以上城市规划区建筑工程禁止使用实心粘土砖（瓦）100% 实现。完成既有居住建筑节能改造 0.7719 万平方米。完成公共建筑节能改造 2 万平方米。组织实施“济阳县城绿色建筑示范片区项目”和 2 个“既有居住建筑节能改造示范项目”。高度 100 米以下新建住宅建筑和集中供应热水的公共建筑，全部按太阳能热水系统与建筑一体化要求设计。交通节能。制定并实施交通运输节能政策措施，152 部客运出租车，全部使用油气双燃料动力。同年，投入运营纯电动公交车 12 部，淘汰、更新营运车辆 200 辆。公共机构节能。全县公共机构人均综合能耗同比下降 8.28%，单位建筑面积综合能耗同比下降 17.93%，人均用水同比下降 10.61%，人均用电同比下降 5.27%，超额完成公共机构年度节能目标任务。商业和民用节能。严格落实商业和民用领域节能措施。农业节能。实现秸秆还田 379.04 万吨，秸秆青储 4.76 万吨，秸秆综合利用率 97%。能源结构优化。组织实施太阳能集热系统项目 18 个，日产生热水能力 224 吨。严格实行新上燃煤项目煤炭等（减）量替代。技术推广。组织实施节能技术示范项目 39 个。申报高新技术企业 13 家。经济政策。严格实施居民用电、水、气阶梯价格。2016 年度共减免增值税 2555.62 万元。监督检查。贯彻落实《中华人民共和国节约能源法》《山东省节约能源条例》等法律法规。完善系列贯彻落实《节约能源法》的配套管理政策。开展节能日常监察和专项监察。县统计和质检部门开展节能统计和计量监督检查工作。深入开展建筑、交通等领域节能执法。市场化机制推广。严格执行电力需求侧管理制度，开展电力需求侧管理。推广实施合同能源管理项目2个。基础工作和能力建设。落实国家和地方强制性能耗限额标准，并将能耗限额标准执行情况列入监察计划。定期开展重点用能单位计量监督检查，并出具能源计量监督检查报告，重点用能单位能源计量器具配备情况均符合国家强制性标准要求。进一步加强能源计量技术能力建设。6月12—18日，组织开展了主题为“节能领跑 绿色发展”的节能宣传周活动。同时，6月14日，开展了以“绿色发展,低碳创新”为主题的低碳日现场宣传活动，推动节能减排全民行动。

【食品饮料工业】 全县有食品饮料工业企业200余家，完成工业总产值270亿元，年均增速超过10%。济阳县作为“山东省食品工业基地”“全国食品工业强县”“中国最佳食品投资园区”,食品工业涵盖食品制造业、饮料制造业、农副食品加工业、食品包装业等行业，行业体系完整。食品工业作为济阳三大主导产业之一，拥有“旺旺”“达利园”“统一”“上好佳”“巧媳妇”“爱之味”等世界知名品牌企业，集聚包括旺旺食品及饮料、可比克、达利园、邦德、和其正、好吃点等众多的名优产品。

旺旺集团山东总厂 是台湾旺旺集团在济阳投资设立的独资企业，投资总额达2.3亿美元，拥有山东旺旺食品有限公司、山东大旺食品有限公司和山东真旺包材有限公司等三家独资企业。2016年，旺旺厂区总占地面积40万平方米，有员工2800余人，生产线80余条。主要生产旺仔牛奶、儿童奶、香蕉奶、PET饮料、果粒多饮料、豆类、花生类、碎冰冰、煎卷等多种休闲食品以及食品包装材料等400余个品种。年产值40亿元左右。山东总厂成为旺旺集团在大陆投资最大、产值最高、效益最好、缴税最多的综合性生产基地。

山东上好佳食品工业有限公司 位于济北经济开发区上好佳路1号，占地面积20万平方米。主要生产以“上好佳”为品牌的膨化食品、糖果、饼干、天然薯片、膨化半成品、各类小食品、非碳酸饮料、花生酱等调味品及同类食品机械、包装材料及相关产品的技术研究和新产品的开发。市场以中国境内为主，少量销往东南亚地区。企业年纳税总额1925万元，年产值1.5亿元。

【造纸印刷工业】 2016年，济阳县造纸产业以山东天阳纸业有限公司为代表。山东天阳纸业有限公司筹划建设于2009年初，位于济北经济开发区仁和街东段，企业建设总投入18500万元，占地面积5.3万平方米，其中建筑面积近4万平方米。公司是一家机制纸制造企业，企业利用进口木浆为主要原料，专业生产高档包装用纸、印刷用纸和工业特种用纸，生产有高档相纸原纸、彩喷原纸、离型原纸、白牛皮纸、白卡、染色原纸、相框纸、医用瓶盖纸、羊皮纸等10余个系列近百个品种，年机制纸设计产能10万吨。销售网络遍布全国主要城市，以珠江三角洲、长江三角洲和京津地区为主。年销售收入6.5亿元，实现税金3000余万元，利润5000万元。

济南远达彩印包装有限公司 是一家集专业设计、开发、生产、销售为一体的综合性包装印刷企业。主要生产各类中高档精品 、包装箱、不干胶等彩色印刷包装产品。该公司于2008年通过IS09001:2008质量认证。2010年，引进上海企望ERP信息化管理系统，实现全程数字化、及时化信息处理。从合同的签订、生产计划、生产排产、品质检验、成品交货等各环节建立高效、严格生产和品质管控体系。至2016年，公司拥有标准厂房3.6万平方米，职工280余人。

【陶瓷工业】 济阳县陶瓷产业企业主要是济南华兴陶瓷厂。公司始建于1999年3月，位于回河镇开发区，2010年6月更名为济南华兴陶瓷厂。主要产品为日用陶瓷、工业纺织瓷。2016年，公司固定资产1800万元，占地面积3.2万平方米。有职工100人，其中工程技术人员8人。主要产品为陶瓷酒瓶，有几十个品种，产品销往山东、内蒙、北京、江苏、四川等多个省市。2016年实现销售收入700万元，利润84万元，上缴税金88万元。

【融资服务】 2016年，济阳县经信局借助各种融资平台，帮助163家中小企业累计融资3.46亿元。

济阳县中小企业协会，与齐鲁银行、农商行合作推出互助基金，助推企业发展。一是集中行业力量，在银企之间架起沟通桥梁，解决单个小微企业与银行不对称问题。二是增强企业间沟通交流，提升企业抱团发展、合作共赢意识。互助基金业务由济阳县中小企业协会、济阳县金鑫中小企业融资担保中心和齐鲁银行、农商行通过政府、企业、银行三方合作所建立。凡加入中小企业协会会员企业，在缴存贷款额度10%保证金和1%风险准备金后，即可申请最高200万元贷款额度，不需其他抵押，方便快捷。为降低中小企业风险，协会会员按照其所缴纳基金份额来承担损失。全年为济阳县143户中小企业累计投放贷款近2.7亿元。

为解决中小企业融资难问题，促进县域中小企业持续健康发展，成立济阳县助保贷工作管理办公室，与中国建设银行、邮储银行合作推出“助保贷”业务。2016年，“助保贷”业务为济阳县20家企业提供融资服务，累计融资7600万元。

成立金融超市，对接企业和银行，让企业了解银行融资产品。采取“政府主导、企业主体、市场运作、一体化实施”模式。依托济阳县中小企业服务中心，搭建一所资源集聚、信息共享、协作共赢的投融资公共服务平台。为中小微企业提供投资、融资、理财等一站式金融推介或自选服务。任何一家企业或个人都能够在“超市”中找到所需产品和服务，并优先得到政府贴息等相关政策扶持。同时，金融机构可以通过这个平台共享全县小微企业经营、融资等相关信息，寻找投资对象。

【产业集群】 2016年，全县有中通快递山东中心项目、济南统一银座物流项目、山东捷瑞物流中心二期项目等三大重点物流项目。规上物流企业营业收入7.94亿元，实现税金0.37亿元，新增规上物流企业9家，营业收入和新增规模以上企业超额完成任务。

中通快递山东中心项目 项目占地面积6.7万平方米，建筑面积7万余平方米，建设山东（济南）运行中心办公楼、电商创业中心，快件分拣中心，仓储配送车间以及研发中心和客户呼叫中心。主要从事国内快递业务、电子商务配送及山东区域快件集散。项目投资6亿元，项目建成后，年可实现销售收入22000万元。至年底，运行中心办公楼主体完工，外墙正在砌砖，快件分拣中心建设完成并投入使用，仓储配送车间建设完成。

济南统一银座物流项目 济南统一企业有限公司由统一集团投资建设，总投资1亿美元，注册资本3000万美元，总占地面积20万平方米。项目规划建设2条无菌饮料生产线、2条制瓶生产线、4条方便面生产线及办公楼等附属设施，一期建筑面积约12万平方米。山东统一银座物流与统一食品饮料项目同时规划建设，银座物流建设仓库和面包生产车间。占地70亩，建筑面积2万平方米，项目投资1.5亿元，新建统一银座物流仓库等2万余平方米。

山东捷瑞物流中心二期项目 项目由山东捷瑞物流有限公司投资建设，总投资9亿元，占地面积32万平方米，建设规模约28万平方米。建设内容主要包括物流中心、仓储中心、交易中心等主体工程及办公楼等配套设施。一期出资5亿元，占地面积17.3万平方米，规划建筑面积12万平方米，其中物流区仓储面积10万平方米，配套办公设施2万平方米。二期出资1.5亿元，占地面积5.3万平方米，规划物流仓储面积4.6万平方米。实现税收3100余万元。三期工程占地面积9万平方米，至2016年年底，在开工建设准备中。

【信息产业发展】 电子信息作为一项新兴产业，成为济阳四大支柱产业之一。信息基础设施建设快速发展。在移动、联通、电信全面运行的基础上，广电网开通数据传输业务，全县高速宽带多媒体通信网络体系基本形成。建成并依托县公用信息平台搭建各领域业务系统，整合各领域信息资源并开展多种信息服务，为全县信息化建设提供公共支撑环境。政务中心及县城各重点办公区域、居住小区、社区及公共场所开展无线局域网建设，县城内各公共场所实现WiFi覆盖。城市信息基础设施支撑和服务能力得到全面提升。

互联网发展 2014年起，实施宽带提速工程，贯彻落实国家“互联网+”战略，加快推进网络化生活模式。协调三大运营商和广电网络公司，采取免费升级、共享套餐等形式实施宽带提速工程。四代移动通信（4G）网络实现全覆盖。2016年，全县互联网上网人数33万人左右，城市家庭宽带接入能力100M。通信公司在全县建成光纤骨干网，形成电信网、有线电视网和计算机通讯网相互渗透、相互兼容的信息通讯网络。广电、电信业务双向进入，宽带网、数字电视网、下一代互联网承载能力进一步提升。基本实现城镇光纤到楼入户、农村宽带进乡入村，固定宽带城镇家庭普及率97%，农村家庭普及率62%。

信息技术改造提升 工业领域实施以电子商务为发展方向的企业信息化工程，规模以上工业企业在研发、生产、管理、营销4个环节普遍应用信息技术，以客户关系为核心的供应链体系初步形成。全县211家规模以上工业企业中，90%以上不同程度地采用信息技术，特别是在四大主导产业中，CAD、CAM、CAPP等电子信息化应用率60%以上。

信息产业持续发展 形成以界龙科技、朗硕电子、易得电子、驰波名气通、优诺思喷印等骨干企业为依托，以加工生产各类电子元器件、印刷线路板和计算机外设为主的产业格局，具备一定产业规模和发展基础。

【信息化建设与技术服务】 智慧济阳雏形初建。2016年，济阳县被济南市经信委确立为“智慧泉城”试点县。3月29日，“智慧济阳建设”战略合作协议的签订，标志着济阳智慧城市建设启动。4月，县经信局完成《智慧济阳总体规划和顶层设计》，为济阳智慧城市建设提供依据和指南。10月15日，第九届中国（济南）国际信息技术博览会在济南国际会展中心开展，“智慧济阳”作为济阳参展主题，展示了济阳县在信息化、智能制造、大数据、互联网等方面成绩。

2016年济阳智慧城市建设三大重点工程：

智慧物流 围绕“打造四个中心，建设现代泉城”总体思路和济阳物流产业发展实际，启动智慧物流建设工程。4月15日，召开全县智慧物流建设座谈会，山东乾云启创信息科技股份有限公司介绍济阳智慧物流建设方案。至年底，智慧物流系统平台已具雏形，门户APP上线运行。另外，与海尔物流、佳怡物流、好运物流等3家省内大型物流集团达成在济阳进行智慧物流发展试点的合作协议，推进智慧物流配送等多项应用业务试点，为下一步济阳全境智慧物流系统上线奠定基础。

智慧政府　4月26日，国家公布《推进“互联网+政务服务”开展信息惠民试点实施方案》，济阳县在行政审批大厅启动智慧政府审批系统升级改造。借助“村村通光网”启动“金民工程”，通过“金民工程”打通民政工作至百姓间链接隧道，实现各项民政业务管理和人口信息实时传输。“计生监控”平台成功上线，实现对县级医院、乡镇卫生院等全县30余家卫生机构全网视频监控以及B超设备使用监控，成为计生工作稳步推进高效监管有效抓手。智慧畜牧安全监管平台成功上线，成为全市第一家实现从县到村全部奶牛场、屠宰场高清视频监控平台，成为济阳畜牧食品安全保驾护航的信息化屏障。平安济阳天网视频监控三期建设完成，累计上线监控点200余处，基本实现对重点区域视频监控的无缝覆盖。

智慧农业　济阳县是农业大县，有100万亩耕地，特色农产品丰富。县经信局在“51特色购”全国特产网上开通淘济阳馆，有10余种特色农产品成功入驻，济阳的特色产品走进千家万户。至年底，网上交易额突破100万元，仁风富硒西瓜在网上销售500余箱。另外在设施农业上，新上智能大棚系统，实现大棚温度、湿度、CO2浓度等自动调节系统，提高设施农业智能化水平。

（赵吉刚　胡怀军）

电　力

【概况】　国网济阳供电公司现有员工364人，担负着济阳县8镇2办的供电任务。供电面积1098平方千米，客户56.85万。全年完成售电量9.35亿千瓦时。公司获省级文明单位、山东省档案工作科学化管理示范单位、省公司工会工作先进单位称号，获济南市安康杯竞赛优胜单位、市公司2016年度先进单位等称号。公司在省公司绩效考核中位居A段。

【电网发展】　2016年，公司有电网基建项目1项，即35千伏青宁变电站异地新建工程。项目总投资2213万元，新增变电容量40兆伏安，35千伏电缆进线2回，设计10千伏出线16回，完成改装5回。无功补偿容量为6兆安。

年度特高压属地化协调任务艰巨。2016年，1000千伏济南变电站、1000千伏锡盟至山东输电线路、500千伏闻韶线、500千伏高青线顺利竣工投产。1000千伏榆横至潍坊线路工程进展顺利。完成年度属地化协调任务。

【安全生产】　坚持“安全第一、预防为主、综合治理”的方针，督查作业现场445处，到岗到位人员1387人次，查处违章14起，罚款26100元，有效保障作业现场安全施工。开展安全大检查和缺陷隐患整治活动，排查并整改另类缺陷隐患113项。强化外协队伍动态检查，进一步规范外包工程和临时用工安全管理流程，举办外协队伍培训班6期，253人参加。发生八级事件41次，同比下降57.75%。全面推进应急体系建设，举办大面积停电政企联合应急演练，提高突发恶劣天气情况下应急处理能力。

【经营管理】 完成售电量9.35亿万瓦时，同比增长7.52%。平均售电单价完成664.84元/千千瓦时(此口径含税、含农维费、农网还贷)，同比下降22.03元/千千瓦时。综合线损率实际完成4.89%，同比下降0.31个百分点。供电可靠率城镇完成99.9%，农村完成99.82%。综合电压合格率完成99.9%，同比提高0.28个百分点。电费回收率保持100%。

10千伏线路线损可算率最高98.23%，比年初提高3.72个百分点。台区线损可算率完成95%，同比上升11.88个百分点。10千伏公用线路线损率全年完成1.40%，同比下降0.04个百分点。低压线损率完成4.09%，同比下降2.23个百分点。全年发明申请25项,授权5项。实用新型申请3项，授权3项。1项QC成果获省公司优秀成果奖。1项获市公司二等奖。2项获市公司三等奖。

（肖安宾　刘红英）

商　贸

综　述

【概况】 全年实现社会消费品零售总额125.9亿元，增长10.8%；全年全县进出口完成28739万美元。

【内贸流通】 完善城乡市场体系，推进城镇商业网点规划修编，拓展曲堤蔬菜、济北瓜菜等农产品批发市场辐射区域、交易功能和服务水平。加强市场运行和重点商品监测，新增限额以上贸易单位7家，累计85家，新增样本监测企业3家。实施民生商务工程，老城农贸市场南北大厅投入使用，汇鑫苑农贸市场主体建设基本完工。加快电子商务发展，开展农村电商扶贫培训，引进创客空间、京东济阳馆等电商企业。全县备案单用途商业预付卡发卡企业2家。开展打击侵犯知识产权和制售假冒伪劣商品专项行动，多方举措，帮助企业解决困难。做好重点地区、重点领域、重点产品的查处整治工作。衔接平台录入“双打”行政执法案件60余件。

【对外贸易】 实施“走出去”战略，利用国内外各种经贸会展平台，先后组织企业参加中东五大行业展、日本农产品展览、乌鲁木齐对外经济贸易洽谈会、广交会等。举办外贸政策宣讲会及各类业务知识培训班4次，组织专门班子到企业走访调研、指导，多方举措，帮助企业应对危机，渡过难关。组织企业申报中央、省、市外经贸发展资金和中小企业国际市场开拓资金，全年申报企业20余家，申报资金320.95万元。

（孙宽华）

国际贸易促进

【概况】 2016年，招商引资初见成效，新增为企业申请开放型经济发展引导资金这一服务项目。是济南市精神文明单位，全市贸促工作先进单位，2016年招商引资工作先进单位。

【招商引资】 全年完成招商引资额4.86亿元。主要在建项目有紫燕食品、博通济北工业园及博通科技产业园内的华宇塑料、新五岳机器、佳农食品等9个项目。新签约华沃科技、山东超越膜结构、百事达铝膜、润豪托盘等8个项目。另外有红星美凯龙电商物流结算中心项目、新加坡现代农业项目、烟台菊福堂生物科技等在谈储备项目10余个。

【产品展览】 5月16—22日，组织4家企业赴福州参加“济南名优特福州展暨第十八届海峡两岸经贸交易会”，为参展企业申请免除各项费用2万余元；7月1—3日，组织12家企业参加魅力“济南名品展（济南站）”，申请免费标准展位17个，免除展位费5万余元。参展企业捕获大客户订单、A类加盟商等有价值信息20余条、意向订单30余万元；11月4—6日，重点组织济南华北升降平台制造有限公司、济阳县隆运体育器材制造有限公司2家公司参加魅力济南（泰国）展。

【服务企业】 发布“阿根廷汽配展”“古巴哈瓦那博览会”“多米尼加展”“坦桑尼亚博览会”“2016年香港家居展”“2016年法国雷恩畜牧展”“拉美企业家高峰会”“中非经贸合作交流会”等展会信息10余条；为企业提供“关于加拿大旅游行业协会来访的通知”“关于英方公司来济采购对接的通知”“关于欧盟需求相关产品的通知”等有用经贸信息10余条，其他培训和调研信息10余条。5月4日，济阳县贸促会邀请市贸促会专题调研液压升降平台生产企业，深入华北、旺旺总厂等企业调研。开展“密切联系企业”活动，发布《企业用工调查问卷》《出口企业国际市场拓展调查问卷》《经济贸易政策调查问卷》，每名工作人员确定1～2家日常联络企业，建立日常联络沟通机制；联系企业50家无出口实际的企业，做好无出口实绩企业的信息统计工作。2016年12月，会员企业66家。6月，筛选推荐济南金麒麟刹车系统有限公司为济南商会副会长企业，另推荐4家常务理事单位、7家理事单位，完成对12家企业候选人筛选和推荐工作。11月，推荐济南金麒麟刹车系统有限公司为中国国际商会地方商会候选理事单位。

【资金申报】 9月，济阳县贸促会对辖区内企业在2015年1月1日至2016年6月30日参加境外展览活动并实际发生摊位费、交通费支出的出口企业进行筛选，严格把关申报条件和申报金额。山东鲁华海洋生物科技有限公司、济南好为尔机械有限公司、济南蓬生农业科技有限公司三家企业申报总额59.77万元人民币，根据企业上报资料，初审支持金额约23.73万元人民币，为全县中小企业拓展国际市场提供政策资金支持。 （赵 欢）

供销合作商业

【概况】 2016年，济阳县供销合作社系统共有在册人员3948人，其中，在职2423人（县社机关24人，企业下岗2399人）；退休1525人（县社机关35人，企业退休1490人）。全系统完成销售总额17.64亿元，实现税金960万元。

2016年济阳县供销社系统人员构成

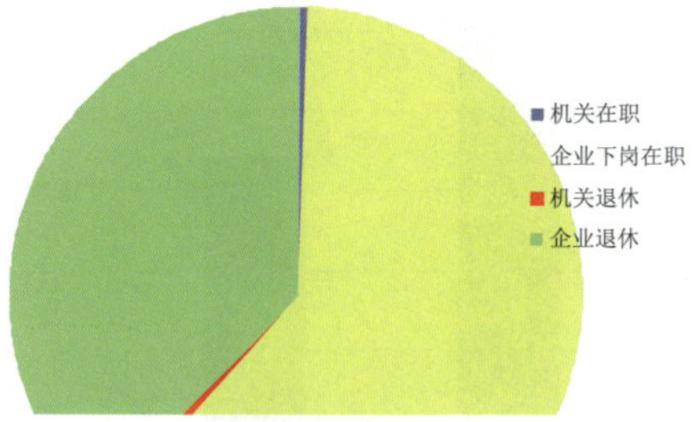

2016年济阳县供销社销售总额（单位：亿元）

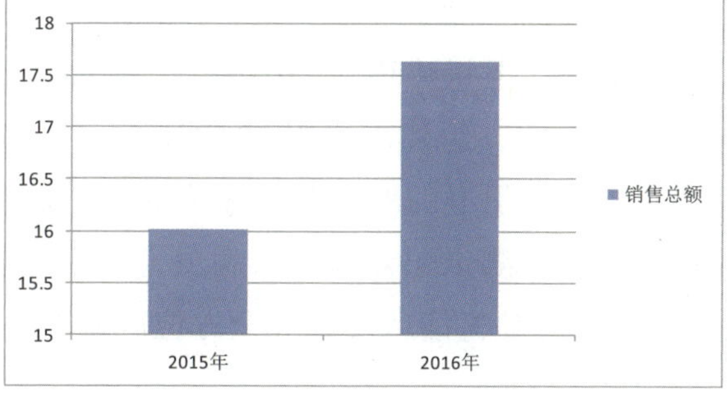

2016年济阳县供销社实现税金（单位：万元）

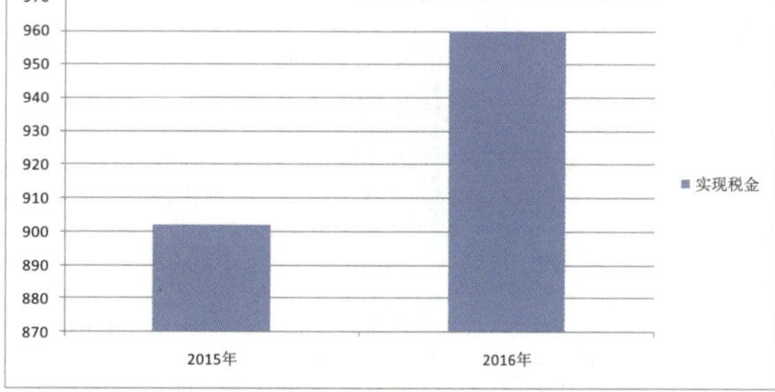

【经营服务体系建设】 2016年，供销系统农村便民网点发展至406处，销售化肥23.5万标准吨，农药900吨，农膜1100吨，实现农资销售额3.2亿元。实现再生资源销售额1.9亿元，收购农副产品4600万元，实现测土配方施肥1万公顷。

【烟花爆竹网络经营】 2016年，县供销合作社响应环境保护政策，控制烟花鞭炮经营销售规模，全县连锁店精减至17个，经营品种300种，开展各类安全检查13次。

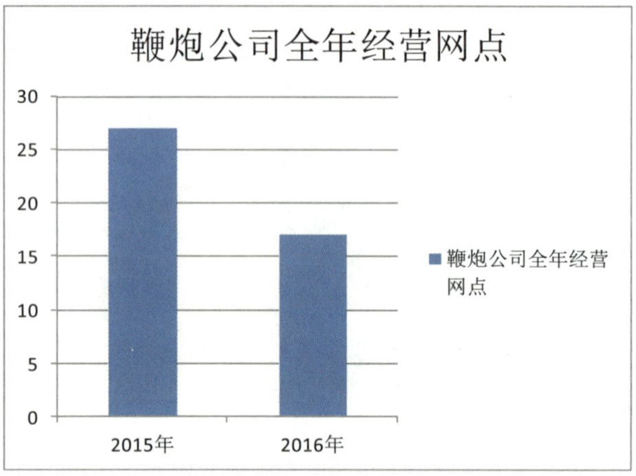

【农村专业社组织建设】 2016年，领办各类专业社140个，组建专业社联合社15个，同时为所领办、引办的专业社、家庭农场等新型经营主体提供测土配方施肥、病虫害防治、农业技术培训、销售信息发布等全方位产销服务。

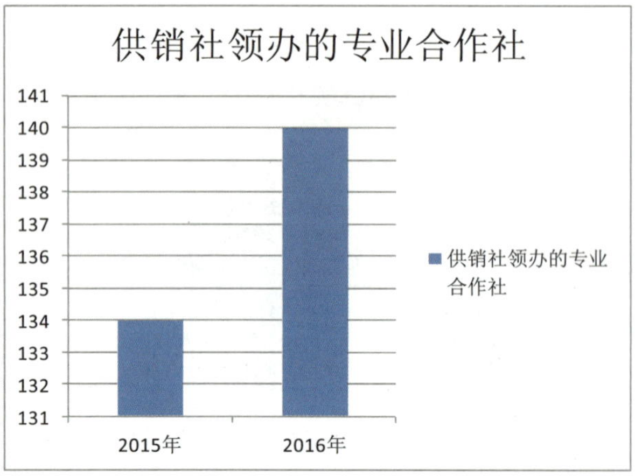

【推进供销合作社综合改革】 2016年10月，印发中共济阳县委、济阳县人民政府《关于深入推进供销合作社综合改革的实施意见》，对深化供销社综合改革作出全面部署，文件要求“2017—2020年，县财政每年安排100万元专项资金支持为农服务中心和基层社建设”，指出“县供销合作社争取的同级财政扶持资金可依法以股权形式投入基层社及所属企业”。

【为农服务体系建设】 2016年，在济阳街道北肖村建成供销旭丰为农服务中心1个，投资420万元。中心占地面积10000平方米，主要设有智能配肥、农机服务、农资直销、烘干仓储、统防统治、集约化育苗、农民培训等功能，为周围200公顷水稻产区提供育苗、灌溉、病虫害防治、收割、烘干等服务。

（闫盛廷　李明波　刘　阳）

粮油经营

【概况】 2016年，县粮食局创新工作思路和经营模式，粮食流通有序发展。山东济阳国家粮食储备库存有粮食3万吨，其中中央储备2万吨、省级储备0.5万吨、地方储备0.5万吨。

【粮食执法】 开展粮食专项执法检查10次，对全县具有粮食收购资格的收储企业实现全覆盖，对3家具有不良经营行为的收购企业进行警告。同时，按照《国家粮食局关于印发〈粮食收购资格审核管理办法〉的通知》(国粮政〔2016〕207号)通知要求，对现有粮食收购资格的企业个人进行审核，明确办理粮食收购资格主体范围。为符合粮食收购条件的2家企业办理粮食收购资格证，对1家证件到期收购企业及时进行证件换发。夏秋两季粮食收购市场平稳有序。粮食收购市场未出现不法经营行为。

全县夏秋粮食收购总量15万吨，其中国有粮食收储企业收购量为10.8万吨，非国有企业收购量为4.2万吨。

【粮食安全责任考核】 2016年，县粮食局按照山东省粮食安全责任考核工作组办公室要求，落实山东省政府《关于贯彻国发〔2014〕69号文件落实粮食安全省长责任制的实施意见》（鲁政发〔2015〕28号）和省发改委、省农业厅、省粮食局《关于开展2016年度粮食安全责任考核工作的通知》（鲁粮发〔2016〕15号）精神，由县粮食局牵头县发改委、县财政局、县国土资源局、县水务局、县环保局、县编办、县统计局、县市场监管局、县食品药品监督管理局、县统计局、县农业发展银行、县科技局、县物价局等单位，成立以县政府副县长高继锋任组长，县政府办公室主任、县应急办主任李振山、县发改委主任闫立然、县农业局局长刘传道、县粮食局局长焦玉印任副组长的济阳县粮食安全责任考核小组，做好2016年度粮食安全责任考核自查评分工作。

【放心粮油工程】 县粮食局自2010年开展"放心粮油进社区进农村"民心工程工作以来，至2016年，全县"放心粮油进农村进社区工程"已建成由1家熟食配送公司、2家食用油配送公司、2家示范店、34个放心粮油经营网点、2家放心面粉生产加工企业组成的放心粮油产供体系，全县"放心粮油工程"体系初步建成。其中，济南佳穗商贸有限公司的熟食配送中心有11辆早餐车，与县城9家企业建立熟食配送业务。济南大欣工贸有限公司建成食用油配送网络，有342个配送网点，年配送放心粮油产品4万吨。

【主食产业化】 县粮食局按照《国务院关于建立健全粮食安全省长责任制的若干意见》（国发〔2014〕69号）及山东省政府有关要求，帮助主食加工企业济南佳穗商贸有限公司、济阳县硒来乐商贸有限公司争取到主食产业化省财政专项扶持资金各50万元用于生产能力改造升级。

【储备粮储备】 山东济阳粮食国家储备库储粮3万吨，其中，中央储备粮2万吨，省级储备粮0.5万吨，地方储备粮0.5万吨（地方储备粮由原0.375万吨增储至0.5万），完成年度各项指标要求。按照《中央储备粮仓储管理办法》，实行粮食精细化管理，仓外标志悬挂统一、醒目，仓内账、卡、簿齐全规范，填写清晰准确；实行责任人包仓制，包入仓质量，包日常管理，包出仓结果的"三包"管理制度；按照"一三七"查粮制度，认真检查粮情，确保储备粮安全，实现库区仓房"四无粮仓"标准；按照《中央储备粮出入库流程基本规范》，使出入库作业流程规范化、标准化、精细化，确保出入粮质量。连续多年实现"一符四无"粮仓100%，科学保粮率100%，仓储设施、设备利用完好率98%。 （满其涛 张 华）

物资管理

【概况】 2016年，济阳县物资资产管理中心下辖17个企业（含9个小微企业）。依法完成破产企业6个，其他企业均自行倒闭解体。企业职工394人，其中，办理退休手续134人，下岗职工260人。对物资部门企业资产使用进行监督管理，负责基层党建和党风廉政建设，做好物资部门职工管理服务及稳定工作。

【企业资产管理】 严格按照国家法律、法规和政策要求，加强对企业资产的监督管理，对企业资产进行摸底调查、登记造册，严禁擅自抵押、变卖企业资产，确保了资产完整；进一步规范企业资产的管理，引导企业拓宽经营渠道，充分利用现有资产，采取多种经营方式，提高资产利用效率。（怀其珍）

烟草专卖

【烟草销售】 2016年，济阳县烟草专卖局（营销部）销售卷烟14398箱，卷烟销售收入34063万元，实现利税8204万元。至2016年年底，全县有卷烟零售客户2279户。

【市场管理】 2016年，全县查处涉烟违法案件93起，案值52.23万元。（张　霞）

石油经营

【概况】 2016年，中石化济阳石油分公司围绕省市公司和地方政府工作部署，积极开展工作。全年各加油站销售成品油4.72万吨，其中，汽油1.89万吨，柴油2.83万吨，非油品销售2087万元，IC卡计充值1.27亿元。

【石油业务经营】 2016年，成品油市场竞争极为激烈，市场竞争加剧，尤其是个体私营企业促销降价行为，地方国营油站的零售压力加大。中石化济阳公司在地方政府和上级公司指导下，锐意进取，积极行动。全年销售成品油4.72万吨，为济阳经济又快又好发展作出贡献。2016年，中石化济阳石油分公司先后开展“2016年零售经营管理提升”活动、“多卖一吨油”活动、提升“凝聚力执行力敬业精神”专项活动。同时，开展各项专项活动：1月，开展“加油站管理服务提升月”活动；3月，开展“提服务、促销量”活动；4月，开展“优质服务月”活动；4—6月，开展“抓服务、亮形象、提销量、增效益”活动；6月，开展“安全生产月”活动和“预案演练周”活动；6—7月，开展“关爱员工活动”；9—10月，开展“三秋便民服务活动”；11月，开展“鼓干劲员工健步行”活动；11—12月，开展冬季隐患大排查活动。

2016年中石化济阳石油公司销售网点一览表

加油站	地　址
济阳1站	县城纬二路
济阳2站	回河镇国道G220线南陈村
济阳3站	崔寨前街村国道G220线西侧
济阳4站	国道G104线孙耿镇驻地（停业）
济阳7站	黄河大道与省道248线交汇处
济阳8站	县城城西东四村
济阳9站	国道G104线太平镇驻地
济阳10站	县城富强街
济阳11站	县城经二路67–8号
济阳13站	太平镇庙廊管区
济阳14站	省道249线新市镇驻地
济阳15站	省道249线垛石镇驻地
济阳17站	县城城北苟王庄
济阳18站	曲堤镇驻地
济阳19站	仁风镇驻地
济阳21站	国道G220线崔寨镇青宁村
济阳22站	省道S248线洼里王路口西南
济阳23站	省道S248线垛石镇索庙官区
济阳25站	县城纬一经四交叉口
济阳30站	永康街国道S220线路东
济阳31站	曲堤镇田王村国道G220线北侧
济阳32站	济阳街道小任村路东国道G220线东侧
济阳35站	崔寨镇青银高速南侧国道G220线东

【石油安全】 2016年，中石化济阳分石油公司参与地方及省市公司开展的安全活动，对油库、加油站安全隐患逐一排查，录入隐患数据库，制定防范措施，严格按照行业要求整改。落实政府各项安全考核指标，在营站油气二次回收系统全部安装到位。（鲁岭德　赵　侨）

盐　务

【概况】 全年销售各类盐产品1.07万吨，比去年同期增长4.81%；其中食盐销售8898吨，完成预算计划的143%，比上年同期增长3.74%；小包装食盐销售2378吨，完成计划的103%，比上年同期增长2.62%；其中高档食盐销售464吨，占小包装食盐销售的19%。大包食盐销售6520吨，完成计划的110%，比上年同期增长4.1%；工业盐销售1237吨，完成计划的142%，比上年同期增长11%；畜牧业销售637吨，完成全年任务的172%。

【市场安全监管】 开展宣传活动，2月起，在边界地区开展“进百村入千户”宣传活动，对消费者持有的不合格盐进行调换。先后开展“3·15”“5·15”宣传日和食品安全周活动，自制宣传牌，印发宣传资料，出动宣传车，澄清网络所传不正确盐业改革舆论，对涉盐违法典型案例进行宣传，起到震慑作用。加强与食药局、公安局等部门联系沟通，完善多部门联席会议制度，共同建立打击涉盐违法犯罪活动的长效机制，保障盐业市场稳定和人民群众身体健康。全方位开展各项食盐安全整治行动。对餐饮业、食品加工、饲料加工、酿造行业等进行7次分类专项治理，加大高考、节日等重要时期食盐安全检查力度。联合惠民、商河两县盐政稽查大队进行联合检查，确保不留死角。全年查处盐业违法案件88起，没收违法盐品0.38吨。

【市场供应】 加强食盐营销网络规范化管理。先后下发《商品货架摆放管理制度》《客户经理商品访销奖惩管理规定》《配送车辆GPS管理制度》《盐政队员与客户经理网格化结合管理制度》和《工厂和经营业户分类管理意见》等制度，对全县食盐经营网点和用盐户结合规范制度落实，实现盐业营销网络化管理。严格落实市盐业公司购销计划，结合实际情况确保盐业库存安全、配送到位，保障盐业市场安全有序。（邢玉忠）

建设　环保

城乡规划

【城市规划】 2016年前，济阳城市规划实施的版本是2003年7月编制完成的《济阳县城市总体规划（2003年—2020年）》。随着县域经济发展和城市建设步伐的加快，城市总体规划急需修编。2013年启动新一轮总体规划修编工作，委托济南市规划设计院编制，至2016年底，完成规划修编成果，待报县委、县政府审批后上报省住房和城乡建设厅，进行专家评审和省厅审批。新规划确定县城空间功能结构为“一轴、两带、四心、六区”，县城建设用地规模由42平方千米扩大到48平方千米。

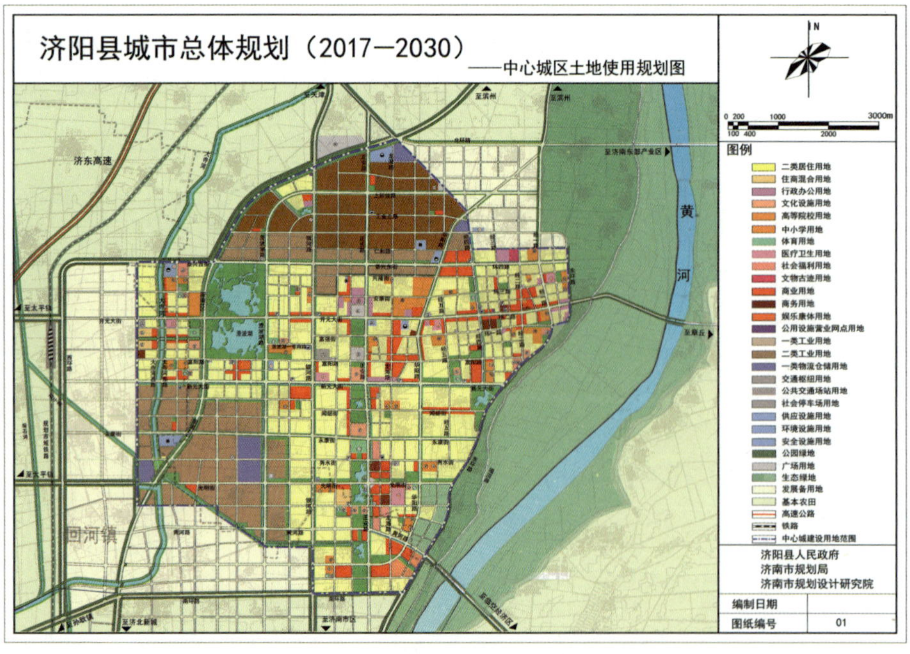

【村镇规划】 孙耿、太平、新市、垛石、曲堤、仁风等6镇总体规划通过县政府审批；对2014年编制的《济阳县城镇化发展规划》进行专家评审；聘请设计院编制《济阳县县域乡村建设规划》及《济阳县社区布点规划》，准备进行专家评审。完成太平镇总体规划及工业园区详细规划，进行专家评审。

【规划管理】 贯彻落实山东省建设厅《关于全省城市规划行业推行“阳光规划”的意见》，向社会公示城市规划编制草案，广泛征求群众意见，保证公民行使城市规划知情权、建议权，促进规划编制的民主、科学、公开；在规划审批前，向社会公示大型市政基础设施项目、重点工程和市民普遍关注的建设项目的基本情况、方案图纸、各项经济技术指标等内容；在工地醒目位置竖立建设工程批前公示牌，标明项目基本情况、主要图纸、有关尺寸、各项经济技术指标、监督举报电话等内容，批前公示时间7个工作日，广泛征求项目周围居民的意见。核发证件后及时在单位网站作出公示。全年发放规划设计条件17份，用地面积465508平方米；《建设用地规划许可证》15份，用地面积470269.72平方米;《建设工程规划许可证》75份，建筑面积982650.42平方米，规划竣工验收25份，建筑面积793876平方米。

【基础测绘管理】 完成济阳县城规划区24平方千米的1∶500地形图基础测绘；完成规划区内澄波湖路（新元大街至泰兴街路段）总长1663米路网测绘；完成热电厂1.91万平方米地形图测绘和澄波湖学校北地块18.09万平方米的测量。另外，市勘察测绘院编制完成“十三五基础测绘规划”初稿。

工程规划验收核实竣工面积100万平方米，出具竣工规划验收报告33份。主要包括县城26项任务，如四建金海花园、祥生华府、汇阳幸福城、闻韶佳苑、金湖国际、大明胜景、凤栖花园、浙江五金建材城、康瑞悦府等，竣工规划验收面积85.16万平方米；乡镇7项任务，如弘力置业商贸城、佳怡物流园、济南三株药业、海棠湾温泉度假村、山东人力资源服务中心、奥坤生物科技有限公司、山东英才学院等，竣工规划验收面积9.95万平方米；验线7项，如闻韶佳苑、济北开发区、济南统一食品有限公司等。完成规划竣工核实及验线任务40项。

加强与不动产登记部门协调配合，理顺房产测绘成果审核备案工作；配合上级部门加强测绘单位资质管理，防止超资质、超范围测绘等乱象发生。完成房产测绘成果备案25项，备案面积70余万平方米，涉及单体建筑80余幢。（陈培堂）

市政园林

【概况】 2016年，县市政园林公用事业局贯彻党的十八大和十八届三中、四中全会精神，围绕县委、县政府中心工作，紧紧围绕“对接四个中心，融入现代泉城”的中心任务，以济南“携河发展”契机，结合济阳实际情况，大力推进城市建设和管理工作，努力打造宜居、宜商、宜业的现代化水景园林城市。

【城区绿化】 黄河大街绿化工程种植垂柳白蜡7500株，完成绿化面积5万平方米。完成上好佳、统一广场绿化工作，绿化面积2万平方米。对黄河大街南北两侧、统一大街与正安路节点加快施工,改造提升面积10.5万平方米。完成全民健身广场400米塑胶跑道完成5600平方米，大理石铺装完成800平方米，绿化种植乔灌木1000株。全年完成30万平方米绿化任务。

【城市防汛】 编制《济阳县2016城区防汛预案》，总投资197万元。4月，对城区36条道路，约126千米排水管道及盖板沟进行地毯式排查。5月，对城区纬三路、纬一路、经三路、经四路、纬二路、泰兴街、安顺街等道路管道及收水井；正安路景观河，政务中心景观河1400余米；开元大街2800米封闭沟进行彻底清理。维修维护闸口6座，新建开元大街横穿拉管及新建雨水管网连接工程各1处。通过政府采购购买市政井具对城区所有存在安全隐患的收水井进行维修更换，对城区所有深井安装防坠网。三次组织防汛抢险队，对雨后城区的排水设施进行排查疏通维修，并联合安大地下广场、华联超市等单位进行城区防汛演练，出动抢险车辆20台次，参演人员100余人，确保城区汛期安全。

【城市供热】 投资1900余万元，对泰兴街、正安路等蒸汽管网、纬一路供热主管网及部分二级网改造建设，完成20千米建设改造工程。

【燃气管理】 9月29日，对金捷、天业、奥德、炬通程、港华、鲁港、中石化、顺发等8家重点燃气企业进行安全生产大检查，确保国庆节安全。

2016年济阳县燃气经营企业情况表

企业名称	新增管道长度（千米）	新增居民户数	新增工服户数	新增工业项目	销气量（万立方米）
山东金捷燃气有限公司	15	—	—	7	27773.22
山东炬通程燃气工程有限公司	3.62	2629	11	—	578.1947
济南港华安通燃气有限公司	15.26	200	—	2	430
济南奥德燃气有限公司	28	—	—	—	—
中石化济南公司济阳分公司	—	—	—	—	CNG 130.8 LNG 3056吨
济阳顺发液化气有限公司	—	—	—	—	672吨
济阳茂军液化气站	—	—	—	—	876吨
山东天业国际能源有限公司	—	—	—	—	896.7966

【市政工程】 推进背街小巷及“五小工程”建设。5月起，利用2个月时间完成龙海私营园、经五路、小经五路及韩家街北段等多条背街小巷的整治改造；整治多处小转角、小广场、小节点。投资4300余万元对纬一路地下管网进行提升改造。供热管网改造及污水管网建设基本完成。完成城区雨污水管网工程、澄波湖路北延、澄波湖东路、南环路等重点工资，合同总金额6600余万元。

【公园广场】 全民健身广场预计投资2580余万元，美化绿化面积约6.8万平方米。至年底，项目施工完成90%。完成安大城市广场建设面积7万余平方米。

【污水处理】 济阳县污水处理厂安全达标运行366天，处理污水1290万吨，比2015年增加处理水量70万吨，运行负荷率88%。污水处理厂对在生产过程中产生的污泥，进行脱水处理，使其含水率均值在78%以下，并外运至济南联兴环境工程有限公司进行堆肥处置，全年有效处置污泥总量7808吨，污泥实现无害化处置率100%。进水COD平均浓度为420.12毫克/升，氨氮进水平均浓度为22.45毫克/升，出水COD平均浓度为26.01毫克/升，COD去除率93%以上，出水氨氮平均浓度为0.91毫克/升，氨氮去除率达到95%以上，出水指标达到一级A排放标准。全年新建污水管网8条，包括澄波湖东路、顺义街、澄波湖北路、富阳街、龙园路、纬一路等，总长7094米。城区累计污水管网74千米。

【亮化工程】 对澄波湖路、安康街、富阳北街、陇源路、干休所等7条道路新建和改造安装路灯360余盏。对泰兴街、国道G220线、韩家街等6条道路1600余盏路灯进行节能改造。

在全民建设广场设置26米高杆灯6盏。更换各类路灯灯泡800余个、各类损坏路灯20余套，更换各类楼体光源灯50余套、数码灯管210余只，各类相应的电器件150余套，保证4600余盏路灯的常运行及安全用电，城区40千米范围内亮灯率98%以上。

【工程养护】 投资1500余万元进行日常养护，保证各类市政设施的正常运转。绿化补植及养护。4月，完成黄河大街、新元大街等道路绿化带苗木的更新、移植和浇灌，种植各类苗木近10万余株；清理绿化带内各类垃圾1000余吨；对（正安路）花池内多年沉淀的垃圾浮土进行人工掏挖。道路挖补整治。6月，对破损严重、影响居民出行的道路坑槽进行全面挖补维护，完成3万余平方米的路面挖补工作。

（梁 哲 文广鹏 李淑芹）

环卫工作

【概况】 2016年，县环境卫生管理工作以“创省级卫生县城、美丽乡村建设”为主线，立足本职，扎实工作，完善精细化管理机制，全面提高环卫管理水平。努力实现城乡环境卫生面貌根本性改善。城区进一步完善环境卫生管理制度，继续强化环卫精细化管理队伍建设，实施全天候保洁，重点路段每日5次高压冲洗降尘，次要路段2次冲洗降尘，并对突发性道路污染加班冲洗保洁。全年完成5座移动式环保公厕建设，改造原棉厂、原鞋厂旱厕2座，改造露天垃圾池11个、地下中转箱5个，安装3立方米钩臂箱20个。农村城乡环卫一体化工作，通过公开招标，市场化运作，10个镇（街道）农村保洁清运工作全部托管给3个专业保洁公司，实行一条龙服务。完善监督考核机制，聘请第三方考核组，对全县城乡环卫一体化工作进行日常考核。全年清运生活垃圾43800吨，日均120吨，收集清运餐厨垃圾627.38吨。县环卫管护中心通过“市级文明单位”复查验收。

【启用数字化城管平台】 2015年12月开始建设，2016年3月运行，投资107万元。建设内容主要包括住建部标准建设（9大标准子系统）和自建扩展子系统，并于2016年4月1日完成验收，建立数字化办公室和一级监督、二级处置的监督指挥系统。数字化管理平台主要包含人员定位考勤、环卫机械化作业管理及案件上报处理等多个子系统。通过对环卫作业车安装GPS卫星定位系统、作业状态记录仪、车载感应器，垃圾转运站安装智能视频，将城区环卫设施、环卫机械作业路线集合于一张“电子地图”。平台的主要功能就是对路面保洁、垃圾清运等环卫业务24小时智能化管理。

2016年3月，数字化监管平台建成启用

【集中收集餐厨垃圾】 2016年9月起，济阳县城餐厨垃圾纳入全市统一处置管理系统，由济南十方固废处理有限公司收集清运。餐厨垃圾污染路面的历史结束。 （陈立新 杨雪婷）

城市管理

【概况】 济阳县城市管理行政执法局全方位受理市民投诉、建议，认真办理来信、来访、12345市长热线、县长信箱、365为民服务热线等投诉事项件1620余件，各类审批事项560余件。自觉接受社会监督。全年承办人大代表建议、政协委员提案8件，限时办结率达100%、代表委员对办理结果的满意率100%。主动接受新闻媒体的监督，对电视、报刊曝光反映的问题，在最短的时间内整改解决到位。

【市容市貌管理】 以专项整治为突破口，依法严查店外经营、占道经营等违法违规行为。针对城区露天烧烤占道经营、油烟扰民等问题，与相关部门联合对露天烧烤集中治理。下发、张贴《关于进一步加强露天烧烤治理的通告》700余份，逐户签订《烧烤经营业户承诺书》230余份，悬挂宣传横幅60余条，规范露天烧烤200余家，依法没收烧烤炉28台。以"主干道严禁、次干道严控、支路街巷规范"为原则，疏堵结合，将汇鑫路、银河路、永康街、富阳街西段等路段纳入重点监管区域。突出抓好中医院、花园小区、济北公园、澄波湖水上乐园等重点片区和窗口部位户外经营规范管理，清理占道经营摊点、乱摆乱放、商户无序经营行为。标本兼治，严查工地渣土及扬尘。与30余个建设单位签订《建筑工地扬尘污染防治管理责任书》。严查车辆带泥上路、渣土撒漏行为，督促名仕城、闻韶佳苑等11处存在建筑工地出入口未硬化、车辆带泥上路等问题的施工单位限期整改，约谈10处噪音扰民工地负责人，责令停止夜间扰民施工，实现了城市建设与环境保护的"双赢"。

【违章建设查处】 防控结合，违规建设得到遏制。建立新防控体系，坚持"零容忍"，对违法违章建设第一时间发现，第一时间制止，第一时间拆除。全年立案查处违法建设35起，罚款283.8万元，拆除富阳街、汇鑫路、永康街等路段违法建设及违章搭建50余处，拆除面积2700余平方米。

【户外广告牌匾管理】 按照减量、规范、美观、高档的要求，提升广告牌匾的档次和品位。以新建小区门头房及更换牌匾的沿街商铺为重点，严把审批关，提前介入，科学规划，在新设户外广告的审批、制作、安装过程中，全程跟踪，上门服务指导。加强巡查监管，拆除破

2016年1—3月，县城管执法大队开展市容治理"百日集中整治行动"

2016年7月，对违规设置的大型户外广告牌匾进行拆除

损陈旧、违规设置的门头牌匾1470余块。对城区41处大型户外广告牌匾进行专项安全检查。（张 静 邢翠萍）

村镇建设

【小城镇建设】 加快示范镇建设。示范镇建设期间，崔寨镇、孙耿镇累计投资3亿元用于基础设施建设，城镇规模逐步壮大，产业聚集和支撑能力显著增强，城镇化率明显提高。不断提高城镇基础设施水平。针对仁风、太平、新市等小城镇，按照新的发展框架及总体规划要求，强化产业支撑，完善基础设施配套，各镇发展框架进一步拉开，城镇道路、排水、绿化、亮化等配套设施日趋完善。2016年，崔寨镇投资500余万元，先后完成新阳路北段、孙大北路西段、跨越路东段建设工程和汽车站污水排水、浮桥路路灯亮化工程。回河镇投资1800余万元，对镇区大寺河沿岸进行改造提升，打造沿河风貌带，投资1000余万元，对镇内滨河工业园区道路进行修建。投资300余万元对博通工业园区道路进行修建；曲堤镇投资330万元实施商业街提升工程；新市镇投资300万元实施省道S249线绿化亮化工程。仁风镇投资100万元，实施迎风街、文化广场绿化改造工程。2016年，崔寨镇被列为省级特色小镇，崔寨镇污水处理厂作为全市重点工程，完成立项、环评等前期工作，正采取PPP模式进行招商洽谈合作事宜。

【农村建设】 按照济南市城乡建设委员会部署和要求，推进农村道路由村村通向户户通延伸，实施45个试点村庄街巷硬化工作，其中崔寨镇天兴、杨家、三义、孟家、韩家，新市镇布家、西油坊，垛石镇逯家等8个村街巷硬化已完成，剩余37个试点村正着手开工。

按照“改造对象最贫困、改造房屋最危险”的改造原则和“村评议、镇审核、县审批”的审批程序，实施农村危房改造工程，改造过程中严把程序审核关，从严确定补助对象，并重点向五保户、低保户、残疾户、贫困村等弱势群体倾斜。邀请纪检监察部门参与，做到关口前移，实现全过程监督，杜绝弄虚作假、套取资金等违纪、违法事件发生。完成危房改造488户。开展农村改厕各项工作，全年完成3.52万户农村无害化厕所改造任务，超出任务1591户，完成率104.7%。

【新型农村社区建设】 按照“政府引导扶持，群众自主选择，规划适度超前，建设稳步推进”的总体思路，推进新型农村社区建设工作。开工建设崔寨镇前街社区、回河镇辛庄社区、孙耿镇张庙社区等16个新型农村社区，涉及村庄36个，8693户、105.67万平方米。申请社区污水处理资金2500万元，对崔寨前街等9个社区建设污水处理设施，实现社区污水处理全覆盖，社区配套建设日臻完善。（陈培堂）

建筑管理

【建筑市场管理】 定期开展建筑市场综合检查，检查建筑项目126个，建筑面积200万平方米，涉及建设单位50家，施工单位32家、监理企业15家。对存在安全隐患、拖欠农民工工资及建设手续不完善的项目，下达限期整改告知书85份，促进全县建筑市场有序发展。全年核发施工许可证49份，建筑面积133.70万平方米，工程造价24.47亿元。下发施工预审告知书62份，受理施工许可咨询服务120余人次。受理农民工上访70起，清欠工人工资4245.83万元。

全年接受县住建委管理的建筑业企业38

家，其中，房屋建筑工程施工总承包企业18家，钢结构、脚手架与模板、预拌混凝土等专业承包企业15家，劳务分包企业5家。按资质等级划分，总承包一、二、三级企业分别为1家、4家和13家。38家施工企业拥有一级建造师12名，二级建造师178名，高级职称18名，中级职称273名，初级职称995名。

2016年，济阳县外埠建筑市场开拓开局良好。山东科信达建筑安装有限公司、济南银华建筑工程有限公司、济阳富国建筑安装工程有限公司、山东海峰建筑工程有限公司、济南大成正合建筑工程有限公司等建筑施工企业陆续赴县外建筑市场，在德州、潍坊、聊城、威海、济南市区、商河等地开拓市场。

【建筑定额管理】 工程定额管理人员及时掌握上级文件政策要求，定时搜集、整理、分析济阳材料价格，提高造价信息发布的覆盖面、准确性和时效性，为政府及各建筑企业基本建设投资和各方计价提供技术支持。严格审查控制价文件各项费用的计取及招标文件中各项规定的合理性，招标控制价备案67项，总建筑面积55万平方米，总投资额12.33亿元。竣工结算备案53项，结算面积100.79万平方米，结算金额19.74亿元。

【招投标管理】 建设工程招投标按照“事前核准、事中监督、事后备案”的原则，重点监管项目招标方式、招标组织形式的核准、公告发布、资格审查、开标、评标、中标公示以及项目备案等环节，从开标到评标、定标全程监督，真正使招投标工作达到公平、公正、公开和严肃、规范。建立健全房屋建筑和市政基础设施工程投标保证金管理制度，对国有资金投资建设项目采取集中收取、退付的形式进行管理，做到自主交纳、集中交存、及时退还。强化国有投资工程招投标的行政监管力度，非国有资金投资工程由建设单位自主决定是否进入统一交易平台。理顺工程招投标行政监管体制，建立分工明确、职权清晰、运行高效的工程招投标监管体系。

调整投标资格审查办法，优化资格审查流程，压缩资格审查时限，招标人在发布招标公告时，一并报送资格审查公告。投标申请人在投标报名时，一并报送资格审查公告中要求提交的相关材料。改进施工招标综合评估法评标基准价的计算方法，加大下浮后的招标控制价在评标基准价中所占的权重。招标控制价的下浮率和权重比例在开标前由投标人推选的代表随机抽取确定。强化总承包管理，依法必须招标的工程实行施工总承包招标，专业工程承包合同由招标人、专业承包单位和施工总承包单位共同签署。

加强合同履约的全面监管，及时检查施工现场关键岗位人员到岗履职情况，及时发现查处中标后签订阴阳合同、随意更换项目负责人、转包、违法分包等违法违规行为，促进合同全面履行。完善工程合同备案管理制度，严格审查合同条款与招标文件主要合同条款的一致性，合同内容的合法性，推行合同履约评价。

完善招标代理机构信用评价制度，建立“一项目一评价”的业绩评估机制。依据信用评价结果实施差异化管理，加大信用评价级别低的代理机构监督检查力度。加强招标代理机构专职人员管理，建立工程招标代理项目负责人制度，探索招标代理专职人员的信用考核评价制度，相关人员的不良行为记入信用档案。

严格执行新颁布的《山东省房屋建筑和市政投标活动投投诉处理办法》。完善受理程序，限定处理时限。实行恶意投诉责任追究制度，捏造事实、伪造材料或以非法手段取得证明材料进行投诉的，列入不良行为记录。

全年监督、审核房屋建筑和市政工程等各类建设项目 63 个，建筑面积 155.5 万平方米，造价约 12.2 亿元，其中直接发包项目 43 个，公开招标 32 个，邀请招标 9 个。

【新型墙材改革】 加强墙体材料与建筑节能产品监管和工程各个环节的监管力度。新开工建设项目 52 个，收缴墙材费 1311.72 万元。返还 42 个单体工程墙材费，面积 14389.8 平方米，墙材费 302.19 万元，出具 13 份认可文件。抽查在建工程存在的问题，下达 10 份整改通知，督促建设单位和施工单位进行整改。

实行既有居住建筑节能改造，济北开发区宿舍楼 1 号、2 号楼和原县外经贸局住宅楼节能改造，总建筑面积 7719.37 平方米，改造户数 56 户。

推行绿色建筑情况，济阳县城绿色建筑示范片区北起安康街，南至新元大街，东起龙海路，西至银河路，总规划面积 2.15 平方千米。一期改造面积 1.8 万余平方米，核心片区内设充电桩，透水路面砖，河湖清淤等相关改造项目，实施完毕。

【建筑质量与安全】 全年监督工程 485 个，建筑面积 500 万平方米，新受理监督工程 149 个，建筑面积 184 万平方米。监督工程合格率 100%，结构杯工程 11 个，竣工优良工程 12 个，25 个工程创市级安全生产文明工地。

2016 年 5 月 11 日，省建筑生产安全检查组到济阳县检查建筑工地安全生产工作

【企业选介】

山东科信达建筑安装有限公司　成立于 1998 年 12 月。2000 年 5 月，改制为有限责任公司。2013 年 8 月经建设部批准，晋升为国家建筑资质壹级企业。公司倾力打造企业平台建设，2016 年拥有施工总承包资质 2 项、专业承包资质 5 项。

2016 年，公司有员工 200 人，其中拥有一级建造师 20 名、二级建造师 49 名，注册造价师、工程师、各种管理岗等技能型人员配备齐全。公司实现承揽合同额 9 亿元，完成施工产值 16 亿元，上交税金 4900 万元。多年来承建工程一次交验合格率 100%，定向优良率 100%。

公司积极拓展外部市场，先后成立济南分公司、德州分公司、聊城分公司、滨洲分公司、广西分公司。

【优质工程选介】

济阳县文体中心综合场馆工程　位于富阳街以南，正安路以西，永安路以东，新元大街以北。工程地下 1 层，地上 4 层。地上部分通过抗震缝将结构分为 7 个区，1 ～ 7 区地下室连为整体。包括美术馆、博物馆、文化馆、图书馆、剧场、地方文化展馆、城建档案馆、城市规划展馆、球幕影院、健身房以及商业、地下车库和配套服务用房等。工程规划建设用地面积为 109249 平方米，总建筑面积 66019.38 平方米，其中地下面积 24976.72 平方米，地上建筑面积 41042.66 平方米。工程由济阳县群利投资有限公司投资建设，山东省城建设计院设计，山东省工程监理咨询有限公司监理，烟建集团有限公司承建。

工程采用预应力混凝土管桩、承台基础，主体为框剪结构，剧场等位置存在型钢混凝土、预应力组合结构，球幕影院为双层网壳结构。取得奖项包括 2014 年度“山东省建设工程优质结构杯”奖和“山东省建筑施工安全文明标准化优良工地”奖。施工过程中，根据外墙保温施工工艺编制了“SPR 矿物纤维喷涂建筑保温施工工法”并获评为省级工法。2015 年 7 月 22 日，通过中国建筑业协会绿色施工分会专家组检查，评为全国建筑业绿色施工示范工程。（陈培堂）

房产管理

【房产开发管理市场】 全年批准房屋开发预售许可 63 件，面积 71.92 万平方米年。网签商品房 8848 套，签约面积 65.77 万平方米。年审开发企业 41 家，年审物业企业 12 家；完成房地产开发项目综合验收备案 122.31 万平方米。去库存和稳定房价方面没有出现大的波动，房产开发市场健康有序发展。

【房屋维修资金管理】 禧福凤凰城、汇阳幸福城、银都花园等 25 个项目已备案，备案面积 331.41 万平方米、建档面积 214.52 万平方米。新备案项目有中央华府、闻韶佳苑、金海花园等 11 个项目，备案面积 154.41 万平方米，建档面积 107.28 万平方米；累计归集维修资金 1.43 亿元，为业主增值（利息）收益 74.76 万元、计 1.44 亿元。全年归集维修资金 9997.59 万元，为业主增值（利息）收益 68.32 万元，计 1.006 亿元；华鑫现代城小区申请支用维修资金，累计拨付金额 1.03 万元。对新备案物业项目，以物业管理区域为单位设账，按房屋户门号设分户账，逐户录入系统，建立明细账，切实保障缴款业主的资金安全和保值增值。

【直管房管理】 对全县直管房房屋安全状况进行普查摸底，及早发现安全隐患，按照“轻重缓急”原则，对直管房区域内厕所进行整修，对地沟、下水道、化粪池进行清理。雨季来临前，对屋顶防水情况进行修补，对危房危墙进行加固修整，提高房屋抵抗突发自然灾害能力。完善防汛应急抢险预案，确保在遇到重大自然灾害等紧急状态下，反应及时，处置有力，救助有序，避免造成损失。加强安全保卫和环境绿化、卫生工作，整个直管房区域保持文明舒适、稳定有序的良好局面。

【房产开发管理】 全年新批房地产开发企业资质 3 家，当年年底具备资质的房地产开发企业有 39 家。新批商品房预售许可证 68 个，批准预售面积 73.24 万平方米，其中住宅 4692 套、51.86 万平方米。9 月 27 日起，取消商品房预售许可证的有效期。新建商品房网签（备案）12815 套、107.61 万平方米，其中住宅 7404 套、91.65 万平方米；新建商品住宅合同均价 4388 元 / 平方米。

2016 年，二手房交易 600 余套。办理房地产开发项目竣工综合验收备案 23 件，备案建筑面积 122.31 万平方米。

开展首次房地产开发企业信用等级评价工作，济南祥顺置业等 6 家企业被评定为 AA 级。6 月 20 日起，开展商品房预售资金监管工作，当年年底实际监管资金 1.2 亿元。

【物业管理】 2016 年，办理物业管理区域划分 12 件、前期物业管理备案 11 件、物业服务合同备案 14 件、业委会备案 2 件。实施物业管理的住宅小区有 50 个，总建筑面积 380 余万平方米；另有医院、工厂、办公楼、商业体等多种物业类型实施物业管理。累计备案 24 个业委会。

【住房保障】 2016年，实施济阳街道何家居三组（陈朝堰）安置用房、龙港·清华园安置房二期2个棚改项目，并纳入省级棚改计划，征收拆迁47户居民、拆除房屋面积约1.09万平方米。其中，济阳街道何家居三组（陈朝堰）安置用房项目建设手续齐全，拆迁24户、面积6239.48平方米；龙港·清华园安置房二期采取货币化安置，征收拆迁23户、面积4700平方米。2个项目全部按照时间节点要求完成任务目标。在济南市城市更新局牵头棚改（征收拆迁）工作督查季度考核中，济阳县被评为优秀单位。12月，委托山东省城镇规划建筑设计院编制济阳县2016—2020年棚户区和城中村改造布局规划，上报2017年棚改计划，最终确定济阳县2017年省级棚改计划1310套。后期追加市级棚改计划600套，计1910套。廉租住房租金补贴由按年发放改为按季发放。全年发放补贴款96262.22元。（王宗勇）

环境保护

【概况】 2016年，以改善环境质量为核心，做好大气、水、土壤污染防治三方面工作。严厉打击违法排污行为，开展拉网大检查行动，开展环境安全隐患大排查、快整治、严执法集中行动。

【环境监察】 开展各类专项检查行动。在全县范围开展拉网式大检查工作，共出动检查人员213人次，检查火电行业12家次、化工行业18家次、制药行业17家次、印染行业1家次、电镀行业4家次、污水处理厂6家次、危险废物经营单位6家次、其他单位31家次。日常企业监管。全年出动检查人员576人次，检查企业192家次，责令整改29家次，立案处罚家次。受理环境信访投诉837件，办结837件，查处率100%，办结率100%。

2016年10月底，县环保局进行为期一个月的环保规范月活动

【空气环境质量】 2016年，二氧化硫浓度为0.046毫克/立方米，同比减少35.2%；二氧化氮浓度为0.052毫克/立方米，同比增加20.9%；pm10浓度为0.131毫克/立方米，同比减少17.6%；pm2.5浓度为0.074毫克/立方米，同比减少19.6%。要求工业企业堆场进行全封闭，不能封闭的要加装抑尘网及喷淋设施，对厂区道路进行洒水降尘，降低工业扬尘污染。开展工业企业燃煤锅炉治理工作，要求企业对燃煤锅炉脱硫、除尘、脱销设施进行改造。打击“小散乱污”企业，杜绝非法企业污染大气环境。但是，随着汽车保有量的增加，汽车尾气污染逐渐加重，致使二氧化氮浓度不降反增。

【环评审批】 县环保局严格执行环境影响评价法和“三同时”管理制度，严把项目环保准入关，济北现代经济产业园通过区域环评审批，为招商引资和大项目建设创造条件。审批建设项目106个，其中，报告书5个、报告表101个，备案登记表20个，建设项目环评率100%，建成项目“三同时”执行率100%。

【环保监测】 徒骇河（夏口、申桥）、六六河

（入河口）、齐济河（垛石）、牧马河（老杨沟）、垛石河（入河口）、大寺河（入河口）7个监测断面14个项目的常规监测达标率100%，符合地表水Ⅳ类水质标准。对太平水厂和沟杨水厂集中式饮用水源地实施一月一次地下水环境质量监测，所测24个项目达标率100%，符合《地下水环境质量标准》Ⅲ类标准。对济阳县城及济北开发区实施环境空气质量自动监测。另外，逢雨雪天气即进行降水监测，全年未出现酸雨（PH＜5.6）。按规定频次在县城监测区域环境设置噪声监测点100个、交通噪声监测点20个，各测点等效声级均达到相关标准和控制指标要求。对各重点污染源、重点减排项目进行监测。

【工业污染源治理】 强化污染治理，督促济阳新华能源实业有限责任公司完成除尘设施的改造。在原有布袋除尘的基础上加装静电湿式除尘设施，项目实际总投资718万元，2016年5月建成并投入运行。加快锅炉淘汰（改造）步伐，督促济南达利食品有限公司用高效节能减排一体化的煤粉炉代替原有燃煤锅炉，实现超低排放；督促三株福尔制药有限公司完成工业锅炉煤改气项目。打击“小散乱污”企业，取缔土炼油、大理石加工、塑料颗粒等不符合国家、省产业政策和当地产业布局规划，污染物排放不达标，以及土地、环保、工商、质监等手续不全的企业，杜绝非法企业污染大气环境。

【生态县创建】 推进生态县创建工作，创建6个国家级生态镇，3个省级生态镇，6个省级生态村，696个市级文明生态村。6月，济阳县被山东省环保厅命名为省级生态县。

（杨　彬　赵　倩　辛善磊　王雅琪）

交通　通信

交通运输

【概况】 2016年，济阳县交通运输局围绕中心，服务大局，努力打造“阳光交通”，推进农村公路建设与养护工作，加强交通运输行业管理，不断提升运输服务保障能力。

【县级框架路及危桥改造工作】 完成仁风镇桥王路8.75千米、垛石镇原省道S249线1.75千米、回河镇十里铺1.86千米线及7座危桥建设任务。完成孙耿镇牧马河东盐桥设计、招投标工作等前期工作。

【贫困村道路硬化工作】 完成贫困村道进行改造建设工作。工程项目44个，总里程49.3千米，总投资2520万元，其中争取上级补助资金约1982万元。

【农村公路生命安全防护工程建设】 提前完成县乡两级农村公路生命安全防护工程建设。总投资3000万元，建设里程总长568千米。

【农村公路管理养护】 全年完成养护投资1450万元，挖补路面2000平方米，洒抹油8.1万平方米，排水沟6900米，改建圆管涵6座，预制安装护栏180米，整修路肩1100千米，路树刷白、亮化美化道路标线8千米，铲车清障5300余处，消除安全隐患260处，安装设置道路违章标志、警示牌80余处。

【城乡公交一体化建设】 县交通运输局在全县范围内实施城乡公交一体化改造，将车辆技术状况差、安全系数低、经营届满的城乡班车淘汰，全年更新6部新公交车辆，将淘汰下的6部车进行过户、报废处理。全县有城乡公交车47部，其中，新能源LNG车辆36部，占车辆总数的76.6%。11月，开通3路公交车，投入车辆12部，全部为新能源纯电动公交车。

【维修行业管理】 在认真总结2015年质量信誉考核经验基础上，调整完善考核方法，提升考核水平，评出AAA级企业2家，AA级企业5家，A级企业3家。审批维修企业11家，审核换证27家，全部按规定时限及时办结。加强市场监管巡查，检查维修企业142家，现场纠正违规9户，取消非法经营17户，发现问题及时处置，并限期整改。

【超限超载治理】 与公安交警组成联合执法队伍，开展超限超载联合执法工作。查处违法车辆102车次，卸载2625吨。整合交通监察和出租办力量，实行12小时不间断执法，加大出租市场整治力度，全年查处参加非法营运客运车辆33辆，非法营运态势得到有效遏制，经营行为逐步规范。

【济南长运公司济阳汽车站】济南长运公司济阳汽车站有员工163人，大中型高级客车14辆，客运线路19条，全年运营班次12.96万班，完成旅客发送量172.84万人，完成营业收入1608.33万元。（柳　勇　陈庭新）

公路建设

【概况】以公路养护为主线，以“路域环境综合整治、城乡环卫一体化、安全隐患整治提升、安全生命防护工程、秸秆禁烧”等工作为指引，开展科学化、规范化、精细化养护，共修补坑槽80余处，处置路面裂缝近3200米，路面病害碎石封层处理2700余平方米，补设道口桩499根，路面病害处置780平方米。安装路侧护栏1224米，增设标志22个。对安全隐患开口进行封闭，共封堵国道G220线开口64处。路政管理工作以“公路环境综合整治”和“两保两树”为活动载体，进一步提升公路管理和服务水平。查处路政案件30起，案件查处率100%，案件索赔率100%，收回路赔费12.8万元；涉路工程许可4件。对公路两侧边沟外缘以内的破旧建筑、广告牌匾、“六大堆”、污染边沟等脏乱差现象进行清理，对建筑控制区内的乱搭乱建、集市贸易、占道经营、打场晒粮等违法现象进行整治。共清除六大堆5600余立方米，清理路基边沟52千米，清除垃圾死角980余处，清除乱涂乱画小广告2830余处。协调济东高速工程建设。完成征地拆迁及各类管线迁改工作，完成取土场及土方运输工作，完成工程建设及项目投资。济东高速济阳段2016年完成总投资10.75亿元，累计完成总投资20.82亿元。其中一期工程2016年完成投资7.66亿元，开工累计完成投资12.72亿元；二期工程2016年完成投资1.29亿元，累计完成投资1.29亿元。济东高速公路12月底通车。委托山东兴联项目管理有限公司对济阳县国道G104京福线济南德州界至大桥镇段改建工程政府主体购买服务承接主体进行招标采购，配合金融办完成济阳县地方配套资金贷款发放的初审工作，配合国土、林业部门办理征地征迁手续。被评为山东省卫生先进单位和省级文明单位。

【公路养护】境内国省干线总里程166.27千米，其中，国道80.72千米，省道85.55千米。

加强日常养护，确保公路畅通。先后对国省道公路路肩进行整修上土，对桥梁、涵洞、排水沟进行清理疏通，修复绿化池、排水沟、平交道口、桥护栏，补植、种植各类树株；及时维修、扶正、加固各类沿线设施，同时对检查中存在的问题，逐条进行分析研究，做好整改落实。

强化绿化护管，提高绿化档次。采取水车漫灌与人工喷淋相结合的浇灌方式，确保返青水浇足浇透；6月，进行有害生物防控工作，集中对行道树和中央绿化带植被进行打药，防止病虫灾害；及时修剪植被，对中央绿化带植被和行道树进行修剪；及时进行绿化种植工作，对国道G220与省道S248交叉口绿化节点进行补植工作，共补植植被达150平方米。对省道S249养护工区进行绿化提升，种植植被面积

2016年3月，对国道G220线与省道S248线交叉口绿化节点进行补植工作

达 1380 平方米。对省道 S239 回河路段公路两侧花池进行整治，共种植龙柏近 7000 平方米；及时开展季节性路树刷白工作，共刷白行道树 29000 余棵。

加强小修保养工作，提高行车安全系数。加强各公路站巡查力度，调查并反馈公路病害的发生和附属设施的破损，及时对其进行小修保养。共修补坑槽 80 余处，处置路面裂缝近 3200 米，路面病害碎石封层处理 2700 余平方米，补设道口桩 499 根，补设百米桩、里程碑 560 余个，更换边沟盖板 170 余块，维修护栏 2800 余米，更换防眩网 44 米，更换护栏端头 140 余个，边沟清淤 800 余米，施画标线 1.8 万平方米，路面病害处置 780 平方米。

加强隐患整改，提升公路安全服务水平。抓好宣传教育工作，请地方电视台播放公路安全警示片，对从事安全的管理人员、执法人员、养护人员、驾驶人员进行培训；抓好安全生产工作。对存在的公路隐患问题进行排查，集中梳理、突击整治，共设置爆闪灯 34 套，增设道路标志 16 个，维修破损附属设施消除安全隐患 320 余处。

加大安防工程实施力度，完善道路安全设施。提前完成省道 S249 线安防工程任务，安装路侧护栏 1224 米，增设标志 22 个，完善道口桩、标线等设施。联合交警、安监、当地镇政府等部门，集中对安全隐患开口进行封闭，共封堵国道 G220 线开口 64 处。

2016 年 5 月，对安全隐患开口进行封闭，封堵国道 G220 线开口 64 处

【路政管理】 济阳公路局以依法行政、文明执法为中心，以加强执法队伍建设，着力提高执法水平为重点，坚持“维护路产路权、保畅通保安全”的原则，全年开展集中学习培训 6 次，共培训 234 人次；开展专项宣传活动 5 次，出动宣传车 160 余车次，新闻媒体 12 次，发放宣传资料 9980 份，悬挂宣传标语 82 幅；开展专项整治 7 次，封闭安全隐患路口 64 处，清理杂牌 193，整治占道经营摊点 372 处，清理乱堆乱放堆积物 310 处；全年上路巡查 14.52 万千米，办理涉路许可 4 件，查处涉路事案 30 起，收回路赔费 12.8 万元，查处率 100%，结案率 100%，索赔率 100%。全年无行政复议被撤销、行政诉讼败诉的情况发生。

（李雪峰　石　磊　杜仁琛　杨雪峰）

邮　　政

【概况】 2016 年，全县有投递线路 46 条，房屋面积 2537.52 平方米，生产用房面积 1660 平方米。服务面积 1076.2 平方千米，服务人口 55.2 万人。全年完成收入 3548.45 万元，完成收入目标的 107%，同比增长 53%；目标利润完成 115%，同比增长 38.2%。

【邮政物流】 济阳邮政开展“扶贫平价肥”工程，在“贫困村”建设“邮政便民服务站”，全面启动“邮政平价农资进村”活动。至 12 月，在全县 50 余个“贫困村”进行项目启动工作，农肥订货累计订货量 187 吨，形成农资订货额近 50 万元，实现政府、邮政、村民三方受益。

【邮政快包】 济阳邮政快递包裹全年收入181.5万元，完成全年目标的128.96%，同比增长111万元，同比增长158%；邮政快包仓储面积1200平方米，“双11”快递包裹寄递高峰期，济阳邮政包裹单日寄发量1.07万件，连续6天寄递量突破4.2万件。“双12”包裹高峰期，大客户发件量继续保持迅猛势头，单日包裹寄递量再攀新高，3日累计寄递量2.1万件。（刘　军）

移动公司

【概况】 中国移动济阳分公司负责济阳境内的“134（0至8号段）、135、136、137、138、139、157、158、159、150、151、152、188、187、182、183、184、147”国家公众移动电话网的建设和运营。经营移动语音、数据、有线宽带、IP电话和多媒体等业务。除提供基本语音业务外，还提供数据、WLAN无线宽带、有线宽带、手机139邮箱、飞信、12580、手机支付、手机视频等多种增值业务，拥有全球通、动感地带、神州行等品牌。全年实现收入1.2亿元，上缴税金300余万元。公司连续6年被评为省级文明单位。济阳开元大街营业厅被评为市级青年文明号。公司获济南移动“宽带提升工程”2016年度一等奖、济南移动“4G持续领先工程”2016年度一等奖、2016年度秋季开学营销青年突击队PK赛一等奖、2016年度秋季开学营销发展奖一等奖、济南移动优秀青年突击队等多项称号。

【业务开展】 2016年，全县移动客户29.9万户，光纤宽带用户36720户。客户通过网上营业厅、短信营业厅、10086自助营业厅、掌上营业厅等4种电子渠道，进行办理、话费清单查询、积分兑换等各种业务，足不出户即可办理移动业务。

【网络建设】 建设4G宏站402个和室分站点216个，实现城区及国道G220线、济东高速、济乐高速全覆盖以及农村行政村区域99%覆盖，平均下载速率大于35兆。打造国道G220线精品覆盖，通过异频组网等手段，实现全线平均下载大于60兆，改善客户数据业务体验。（刘　波）

联　通

【概况】 2016年，联通济阳分公司以客户为中心，以效益为根本，各项工作有序开展。获市级“先进单位”称号，连续19年保持山东省“精神文明建设先进单位”称号，连续18年获“济南市消费者满意单位”称号；中心营业厅获“中央企业青年文明号”、山东联通2016“宽带销售百强厅”称号、山东联通“众筹3.0销售百户厅”称号。

【业务经营】 全年完成收入8289.84万元，其中，固网收入完成3224.13万元，移网收入完成5065.71万元。实现利税317.7万元。中高端净增4198部，宽带净增1050部，融合业务发展6969部，联通电视发展8394部。

【网络建设】 完成2个母局机房、17个模块局机房的机房整合工作，接入网拔点62个，开展宽带无条件受理专项攻坚活动，确保“480”承诺实现，完成LTE三期基站开通80个，新建宏站17个，老站加开3G18个，农村2G广覆盖47个，完成LAN端口框架拆除6614个，整改分光器专线号2112个，动态更新光缆标签约8000个，基站机房核查整治105个，线路追偿情况完成55.5万，新建市场项目19项，

应急装机项目 437 项。（徐其峰）

电信公司

【概况】中国电信济阳分公司为客户提供集固话业务、移动通信业务、互联网接入、数据通信、互联网 +、物联网接入、系统集成服务、视讯服务等综合信息服务。为电信客户提供充值交费、费用查询、业务办理、故障申告、投诉咨询等服务。在全县各个乡镇设立营业厅和服务网点，方便群众通信业务办理。

【客户服务】中国电信济阳分公司开展营业窗口服务提升专项攻坚行动，强化考核力度，加大检查执行力度，规范员工工作行为和服务标准，每天开晨会进行业务学习，对前一天的工作情况进行通报，一月组织一次大型的对公司服务制度，首问负责制，资费标准等相关内容组织学习并进行考试，提高综合业务知识，有效促进了公司服务水平和员工队伍素质的整体提升；优化业务处理流程，缩短服务时限，坚持一站式服务、预约上门服务、回访制度等，提升用户服务满意率。

【网络建设】中国电信济阳分公司落实国家关于加快电信宽带网络建设、推进城镇光纤到户、扩大农村地区宽带网络覆盖范围的要求，积极推动“光网城市”建设，加快宽带网络光纤化升级，建设超高速（100 兆）宽带接入网络，提升综合信息服务能力，实现光纤到户的宽带接入。（朱小青）

广电网络公司

【网络建设】全面提升网络的稳定性与传输速度，帮助用户更好的从“看电视”转换成“用电视”。2016 年，继续深化双向网改工作，基本完成全县 930 个自然村的主干线路建设。在双向网改的基础上，建成济阳县环卫中心智能监控系统、济阳县水利局智能监控系统以及济阳县交警大队监控联网系统等三大行业监控联网系统。为用户提供更为便捷的服务与享受，加强各政府职能部门的服务保障。

【智慧社区】2016 年，广电网络济阳分公司分别与崔寨镇、济北街道进行智慧社区及应急广播项目的合作。在此基础上，建成智慧社区服务平台、应急广播服务平台和视频监控服务平台三大服务平台，为以后各单位、村落、社区的智慧社区建设做好技术支撑和服务保障。

【客户服务】广电网络济阳分公司把提升用户满意度作为工作硬性指标。规范员工工作行为和服务标准，提升员工业务知识和操作技能，优化处理流程缩短服务时限，提前预约、及时回访，提升用户满意率。（刘云飞）

财政　税务

财　政

【概况】 全县实现一般公共预算收入18.58亿元，完成调整预算18.44亿元的100.75%，比2015年增长10.75%，其中税收收入完成13.48亿元，可比口径比2015年增长12.73%，税收比重72.57%，比2015年提高1.28个百分点；全县实现一般公共预算支出34.19亿元，比2015年增长17.49%，其中教育、科技、社保及卫生等民生事业支出29.18亿元，占总支出比重85.34%，比2015年提高0.93个百分点。

【财政预算与执行】 完成一般公共预算收入18.58亿元，完成调整后预期的100.75%，比上年增长10.75%。加上级税收返还、各项补助、上年结转收入等17.07亿元，债券转贷收入3.8亿元，收入总计39.45亿元。全县一般公共预算当年支出34.19亿元，比上年增长17.49%，加上解上级支出及结转下年支出等5.26亿元，支出总计39.45亿元。全县财政收支相抵，当年实现平衡。

【国库资金管理】 县财政局加大推行行政事业单位使用公务卡支付工作力度，累计开卡量1986张，刷卡笔数10274笔，刷卡金额1430万元。9月19日，对各预算单位2015年度部门决算进行批复。10月8日，在“济阳县政务信息公众网”财政信息专栏公开81家预算单位2015年度部门决算相关信息，同时公开2015年度财政总决算相关信息和县级“三公经费”决算相关信息。

【工资发放】 1月开始，离退休人员的取暖费不能再从养老保险基金中支付，另由县财政负担。县财政每月负担离退休人员取暖补贴75万元，全年财政负担843万元。职级职务并行工资随2016年6月工资发放，并补发2015年2月至2016年5月职级职务并行工资。全县符合条件的人数分别为：科员享受副科职级人数230人，副科享受正科职级人数79人，正科享受副处职级人数91人，副处享受正处人数4人，合计404人。济阳县公务用车改革要求2016年6月兑现车补。8月调整车补，共涉及1467人，当月车补增加80万元，补发2个月车补160万元。全年负担车补559万元。物业补贴自2016年7月执行，随2016年12月调资时一并补发，当月物业补贴74万元。全年财政负担441万元。11月，对全县纳入财政统发单位享受遗属、退职生活补助和离休人员护理费的人员清理清查，对不应享受人员进行清理。查出17人不再符合享受遗属补助条件，一年节约财政资金15.46万元。

【非税收入管理】 全年非税收入17.53亿元，其中，国库收入16.18亿元，专户收入1.34亿元。

【财政监督】 加强内部控制制度体系建设，防控产生风险。2016年4月，下发《济阳县财政局内部控制基本制度（试行）》《法律风险防控管理办法》《政策制定风险防控管理办法》《预算编制风险防控管理办法》《预算执行风险防控管理办法》《机关运转风险防控管理办法》《岗位利益冲突风险防控管理办法》《信息系统管理风险防控管理办法》7个专项内部控制办法和《内部控制操作规程》，建立健全财政内部 控制制度体系。加强会计信息质量检查，提高会计信息质量。2016年8月10日至9月20日，对5个县直行政事业单位2015年度的会计信息质量情况进行认真检查，向被查单位提出整改建议24项，并责令被查单位及时整改存在问题。

【行政事业财务管理】 深化农村义务教育经费保障机制改革，改善农村中小学办学条件。拨付义务教育保障机制资金6322万元，其中，中小学生均公用经费4755万元，寄宿生生活补助444万元，农村中小学校舍维修改造488万元，免费教科书635万元。加大教育投入，促进教育均衡发展。安排资金13803万元，重点支持农村中小学标准化建设、解决城镇普通中小学大班额工程、薄弱学校改造等工程。规划新建澄波湖学校、兴隆街小学、闻韶中学、纬四路小学、新元中学、新元小学6所学校，建设校舍面积14.98万平方米。增设高中20个班，新增1000个学位；新建、调整增设初中55个班，新增2750个学位；增设小学131个班，新增学位5895个。全面贯彻落实教育资助政策，促进教育公平。实施从学前教育到高等教育的全覆盖助学资助体系，足额安排、及时拨付各项资助资金，确保家庭经济困难学生不因贫困辍学，保护弱势群体受教育权利。全年拨付资金1072万元，资助中小学生5087人，高中生995人，学前学生1338人。推进文化惠民工程，实现基层公共文化服务均等化。拨付文化资金1104万元，改善“三馆”开放条件，完善基层公共文化服务设施，推进公共文化服务体系建设。发放原民办代课教师教龄补助、农村老放映员补助，积极改善民生。发放原民办代课教师教龄补助，2016年全县新增202人，新增教龄1449年，符合条件的原民办代课教师2963人，累计教龄24236年，安排教龄补助资金586万元。发放农村老放映员补助，全县符合条件的老电影放映员59人，2016年需发放35人，拨付资金13万元。

【农业资金管理】 农机购置补贴发放工作。中央、省、济南市财政安排济阳县农机购置补贴资金2285万元。根据《山东省2015—2017年农业机械购置补贴实施指导意见》和济南市农业局、济南市财政局《2015—2017年济南市农业机械补贴工作实施方案》要求，与主管部门对接，严格执行工作程序，把握政策标准，定期核对购机户信息以及补贴清册，及时纠正错误信息，确保补贴基础信息准确无误。在摸底调查基础上，掌握详实可靠数据，调度资金按时将补贴分户数据录入惠民补贴资金“一卡通”兑付系统，实施“一卡通”网络系统发放。农村产业扶贫工作。全县有贫困村156个，其中，省级贫困村121个、市级贫困村35个。县财政局印发《济阳县财政扶贫资金管理办法》《济阳县财政专项扶贫资金项目实施监管意见》，加强对扶贫项目资金监督管理，做到专项资金专户存储、专款专用，按项目进度及时拨款。立足农产品资源丰富优势，培育扶贫项目。投资3213万元，依托“曲堤”黄瓜、“太平宝”西瓜、“垛石”樱桃西红柿、“仁风”富硒西瓜等品牌，因地制宜培育一批特色鲜明、效益突出、带动能力强的扶贫产业项目。实施种植业项目75个、养殖业项目4个、传统手工业及加工业项目3个、投资类项目16个。利用金融扶贫政策,做好“金融+扶贫”工作。开设3个金融扶贫资金三方监管账户，安排专项资金644万元用于金融扶贫，其中400万元用于金融贷款风险补偿金，244万元用于贷款贴息和担保费用。开展“富民农户贷”和“富民生产贷”，完成1273名符合条件贫困人口评级授信工作。

【社会保障资金管理】 按照济南市人民政府《关于深化医药卫生体制改革实施意见》，开展全民基本公共卫生服务项目，每服务1人财政补助资金45元，全年投入财政资金1032万元。通过调整医疗卫生服务性收入补偿公立医院药品差价,把药品加成的10%列入财政预算。安排1100万元用于县人民医院和县中医院药品差价补偿。省统一规划的村卫生室全部配备使用基本药物，并实行零差率销售，取消药品加成，改变村卫生室以药养医运行机制。支出430万元用于补偿药品差价。安排“新生儿遗传代谢病”筛查资金122万元，农村育龄妇女孕前优生查体资金77万元，农村孕妇住院分娩补助及两癌筛查经费100万元，疫苗接种补贴82万元。落实公益性岗位两项补贴、灵活就业人员社保补贴、企业吸纳人员补贴、下岗职工自谋职业等方面的补贴资金。安排各级就业再就业资金298万元，享受补贴1500人，其中灵活就业172人,一次性创业补贴126人。开展计划生育奖励扶助工作，全年农村计划生育家庭奖励扶助6729人，双女绝育户奖励146人，计划生育特殊困难家庭扶助252人，安排资金797万元；2016年企业退休职工独生子女父母一次性奖励安排资金8万元。全县有保障农村低保对象7406户，11151人，其中156个贫困村有1246户，1862人。全年发放低保金及各类补贴3417.3万元。“五保”对象年内新增12人，全县共有“五保”对象1042人，其中，分散供养244人，集中供养798人，集中供养率76.6%。全年支出供养资金612.4万元。全年发放医疗救助资金210.6万元，救助453人次；发放临时救助资金10.5万元，救助54人次；减免低保对象基本殡葬费用，减免433人，18.9万元。全年全县老年乡村医生新增36人，至年底，符合条件老年乡村医生有1923人，安排老年乡村医生生活补助资金913万元。全县有困难残疾人2370名、重度残疾人3256名，安排“双补”资金569.5万元。

【会计管理】 办理会计从业资格证1203人，换发会计从业资格证书89人，调出313人，信息变更3166人次，上岗注册9人，继续教育4366人次。全县会计持证人员达8124人。财政部组织开发“全国代理记账机构管理系统”，方便机构网上申请代理记账资格及办理相关业务。县财政局完成备案单位2个，收回代理记账许可证书1份,审批新成立单位1个。

【会计集中核算工作】 纳入会计集中核算县直单位106个,规范设置电子会计账套122套，审核原始凭证32.58万张，记录、打印、装订会计凭证1744本,打印、装订会计账簿1098册。资金结算中心通过共青团济南市委“青年文明号”继续认定，并获市妇联“巾帼建功先进集体”称号。

【农业综合开发资金管理】 县农业综合开发办公室向济南市农业综合开发办公室申报农业综合开发项目23个，其中，土地治理项目4个，产业化项目19个。济南市农业综合开发办公室下达土地治理项目2个：济阳街道高标准农田建设项目（总投资895万元、财政补助 895 万元）及 6 个镇贫困村治理项目（总投资 610 万元、财政补助 610 万元），回河镇贫困村土地治理项目（总投资 971 万元、财政补助 971 万元）。批复下达产业化项目计划 16 个（国家项目 3 个，市级配套项目 13 个），总投资 1648 万元，其中，财政投资 1052 万元，企业自筹 596 万元。6 月 24 日至 25 日，济南市农业综合开发办公室对济阳县 2015 年度曲堤、垛石 2 个土地治理项目及 2 个国家产业化项目组织验收。11 月 11 日，济南市农业综合开发办公室下发《关于 2015 年度国家农业综合开发项目验收情况的通报》，济阳县列全市第二，获优秀等次。

【民生投入】 全年在职人员工资性支出 10.06 亿元，离退休人员离退休费支出 2.8 亿元。统筹教育资金 8.66 亿元，支持中小学校新建、改建项目建设，解决“大班额”等问题。筹措资金 958 万元，用于落实各项就业和社保政策；安排资金 2.14 亿元，推进机关事业单位养老保险制度改革，加快建立城镇职工统一养老保险制度，提高城乡低保、农村五保供养标准。安排资金 5.13 亿元，推进基本药物零差率改革，落实各项医疗卫生补助政策，促进基本公共卫生服务均等化。筹措安排资金 5.62 亿元，支持小农水、现代农业、农业产业化、精准扶贫、美丽乡村等项目建设。筹措安排财政奖补资金 500 万元，支持建设农村一事一议项目 30 个；落实奖补资金 755 万元，开展仁风镇 4 个村“连片整治”；通过“一本通”发放 4 项涉农补贴 1.24 亿元，落实惠农政策。统筹资金 7310 万元，支持公共文化活动场所改造升级，推动文化馆、体育馆、农家书屋等免费开放及公共文体活动全面开展。

【预算公开】 2016 年度济阳县预算草案及三公经费预算于 2 月 5 日在济阳政务信息公众网公开，85 家预算单位部门预算于 3 月 4 日在济阳政务信息公众网公开。

【债务转贷】 向上级争取债券转贷收入 4 亿元，其中，新增债券和置换债券各 2 亿元，用于偿还存量债务、支持基础设施建设。

【“一事一议”项目审计工作】 5 月 4 日至 6 月 3 日，聘请山东中大会计师事务所，审计全县 2013—2015 年“一事一议”财政奖补资金。审计 9 个镇（街道）243 个村庄，涉及财政奖补资金 2117 万元。

【“乡村连片治理”工作】 1 月 20 日，济南市财政局批准济阳县仁风镇市级“一事一议”财政奖补“乡村连片治理”试点项目。项目涉及侯沙村、李八村、前岳村、后岳村 4 个村庄，计划总投资 755.89 万元，其中，村民筹资 5.89 万元，镇级配套 250 万元，申请上级奖补资金 500 万元。工程决算资金 756 万元，受益人口 971 户、3127 人。12 月 24 日，项目通过济南市财政局验收组验收。

2016 年 1 月 8 日，仁风镇侯沙村一事一议财政奖补“乡村连片治理”项目议事会现场
（王　超　摄）

【农业支持保护补贴】 7 月 15 日，2016 年度

农业支持保护补贴（耕地地力保护补贴）资金9935.04万元发放完毕，涉及农户111025户。11月17日，2016年度农业支持保护补贴（种粮大户）资金89.27万元发放完毕，涉及种粮大户（含家庭农场）141户。

【中小微企业申报贷款贴息】 为52家中小微企业申报贷款贴息扶持政策，上报贷款额45984万元，实际支付利息额1937.67万元，申报补贴贷款利息827.10万元。

【落实粮食储备政策】 拨付100万元用于保障储备粮管理，县级地方粮储备由原来的3750吨小麦，增加1250吨小麦储备，规模达到5000吨。

【发放棉花目标价格改革补贴】 全县符合政策要求的棉花种植面积为167.37公顷，补贴金额31.38万元，补贴资金按要求足额拨付至农户一卡通账户。

【政策性农业保险工作】 政策性农业保险包括种植业政策性保险和养殖业政策性保险。种植业政策性保险由中华联合保险公司负责承保，涵盖玉米、棉花、日光温室大棚等保险项目。其中，玉米保险涉及10个镇（街道）829个村，参保农户88487户，投保面积44551.16公顷，农户缴费200.48万元；棉花保险涉及4个镇（街道）9个村，参保农户52户，投保面积4.99公顷，农户缴费1000元；日光温室大棚保险涉及3个镇（街道）17个村，参保农户39户，投保面积4.77公顷。养殖业政策性保险由中保财险负责承保，涉及能繁母猪7155头，农户缴费8.57万元；育肥猪145479头，农户缴费87.29万元；奶牛4197头，农户缴费25.18万元。

【行政事业单位资产清查】 2016年4月29日，安排部署全县行政事业资产清查工作。清查范围是经机构编制管理部门批准成立，占有使用国有资产的各级各类行政事业单位、社会团体、执行民间非营利组织会计制度并同财政部门有经费缴拨关系的社会团体等单位。2015年12月31日为资产清查工作基准日。资产清查工作于7月12日完成并汇总上报。2015年12月31日，行政事业单位固定资产账面原值23.11亿元，固定资产清查数23.18亿元，盘盈743.82万元。

【国有资产评估、财务审计与咨询、拍卖中介机构备选库】 5月24日，在济阳县公共资源交易中心，委托代理机构山东兴联项目管理有限公司进行开标。通过竞标及专家评审，国有资产评估、财务审计与咨询、拍卖中介机构各有5家中介服务机构中标。

附：

2016年济阳县一般公共预算收入执行情况一览表

单位：万元

项　　目	2015年决算数	2016年执行数	可比口径增长%
一、税收收入	122900	134820	12.73
增值税	18430	41920	
营业税	40455	23552	
企业所得税	25044	21735	-13.21
个人所得税	1898	2441	28.61
资源税	1415	1421	0.42
城市维护建设税	5330	6314	18.46
房产税	2914	3387	16.23
印花税	1535	1379	-10.16
城镇土地使用税	9452	9901	4.75
土地增值税	6643	6739	1.45
车船税	2702	8635	219.58
耕地占用税	4439	4123	-7.12
契税	2643	3273	23.84
二、非税收入	48049	50958	6.05
专项收入	7522	8399	11.66
行政事业性收费收入	11640	4602	-60.46
罚没收入	4379	4141	-5.44
国有资源有偿使用收入	20870	29211	39.97
捐赠收入	124	3179	2463.71
其他收入	3514	1426	-59.42
本年收入合计	170949	185778	10.75
返还性收入	13020	16061	
一般性转移支付	41810	49005	
专项转移支付	64080	71423	
地方政府债券转贷收入	20540	38000	
调入资金	9362	23153	
上年结转收入	7300	11058	
收入总计	327061	394478	

说明：（1）市财政转贷我县地方政府债券40000万元，其中一般债券38000万元、专项债券2000万元，按照法定程序，已将政府债券资金收支安排和预算调整方案提交县人大常委会审议通过；

（2）因营改增因素部分税种增幅无法计算。

2016 年济阳县一般公共预算支出执行情况

单位：万元

项　　目	2015 年决算数	2016 年执行数	增长 %
一、一般公共服务支出	23373	27982	19.72
人大事务	379	414	9.23
政协事务	361	382	5.82
政府办公厅（室）及相关机构事务	11271	14455	28.25
发展与改革事务	746	796	6.70
统计信息事务	260	408	56.92
财政事务	1201	1377	14.65
税收事务	2387	2385	–0.08
审计事务	269	233	-13.38
人力资源	54	67	24.07
纪检监察事务	764	661	-13.48
商贸事务	987	1085	9.93
工商行政管理事务	1142	1687	47.72
质量技术监督与检验检疫事务	449	242	–46.10
民族事务	197	247	25.38
宗教事务		7	
档案事务	107	126	17.76
群众团体事务	326	362	11.04
党委办公厅（室）及相关机构事务	1564	1823	16.56
组织事务	346	525	51.73
宣传事务	490	527	7.55
统战事务	73	100	36.99
其他一般公共服务支出		73	
二、国防	10	9	
国防动员	10	9	
三、公共安全	14862	14237	–4.21
武装警察			
公安	10242	10090	–1.48
检察	1260	1649	30.87

续表

项　目	2015 年决算数	2016 年执行数	增长 %
法院	2165	1907	-11.92
司法	1180	591	-49.92
其他公共安全支出	15		
四、教育	63499	86599	36.38
教育管理事务	833	836	0.36
普通教育	54575	72460	32.77
职业教育	2674	1686	-36.95
成人教育	393	267	-32.06
特殊教育	189	299	58.20
进修及培训	386	450	16.58
教育费附加安排的支出	4447	7637	71.73
其他教育支出	2	2964	
五、科学技术	5653	4995	-11.64
科学技术管理事务	144	149	3.47
技术研究与开发	4962	4538	-8.54
科技条件与服务	40		
科学技术普及	102	98	-3.92
科技重大专项	100	50	-50.00
其他科学技术支出	305	160	-47.54
六、文化体育与传媒	10846	7310	-32.60
文化	1304	1534	17.64
文物	192	170	-11.46
体育	30	45	50.00
新闻出版广播影视	451	395	-12.42
其他文化体育与传媒支出	8869	5166	-41.75
七、社会保障和就业	33448	44393	32.72
人力资源和社会保障管理事务	1006	1483	47.42
民政管理事务	728	721	-0.96
财政对社会保险基金的补助	4638	5083	9.59
行政事业单位离退休	14382	21350	48.45
就业补助	645	958	48.53

续表

项　　目	2015年决算数	2016年执行数	增长%
抚恤	4468	5283	18.24
退役安置	847	856	1.06
社会福利	1678	1987	18.41
残疾人事业	927	1441	55.45
自然灾害生活救助	328	344	4.88
红十字事业	81	95	17.28
最低生活保障	2962	3521	18.87
临时救助	92	106	15.22
特困人员供养	422	648	53.55
其他生活救助	71	20	-71.83
其他社会保障和就业支出	173	497	187.28
八、医疗卫生与计划生育支出	35613	51296	44.04
医疗卫生与计划生育管理事务	662	2104	217.82
公立医院	2018	14050	596.23
基层医疗卫生机构	3509	4678	33.31
公共卫生	3306	3410	3.15
医疗保障	22025	23096	4.86
中医药	30		
计划生育事务	3173	2752	-13.27
食品和药品监督管理事务	815	1186	45.52
其他医疗卫生支出	75	20	
九、节能环保	5524	4156	-24.76
环境保护管理事务	683	522	-23.57
污染防治	1553	2276	46.56
自然生态保护	2306	643	-72.12
能源节约利用	465	502	7.96
污染减排	517	56	-89.17
其他节能环保支出		157	
十、城乡社区支出	25538	21629	-15.31
城乡社区管理事务	1973	3023	53.22
城乡社区规划与管理	389	49	-87.40

续表

项　　目	2015 年决算数	2016 年执行数	增长 %
城乡社区公共设施	17612	9877	-43.92
城乡社区环境卫生	2392	3689	54.22
建设市场管理与监督	573	578	0.87
其他城乡社区事务支出	2599	4413	69.80
十一、农林水支出	44915	56179	25.08
农业	16696	12131	-27.34
林业	722	693	-4.02
水利	14480	16329	12.77
扶贫	1586	4846	205.55
农业综合开发	2510	3192	27.17
农村综合改革	8712	11570	32.81
普惠金融发展支出	149	2206	
其他农林水事务支出	60	5212	8586.67
十二、交通运输	9901	8325	-15.92
公路水路运输	9316	7476	-19.75
石油价格改革对交通运输的补贴	235	274	16.60
车辆购置税支出	350	575	64.29
其他交通运输支出			
十三、资源勘探信息等支出	6031	6206	2.90
资源勘探开发	4		
工业和信息产业监管支出		151	
安全生产监管	238	271	13.87
支持中小企业发展和管理支出	5789	5784	-0.09
其他资源勘探电力信息等事务支出			
十四、商业服务业等支出	932	1249	34.01
商业流通事务	695	648	-6.76
旅游业管理与服务支出	129	47	
涉外发展服务支出	108	251	132.41
其他商业服务业等事务支出		303	
十五、金融支出	173	86	-50.29
金融发展支出	144		

续表

项　　目	2015 年决算数	2016 年执行数	增长 %
其他金融支出	29	86	196.55
十六、援助其他地区支出	188	197	4.79
其他支出	188	197	4.79
十七、国土海洋气象等支出	6227	1714	-72.47
国土资源事务	6051	1509	-75.06
气象事务	176	205	16.48
其他国土资源气象等事务支出			
十八、住房保障支出	3418	3373	-1.32
保障性安居工程支出	1648	1301	-21.06
住房改革支出	1760	2052	16.59
城乡社区住宅	10	20	100.00
十九、粮油物资储备支出	139	571	310.79
粮油事务	90	518	475.56
物资事务	49	53	8.16
粮油储备			
二十、其他支出（类）	726	1412	94.49
其他支出（款）	726	1412	94.49
本年支出	291016	341918	17.49
上解上级支出	18697	18189	
债务还本支出	6290	18500	
结转下年支出	11058	15871	
支出总计	327061	394478	

说明：1、部分支出科目增长或下降幅度较大的原因是 2016 年度对应科目上级专款增减变化较大；
2、上解上级支出包括省级收入分成上解、粮食风险基金上解等；
3、结转下年支出主要是上级专项补助当年未支出部分。

（刘培新）

国家税务

【概况】 2016 年，济阳县国税局克服经济增速下滑、重点税源企业税收同比下降（9 户重点企业纳税同比下降 3.34%、税收占比同比下降 9%）的不利因素，强化税源管理特别是中小税源企业管理，通过挖潜增收，堵漏保收，催缴清缴欠税，超额完成税收任务。“营改增”、税种管理、征管稽查等各项工作进展顺利。全年税收收入完成 14.02 亿元，同比增收 2.54 亿元，增幅 22.13%。其中，增值税 8.95 亿元，同比增收 2.61 亿元，增幅 41.17%；消费税 79 万元，同比减收 26 万元，降幅 24.76%；企业所得税 4.52 亿元，同比增收 890 万元，增幅 2.1%；车辆购置税 5383 万元，同比减收 1556 万元，降幅 22.42%；完成其他收入 53 万元，同比减收 26 万元，降幅 32.91%。县级收入完成 5.72 亿元，同比增收 2.09 亿元，增幅 57.5%。实现各项减免税优惠 2.44 亿元，同比增长 9854 万元，增幅 67.53%。促进小微企业发展（含个体未达起征点）减免税额 4526 万元，同比增长 1127 万元，增幅 33.16%，办理出口退税 6800 万元，同比持平。

【“营改增”工作】 3 月，启动全面“营改增”工作，完成 3445 户纳税人户籍确认、税控发行、发票发放、纳税人培训、接受确认及 368 户营改增试点纳税人首月申报工作。7 月，1821 户纳税人申报率 100%。对重点税源企业和行业代表性企业，采取上门入户式，一对一培训辅导。成立 7 个巡回辅导小组，对全县 1076 户餐饮、住宿行业纳税人进行拉网式巡回辅导。组织实体课堂培训纳税人 5323 户次。搭建全天候培训平台，通过门户网站、税企 QQ 群、微信群，实现网上培训平台全覆盖。

2016 年 8 月 24 日，济南市国税局局长杜锋到济阳县国税局调研“营改增”工作

（姚福杰　摄）

2016 年 3 月 31 日，济阳县国税局营改增试点纳税人接收确认工作全面启动　（姚福杰　摄）

【国地税合作办税】 落实中央《深化国税、地税征管体制改革方案》，建立济阳县国地税联合办税联席会议制度和联络会议制度，县政府成立以县长为组长的深化国税、地税征管体制改革工作领导小组，对方案提出的 6 方面 31 类改革任务统筹推进，逐项落实。12 月，国地税联合办税服务厅投入使用，国地税人员入驻办公。

【税种管理】 货劳税基础管理。推行纳税人取消增值税发票认证扩围工作，对符合条件的纳税人逐户通知，确保政策全覆盖；推行增值税发票升级版数据应用分析系统。筛选疑点企业 212 户，查补增值税入库数 572.20 万元，滞纳金 39.53 万元，抵顶留抵税额 551.38 万元，查补的待入库收入 360.90 万元。通过增值税发票升级版失控发票登记 29 户。做好 2015 年度消费税收入分析报告，做好消费税涉税信息采集工作。

企业所得税工作。做好全天候纳税辅导工作，开展汇缴审核巡查，对 28 名税收管理员和 2700 余户企业代表进行培训，现场发放培训资料 1000 余份，确保汇缴质量。落实小型微利企业所得税优惠，做好高新技术企业资格认定审核，落实固定资产加速折旧政策。做好所得税堵漏增收工作。成立重点事项评估小组和评估领导检查小组，评估企业99户次，入库所得税款及滞纳金62.82万元，弥补亏损调整企业应纳税所得额1223万元。

出口退税审核工作。2016年，审核通过出口企业退免税申报601户次，办理退税6063.97万元，办理调库8000万元；接收出口函调核实15份,海关结案进料加工核销8户次，退运证明7户次，来料加工免税证明2户次。进行出口货物未申报退（免）税核查，通过申报情况筛选需核查企业名单，自查约谈及审核检查，补缴入库税款21.57万元，滞纳金0.12万元，调整应纳税所得额0.86万元。

国际税收工作。做好各项日常报表和报告的报送，共传递地税合同备案及扣缴数据16条；合同备案25份，对外支付备案17户次；情报交换信息6条，涉及美国、日本、德国、英国等4个国家；开展反避税调查，查补税款124.53万元，加收滞纳金3.66万元。做好非居民享受税收协定待遇工作，非居民享受税收协定待遇5户次，减免所得税额2892.44万元。组织入库非居民企业收入3164.41万元，同比增加944.62万元，增幅40.53%。

【征管稽查】 做好非正常户认定和欠税管理

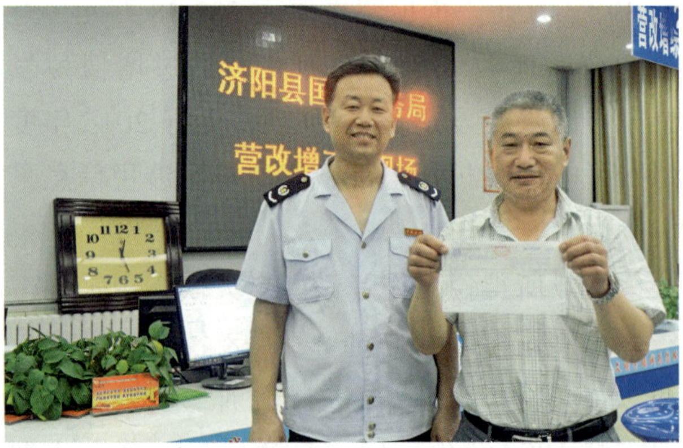

2016年5月1日凌晨，济阳县国税局为自然人张波代开出济阳县首份建筑业普通发票
（姚福杰　摄）

工作。认定非正常户111户，每月底查询欠税情况，及时督促各征收分局加强欠税纳税人管理。做好风险防控工作。对涉及“一址多照”纳税人进行重点后续管理。做好互审互查工作，共找出疑点数据189条，提出优化建议8条。做好纳税评估工作，发起风险应对任务365户次，完成评估任务284户次，有问题224户次，有问题比例78.87%，入库税收合计453.27万元。做好稽查工作。共接受举报案件4起，移交案件3起。其中3户已查结，补缴增值税52.36万元，罚款12.41万元，滞纳金3.16万元；共接收协查案件5起，涉及6户纳税人81份专用发票，涉及税款136.64万元，按时查结回复3起。（魏发家　李志伟）

地方税务

【概况】 2016年，济阳县地税局组织各项收入9.83亿元，剔除“营改增”因素，同比增长9.96%,增收8904万元。其中县级收入完成8.59亿元，占收入计划8.36亿元的102.81%。被济南市总工会授予“济南市五一劳动奖状”称号，被济南市妇联授予“济南市巾帼建功先进集体”称号。

【税收征管】 强化征管措施。开展纳税评估。规范行政事业单位个人所得税扣缴管理。全年评估入库税款1400余万元，个人所得税增收1330万元，增长28%。加大清缴欠税力度。对65户欠税企业采取税收保全、强制执行措施，累计追缴欠税8850万元，其中，新欠8106万元，以往陈旧欠款744万元。加强税源清查。6月起，借助综合治税力量，以崔寨中心所为试点，后在各镇（街道）全面推开。在全县开展房产税、土地使用税税源清查，核查纳税户349户，补征房产税、土地使用税

320余万元。抓好“营改增”试点工作。与国税部门沟通协调，向国税部门移交营业税纳税户2000余户。5月1日，开出“营改增”代开增值税发票4份，标志着“营改增”试点全面推行工作任务完成。

【纳税服务】 推行让纳税人放心、暖心、省心、称心、贴心“五心”服务工程，打造服务台资企业的地税品牌。联合国税部门，建立与台资企业的微信税收服务交流群，召开台资企业税收政策联合答疑会。邀请山东旺旺食品有限公司等5家台资企业和济南市地税局副局长孔静及省、市地税局国际税务处相关负责人，召开服务台资企业发展座谈会，广泛征求意见建议。该项工作在全市地税系统2016年亮点工作评选中成绩优异。加强税收宣传。借助电子信息技术，在办公楼电梯口安装电子展示屏，及时宣传和展示工作动态和活动风采。利用“道德讲堂”，广泛宣传“四德”建设成果。

2016年4月27日，县地税局办税服务大厅人员联合县国税局开展代开增值税发票业务模拟测试

【基层建设】 推进标准化、规范化中心税务所建设。组织人员赴邹平县地税局参观学习规范化中心税务所建设经验，建立涵盖征管、执法、服务、行政等4个部分41项管理制度。11月8日，在全市地税系统基层建设推进交流会上，做典型发言，介绍在规范化中心税务所建设方面的做法和成效。抓好办公环境整治。对餐厅、车库和各中心所办公楼、餐厅楼顶防水层进行统一处理。由县财政出资，对办公楼内的暖气片进行统一更换，对办公楼3个会议室、厕所等公共部位进行修缮，改善办公条件。

（王桥政）

金　融

综　述

【概况】 2016年，全县有各类金融机构42家，营业服务场所100余处，基本实现城乡全覆盖。年末，各项存款余额为182.89亿元，较年初增加26.5亿元，增幅为16.95%。广义政府存款比年初增加6.47亿元，增长25.23%。各项贷款余额为114.09亿元，比年初增加24.98亿元，增幅为28.03%。全县各保险公司实现保费收入6.44亿元。同比增长30.87%。中国人民银行济阳县支行被授予总行级“标杆职工之家”称号，被授予人民银行济南分行级“模范职工之家”称号，《农村新型抵押物贷款业务》被分行营业管理部评为2016年度创新项目三等奖。

2016年济阳县金融机构存贷款情况表

单位：万元

	余额	比年初增减额	比年初增减 %
各项存款	1828881	265024	16.95
境内存款	1828560	265498	16.99
住户存款	1302027	155342	13.55
非金融企业存款	185314	26445	16.65
广义政府存款	321218	64712	25.23
境外存款	321	-474	-59.62
各项贷款	1140948	249776	28.03
住户贷款	714852	184752	34.85
其中：短期贷款	218953	2496	1.15
中长期贷款	495898	182256	58.11
非金融企业及机关团体贷款	426096	65025	18.01
其中：短期贷款	132646	-75259	-36.20
中长期贷款	39641	-41648	-51.23
票据融资	253809	181932	253.12

2016年7月，人民银行济南分行营业管理部召开2016年辖区县（市）支行“职工之家”建设工作交流推进会，济阳支行获人总行“标杆职工之家”称号　　（高培华　摄）

【金融管理】 中国人民银行济阳县支行加强对金融机构综合评价，对2015年度辖内银行业金融机构、保险机构综合评价工作，进行涉农信贷政策导向效果评估，确保辖区金融稳健运行。落实存款保险制度，扎实做好实施风险差别费率管理、保费核定与交纳等存款保险基础履职工作，在济南辖区评为风险四级。落实重大金融突发事件报告制度，加强人民币流通管理，严格会计核算管理，强化国库监督，加强对涉农金融机构农村支付环境建设的检查指导，确保辖区金融机构的稳健运行。引导金融机构落实稳健货币政策，设立融资超市，搭建政银企合作平台，拓宽企业融资渠道。开展“回头看”活动，规范国库柜面监督，对辖区国债

2016年3月，济阳人行“雷锋在心中　金融公益行”志愿者宣传活动　　（高培华　摄）

代销银行国债业务进行调研、检查和考核工作。推进辖区金融扶贫工作。4月，《济阳县摸清底数确保金融扶贫精准性》被《大众日报》刊登报道。推进“两权”抵押贷款业务。6月，济南市首批农村土地经营权抵押担保贷款发放仪式在济阳县举行，《大众日报》刊登报道。

【金融服务】 2016年，中国人民银行济阳县支行加强支付环境建设。组织召开农村支付环境建设联席会议，分别从金融机构和农村居民两个层面进行农村金融知识培训。模拟支付系统突发事件应急预案演练，切实防范支付风险。强化外汇管理工作。对6家涉外企业开展“送外汇政策”上门活动，印发《济阳县跨境业务评估暂行办法》。通过积极与企业联系，济南凤国工贸有限公司与韩国银行达成借款意向。开展金融知识宣传和金融消费权益保护工作。借助“3·15国际消费者权益保护日”“6·14信用记录关爱日”“金融知识普及月”等时点，组织金融机构开展“雷锋在心中　金融公益行”志愿者金融消费宣传活动、“拒绝高利诱惑　远离非法集资”主题公益集中宣传活动。11月，举办农村金融消费维权联络点集中授牌仪式，开办金融消费权益保护业务培训班，完成辖区每个镇（街道）设立1个维权联络点的任务。

【金融助推经济发展】 2016年，济阳县支行制定《关于贯彻稳健货币政策　支持地方经济结构调整和转型升级的指导意见》，促进货币政策与产业政策有效衔接，保持社会融资规模增长。及时向县委、县政府汇报最新货币信贷政策。创新政、银、企合作平台，实施“一企一策”服务模式，与县政府金融办联合举办化工能源等银企对接会、洽谈会4次，达成协议贷款金额68亿元，资金落实率92%。

（任平亮　高培华）

银　　行

【中国农业银行济阳县支行】 2016年，全行各项存款余额为53.7亿元，较年初增长9.3亿元。其中个人存款余额为37.91亿元，较年初增长4.22亿元，计划完成率达104.7%；对公存款余额为15.79亿元，较年初增长5.08亿元，计划完成率406%，两项存款保持良好增长势头，实现全省县域同业连续三年排名第一。全行各项贷款余额为30.63亿元，较年初增长9.72亿元。其中法人贷款余额14.6亿元，较年初增长4.71亿元；个人贷款余额16.03亿元，较年初增长5.01亿元。全行实现中间业务收入1674万元，实现拨备前利润8649万元，同比增加2046万元；拨备后利润7396万元，同比增加1252万元。济阳农业银行先后获"济南市五一劳动奖章""二〇一六年度全市单位内部治安保卫工作集体三等功""2015年度济阳慈善工作先进单位""安全随行守卫平安知识竞赛团体一等奖""济阳县首届职工合唱节优秀组织奖"等称号。

济阳农业银行印发《济阳县支行互联网金融业务综合营销活动方案》，推广微信代缴费项目，实现传统业务与新型产品的双丰收。与县水务局、县财政局和山东省水务发展公司沟通，获得县稍门水库建设项目授信1个亿的批复。推进项目贷款进程，从信贷主体选择到担保公司确定，再到"政府购买"服务合同签订，逐步完善政府购买贷款资料和手续。国道G104京福线济南德州界至大桥镇段改建工程济阳段项目1亿元贷款，2月，发放首笔贷款2550万元。为解决涉农新型经营主体贷款难、贷款贵的问题，济阳农业银行在借鉴潍坊、烟台等行成功申请开办基础上，结合具体实际，对曲堤镇、仁风镇大棚种植情况进行实地考察，发放全市第一笔大棚抵押贷款，成为济阳县率先办理大棚抵押贷款的银行，拓宽了农户办理贷款新方式，突破农户贷款担保难的格局。

县域范围内设9个营业网点（县域网点4个，乡镇网点5个）。先后在网点空白乡镇和县城重点区域建立6个惠农服务站和7个离行式自助银行。

【中国建设银行济阳支行】 2016年，中国建设银行济阳支行突出市场营销，规范管理，强化服务，机关事业单位养老保险账户、小微企业贷款、小企业助保贷及小额化转型、单位人民币结算账户、个人住房贷款、房改金融业务、商户收单、ETC业务、银医银校通等方面稳步发展。全口径存款余额35.74亿元，较年初增加8.86亿元；贷款余额22.7亿元，较年初增加7.32亿元。ETC借记卡发卡1500余张，完成率居全市第一位。累计发展商户364户，达标324户。商户新增、达标率、点均新增均居济南市第一位。

各项存款增幅较大，完成存款收口计划。一般性、对公、个人存款时点余额分别为17.87亿元、9.93亿元、7.94亿元，较年初账面新增4.43亿元、3.56亿元、0.87亿元。对公存款和个人存款完成率分别为451.87%、40.55%，一般性、对公、个人存款日均余额分别为15.02亿元、8.18亿元、6.84亿元，较年初新增分别为2.27亿元、1.82亿元、0.45亿元。

信贷总量稳定增长，各项贷款总量22.7亿元，较年初新增7.32亿元，其中对公贷款0.44亿元，较年初新增-0.94亿元，个人贷款22.26亿元，较年初新增8.26亿元。中间业务，实现中间业务598万元，其中，个人条线中收512万元，对公条线中收86万元。资产质量总体稳定，逾期及非应计贷款余额660万元，逾期及非应计贷款率0.29%。客户规模不断扩大，有效个人客户新增 3103 户，有资产客户新增 4797 户。对公全量客户有 543 户，比年初新增 8 户；有效客户（折算前）有 251 户，比年初新增 22 户，有效客户（折算后）1265 户，比年初新增 19 户。

【中国银行济阳支行】 2016 年，各货币折合人民币各项存款余额 13.3 亿元，较年初新增 1.32 亿元。各项贷款合计 8.2 亿元，较年初新增 1.58 亿元；累计叙做银行承兑汇票 1052.73 万元，保函 419.16 万元，信用证 1755 万元，国际结算量 7568 万美元。被评为 2016 年度山东省银行业普惠金融示范单位。

先后为山东上好佳投放 3000 万元流动资金，为济南金麒麟投放 3000 万元流动资金，通过加强对重点企业的资金支持，促进企业生产经营。在为济南金麒麟提供流动资金支持的同时，开立电子交易平台，交易量达 490 万美元。开始叙做远期结售汇业务 3600 万美元。

【济阳农村商业银行】 2016 年，济阳农商银行各项存款余额 60.71 亿元。较年初增长 6.9 亿元，增幅 12.83%。各项贷款余额为 36.68 亿元，较年初增长 3.07 亿元，增幅 9.12%。实现中间业务收入 243 万元，较去年同期增加 22 万元。利润总额 9828 万元，较同期增长 714 万元，增幅 7.83%。经营利润 1.16 亿元，较同期增长 9 万元，增幅 0.08%。

通过对不良贷款进行分析，选取大额公司类不良贷款聘请律师事务所进行风险代理清收，收回济南国美纺织印染有限公司不良贷款 200 万元。配合济阳王圈邹平码头黄河浮桥有限责任公司协调第三方公司，对权属船舶进行价值评估，审查贷款申请资料，发挥贷款审批快的优势，为该企业授信 1000 万元。发放第一笔“鲁青基准贷”，为山东北成环境工程有限公司授信 120 万元。电子银行客户 48216 户，较年初增长 6682 户，增幅 16.09%。实现账务性交易 91.27 万笔，交易金额 143.56 亿元，电子银行业务替代率 59.50%，较年初提高 4.37 个百分点。办理同业理财申购业务 19 笔 20.70 亿，办理资产管理计划申购业务 9 笔 9.10 亿元，办理存放同业业务 6 笔 6.70 亿元，办理转贴现银行承兑汇票业务 141 笔 19.86 亿元，办理银行间债券市场现券交易业务 54 笔 23.10 亿元，办理银行间债券市场质押式回购业务 251 笔 139.26 亿元。实现金融机构往来收入及投资收益 1.23 亿元，较去年同期增加 1618.82 万元，增幅 15.12%。开展网格化营销活动，实行“陌拜”制度，走村访户，建档管理。全年新营销客户 3750 余人，网格化营销建档客户信息 5380 人。推广实施“家庭银行”商业模式，维护家庭银行客户 169 户，办理“幸福家庭贷”90 笔 1032 万元。带动签约手机银行 84 户，网上银行 44 户，安装 POS 机 20 部。共发放“速贷通”消费贷 616 笔 3729 万元，“幸福之家”住房按揭贷 90 笔 1032 万元。与县人行和扶贫办对接，对 4 个镇（街道）对接走访，建档立卡贫困户 2900 户，发放贷款 85 户，贷款余额 400 余万元。推进网点转型工作，统筹发展物理网点、自助银行、农金通、电子银行“四

2016 年 3 月，济阳农商银行“金融公益行宣传队”在曲堤镇集贸市场开展“雷锋在心中 金融公益行”消费者权益日宣传活动　（朱潇潇　摄）

通”渠道。新增布放自助设备9台，安装银联POS机221台，新拓展电子银行用户6682户，安装布放农金通38台。全年清收表外不良贷款3000余笔，金额共计3100余万元。

3月30日，山东济阳农村商业银行股份有限公司开元大街分理处开业。9月7日，济阳农商银行资产经营中心挂牌运营，资产管理系统上线试运行。

【中国农业发展银行济阳县支行】 2016年，中国农业发展银行济阳县支行各项存款余额8631万元，较年初增加2937万元；存款日均余额7569万元，较年初减少1567万元。各项贷款余额3亿元，比年初减少4803万元。发放贷款7243万元，收回贷款1.2亿元，其中中长期贷款收回5090万元。中间业务收入3万元，比同期增加1万元。

发挥农发行在县域内收购资金供应主渠道作用，保障国农粮食政策的有效落实，根据市场价格变化趋势及企业小麦质量情况，支持粮食企业压库促销，轮换小麦。发放小麦轮换贷款6943万元，轮换小麦2694万千克，达到储备粮食质量与农民丰产增收“双赢”。支持县级粮油储备增储扩容，提升粮食等重要农产品供给保障水平。7月，增加济阳国家粮食储备库县级储备贷款300万元用于小麦储备，收购小麦125万千克。支持最低保护价托市收购，配合中储粮济南直属库托市收购小麦2243万千克，维护种粮农民利益以及粮食市场稳定。

【中国邮储银行济阳支行】 2016年，中国邮政储蓄银行济阳县支行个金储蓄时点4.56亿元，储蓄余额新增7317.71万，完成年度计划的118.02%；公司存款时点4.57亿元，年增6916.43万元，计划完成率101.67%；信贷结余4.1亿元，年增9687.39万元，完成全年计划的208.26%。

全年实现全省首笔政采贷放款123万元；实现全市首笔小企业助保金贷款，全年放款2870万元。准入全市首个车位贷项目成功放款5.9万元。信贷业务不良率控制在0.67%，资产质量整体良好。

【齐鲁银行济南济阳支行】 2016年，齐鲁银行济南济阳支行各项存款余额11亿元，较年初增加2.9亿元，增幅37%。贷款余额6.3亿元，较年初增加2亿元。全年实现利润2542万元，中间业务收入159万元。年末无逾期、无欠息。

为山东会兴置业有限责任公司置业有限责任公司发放住房开发贷款1笔，金额2000万元；发放互助基金贷款42笔，金额8164万元；办理知识产权质押贷款7笔，金额1390万元；与济南财金农业融资担保有限公司合作，由其向申请人提供担保，办理农村两权抵押贷款3笔，金额540万元。

【日照银行济阳支行】 2016年，日照银行济南济阳支行总存款余额4.84亿元，完成全年任务的108%，较年初增长6368万元，涨幅15%；储蓄存款余额1.62亿元，较年初增长1.08亿元，涨幅202%，对公存款余额3.23亿元，较年初下降21%。各项贷款余额2.1亿元，全年利息收入901万元，累计实现利润203.7万元，实现中间业务收入12.8万元。

与县房管服务中心签订资金监管协议，与禧福置业签订监管协议并开立资金监管账户。代发1800余户居民补偿款，金额2400余万元。实现取暖费代收3900余户居民，收取现金1200余万元。

【济阳北海村镇银行】 全年各项存款余额4474.94万元，贷款余额7424万元，全年利息收入 459.93 万元，各项贷款无逾期、无欠息。

（任平亮　高培华）

保　险

【中国人民财产保险股份有限公司济阳支公司】 2016 年，中国人民财产保险股份有限公司济阳支公司开办机动车辆险、企业财产险、团体意外险、责任险、政策性养殖保险等 10 余个险种，保费收入 4473.03 万元，支付各项赔款 2696.48 万元，其中政策性养殖险支付赔款 384 万元。全年缴税 718.66 万元，其中车船税 420.19 万元。

【中国人寿保险股份有限公司济阳支公司】 2016 年，公司总保费收入 2.65 亿元，实缴税收金额 300 余万元，有员工 1900 余人，以当地寿险 80% 以上的市场份额确立寿险市场龙头地位，成为广大市民选择保险产品的“第一联想”。

【中国太平洋财产保险股份有限公司济阳支公司】 2016 年，太平洋产险济阳支公司主要经营机动车辆保险、企业财产保险、家庭财产损失保险、意外伤害保险、信用保险、货物运输保险、安装工程保险、一般责任保险等。实现整体入账保费 1600 万元，其中，车险入账保费 1300 万元，非车险入账保费 300 万元。占济阳财险市场的 12%。

【中国太平洋人寿保险股份有限公司济阳支公司】 2016 年，公司拥有员工 150 余人，标准保费收入 1680 万元。以客户需求为导向，通过保险产品和服务创新，满足客户多方面需求。开办险种 200 余个，覆盖人寿保险、年金保险、健康保险、意外伤害保险等多个领域。重点发展保障型、长期储蓄型等保险产品，尽力完善客户服务体系，创造“坐享服务、智能导航、便捷透明”全新客户体验，强化诚信建设，实施承保、理赔透明化举措，完善“95500”全国客户服务电话体验和高端客户增值服务，推出“神行太保”智能移动保险生态系统，推动销售和服务模式转型升级。（马　萌）

教育　体育

教　　育

【概况】 2016年，全县共有中小学学校41所，其中普通高中3所，初中15所，小学27所。学前幼儿园129所，中等职业学校1所，特殊教育学校1所。普通高中在校生9897人；普通初中在校生18167人；小学在校生34428人。济阳县教育体育局以“真情办教育 倾心育桃李”为办学理念，通过加强干部教师培训、师德教风建设、扩大教育资源、深化基础教育改革等方面提升教育教学水平，促进各类教育协调发展，完成各项工作任务。

2016年济阳县教育机构情况一览表

项　目	学校（所）	在校生（人）	招生（人）	毕业生（人）	教职工（人）	
					合计	其中：专职教师
高级中学	3（职综高）	9986	3356	3271	795	656
初级中学	15	18167	5911	5970	1313	1121
小学	27	34431	7119	5398	2442	1957
幼儿园	129	13774	5609	5343	1150	747
特殊教育	1	77	6		22	18
中等职业教育	1	2197	1130	655	178	153

【开展师德教风建设系列活动】 4—6月，历经宣传发动、学习提高、问题整改、健全制度等四个步骤环节。教体局局党委成立专门活动办公室，编印学习资料，刊发活动简报9期。成立师德宣讲团，弘扬正能量，全县巡回演讲6期。开展师德教风建设知识竞赛，全县有3930名教师参加考试。对164名获奖教师，18个师德教风建设先进单位和51名“四有”好老师予以表彰。

5月17日，全县师德教风建设教育工作会议在县教师进修学校召开

【教育基础设施建设】 为解决济阳县城镇中小学大班额问题，规划投资5.62亿元，建设校舍面积14.98万平方米。规划新建6所学校，包括澄波湖学校、兴隆街小学、闻韶中学、纬四路小学、新元中学、新元小学，累计实际完成投资1.82亿元，完成建设面积4.67万平方米。政府拨付各级财政资金1.68亿元，其中，县级财政拨付资金9200万元，市级以上拨付7556万元。落实各项减免政策，减免城市建基础设施配套等资金1517万元。澄波湖学校、兴隆街小学投入使用，其他4所学校正在建设中。实施全面改建工程。回河中学投资3956.78万元，建设面积1.73万平方米；到位资金2905万元，主体建设完成。投资479.65万元，建成学生浴室14个，建设面积1725平方米。全县投资480.42万元，建设教师生活周转房5637平方米。

【教育队伍建设】 招聘新教师269人（其中非在编教师200人）。7月，开展“治理中小学有偿补课”活动，巩固“师德教风建设”成果。采取走出去、请进来等方式组织教师培训。年10月，组织“名校长”建设工程人选，赴上海华东师范大学为期1周的培训，组织部分镇街道总支书记和校长到济南、临沂等地知名

9月25—29日，县教体局在华东师范大学教育学部举办“名校长”建设工程人选培训班

学校参观学习。开展各类教师及教育干部培训7000千余人次，教师业务素质明显提升。

【教学质量建设】 中考再创佳绩，500分以上考生492人，在全市区县中名列前茅。高考成绩稳中有升，一本上线674人，比去提高7.7%，济北中学时英天以704分列全省第25名，被清华大学录取；二本上线1756人，上线率47.8%，艺体上线311人，春季高考本科上线44人。

【学校综合管理】 义务教育阶段和高中阶段重新选用教材，进一步规范中小学课程开设，全县各中小学按招生范围划片入学，全面实现“零择校”“零择班”。成立济阳县德育管理中心，加强学校德育管理，规范学生行为，发挥共青团、少先队组织在德育工作中的重要作用，以重大节日为契机，组织爱党、爱国教育，社会主义核心价值观教育和美德教育，开展以孝敬、友善、节俭和诚信为主要内容的“中华经典诵读”、全县“童心向党”合唱比赛、“小手拉大手共筑碧水蓝天”、第十三届中小学（班级）文化艺术节和师生书画展览等系列主题教育活动。开展特色学校创建活动，开展课程类、阳光体育类的中小学大课间和体育、艺术“2+1”活动，第二实验小学、仁风镇中心小学、姜集小学被评为县级特色学校。举办2016年中小学生春季田径运动会和长跑、篮球、足球、乒乓球、羽毛球五大联赛等，提升学生综合素养。加强学校安全管理，开展安全防范达标活动，利用济南市安全教育平台，实现中小学安全教育在线教学和在线管理、评价考核。在“5·12”防震减灾日、“119”消防宣传日等重要节点组织全县师生开展应急疏散演练，提升广大师生应急避险能力和自救自护能力。每季度开展1次安全大检查，对危化品整治、校园安全防范、

消防工作等开展专项检查，对排查出的安全隐患要求学校限期进行整改。强化教育督导，开展督导活动。4月，对全县“全面改薄”工作进行专项督导评估。9月，对秋季开学情况进行拉网式督导检查，确保国家和省各项部署落到实处和学校（园）开学各项工作及时步入正规。10月，进行校园欺凌专项治理工作专项督导。同月，对教职工工作纪律进行专项督导检查。

【学前教育】 2016年是实施学前教育二期三年行动计划的第二年，投资5000余万元新建的澄波湖幼儿园、华府幼儿园、回河镇淮里幼儿园、崔寨镇孙大幼儿园、曲堤镇三教幼儿园5所幼儿园和改扩建的27所幼儿园均已竣工，回河镇淮里幼儿园于9月开始招生，共新增学位1200个。县实验幼儿园、济北街道中心幼儿园和济阳街道中心幼儿园顺利通过省级示范园验收。曲堤镇姚集幼儿园等20所幼儿园通过市级二类园验收。开展以“幼小协同，科学衔接”为学前教育宣传月活动主题，结合庆“六一”系列活动，向家长传授科学育儿知识，杜绝为迎合家长而开展违背学前教育规律和幼儿身心发展特点的超前教育活动。提高园长、骨干教师专业素质，累计培训460余人次。成立县级学前教研中心组，发挥骨干教师研究、引领和辐射作用，促进保育和教育质量的全面提高。

【基础教育】 全县制定统一招生政策，小学、初中招生按照“户籍与居住地相结合”要求，实行“划片招生、就近入学”政策。民办学校招生继续实行摇号录取，高中学校招生实行指标生（指标生比例达62%）政策。实现进城务工、经商人员子女定点学校县城全覆盖，对进城务工、经商人员子女同样实行“划片招生、就近入学”政策，享有和城区居民子女同等教育机会。建立健全义务教育档案，规范学籍管理，加大控辍保学力度。中小学入学率100%，小学在校生巩固率保持在100%，初中在校生巩固率为99%以上。8月，县教育体育局下发《关于做好校长教师交流轮岗常态工作的通知》，校长及教师交流达233人次，对促进教育均衡发展，增强教师队伍内在活力起到积极作用。

【职业教育】 投资1641万元，建设完成学生公寓、数字校园建设项目，购置专业实训设备，加强师资队伍建设，深化专业建设，建成济南市现代农业职业教育集团，提升学校综合实力。学校招生规模日益扩大，全年招生1130人，3名同学在国赛中获奖，655名毕业生实现高质量就业，县域就业覆盖率60%，高考升学本科院校录取率12%。学校发挥师职教资源优势，开展各级各类社会培训1500人次。

【特殊教育】 济阳县特殊教育学校为九年义务教育特教学校，有教职工22名，其中专业教师11名。有8个教学班，在校生64人，部分学生寄宿在校。学校拥有教学楼1幢，有餐厅宿舍7间，建筑面积2242平方米。教学中，坚持康复与教学并重、教育与康复相结合、教育与训练相结合、教育与医疗相结合，让智障孩子在快乐中进步，在进步中成长；实施个别化教育，为每一位智障孩子建立成长档案，全面记录学生的点滴进步与成长；采取“融合教育”，与普校学生融合、与社区融合、与社会融合，让学生的文明礼仪、自身安全、生活卫生、生活自理、身心健康、社会适应得到长足发展。国家级课题《如何促进智残儿童语言康复》是中国关心下一代工作委员会教育中心“十三五”国家规划教科研全国重点课题，在研究落实之中，计划2018年7月结题。5月中旬，特殊教育学校通过《山东省教育厅关于对特殊教育提升计划实施情况》专项督查。

【大中专招生】 2016年，济阳县高考报名人数4129人，其中春季高考409人，夏季高考3811人，夏季高考设济阳一中、济北中学2个考点。成人高考报名893人，4月、10月，2次自考1142场次，考生达3.39万人次。

【学校选介】 兴隆街小学　2016年9月1日，兴隆街小学建成启用。学校招生范围为中央华府、万鑫舜和徐家鑫苑三个小区的居民和进城务工、经商业户。学校占地面积1.53万平方米，建筑面积7003.9平方米，主要建筑包括行政实验楼、教学楼和体育馆。投资4000万元，高标准配齐配足各类设施。规划教学班18个，设置学位810个，教师编制45人。学校当年招生480人，有教学班11个，教师27人。

澄波湖学校　2016年9月1日，澄波湖学校建成启用。澄波湖学校占地面积9.13万平方米，总投资1.4亿元，是全县第一所集小学、初中为一体的九年一贯制公办学校。学校设中学部和小学部，有学生4200人，有教学班48个，其中，中学部30个，小学部18个。学校各种功能设施齐全，有综合实验楼、艺术楼、风雨操场等，所有设施设备均按照《山东省规范化学校》标准配备。（张文尧）

体　育

【概况】 2016年，济阳县教育体育局全面落实《中华人民共和国体育法》和《全民健身条例》，以增强人民体质为根本目的，坚持普及与提高相结合，全县群众体育活动蓬勃开展，竞技体育水平不断提高，体育组织网络不断完善，群众体育设施趋于完善，体育事业蓬勃发展。

2016年济阳县组织和参加体育比赛情况一览表

时间	地点	内容	规模（获奖情况）
3月12—13日	济南市体校	济南市青少年举重锦标赛比赛	参赛30人，团体总分第一名
3月28—29日	济阳县济北中学	济阳县中小学生田径运动会	参赛500人，10人次破全县记录
3月20—21日	济南市体校	济南市青少年摔跤锦标赛比赛	参赛20人，团体总分第一名
3月28—29日	济南市体校	济南市青少年柔道锦标赛比赛	参赛20人，团体总分第二名
10月15日	天桥区体育馆	济南市全民运动会精品展示	参赛50人，优秀组织奖

【群众体育】 县教育体育局贯彻落实《全民健身条例》和《全民健身计划》，先后举办乒乓球、羽毛球、篮球、健身气功 、太极拳、门球、象棋、记录挑战赛 、广场舞、健身秧歌等比赛，推动群众体育活动深入开展。

【社会体育】 县教育体育局发挥机关单位、企业、学校、体育运动协会、俱乐部等的优势和作用，激发和调动社会各方面关心体育、支持体育、投身体育的热情，拓展体育工作的社会面和延伸度，形成“政府主导、依托社会、覆盖面广、作用突出”的社会性体育组织网络。全县各类体育协会、青少年体育俱乐部12 个，全民健身活动站点136个，注册培训的公益性社会体育指导员1900余人。各个社会体育组织在政府指导下，积极开展活动，组织体育指导员志愿者服务队进社区、进企业、进农村义务表演活动。济北开发区、篮球协会、足球协会、乒乓球协会、羽毛球协会、象棋协会、围棋协会、太极拳协会先后组织开展济北开发区运动会、篮球比赛、足球比赛、乒乓球比赛、羽毛球比赛、象棋比赛、围棋比赛。

【竞技体育】 全年先后派出教练员15人次参加各类培训5次，向市级体育运动学校输送运动员44人。先后获“济南市青少年举重锦标赛”团体总分第一名、“济南市青少年摔跤锦标赛”团体总分第一名、“济南市青少年柔道锦标赛”团体总分第二名的成绩。10月21日，济阳县少儿体校被确立为国家级高水平体育后备人才基地。

2016年11月18日，济南市第六届全民健身运动会闭幕式在济阳县兴隆街小学举行

【体育设施建设】 争取省、市级体育彩票公益金1840万元，其中1427万元用于县全民健身广场建设。投资130.39万元，为孙耿镇东郎村等125个村和济北公园等5个单位和社区配置1054件健身器材。投资9.5万元，用于健身器材巡检维护。完成121个省定贫困村、156个市定贫困村健身设施调查摸底工作，制定《济阳县贫困村健身设施三年建设计划》，拟于3年内对103个没有健身设施或健身器材超保质期的贫困村进行新建或更新。

【体育彩票】 全年销售体育彩票7081万元，同比增加2462万元，增长53%。其中，电脑彩票销售6444万元，即开型体育彩票销售428万元。全县有体育彩票站点42家，从业人员84人。全年筹集体彩公益金420余万元，用于建设体育场馆、群众健身设施、救灾、助学等公益事业。（盛善桐）

卫　生

综　述

【概况】 2016年，全县有公立医院2个（县人民医院、县中医院），公立公共卫生机构4个（县疾控中心、县妇幼计生中心、县结防所、县精神卫生中心），乡镇卫生院8个，社区卫生服务机构7个，民营医疗机构6个（协和医院、口腔医院、闻韶医院、仁康医院、嘉和医院、阳光医院），个体诊所14个，村卫生室643个（其中标准化卫生室411个），学校卫生室5个（大学1个，高中2个，初中2个），厂企卫生室2个（三株公司卫生室、新阳煤矿卫生室），监狱医院1个（齐州监狱）。全县有卫生技术人员2130人，每千人拥有卫技人员3.8人，高级职称58人，中级职称503人，执业医师（助理）743人，注册护士795人，平均每千人口执业（助理）医师1.35人，千人口注册护士1.45人；病床1300张，每千人拥有床位数2.4张。

【医政管理】 积极制定预案，做好极端低温和冰雪天气卫生应急和医疗服务保障。认真应对“问题疫苗”事件，全面排查核实非法经营使用疫苗情况，累计排查单位27家，二类疫苗72603支，未发现本次涉案疫苗。完成2016年基层医疗卫生机构全科医生岗位培训工作，不断提升基层医疗卫生人员的基本医疗和公共卫生服务水平。对县级医院和基层医疗机构的医院感染管理进行专项督导，加强和规范济阳医院感染管理工作。开展医疗废物处置工作，摸清底数，分析问题，制定措施，确保医疗废物处置规范化、科学化。完成2013—2014年度546名医师定期考核任务。12月，孙耿镇中心卫生院、曲堤镇中心卫生院获“全国群众满意的乡镇卫生院”称号。孙耿镇中心卫生院、垛石镇中心卫生院、曲堤镇中心卫生院和济阳街道社区卫生服务中心国医堂建设完成通过市级验收。启动分级诊疗工作，市县镇三级医疗机构分别建立医联体，引导群众合理就医。开展乡村医生身份和补助年限认证工作，严格按照文件规定程序，通过乡医申报、乡镇初审公示、汇总上报县级审核公示、镇村再次公示后，县人社部门和县公安部门共同审核、确定等步骤，全县有3335人通过认证。

【医药卫生体制改革】 初步建立国家基本药物制度，群众用药负担明显减轻。加强医疗服务，服务能力明显增强。加强人才队伍建设，孙耿镇中心卫生院、曲堤镇中心卫生院成功创建“群众满意的乡镇卫生院”。通过取消药品加成、调整服务价格、调整医保支付方式、改革人事分配制度、建立医联体等一系列措施，推动公立医院改革，为群众提供更加安全、有效、方便、价廉的医疗服务。济阳县住院次均费用、门诊次均费用、药占比等指标均低于济南市其他区县。

【基本公共卫生服务】 全县常住居民数约55.14万人，至2016年底，累计建立电子健康档案47万份，电子健康档案建档率85.23%。65岁以上老年人66168人，其中健康管理43053人，管理率65.07%。体检表完整人数34580人，完整率80.32%。估算高血压患者111162人，其中健康管理44564人，管理率40.09%，规范管理27184人，规范管理率61%。估算糖尿病患者42788人，其中健康管理14986人，管理率35.02%，规范管理8992人，规范管理率60%。0～6岁儿童39868人，其中健康管理34135人，健康管理率85.62%。年内孕产妇5514人，孕12周建册人数3344人，早孕建册60.64%，孕产妇系统管理4698人，孕产妇系统管理率85.2%。预防接种方面，应建立接种证5514，实际建立预防接种证5514人，建证率100%。重性精神病患者管理方面，全县检出重性精神病患者2200人，实际管理2200人。中医药健康管理方面，65岁以上老年人中医体质辨识26586人，辨识率40.18%。儿童中医健康指导10850人，儿童中医指导率49.19%。省级地方开展项目、卫生监督、健康教育等工作均按照服务规范开展，达到省、市考核要求。

【疾病防控】 强化落实措施，切实加强重点传染病防治工作。以霍乱、手足口病、流感、人禽流感、流行性出血热、狂犬病、布病、发热伴血小板减少综合征、碘缺乏病、疟疾等为重点，制定和完善相关重点传染病防治技术方案。加强培训督导，落实防治措施，做好突发疫情调查和处理。10月19日，通过省市消除疟疾考核组验收，全年县域内没有发生传染病疫情。保持和提高常规免疫接种率，完善预防接种门诊和信息系统建设，加强全县疫苗针对传染病疫情监测和控制。为各接种单位配发疫苗专用冰箱，以镇为单位适龄儿童接种率95%以上。5月1日起，停用口服三价脊髓灰质炎减毒疫苗。7月26日，开展全县预防接种工作岗位技能大赛，参加市级竞赛，获二等奖。至12月，报告死亡病例4086例，其中，肿瘤病例1259例，冠心病病例886例，脑卒中病例2693例。1—4月，县卫计局联合教体局、食药局、商务信息中心、妇联等部门开展减盐控盐公益宣传系列活动。全年完成艾滋病检测894人，3例阳性反应，确诊2例。监管场所筛查1310人，1例阳性反应，及时上报监测数据。

【卫生监督】 在全县深入开展完善综合监督执法体系、加大综合监督覆盖率和案件查办力度等工作，开展提升年活动。立案9起，结案9起。其中医疗机构案件4起，计划生育“两非”案件1起，传染案件4起，收缴罚款2万元。对各镇卫生院、社区卫生服务中心、部分村卫生室、个体诊所、民营医院开展了综合监督检查，监督覆盖率达到100%。对辖区内9家预防接种单位和30家村卫生室进行两次问题疫苗专项监督检查。在全县开展传染病防治分类监督综合评价试点工作，确定试点单位29家，综合评价均合格。对餐饮具集中消毒单位开展专项整治，发现4家黑作坊，通报并取缔。对托幼机构开展传染病专项监督检查，检查22家，下达监督意见书22份，责令按要求进行整改。受理卫生行政许可申请230份，发证223家。对245家公共场所经营业户进行日常监督检查，下达卫生监督意见书217份。开展社区现制现售饮用水机进行专项检查，对5家经营业户进行抽检，并对社会进行公示。对5家集中式供水单位进行日常监督检查，下达监督意见书责令整改。对二次供水19个小区下达监督意见书，责令按照要求办理二次供水卫生许可证。

【医疗设施建设】3.3万平方米的县中医院综合病房楼工程主体竣工，正在内外装修。进行“120”调度指挥系统更新升级。成立济北街道社区卫生服务中心。各镇卫生院（社区卫生服务中心）公共卫生楼和数字化门诊全部建成投入使用。4家镇卫生院通过国医堂建设验收。投资600余万元，建筑面积3000平方米的残疾人康复中心大楼建成投入使用，为济南市第一家残疾人康复中心。全县411家标准化村级卫生室实施一体化管理，实现服务能力和装备水平双提升。

2016年1月27日，济北社区卫生服务中心启用

公立医院

【济阳县人民医院】全年门诊量39.9万人次，门诊病人次均费用210元；出院病人4万人次，住院病人次均费用5758元，手术9056台次。2016年，医院被市委组织部授予“济南市先进基层党组织”称号。先后获“济南市平安医院”“济南市医院感染管理工作先进集体”“济南市药品不良反应监测先进单位”等称号。

加强人才队伍建设，选派11名业务骨干到全国知名医院进修学习。与齐鲁医院、省立医院、山大二院以及千佛山医院等多家医院的多位专家建立聘请合作关系。开展系列“评、树、塑”活动。护士节期间评选出10位优秀护理岗位能手，医师节期间评选出十佳青年医师。年终，评选出年度十大名医。积极参加市级专业比赛，获济南市第二届临床输血技能比赛团体第二名、药学岗位练兵与技能大赛第三名和“市卫生计生系统岗位技术能手”称号。医务科主任赵海滨获“山东省双十佳科主任”称号，神经内二科副主任高磊获“济南市十佳医师”称号，护理部副主任刘莹获“济南市青年技术创新手”称号。

开展新技术新项目，心内科完成冠状动脉造影及介入治疗手术211例。消化内科开展内镜精查+染色内镜（NBI+碘染）技术；神经内一科开展超声波治疗脑动脉硬化技术；呼吸内科开展电子纤维支气管镜，并成功开展“支气管肺泡灌洗术”“经支气管镜肺活检技术”；普外一科与介入室联合开展经皮经肝十二指肠扩张球囊推石术；血管外科开展下肢静脉曲张激光微创治疗+泡沫硬化剂的局部注射治疗，下肢深静脉血栓的置管溶栓治疗；泌尿外科开展手助腹腔镜下根治性肾切除术，腹腔镜下肾上腺切除术；骨一科、骨二科开展膝关节单髁置换术，跟骨骨折改良切口治疗；麻醉科开展腰硬联合麻醉穿刺术；检验科开展过敏原监测、降钙素原检测和麻疹抗体检测。上述项目的开展，填补全县医疗技术空白。

全年完成手术9056例，其中腹腔镜、关节镜、椎间孔镜、膀胱镜等微创手术222例，成功率100%。与北京同仁医院合作完成白内障超声乳化手术620例，激光治疗大隐静脉曲张手术134例。无痛技术发展迅速，全年无痛

2016 年 11 月 12 日，济南医学会放射诊断专业委员会学术交流会在济阳县人民医院召开

胃镜 376 例，无痛流产 1563 例，无痛分娩 22 例。成功为 104 岁老人实施经皮椎体成形术，老人在术后当天即恢复行走。产科、手术室、超声室多科室协作抢救成功一例脐带脱垂孕妇和胎儿。

分级诊疗格局形成。先后与山东大学齐鲁医院、市立四院、市皮防院等三级医院建立分级诊疗医联体合作。与省立医院合作建立了省立医院泌尿微创中心济阳分中心，与济北社区卫生服务中心、孙耿镇卫生院等 6 家乡镇卫生院建立技术指导联系。发挥县医院“龙头”和城乡医疗“纽带”作用，助推尽早实现“基层首诊、双向转诊、急慢分治、上下联动”分级诊疗就医新格局。

利用新媒体，宣传医院的技术优势，建立与人民群众健康交流的新平台，儿三科建立起“畅呼吸”，综合外科建立起“健康之家”，儿保中心建立起“济阳儿保”等公众号。成立全县首家儿童保健中心，为 2000 余名婴幼儿及儿童进行健康筛查，实现社会效益和经济效益双增加。

科研工作再获佳绩。印发《科研成果、学术论文奖励办法》《科研计划项目管理办法》，提高了医务人员积极性。《高血压早期干预脑梗死对血管性痴呆的疗效观察》获山东省卫计委立项，《综合干预在基层医院肿瘤患者疼痛治疗中的研究》等 3 项课题获市卫计委科研立项。《孕期母亲缺乏维生素 A 对新生儿感染性肺炎的影响》《子宫内膜异位症性的预测因素研究》顺利结题。《高龄早期贲门癌患者不同手术方式对机体免疫功能的影响》获省保健科学技术三等奖。发表论文 44 篇，其中，SCI 收录 2 篇，北大医学核心杂志 2 篇，国家级期刊 40 篇，获国家实用新型专利 2 项。主治医师张洪源获十一届济南市青年科技奖。

投资 3000 万元购置美国 GE128 层 CT、四维彩超、平板胃肠等万元以上设备 28 台套，图像质量和影像信息提升，诊断符合率提高。心脑电图室引进新一代动态血压记录仪设备，综合外科新引进超声电导前列腺治疗仪等设备，交流学习，开展技术提升。

【济阳县中医院】 全年门诊 245664 人次，出院病人 19532 人次，完成手术 4494 例，患者满意率 99.3%，无医疗事故发生。

严格控制新药准入，鼓励临床使用基本药物和中药饮片，控制临床使用高价药、进口药。鼓励临床使用国产药、低价药，鼓励开展临床中医技术治疗，少用药物治疗。全年药品采购较 2015 年减少 200 余万元，药占比下降至 26.8%。根据医院实际情况制定抗菌药物供应目录，把抗菌药物使用品种严格控制在 35 种之内，对抗菌药物临床应用情况每月进行考核。每月抽取 150 份门诊处方进行检查考核。Ⅰ类手术切口抗菌药物预防使用率由 2015 年的 30% 下降到 2016 年的 20%，药敏试验率由 2015 年的 20% 上升至 2016 年的 65%。

强化“中医为主”发展方向，发挥中医药特色优势，推广中医适宜技术。对影响中医药特色优势发挥和提高中医临床疗效的关键问题和中医药特色指标及时进行业调研分析评价，制定针对性措施，确保提高中医临床疗效。开展临床诊疗、人才培养、科学研究、学术交流、技术推广等工作，突出中医药防治疾病的特色优势，推动中医药服务能力提升。针灸科被山东省卫生和计划生育委员会、山东省中医药管理局组织的专家组评定、遴选确定为全省“十三五”中医药重点专科建设单位。

选派 12 名临床医师、2 名护士到省级以上医院进修学习，9 名医生参加住院医师规范化培训。参加全国及山东省学术交流和短期培训班医师 95 人次、护士 20 人次，11 人次参加山东省中医药管理局举办的西医临床医师学习中医知识培训。311 人参加国家中医药管理局组织的“国医通”中医药专业技术人员继续教育项目。济南市“薪火传承”工程，2 批 6 人次参加学习继承名师经验成果。通过这一系列举措，使医院整体专业技术水平得以明显提升，提高为全县人民群众身体健康服务能力。组织医院医务人员参加全县全市专业技术岗位技能大赛，妇产科、儿科分别代表济阳县参加全市大赛，均获全市三等奖。

计划生育

【妇幼保健计划生育服务中心】 全年孕产妇 6358 人，活产 6390 人，系统管理 6212 人，孕产妇系统管理率 97.70%；孕产妇产前检查率 99.96%，住院分娩率 100%；筛查出高危孕产妇 2424 人，全部住院分娩；孕产妇死亡 1 人，孕产妇死亡率 1.56/10 万。新生儿疾病筛查率 100%，听力筛查率 100%，出生缺陷发生率 8.28/10 万。0～6 岁儿童保健管理率 95.19%，0～3 岁儿童系统管理率 97.81%；婴儿死亡率 3.91‰，5 岁以下儿童死亡率 4.22‰，出生缺陷发生率 82.8/10 万。

先后对 B 超室、化验室、孕前优生检查、儿童保健等科室人员进行扩充，新增人员均为专业技术人员。加强人员培训，定期开展业务学习，提升专业水平，提高服务质量。对艾滋病实验室进行升级改造，配置安全生物柜、酶标仪、离心机等实验室仪器，增加有资质实验室专业人员，艾滋病实验室通过省级验收。

印发济阳县《妇幼保健信息质量控制工作考核标准》《高危、危重孕产妇管理考核标准》《儿童保健门诊规范化建设实施方案》《托幼机构卫生保健量化分级管理实施方案》《新生儿死亡评审方案》《降低 5 岁以下儿童贫血患病率实施方案》《重大公卫妇幼项目考核标准》《出生医学证明工作考核标准》等各项考核标准，每季度对全县所有医疗保健机构进行督导检查，限期整改，确保督导工作取得实效。坚持每月 8 日召开全县妇幼工作例会，传达上级会议，安排布署工作，确保妇幼保健工作的规范化、制度化。以会代训，利用例会时间对高危妊娠分级管理、《母子健康手册》、孕产妇儿童健康管理、妇幼卫生监测、预防艾滋、梅毒、乙肝母婴传播等相关业务进行专题培训。

下发济阳县《高危孕产妇分级管理实施方案》《关于进一步加强孕产期保健管理和服务工作的通知》《关于加强急危重症孕产妇和新生儿救治工作的通知》，成立济阳县高危孕产妇分级管理领导小组与技术指导小组、产科质量管理办公室、急危重症孕产妇和新生儿救治与转诊领导小组及专家组，规范孕产妇和新生儿急危重症转诊网络，确保急救转诊“绿色通道”畅通。孕妇早孕建册管理 5928 人，高危孕产妇管理 680 人。8 月，开展全县急危重症孕产妇救治技能竞赛与新生儿窒息复苏竞赛。

5月14日、15日，对全县托幼机构205名保育员、炊事员进行培训。10月，对全县121所在册幼儿园进行卫生保健评价及量化分级管理评价，合格22家，其中，卫生保健等级为A级3家，B级的有12家、C级的有7家。

投入10万元对儿童保健门诊进行科室改造，配备仪器设备，选派业务骨干到市儿保所进修学习。落实各项规章制度，使中心儿童保健门诊建设达到规范化标准。3月、9月，对托幼机构新入托儿童2400余人进行入托查体，对查出的36例患儿给予治疗指导。9月、10月，对1500余名保教人员进行健康查体工作，对于结果异常人员进行指导治疗，对查体合格与患病治愈后的人员给予发放健康查体证明。全年儿保门诊1000余人次，查出患病儿童60余例。体弱儿、高危儿接诊113人次，均进行诊治与保健指导。

每季度对全县接产单位《出生医学证明》领取、发放、管理等工作进行督导检查，出具督导记录，全县《出生医学证明》达到规范化管理要求。2016年补办《出生医学证明》87份，发放《出生医学证明》7577份。

2016年婚检人数4738人，婚检率85.1%，查出异常情况62人。对全县计划怀孕的夫妇进行宣传教育，发放宣传册2万余份，宣传覆盖率100%；完成免费孕前优生优育查体6600人。完成省级农村妇女乳腺癌（35～64岁）免费筛查2000人。县妇联组织“粉红丝带”进社区公益活动，为妇女送去健康和关爱。农村孕产妇住院分娩补助7400人，补助金额370万元。新生儿四病免费筛查7294人，筛查率100%。为4278名农村育龄妇女免费增补叶酸25132瓶。艾滋病、梅毒、乙肝检测6121人。低保户健康查体1236人。

对城区49个药店和社区卫生进行免费避孕药具检查，安装第一批4台药具免费发放机。设立32个药具发放点，其中，城区14个，乡镇17个，大学院校1个。

【人口和计划生育】 全县出生人口9652人，出生人口性别比为112.18。生育登记11403例，覆盖率83.36%；再生育审批254例，各项指标均保持在合理水平。保障“全面两孩”生育政策平稳落实。完善利益导向体系，开展生育关怀、心理疏导、慰问等活动。与省内外58个区县签订双向管理协议书，开展流动人口便民维权活动和关怀关爱活动。及时公开计生政策、服务内容、办事程序、监督电话等，严格落实“收支两条线”，畅通群众诉求渠道，加大案件查处力度，维护群众合法权益。

2016年7月11日，济阳县举行世界人口日宣传活动

卫生城市建设

【创建省级卫生县城】 成立创卫办，督导各单位完善爱国卫生领导机构。对城区环境卫生进行全面整治，城区道路、绿化带进行整修，建设完善健康主题公园。新建全民建设广场，设立健康步道。疾病预防与控制得到整改提升，病媒生物防治步入正常轨道。“五小”行业得到整顿规范，创卫与健康教育宣传跟进及时，营造浓郁创卫氛围。全年召开各类会议

2016 年 4 月 5 日，全县创卫培训会召开

70 余次，统一开展整治活动 30 余次，清除垃圾 30000 余立方米，清除卫生死角 10000 余处，清理乱涂乱画 8000 余处，清理乱竖排匾 2000 余块，拆除乱搭乱建、私拉乱设 2000 余处，治理店外经营 2000 余处。对城区道路、绿化带进行全面整修，整修道路 8 条，补修道路数百处，绿化补植上万株。喷洒施放各类病媒消杀药品 15 吨，放置毒饵站 15000 个。拆除改造旱厕 30 余所，整顿规范“五小”行业 500 余家。出动创卫宣传车 100 余台 / 次，布置各类创卫及健康教育宣传牌、宣传栏、宣传箱等 4000 余块。创卫通过市级考核验收。

【卫生检查和先进评选】 对各镇（街道）、各行政、企事业单位、各社区（村、居）开展爱国卫生工作情况进行全面检查评比。选出一批爱国卫生工作先进单位，报批 4 个省级卫生镇、3 个省级卫生单位、9 个省级卫生村、1 个市级卫生镇、10 个市级卫生单位、15 个市级卫生村（社区）。

【健康山东行动】 开展健康促进活动，督导各级各单位把有关健康工作列入工作日程，加强组织领导，完善政策措施，加大推进力度。实行健康工作目标管理责任制，细化目标任务，提高行动实效。第二十八个爱国卫生月期间，统一组织开展以“灭杀蚊蝇鼠蟑，你我同享健康”为主题的爱国卫生活动。全面开展无烟环境创建，督导各单位在大厅、走廊、办公室、厕所、楼梯等区域张贴禁烟标识，在单位室内外场所开展完全禁止吸烟活动。全县有 10 个单位获“济南市无烟单位”称号。健康示范创建成果丰硕，一批单位和个人获“济南市健康示范创建”称号，其中，健康示社区 8 个，健康校园 3 个，健康医院 4 个，健康餐厅 2 个，健康企业 6 个，健康家庭 10 个，健康大使 10 人。培育并上报崔寨镇、济阳街道为省级健康镇试点单位，济北街道徐家鑫苑社区、济阳街道韩家居为省级健康试点村。

【除“四害”】 采取专业消杀与发动群众参与相结合方式，开展夏秋灭蚊蝇、春冬灭鼠活动，对餐饮业、食品生产加工业、商场、超市、医院、宾馆（饭店）、机关学校等各类蚊蝇蟑害较为严重的公共场所（地），以及居民区（户）、垃圾场、公共厕所、建筑工地、集贸市场、市政下水道、公园、公共绿地、河边、臭水沟（渠）等场所（地）进行重点灭杀和治理，预防疾病的传播。

（李庶松）

科　学

科　技

【概况】2016年，获市级以上科技项目立项41项，获国家、市科技经费支持416.26万元。3家企业被评为济南市小巨人企业关键产品提升计划，获支持资金100万元。新认定高新技术企业6家，年末累计24家。对县域内高新技术企业和科技型创新企业进行调研走访，先后走访企业30家，通过深入调研和走访，了解企业在融资渠道、人才培养、创新能力、知识产权等方面存在的困难与需求。组织申报市级以上科技项目27项，组织指导8家企业申报省级示范工程技术研究中心，3家省级工程技术研究中心参加省科技厅的复审，组织申报2家泉城创客空间科技支持计划，组织申报1处科技孵化器，完成科技成果转化和技术转移30项。推进“创新券”使用，入网设备原值350.8万元，入网小微企业18家，预约“创新券”次数74次，预计“创新券”补助金额238708元。

2016年济阳县市级以上科技项目立项主要项目

序号	项目类别	项目编号	项目名称	承担单位	起止时间	经费（万元）
1	山东省2016年重点研发计划	2016YYSP001	高磷脂南极磷虾油的制备及其在海洋医用食品中的应用开发	山东鲁华海洋生物科技有限公司	2016–2018	50
2	小巨人企业关键产品提升计划	201602023	环境友好型多肽双酶微生物有机菌肥的制备	山东郁茏生物科技有限公司	2015–2017	50
3		201602024	移动式多功能果蔬保鲜机研制及推广应用	山东营养源食品科技有限公司	2015–2017	50
4		201602038	药械结合复方黄柏抗癌给药系统的研究与应用	山东汉方制药有限公司	2015–2017	后补助
5	金种子企业关键产品提升计划	201602048	基于联动式转换的多台面液压升降平台	济南华北升降平台制造有限公司	2015–2017	30
6		201602051	双向控正负压外先导电磁阀的研发	济南夫驰科技有限公司	2015–2016	30
7		201602060	农林“四情”测控系统物联网技术的研究	济南祥辰科技有限公司	2015–2017	30

续表

序号	项目类别	项目编号	项目名称	承担单位	起止时间	经费（万元）
8		201602065	用于燃气轮机余热锅炉的补燃燃烧系统的研究	济南同智创新能源科技股份有限公司	2015–2016	30
9	金种子企业关键产品提升计划	201602084	动车轮对全自动柔性装配平台的研制	山东重联电动车辆制造有限公司	2015–2017	后补助
10		201602094	高分子膜全热回收新风换气机的研制	山东美诺邦马节能科技有限公司	2015–2017	后补助
11		201602097	工业喷涂行业 VOCS 废气治理技术研发	济南乾坤环保设备有限公司	2015–2017	后补助

【产学研合作】 2016 年 3 月，开展“科技处长济阳行”活动，利用省会高校科技创新资源，提升济阳县企业自主创新能力。邀请山东大学、济南大学、山东建筑大学等高校专家服务团到济阳 20 家企业开展技术服务活动，帮助企业解决技术难题 20 项，拟签订人才、技术、实验室、研发中心等合作协议 12 项。联系曲阜师范大学和济南祥辰科技有限公司建立大学生教育实训基地。4 月，集中征集企业技术合作课题，征集到 25 家企业有与山东大学、济南大学等 20 余所高校、科研院所合作进行技术开发的意愿，与高校、科研院所沟通协调，以便让企业与高校、科研院所尽快“联姻”。7 月，联系邀请清华大学 2 名博士研究生到济南华北升降平台制造有限公司开展暑期社会实践活动。10 月，组织济阳县 18 家企业到齐鲁工业大学开展科技对接交流活动。11 月，组织指导 8 家企业申报省级示范工程技术研究中心，3 家省级工程技术研究中心参加省科技厅的复审，组织申报 2 家泉城创客空间，组织申报 1 处科技孵化器，完成科技成果转化和技术转移 45 项。

【引进培养人才】 组织申报 2016 年泰山产业领军人才工程科技创新、创业类项目。选聘山东大学专家为科技副主任到济北开发区进行科技指导。支持企业与高校院所共建人才合作培养基地，有 7 家企业与高校合作建成各种形式的大学生实习基地、创业实践基地。邀请山东大学、山东建筑大学、齐鲁工业大学、济南大学等高校院所的专家教授到济阳县传经送宝，助力企业破解发展所面临的人才技术瓶颈问题。

【科技成果】 县农业局的“济阳县粮食高产创建综合配套技术示范与推广项目”与济南祥辰科技有限公司与济阳县农业局种子管理中心联合研发的“有机水稻病虫害物理防治关键技术研究及示范基地建设”项目申报济南市科技进步奖。

【农业科技】 有 34 名农业科技特派员深入农业生产一线宣传农业科技新理念，传播农业科技新知识，引进、推广农业新技术、新品种，探索农业科技发展新模式。通过全县 14 个市级特困村科技特派员计划项目实施，培植扶贫产业，实现特困村农民增收，农业增效，增强特困村自身可持续发展能力。　（刘　敏）

知识产权

【概况】全年申请发明专利 164 件，发明专利授权 84 件。在专利奖评选中，济南同智创新能源科技股份有限公司获济南市专利奖三等奖。企业知识产权工作稳步推进。引导企业实施知识产权战略，开展知识产权梯次培育工作，提高企业核心竞争力。山东营养源食品科技有限公司、济南华北升降平台制造有限公司被确定为山东省知识产权示范企业，济南乾坤环保设备有限公司等 7 家企业被确定为济南市知识产权贯标培育企业，山东汉方制药有限公司等 7 家企业被确定为济南市知识产权试点培育企业。各项培育工作有序开展，山东铂源药业有限公司、济南祥辰科技有限公司贯标工作通过认证公司现场审核，全县有 5 家贯标企业拿到证书。

济阳县知识产权局专利知识讲座

【专利质押融资】把推动大众创业、万众创新、支持小微企业发展作为工作重点，开展知识产权质押融资工作。全县有 12 家企业通过网络提交专利融资需求，第一笔专利质押融资发放到企业。

【专利执法检查】3 月 14 日，县科学技术局与县市场监督管理局等单位到曲堤镇开展送法下乡活动，通过摆放展板、发放宣传材料等形式向群众讲解专利知识，提高知识产权保护。3 月 31 日，县科学技术局邀请济南市知识产权庭副庭长刘军生为 50 余家企业剖析专利侵权诉讼案例，提高企业运用法律武器保护创新成果的意识。5 月 24—25 日，济阳县企业——济南祥辰科技有限公司《企业知识产权管理规范》国家标准贯彻工作顺利通过中知（北京）认证有限公司现场审核，这是济阳县第 5 家通过贯标审核的企业。6 月 16 日，济阳县科技局召开企业知识产权梯次培育工作会议。山东省知识产权局企业处杨文军处长为山东营养源食品科技有限公司颁发了山东省知识产权示范企业牌匾。山东营养源食品科技有限公司董事长、知识产权管理部经理分别就加强企业知识产权工作和如何开展《企业知识产权管理规范》国家标准贯彻工作做典型发言，济南市诚智商标专利事务所专家向全县列入济南市知识产权梯次培育企业的管理人员详细讲解《企业知识产权管理规范》国家标准。7 月 13 日，召开全县流通领域专利培训会，11 家大型商贸单位负责人参加培训。（张善良）

地震工作

【概况】2016 年，济阳县地震局推进“地震监测、震害防御、应急救援”三大体系建设，为打造平安济阳、构建和谐社会做出积极贡献。被济南市地震局评为 2016 度全市地震系统先进集体。

【地震监测预报】县地震局对济阳地震强震动监测台、地下水流体设备进行维修翻新改建。加强震情跟踪，密切关注异常现象，对 2 起宏观异常现象进行调查分析，排除群众恐慌情绪。

落实各宏观观测点的观测员。

【抗震设防管理】 县地震局加强建设工程抗震设防要求的监督管理，全年有40余项建设工程项目进行了抗震设防要求审批。

【地震应急机制建设】 县地震局健全应急机制，做好地震各项应急准备，开展地震应急演练活动，5月，在志远学校进行地震应急演练，提高中小学生及广大群众防震减灾意识，掌握自救互救和基本逃生技能。

【地震科普宣传】 在5月12日全国防灾减灾日等时段，邀请有关专家进行现场咨询。开展“进企业、进学校、进社区、进机关、进家庭”五进活动，进行防震减灾法律法规及地震科普知识宣传。6月18日，由济南市地震局、济南市教育局、济南市科学技术协会联合在济南市电视台演播大厅举办的“纪念唐山抗震40周年济南市防震减灾知识家庭竞赛”决赛中，济阳县第二实验小学选派的张新玲家庭获二等奖。

【地震安全示范创建】 开展地震安全示范社区、地震科普示范学校创建活动。济北街道徐家鑫苑社区被命名为市级地震安全示范社区，济阳街道中心小学、济阳县实验二小、济北小学被命名为省级科普示范学校。 （孙光军）

气象服务

【公共气象服务】 县气象局每天通过政务信息网、电视天气预报、报社等渠道向全社会发布公众天气预报；遇有突发天气时，及时通过手机短信、电话、邮件等向县委、县政府、相关部门、气象信息服务站和新型农业经营主体发送预警服务信息，努力延长灾害性天气的预警时效。

【气象业务管理】 作为济南市县局综合业务改革试点之一，县气象局在认真分析工作业务实际以及人员情况的基础上，印发《济阳县气象局综合气象业务改革发展实施细则》，明确综合气象业务岗位职责，建立综合气象业务流程、运行管理制度和各岗位工作流程。综合气象业务值班实行主副班制，农气主班人员与测报预报主班人员互为副班。组织业务人员进行系统学习培训，学习以设备维护、灾害性天气的应急值守、地面观测、农气观测数据统计上传等内容。全年未发生一个错情，无一起责任性事故。

【防雷安全管理】 县气象局落实国家各部委、山东省各部门联合下发的关于优化建设工程防雷许可文件及市地震局的指导意见，与住建委、编办、市政园林局、法制办、政务服务中心等部门对接沟通，做好政策落实及相关防雷行政审批工作交接。

【气象探测环境保护】 3月，济南强力升降机械有限公司改建厂房破坏气象探测环境，县气象局结合拆违拆临相关政策要求，依法要求其保护气象探测环境。 （张悦 祝伟）

【人工防雹、增雨作业】 县人影办在5月14日、6月13日、6月14日实施人工防雹作业，化雹为雨。在1月22日、4月16日、4月25日、5月2日实施人工增雨（雪）作业，旱情得以有效缓解。 （杨超）

文　化

社会文化

【概　况】 2016年，县文广新局着力推进现代公共文化服务体系建设，创新开展群众文化活动，重视文化遗产保护传承，加强市场综合管理，全县文化旅游事业发展态势良好。

【文化设施建设】 下发《全县加快推进基层综合性文化服务中心建设的实施意见》，明确任务目标和措施；协调推进县文体中心后期工程建设，外部装修已完工，完成新建三馆内部装修工程招标。推进文化精准扶贫工作，完成36个贫困村文化大院新建和30个文化大院提升改造任务；新配发基层文化广场音响150套，发放彩票公益金支持配套的文化器材设备7套，配发基层优秀文化活动队伍锣鼓器材300套，图书12.74万册，书橱312件。

【公共文化服务】 县文广新局深化公共文化场馆免费开放工作，提升尼山书院平台设施，规范运行机制，依托尼山书院开展经典诵读、国学讲坛及儒学讲堂等传统文化讲座20期，受益人数2000余人。县图书馆接待读者4.35万人次，外借图书3.6万册，解答咨询2000余条。开展流动图书服务6次，推进社区儒学和乡村儒学建设，探索推进公共图书馆和文化馆总分馆制建设。深化文化馆免费开放工作，加大公益性文化辅导培训力度，统筹开展舞蹈、器乐等公益性文化辅导培训30期，服务接待文艺爱好者6000余人次。做好第一届职工合唱节比赛多家参赛单位的指导培训工作。

【群众文化活动】 创新文化活动思路，春节期间举办“文化大篷车、新春大拜年”“梨园闹新春”庄户剧团展演、首届民间吹打乐比赛和民间艺术展演等系列活动40场。5—11月，采取“政府购买、院团演出、群众看戏”的方式，完成“一村一年一场戏”文化惠民工程送戏下乡演出300场。11月，举办“金秋梨园大舞台”全县基层文艺团体优秀剧目展演13

2016年5月13日，济阳县“一村一年一场戏”文化惠民工程在济北街道汇鑫苑社区正式启动

2016 年 11 月 2—4 日，“金秋梨园大舞台”济阳县基层文艺团体优秀剧目展演在济北公园举行

场。结合纪念中国共产党成立 95 周年暨中国工农红军长征胜利 80 周年，协助完成“颂歌献给党、激情促跨越”首届职工合唱节指导及演出。完成与槐荫、市中区文化惠民交流演出季 4 场，山东商报社区邻里济阳站、市群星剧场文化惠民展演济阳专场和市优秀青年演员艺术比赛（曲艺组）等演出任务。

【文化艺术创作】 聚焦“中国梦”时代主题，制定奖励制度，分解创作任务，引导和鼓励文艺骨干创作弘扬社会主义核心价值观和反映时代特色主题的优秀作品。先后创作改编有舞蹈《中国美》《时间都去哪了》，小品《暗访》《话别》和《黄河一家人》等文艺作品 7 部。推荐优秀节目参加省市优秀剧目展演和重大赛事活动，合唱《踏歌起舞》在济南市“纪念中国共产党建党 95 周年暨红军长征胜利 80 周年”合唱比赛中获二等奖，男声独唱《卓玛》在济南市第六届少数民族文艺调演中获一等奖，舞蹈《中国美》在省妇联组织的舞蹈展演中获二等奖，小品《话别》在济南市新创作作品调演中获三等奖。协助完成县检察院与省电视台的法治微电影《秤》的拍摄工作。先后举办“济水墨韵——济阳籍画家 5 人展”“公益·传播王邕 3 人作品展”和“庆七一暨济南文博书画齐鲁行”济阳展。组织参加“和谐迎新年·展文化风采”济南市美术书法摄影作品展获得优异成绩，获一等奖 2 个，二等奖 1 个，三等奖 3 个，优秀奖 5 个。

【文物保护工作】 完成济阳县全国第一次可移动文物普查任务，获“山东省先进集体”称号。提前做好新博物馆的布展大纲资料整理、搜集和储备工作，开展名人馆资料征集意见和“乡愁记忆”老物件征集工作，征集老物件 140 件（套）。编制县博物馆馆藏金属器修复方案，获国家文物局通过及资金支持。完成 48 件馆藏青铜器、陶器文物的修复工作。加强文物保护宣传和安全防范工作，做好文保单位巡查和馆藏文物安全管理，保障文物安全。卢氏旧居修缮一期工程完工，10 月通过省市专家组验收；二期工程协调资金 120 万元，开

2016 年 8 月 22 日，刘台遗址环境整治工程开工建设

工建设；初步完成垛石镇前刘唐墓的原址加固提升保护，推进加固及原址建馆保护工作。投资 50 万元，完成刘台遗址综合环境整治工程，进行遗址土丘防护、周围绿化、监控升级、围栏设立、路面硬化和遮障物清除等工作。处置完成龙海路、新市曹家和曲堤镇焉渡村 3 处古墓保护工作。

【非遗保护传承】 组织开展全县第四批非遗项目和传承人申报评定工作，补充完善 20 项县级非遗项目名录资料。新增县级非遗产项目 9 项，申报市级名录 5 项，申报省级非遗项目名录 1 项（钩绣技艺）。新增市级非遗项目代表传承人 3 人。组织钩绣技艺、崔寨德兰柳编等 4 个项目参展中国第四届非物质文化遗产项目博览会。与县教体局联合下发《鼓子秧歌进校园实施方案》，组织鼓子秧歌传承人定期在县竞业园等学校上课辅导，初步完成鼓子秧歌适用教材图片和文字采集工作。开展“非物质文化遗产进校园”活动，制作非遗展板在校园进行展示，并邀请黑陶制作技艺传承人走进中小学校，现场进行黑陶制作展示。

2016 年 9 月 21—25 日，济阳县草柳藤编工艺参展中国第四届非物质文化遗产项目博览会获三等奖、表演赛优秀奖

【文化市场管理】 加强艺术品经营单位备案管理，建立文化市场管理事项函告通报制度。推进新型技术监管平台建设与服务平台建设，安装完成室内执法电子远程监控平台并投入使用，实现全县网吧、娱乐场所全天候监管，实现通过服务平台办理审批业务量、执法业务量办理率 100%。有针对性开展网吧、娱乐场所、营业性演出、出版印刷、非法安装地面接收设施和安全生产等专项整治和“扫黄打非”活动，开展集中检查 40 次，检查文化经营场所 400 家次，其中口头警告 60 家次，责令整改 10 家次，责令停业 5 家次，下达告知书 10 份，依法取缔非法电台 3 家，取缔外地游商擅自放映盗版影片 1 例。

【农村公益电影放映】 完成县电影发行放映公司由县广播电视台到县文广新局整体划转工作。完成农村公益电影放映 9753 场，组织进校园、社区、福利机构、工地等放映 301 场；开展长征题材电影《我的长征》观映活动 57 场。

【文化产业发展】 县文广新局经与市场监督管理局进行信息查询，核定各类文化企业单位 531 家，初步形成以广播电影电视、文化娱乐、出版印刷、旅游休闲和工艺美术加工为主导的文化产业群体。确定重点文化产业项目 7 项，其中集购物、餐饮、影视、休闲等多元化与一体的华百电影文化广场项目进展顺利，完成主体工程。全年新审批设立文化经营业户 12 家。

【旅游业发展】 下发《全县进一步加快旅游业发展实施意见》，明确工作重点和措施。旅游重点项目稳步推进，澄波湖水上乐园、澄波湖游乐园开园营业纳客。黄河古镇一期建设工程完成，项目启动区实现对外开放；海棠湾国际温泉旅游度假村营业，年接纳游客3万余人次。推进旅游基础设施建设，落实旅游精准扶贫资金10万元；兑付星级创建奖励资金32.4万元。旅游厕所建设持续推进，兑付落实奖励资金30.1万元，完成新改建厕所30座。完成崔寨镇1个旅游强乡镇、仁风镇西街村等3个省级旅游特色村、回河镇七彩乐朋农业生态园等12家星级创建单位的验收工作。旅游市场管理日益规范，先后5次对全县旅行社及服务网点进行专项检查。依托县域旅游资源，举办垛石镇柿子节、仁风富硒西瓜采摘和首届康养旅游节等节庆活动，策划完善济阳“一日游”“二日游”线路，纳入旅行社推介宣传线路。

（王全生　艾　悦）

档案工作

【概况】 县档案馆馆藏档案达134个全宗，4.03万卷，8.89万件，排架长度约1200米，馆藏资料1.45万册。另有录音录像带321盘，照片2100张。全县档案室达到90个，馆舍面积约1860平方米，专兼职档案员98人，馆藏档案约1.97万卷，10.6万件。获“全省档案工作先进单位”“全省档案宣传工作先进集体”“济南市文明机关”“全县科学发展先进单位”等称号。

【档案安全保障体系建设】 县档案局对档案馆库房进行改造升级，安装智能管理系统，确保档案的安全保管和保护。同时，县档案馆迁建工作也取得阶段性进展。10月9日，县委常委会专题听取档案工作汇报，县委书记孙斌指出：档案工作非常重要，一定要按上级要求确保档案经费投入。同时，请相关负责人拿出具体意见，尽快解决县档案馆迁建问题。县档案馆建设纳入2017年政府工作报告。为确保电子档案数据的安全保管，县档案局开展电子档案数据省内异地备份工作，实现在山东省电子文件（档案）泰安容灾备份中心的省内异地备份。

【档案监督与指导】 分三期指导机关事业单位把2015年的档案集中立档，同时，在全县10个镇（街道），852个行政村（社区）开展“两集中、两巡查、一抽查”活动；继续组织各单位申报档案工作科学化管理等次工作，并在年底对这些单位进行指导检查，全县有2个单位达到省级示范单位、1个单位达到科学化管理先进单位，28个达到合格。在土地确权颁证工作中，县档案局加强监督指导，确保档案管理到位。做到“一步一归档”，每个环节有据可查。确定13家国有、民营企业作为工作重点强化指导，成立企业档案工作协作组。4月，召开推进民营企业档案规范化建设暨协作组会议，推动企业档案工作的规范化、科学化。县档案局多次到企业进行实地监督指导，确保企业档案工作各项任务目标的落实。

6月6日，《四海济阳人》出版发行

【档案利用服务】 改造“档案查询服务窗口”，服务环境进一步优化。继续编辑印发《资政参考》；组织开展第六届“档案馆开放日”活动。开展家庭档案征集活动，编印《家庭建档指导手册》。以档案查阅中心和档案信息网站为载体，通过接待查档、电函查询、在线查询等多种方式，创新档案利用形式，接待查档利用1358人次、2568卷件。与县政协联合编纂《四海济阳人》出版发行。完成《济阳县改革开放实录》专题征集工作，出版《济阳县改革开放实录专题集》（第一辑）。

2016年12月，《改革开放实录》第一辑出版

【档案信息化建设】 开展馆藏照片及增量档案数字化加工工作，安排各单位对数字化加工流程进行观摩学习。发改委、民政局等部分单位开展室藏档案数字化工作。继续做好馆室一体化系统的安装使用工作。5月，邀请山东尚德公司工程师就尚德馆室一体化档案管理系统的操作流程、操作注意事项和档案数字化操作步骤进行详细培训。全县有72个单位通过馆室一体化系统实现档案业务互联互通和资源共享。制作推出济阳“智慧档案”手机APP软件，市民通过手机下载该软件，了解档案知识，查询民生档案。

【档案宣传】 以“国际档案日”为契机，开展系列宣传活动。6月13日，联合县委宣传部、县文明办、县委老干部局、团县委、县妇联、县教体局在济北公园举办纪念“国际档案日”暨“我的家庭档案”图片展。在济北公园广场举办“国际档案日”集中宣传活动，悬挂宣传标语和宣传挂图，发放家庭档案宣传手册、宣传扇等宣传材料600余份。同时，将济阳县家庭建档示范户卜宪君、李贤生的100余盒档案进行现场展示。在《济南日报·新济阳》刊登《档案进家庭　圆我建档梦——济阳县家庭建档示范户卜宪君的家庭建档体会》等文章。组织全县广大档案工作者参加国家和省、市档案局举办的“档案与民生”征文活动。（高少华）

广播　电视

【概况】 2016年，济阳县广播电视台深入搞好报道围绕大项目建设、招商引资、城建开发、民生建设等全县重点工作，全年播发《济阳新闻》310期，播发新闻2850条，制作专题60期、“交通前线”50期，在“济阳新闻”开设“聚焦第一书记”“人大代表风采”“政协委员风采”等10余个专栏。全年在中央台发稿2条，山东广播电视台发稿20条，济南电视台发稿得分610分。被评为山东省广播电视宣传先进集体。

【节目创作】 2016年，打造“我是小明星”“公民与法治”“开门大吉”“济阳农业”“绿色家园”“科普大篷车”等栏目。新开设“我爱我家”“送礼”“医在济阳”等。在栏目内容上不断改进，质量上不断提高，进一步加强自办栏目份量。完成第二届电视春晚和少儿电视春晚的策划、筹备和录制和播出工作。

【广告业务】 2016 年，济阳电视台有广告客户 60 余家，完成广告收入 300 余万元。结合省级卫生城市和省级食品安全县城创建，制作播放公益广告 1415 条（次），完成目标任务的 117.9%。

【基础设施建设】 2016 年，县广播电视台投资 5 万元购置航拍无人机，投资 7 万元购进 2 台便捷式摄像机，投资 6 万元为录制部改进高清编辑线，购进摄影卡 6 块、支架 2 台。同时，将中央电视节目无线数字全覆盖工程作为全年工作重点项目，投资 5 万元对播出机房进行改造提升；投资 40 万元购进发射机 2 台，投资 20 万元购进天馈线等。 （柏圣申）

社会生活

社会保障

【社会保险费征缴发放】2016年，县人力资源和社会保障局通过加强内部控管，强化扩面征缴，依法实施监管，实现了社保费及时征缴和养老金按时足额发放。

企业养老、失业、工伤、生育等保险工作协调发展。全县企业养老保险参保单位889家；失业保险参保单位849家，参保缴费人数2.13万人，征缴失业保险金1267万元；工伤保险参保单位902家，参保缴费人数2.63万人，征缴工伤保险金815万元。享受工伤保险待遇159人次，支付工伤保险金397.3万元；生育保险参保单位882家，参保缴费人数2.23万人，征缴生育保险金849万元，享受生育保险待遇653人次，支付生育保险金514万元。

居民医疗保险工作稳步推进。城镇职工医疗保险参保单位1030个。收缴基本医保统筹基金1.06亿元，个人账户金3400万元，大额医疗救助金300万元。

居民养老保险覆盖面不断扩大。全县60周岁以下适龄参保农民14.2万人，参保率99.46%。（四）各项社会保险发放及时到位。全县发放各类养老金5.12亿元。其中，发放企业养老金1.73亿元，机关事业单位养老金2.23亿元，城乡居民养老金1.16亿元，发放率均达100%。居民大病保险资金已拨付到位，大病保险报销工作有序进行，为18万人次报销医疗费2.2亿元，政策范围内个人负担率51%，实现了全员参保、应保尽保的目标。

【社会保险基金监管】2016年，县人力资源和社会保障局通过上门服务、共享公安户籍信息、设立举报监督、跟踪调查等制度，确保退休人员、60岁以上老年人领取养老金。成立工伤认定委员会，县人社局、公安局、法院、司法局及律师代表等参加，对有异议或认定较难的工伤案件，依法出具《工伤认定决定书》，为受伤害职工及时办理相关待遇手续。加大社会保障卡发放规模，与承办银行配合，全年制作社保卡29994张，发放29881张，激活28753张，采集职工社保卡信息18567条，升级改造定点药店刷卡软件4家。（杨光路）

社会福利

【救灾救济】2016年，救助灾民5000人次，发放救灾款172万元。

【社会供养】2016年，济阳县农村集中特困供养标准6400元，分散特困供养年标准4165元。全县有特困供养人员1027人，分散供养239人，集中供养率76.7%。开展民政干部联系孤儿工作，33名干部职工联系孤儿33名，累计为孤儿捐助财物2万余元。销售福利彩票

1468万元，上级拨付福彩公益金全部用于济阳县城市社区建设、养老机构建设、医疗救助等事业。

【社会救助】2016年，济阳县城市低保标准为每人每月525元，农村低保为每人每年4165元。至年底，全县有保障城市低保对象181户、319人，农村低保对象7407户、1.12万人。发放低保金3263万元，发放取暖补助271.66万元，电量补贴77.9万元。2016年，全县救助城乡医疗困难群众895人，发放补助金385.42万元。累计救助1万余人次，发放慈善救助款物502.29万元。救助流浪乞讨人员100余人次，其中疑似精神病人80余人次。在县老年公寓设立流浪乞讨人员救助点，收置流量乞讨人员3人次。（刘海滨）

老龄事业

【概况】2016年底，全县90～99周岁户籍老年人口1416人，百岁老人23人。县老龄办获“2016年度全市实施银龄安康工程先进单位”一等奖，获济阳县“2016年度人民满意机关”奖。

2016年济阳县百岁老人统计表

序号	姓 名	性别	出生年月日	民族	文化程度	家庭住址
01	陈树芳	女	1914.04.27	汉	文盲	崔寨镇史家坞村
02	牛文芳	男	1915.09.08	汉	文盲	崔寨镇牛家村
03	刘元兰	女	1916.01.25	汉	文盲	崔寨镇孙大村
04	高培英	女	1911.02.27	汉	文盲	垛石镇范家屯村62号
05	刘秀兰	女	1913.02.28	汉	文盲	垛石镇西索村86号
06	高培芝	女	1915.11.01	汉	文盲	垛石镇五里庙村68号
07	单桂英	女	1912.12.08	汉	文盲	回河镇店子村133号
08	吴法云	女	1914.09.28	汉	文盲	回河镇田家村66号
09	柏宗庭	女	1914.11.04	汉	文盲	回河镇小任家岸村27号
10	姚秀兰	女	1916.01.19	汉	文盲	回河镇后封村29号
11	吴法英	女	1916.03.06	汉	文盲	回河镇张稷若村153号
12	肖 氏	女	1916.09.18	汉	文盲	回河镇黎家村62号
13	李光荣	女	1916.11.14	汉	文盲	回河镇徐家村4号
14	肖李氏	女	1907.10.30	汉	文盲	济阳街道肖家村104号
15	李凤云	女	1911.07.05	汉	文盲	济阳街道孟家村2号
16	杨富珍	女	1913.03.12	汉	文盲	济阳街道韩家居184号
17	董传美	女	1914.06.06	汉	小学	济阳街道北田家村81号
18	梁秀英	女	1916.08.29	汉	文盲	济阳街道三里井村133号

续表

序号	姓名	性别	出生年月日	民族	文化程度	家庭住址
19	刘维要	男	1913.01.16	汉	文盲	曲堤镇刘偕村 177 号
20	张付氏	女	1913.12.08	汉	文盲	曲堤镇老鸦张村 50 号
21	李增花	女	1914.02.04	汉	文盲	曲堤镇郭纸村 88 号
22	魏登英	女	1910.08.10	汉	文盲	孙耿镇前张村 206 号
23	谢发友	男	1915.10.12	汉	文盲	太平镇南郭村 22 号

【老年优待】 2016 年，办理《山东省老年人优待证》3270 本，发放“济阳县中医院老年人就诊优待证”3270 本。全县 90 ～ 99 周岁高龄老人每人每月发放生活补贴金 100 元，其中，市财政补贴 60 元，县财政补贴 40 元。全年发放高龄老人生活补贴金 68.19 万元。百岁老人每人每月发放 400 元长寿补贴金，其中，省财政补贴 200 元，市财政局 100 元，县财政 100 元，全年发放百岁老人长寿金 3.39 万元。5 月，为全县 836 名五保老人投保“银龄安康工程”老年人意外伤害组合保险 3.576 万元。

【60 件实事全面落实】 按照市老龄办“老年文化教育促进年”活动要求，公开承诺为全县老年人办 60 件好事实事，县老龄办承办 10 件，县老龄委成员单位承办 40 件，镇（街道）承办 10 件。承诺的 60 件实事全部落实。

2016 年济阳县老年文化教育建设促进年主题活动内容

序号	活动内容和要求	责任单位
1	开展“老年文化教育建设促进年”主题活动，为老年人办 60 件实事。	县老龄办
2	实施“银龄安康工程”，为全县 50 周岁以上老年人办理意外伤害组合保险，财政出资为全县五保老人入保。	
3	免费为 60 周岁以上老年人办理“山东省老年人优待证”和“县中医院老年人就医优待证”。	
4	及时足额发放 90 周岁以上高龄老人长寿生活补贴金。	
5	为全县老年活动基地村、镇（街道）老龄办、镇（街道）班子成员、县直老龄委成员单位各自订阅一份《老年生活报》、一份《当代健康报》。	
6	举办快乐老人、幸福老人演讲会。	
7	开展评选表彰尊老敬老模范、模范老人活动。	
8	联合县红十字会医院开展关爱老人健康行动。	
9	组织模范老人、敬老模范开展一日游活动。	
10	老年节、春节期间开展走访慰问百岁老人、帮扶救助特困老人活动。	
11	及时了解全县老龄工作动态，为县委领导决策老龄问题提供依据。	县委办公室

续表

序号	活动内容和要求	责任单位
12	了解掌握全县老龄工作情况，及时向县政府领导建言献策，为县政府领导决策老龄化问题当好参谋助手。	县政府办公室
13	两节期间，走访慰问部分建国前特困老党员。	县委组织部
14	老年节期间与县老龄办联合开展好尊老敬老评选表彰活动。	县委宣传部
15	通过报纸、电视台、新济阳客户端网络三种载体开辟专栏宣传尊老敬老先进人物的典型事迹。	
16	对县直机关部分特困老党员、老职工开展结对帮扶送温暖活动。确保党员刊物免费及时发放到老党员手中。	县直机关工委
17	适时邀请专家举办老年健康知识讲座；定期举办老干部书画研究会，定期举办笔会；免费为离退休干部开设书法、绘画、剪纸、太极、京剧等课程。	县委老干部局
18	协助有关部门搞好《老年人权益保障法》的宣传和落实。	县人大法工委
19	组织县政协委员对老龄人口的社会现状进行调研，根据情况提出合理化建议和意见，为政府决策提供参考。	县政协社文委
20	对老年人依法维护合法权益的案件，做到优先立案、优先审理、优先执行。对确有困难的老年当事人，依法给予缓、减、免缴诉讼费，确保老年人合法权益不受侵犯。	县法院
21	通过公开开庭、公开审判、选择典型案例公开报道等形式，以案讲法，以案普法，增强广大群众爱老敬老的法制观念，弘扬尊老爱老的良好社会风气。	
22	牵头协调有关部门，加强养老设施建设，在城区建设一处集养护、康复、托管于一体的养老服务中心。	县发改委
23	将尊老敬老列入学生思想道德教育计划和日常行为规范，对全县中小学生进行尊老敬老教育。	县教体局
24	组织举办老年文体活动。5 月份举办老年人太极拳比赛，6 月份举办老年人门球比赛，9 月份举办中老年人健身操和广场舞比赛。	
25	为全县 9 处敬老院各免费安装一套净水设备。	县民政局
26	为全县敬老院老人免费进行健康查体。	
27	积极做好 2016 年企业退休人员基本养老金调整工作。	县人社局
28	做好全县 60 周岁以上老年人养老保险金的发放工作。	
29	积极落实有关老年政策规定，为“老年文化教育建设促进年”主题活动提供资金支持。	县财政局
30	在规划建设中加大投入，为老年人修建健身广场及各种娱乐设施；新建居民区都要建有老年人活动场所，为老年人提供优美的居住环境。	县住建委
31	继续落实好农村男 60 岁以上、女 55 岁以上老年人不承担乡村公益事业筹劳任务，70 岁以上老年人不承担村级兴办公益事业筹资义务。	县农业局

续表

序号	活动内容和要求	责任单位
32	完善老年维权制度，健全老年维权机制。进一步降低法律援助门槛，扩大法律援助范围，提高法律援助案件质量，对我县范围内60岁以上老年人申请法律援助的，要做到应援尽援。	县司法局
33	加大法律宣传力度，提高全社会尊重老年人意识。将《老年人权益保障法》的宣传列入了“六五”普法内容。老年节期间，开展《老年人权益保障法》宣传一条街活动，为现场老年人解答咨询，提供相应的法律服务。	
34	组织辖区居民特别是老年人文艺团队，利用社区广场积极开展周末广场演出活动。	县文广新局
35	在全县各镇（街道）创建基层群众文化活动示范点，义务为示范点老年人提供培训、讲座。	
36	免费为全县65岁以上老年人健康查体；老人节期间免费到敬老院为院民健康查体，上门为全县百岁老人免费查体。	县卫计局
37	对农村部分年满60周岁计划生育家庭实施奖励扶助制度；对城乡独生子女伤残、死亡家庭每人每月发放150～400元的特别救助金。	
38	发挥广播电视媒体的重要作用，加大老龄事业宣传报道力度。	县电视台
39	积极开展为老劳模送温暖活动，发挥职工服务平台作用，为全县市级以上困难劳模实施帮扶救助。	县总工会
40	为老年人就业开辟登记绿色通道，实行首办责任制和推行特色服务；免费为老年人办理企业登记，在职责范围内的事情“一次讲清”，限时办结；不属于职责范围内的，联系有关部门协助办理。落实好服务承诺事项。	县工商局
41	加强老年法律、法规宣传，维护老年人合法权益。对年老多病、行动不便的老年人经预约并核实后可上门办理二代身份证业务，为出入境老年人提供预约上门服务。	县公安局
42	发动全县各级妇联干部、巾帼志愿者、济阳爱心妈妈服务团开展为老人献爱心送温暖活动。	县妇联
43	利用三八、春节等节庆日组织开展老年人权益保障法宣传，关心救助困难老人，选树孝老爱亲楷模，营造社会良好氛围。	
44	以义诊、清洁服务等为重点开展助老志愿服务活动。	团县委
45	为100名老年白内障患者实施免费复明手术。	县残联
46	为200名农村贫困残疾老年人每人免费提供3000元的辅助器具。	县慈善总会
47	老年节期间对全县特困老年人进行慈善救助。	
48	充分发挥“老年环卫志愿团”作用，定期上街打扫卫生，清理野广告等不文明行为，为改善县城卫生环境发挥老年人余热。	县环卫管护中心
49	完善公交车老年人专座设施，利用车载LED屏流动播放尊老温馨提示，教育公交职工认真开展“爱心献老人”活动。为65周岁老年人办理城区内公交车免费乘车卡。	县交通运输局

续表

序号	活动内容和要求	责任单位
50	大力宣传“老年文化教育建设促进年”活动，开设老龄专栏，及时报道老龄工作和老龄事业发展状况。	县报社
51	镇政府买单为全镇 50 周岁以上老年人每人赠送一份“老年人意外伤害组合保险”。	孙耿镇
52	老年节期间为敬老院老人赠送夏装。	垛石镇
53	老年节期间为敬老院老人赠送服装	曲堤镇
54	老年节期间为敬老院老人赠送热水袋。	仁风镇
55	为全镇 60 ~ 80 岁老人每人补贴 5 元投保“老年人意外伤害组合保险”。为全镇 80 岁以上老人赠送一份“老年人意外伤害组合保险”。	崔寨镇
56	为全镇 70 ~ 80 岁老人每人补贴 10 元“老年人意外伤害组合保险”。	太平镇
57	为全镇 90 周岁以上高龄老人赠送“爱心拐杖”。	新市镇
58	为全镇 50 周岁以上投保“老年人意外伤害组合保险”的老年人每人补贴 5 元。	回河镇
59	为全办 50–80 周岁投保“老年人意外伤害组合保险”的老年人每人补贴 10 元。为全办 80 周岁以上老年人每人赠送一份“老年人意外伤害组合保险”。	济阳街道

【银龄安康工程】 2016 年全县“银龄安康工程”参保人数 8.92 万人，完成保费 28.63 亿元。全县投保老人出险 1697 人次，理赔金额 268.65 万元。

2016 年济阳县银龄安康投保及理赔汇总表

单位	总人口数（人）	投保人数（人）	投保比例（%）	保费（元）	理赔金额（元）	理赔人次	理赔比率（%）
新市镇	41799	4965	11.89	157570	291652.4	129	185
回河镇	45184	5643	12.49	179060	204323.16	128	114
济阳街道	42971	10122	23.56	331820	319767.8	257	96
崔寨镇	45174	8513	18.84	280340	256825.3	202	92
垛石镇	74048	14255	19.25	461960	383426.27	276	83
太平镇	49956	5443	10.90	187530	158629.14	104	85
曲堤镇	80387	10242	12.74	318940	278910.94	192	87
仁风镇	65788	10188	15.49	315870	267568.64	161	85
济北街道	17102	4626	25.56	150420	126461.91	35	84
孙耿镇	53671	15228	28.37	479200	398980.52	213	83
合计	517080	89225	16.18	2862710	2686546.39	1697	94

【老年文体活动】 举办老年节演讲比赛。8—9月，与县文联、县委老干部局联合举办“我阳光、我快乐、我健康”老年节演讲比赛，评选出一等奖1名，二等奖2名，三等奖5名，优秀奖7名。举办中老年文体展演。9月26日，县老龄办、县老年体协联合举办“喜迎国庆节·欢度重阳节”中老年文体健身成果展演。表演项目包括全民健身太极拳、武当太极剑、健身气功大舞、健身操、广场舞等，24支中老年代表队500余名中老年健身队员参加活动。

【尊老敬老】 开展特困救助活动。与县慈善总会联合开展了慈善救助活动，年内救助全县特困老年人118人（春节106人、老人节12人）发放慰问金5.6万元。春节前夕，县老龄办走访百岁老人23人，为老人送去寿糕、猪肉、棉被、食用油、面粉、洗化用品等慰问品计2万余元。开展尊老敬老表彰活动。8月，与县文明办联合下发《关于在全县开展“敬老文明号”评选活动的通知》《关于在全县开展评选“四个十大”敬老活动的通知》，老年节当日，召开全县庆祝表彰大会，对“十大长寿之星”“十大孝星”“十大敬老模范”“十名模范老人”进行表彰，命名53个单位（集体、窗口）为济阳县第二届“敬老文明号”。开展走访慰问活动。老人节期间县四大班子领导分成10小组分别走访全县的敬老院、百岁老人及部分特困老年人，为老人们送去3万余元生活慰问品和节日的祝福。开展敬老模范一日游活动。10月19日，组织受县级以上表彰的模范老人、敬老模范、孝星及老龄干部等50人开展金秋一日游活动。畅游莱芜三峡和莱芜雪野湖。开展免费健康查体活动。9—10月，联合济南中德骨科医院，为济北街道和济阳街道的基层村（居）老年人免费进行骨健康检查，有1800余名老人接受这项检查活动。

2016年10月19日，县老龄办组织全县开展“金秋一日游”

【维护老年人合法权益】 办理“山东省老年人优待证”，发放《山东省老年权益保障条例老年法》《济南市老年人防诈骗手册》各3270本。开展老年维权宣传活动。8月，与县老年体协、县人寿公司联合开展“维护老年人合法权益，做好银龄安康工程”宣读活动，在城区各老年活动站点播放老年法规条例、“银龄安康工程”工作实例等幻灯片，向居民发放《山东省老年权益保障条例老年法》《济南市老年人防诈骗手册》《银龄安康工程》明白纸各1万余份。参与全县联合维权活动。12月4日国家宪法日，全县执法部门联合开展维权活动，在老干部活动中心楼前，县老龄办向群众发放《山东省老年权益保障条例老年法》《济南市老年人防诈骗手册》1000余本。（石明君）

民族宗教

【概况】 2016年，济阳县有少数民族人口1.28万人，其中回族群众1.24万人，主要分布在孙耿、回河、垛石、济阳街道3镇1街道，20个村庄，其中16个民族村，4个杂居村。济阳县民族宗教事务局被评为全省民族进步模范先进集体、全市民族宗教信息工作先进集体，2人被评为全市民族宗教信息工作先进个人。

被评为平安济阳建设先进单位。孙耿镇、回河镇被评为省级民族团结示范窗口单位，孙耿镇孙家民族小学、回河镇申庄民族小学、垛石镇刘营民族小学被评为全市民族团结示范窗口。

【民族工作】 民族经济形成牛羊肉屠宰加工、肉牛、奶牛养殖、建筑材料、交通运输等主导产业。基本形成一个民族村一个发展行业的格局。县财政拿出扶持资金为民族经济发展基金帮助少数民族群众发展民族企业及畜牧养殖、屠宰加工和农业产业化调整。实施以“帮发展资金、帮科学技术、帮素质提高、帮发展思路”为主要内容的结对帮扶工程。安排经济、科技、教育等主管部门与各民族村对口帮扶。帮助民族村协调发展资金600余万元，传授实用科学技术13项。加强民族村基础设施建设，结合全县“村村通公路、通自来水、通有线电视”以及农村低压电网改造等工程的实施，先后筹集资金950万元，用于民族村路、水、电等基础设施建设。先后为16个民族村铺上柏油路，16个民族村全部开通自来水。为20个村实施免费电网改造，为14个村通上有线电视。少数民族农户每购进1头奶牛，县政府帮助协调贴息贷款5000元，每新上1个高温大棚，帮助协调贴息贷款3000元。同时，各镇、各部门加大对民族经济扶持力度，发展奶牛、肉牛养殖专业村4个，肉食、蛋鸡养殖专业村3个，蛋鸡存栏量3万余只，肉鸡10万只以上，蔬菜大棚专业村1个，发展大棚116个。堤口村发展肉牛1000余头。

垛石镇刘营村投资1000余万元，建成日加工牛羊肉20余吨、年销售收入近亿元的清真肉联厂。投资500余万元，新建2座恒温库，体积12000立方米，年储存蒜薹、水果2000吨。润达奶牛有限公司占地面积13.3万平方米，奶牛存栏量600余头，每天产鲜奶2～3吨，鲜奶全部供应给旺旺集团。粮食口村在国道G220线附近投资600余万元，成立伊达清真肉类有限公司，日屠宰量20～30吨，实现牛肉分割包装，主要销往黑龙江、吉林、广州、上海等省市，年实现销售产值1.2亿元。全县少数民族私营企业增至60家，产值过亿元的有2家，过千万元的有5家，高科技含量企业有2家（新型建材厂和生物制药厂），民营经济成为少数民族经济发展的增长点。

全县有4所民族小学，在校生603人，少数民族教师8人。少数民族学生失辍学率控制在1.98%以下，适龄儿童入学率小学为100%，中学为98.67%，少数民族群众受教育水平和整体素质有明显提高。

【宗教工作】 依法做好抵御境外宗教渗透工作。建立健全由宗教、公安等部门对宗教事务实施联合执法机制，坚持定期召开联席会议。依法治理基督教私设聚会点。全县有50处宗教活动场所，其中，伊斯兰教清真寺15坊，基督教活动场所34处，天主教活动场所1处，基督教信教人员2398人，天主教信教人员17人。定期组织开展集中清理整治工作，按照省级创建“和谐宗教活动场所”的要求，对全县50处宗教场所全部进行规范化配置与要求，部分场所通过市级互查。同时按照市委统战部、市公安局、市民宗局关于开展基督教私设聚会点调研要求，统战部门牵头成立济阳县关于基督教私设聚会点调研领导小组，对全县进行集中清查，查处未登记的私设点6处，涉及信徒200余人，对各聚会点逐一进行登记造册，形成书面调研材料，进行上报。同时，针对各私设点进行跟踪摸底，掌握具体活动迹象。对确实存在违法活动的坚决予以取缔，对全县1/4的宗教场所进行标准配备，确保宗教场所和谐发展。

（杨兆军）

镇　街道

孙耿镇

【概况】 孙耿镇总面积103平方千米，辖老杜管区、辛集管区、高家管区、后张管区、堤口管区等5个管区，71个行政村，总人口5.4万人。有永久基本农田保护面积共计6133.33公顷，其中耕地5866.67公顷。2016年，完成固定资产投资31.86亿元，实现规模以上工业利税13.2亿元。获“省级卫生镇”“省级文明镇”等称号。唐家村被评为省级卫生村。

唐家村被评为“省级卫生村”

【农业和新农村建设】 全年实现农林牧渔业总产值2.3亿元，其中粮食总产值1.9亿元。生猪1.6万只、牛3000头、羊1万只，肉类总产量5000万千克。植树造林面积1133.33公顷，包括用材林86.67公顷、经济林26.67公顷。农业持续发展，大型农机新增30辆，总数达300辆。推动土地流转工作，以出租、互换、转包等形式有偿流转土地镇流转土地推进产业结构调整，流转土地面积533.33公顷，新建蔬菜高温大棚100个，土豆拱棚400个，冯家农业示范园占地4公顷，投资200万元，5座冬暖高温大棚投入使用。养殖业方面，培育以杓子李奶牛养殖基地、魏家三利奶牛养殖基地、堤口肉牛养殖基地等为代表的养殖基地12家，年产值8000万元。重视农业基础设施建设，投资100余万元清挖干渠4万余米。投资200余万元，新打机井457眼。投资2800万元的邢家渡灌区改造提升工程基本结束。注重农村建设，关注民生。全镇自来水覆盖率96%。完成改厕户3606户，厕改除采购厕具款外，每户补贴1100元。进行危房改造36户，精准扶贫户25户，全部通过县级2016年农村危房改造验收工作。推进进城乡环卫一体化进程，配备2辆垃圾清运车，1600个垃圾桶，150名保洁员，镇村面貌大为改观。实现城乡环卫全托管，与天天清洁公司签订委托管理合同，镇村保洁全方位、全覆盖，年底全县考核中列第二名。

【工商业】 全年固定资产资产投资31.86亿

元，同比增长16.8%；新增规模以上工业企业2家，总数达23家；实现规模以上工业增加值21.6亿元，同比增长6.3%；实现规模以上工业销售收入77.5亿元，同比增长9.8%；实现规模以上工业利税13.2亿元，工业总产值96亿元；全镇企业总个数达到449家，个体工商户2012家，实现社会消费品零售总额9.3亿元。招商引资成绩突出，引进建设艾诺重工、齐州监狱扩建、山东天略服饰、利勤生物科技等7个项目。齐州监狱扩建计划投资15.6亿元，监区狱墙在施工中，预计2019年全部投资项目完成。达利食品先后投资5亿元，五期扩建后占地规模40万平方米，解决劳动力5000人，2016年完成销售额24亿元，利税2.3亿元。全镇食品医药企业有8家，彩印包装企业7家，形成达利、三株酵本草为主的食品医药产业，新先锋、金百利为主的彩印包装产业两大支柱产业，获“山东食品产业十强镇”称号。

【交通、邮电、财政、金融】 推进农村公路改造进程，投资4000万元，实施村级网化工程，新修农村公路92.3千米；推进孙耿镇工业园区建设，构建“3纵4横”城镇道路网格，形成40千米道路骨架；投资50万元，完成张庙、唐家社区道路节点绿化补植。投资近60万元，完成镇污水处理站改造工程。投资300万元的河道景观整治一期工程竣工，实现沿岸绿化。投资400万元的二期工程完成桥梁建设。投资50余万元将辖区原有178个监控探头全部更换为高清探头，新增80个探头，计258只“天眼”，形成完整监控网络。电信业务总量11869万元，固定电话3587户，移动电话数3.7万部，互联网用户1.2万户；金融机构各项人民币存款总额12.6亿元，实现地方财政收入1.3213亿元；农民人均现金收入14395元。

【教科文卫、社会生活】 全镇现有文化大院31家，50个村建有农村书屋，每个书屋都配置图书2000余册、报刊杂志200余份、电子音像制品100余套，全部配备网络设备，成年人均可免费上网；投资200余万元，建设23处村级文化广场，对每个广场进行了绿化、硬化、亮化，健身器械，休闲亭台、文化走廊等配套设施一应俱全；全镇广电有线电视覆盖率53%，网络电视覆盖率35%，广播电视人口覆盖率100%。全镇有学校9所，其中，中学1所，小学8所。孙耿镇中学有15个教学班，在校生707人；小学有63个教学班，在校生2760人；全镇在校教职工279名。另外，建有中心幼儿园1所，占地2400平方米。孙耿镇有镇卫生院1所，床位30个，工作人员65人；乡村卫生室44所，乡村医生54人。敬老院占地面积2万平方米，建筑面积3700平方米，总投资1000余万元，建成集农村敬老院、光荣院为一体的全国三星级敬老院，有120张床位，2016年收住老人71位。完成5个贫困村的“摘帽”工作，1053人脱贫，2016年新农合参合

2016年9月29日，“家乡美·舞最美”广场舞大赛
（吴莎莎　摄）

人数39725人。投资130余万元，为群众交纳小麦、玉米、银龄安康和综治保险，社会救济280余万元，涉及低保户586户，905人。关注社情民意，全年受理1422件，全部得到落实，满意率全县第一。

【知名企业简介】

济南达利食品有限公司　创建于2001年5月18日，逐步发展成为集团旗下19个子公司中规模最大、产品结构最全的分公司。先后形成派类糕点食品、薯片、饼干、饮料等四大产品系列，“达利园”“可比克”“好吃点”三大品牌；共300余个品种。公司占地面积29.2万平方米，拥有食品生产车间14个，饮料生产车间6个，员工总数3500人。济南公司2004年以来被济阳县委、县政府先后授予“明星企业”“安全生产工作先进企业”等称号；2006年，被中国食品工业协会授予“中国食品工业质量效益奖”称号；2007年，被济南市食品药品安全协调委员会授予“全国食品放心工程综合评价检查标兵单位”称号；2009年，被市政府授予“文明单位”。2015年上市，成为济阳“食品工业城”的骨干企业。2016年，实现总产值18.3亿。

济南达利食品有限公司　（李凌晨　摄）

三株集团　创业始于1993年，是一家集科、工、贸于一体的综合性的现代化工商企业。公司下属有医药集团、生态美集团、三株医院和三株科研基地，产品包括药品、保健品、食品、化妆品、医疗器械。经过多年发展，成为中国大型的以健康产业为主的集团公司。2014年8月，三株集团取得商务部颁发的直销牌照，实现二次创业。2015年5月，总部搬迁入驻孙耿。同时，投资6000万元分别对三株酵本草结算中心和三株福尔制药厂部分车间进行升级改造，投资8000万元建成三株商学院，形成三株研发基地、生产基地、培训基地、营销基地一体化的三株孙耿产业城。2014年，实现销售收入5亿元，2015年，实现销售收入30亿元。2016年，获评全国质量诚信先进企业，实现工业总产值31亿元。

光大环保能源（济南）有限公司　是中国光大国际有限公司的全资子公司，主营业务是焚烧处理城市生活垃圾，转化发电量。项目以BOT方式建设运营，总投资约9亿元，采用国际先进的机械式炉排垃圾炉焚烧设备和工艺，建设规模为4条500吨/日的垃圾焚烧生产线，配置2套18兆瓦汽轮发电机组，日焚烧处理城市生活垃圾2000吨，年焚烧处理生活垃圾66.7万吨，年发电量2.7亿度，年节约标准煤8万吨。烟气排放执行欧盟2000标准，工业废水排放达到一级A标准（GB18918-2002），工业废水中的COD和氨氮排放指标超一级A标准，飞灰经螯合固化后安全填埋，炉渣进行综合利用，减少地下水、土壤、大气等资源的二次污染的产生。2013年，获国家建筑业最高奖“鲁班奖”，成为国内垃圾焚烧发电行业首个获取此奖项的项目，品质与品牌获得社会的广泛认可。2016年垃圾入炉量74.9万吨，发电量2.70亿千瓦。

济南十方固废处理有限公司　是山东十方环保能源股份有限公司设立的项目公司，负责济南市餐厨废弃物收运处置BOT项目的建设和运营管理。公司主要从事餐厨废弃物（含废弃食用油脂）的收运处理，固体废弃物综合处理利用工程技术的开发服务，环保工程的设计与施工，资源再利用设备的生产、销售。生物柴油及副产品(含植物沥青、甘油)的生产销售，有机肥料及微生物肥料的生产销售等。公司通过专用的有机质垃圾预处理系统和厌氧消化工艺进行处理消化，日处理餐厨废弃物200吨，并配套生产生物柴油15吨/天、植物沥青2吨/天、粗甘油1吨/天、沼气1.2万立方米/天、年产有机肥料1.5万吨、发电640万千瓦时，每年可减少温室气体排放7万吨。2016年，餐厨废弃物处理量3.6万吨，资源综合利用产品产量3.6万吨。

山东晟泽玻璃有限公司　位于孙耿镇，注册资金1000万元，主要加工普通透明及镀膜、低辐射节能LOW-E为主的中空玻璃、钢化玻璃等建筑领域深加工产品。公司厂区面积2万平方米，有员工60余人。公司引进先进的品牌生产设备有全自动玻璃切割流水线、全自动卧式玻璃四边直线磨边机、玻璃自动上下片台、全自动打胶机、自动打孔机，中空玻璃全自动生产线3条、钢化玻璃生产线等；生产线配备派尔ERP等软件，年产中空、钢化玻璃约80万平方米。2016年，实现总产值1788.1万元。

【特色产业村】

杓子李“西红柿”　2009年起，杓子李村开始种植西红柿。2010年，组织成立济阳县永春果菜专业合作社，引进“粉钻102”“美国硬粉”等十几种名优品种，当年新上大棚60余个，群众人均增收2000元。杓子李村筹资30余万元，在村南建起1处蔬菜批发市场，并建立宣传网站，北京、天津、济南的客户慕名而来。与寿光光武蔬菜中心等多家蔬菜收购企业建立长期供货关系。2016年，杓子李村建有600个蔬菜大棚，总产量为750万千克，平均每个大棚收益超过2.2万元，杓子村成为全县知名的西红柿专业村。

王兴村生态旅游园区　2010年，王兴村开始探索打造休闲生态枣园。“爽果红”冬枣园是王兴村最早建成的枣园，占地8万公顷，年产量2万千克左右，依托紧邻国道G104线的便利条件，每年吸引大量市民前来采摘、休闲。2016年，王兴村流转土地33.33公顷，投资300余万元，种植3.33公顷“泰山大红石榴”树，8.67公顷枣树，品种包括“爽果红”“金丝4号”“沾化冬枣2号”进行以枣树为主的果树种植，建设36.67公顷生态园区，所产水果除供游客采摘外，主要销往济南、德州、潍坊等周边市场。

魏家三利奶牛　魏家村是孙耿镇最早进行规模化奶牛养殖的村。2009年开始奶牛养殖，成立济阳县三利奶牛养殖专业合作社，合作社采用“小区＋养殖户＋合作社”三位一体运作模式，对农户养殖奶牛实行“畜禽种苗、饲料、防疫、兽药、技术、收购”等“六统一”的服务，实现奶牛产业的“小规模、大群体”滚动发展。合作社总占地面积4.67公顷，奶牛存栏量400余头，奶牛养殖户10余户，从事牛羊畜产品运输专业户40余家，日产鲜奶量10吨，每头奶牛年利润6000～10000元。牛奶全部销往济阳县旺旺食品有限公司。

后张“狮子张”牌土豆　2009年，后张村开始种植土豆，成立利群农业合作社。2013年，申请注册“狮子张”牌商标。合作社发展成为市级示范合作社。农业合作社对土豆管理销售实行“统一供种、统一种植、统一管理、统一收获、统一销售”模式，实现“质量、销售、管理”一条龙服务。拱棚土豆每年12月初栽种，次年五一前后上市，亩产2500千克，每斤可达2.5元左右；露天土豆每年3月上旬栽

种，6月底收获，亩产3000千克以上，每斤1.5元左右。2016年，后张村种植土豆40公顷，400余个拱棚。（刘媛媛）

垛石镇

【概况】垛石镇实现生产总值36.37亿元，增长7.22%；完成社会固定资产投资21.8亿元，增长10.49%。被山东省农业厅评为“山东省一村一品示范镇”，被省妇女联合会评为“幸福进家活动先进单位”，被市商务局评为“济南市商品市场监测工作先进单位”，被县委、县政府授予“全县2016年度科学发展考核二等奖”称号。

【农业与农村工作】全镇建成19处大棚片区，涵盖麻张、米桥等22个村，折合标准棚面积49.27公顷。“垛石”牌番茄实现绿色续展认证，获第十七届全国绿博会金奖。沿徒骇河大堤规划种植经济林果80公顷。新成立农业专业合作社15家、家庭农场11家，认证品牌农作物200公顷。新增市级农业龙头企业2家、县级农业龙头企业2家。农村产权交易服务中心启用，完成130个村农村土地经营权确权颁证工作。全镇农村居民人均可支配收入14328元，同比增长8.6%。流转土地200公顷，建设现代农业科技示范园二期，采用社会化投入方式，引进硕博、众恒等14家企业，建成葡萄、蔬菜、育种等专业园区10余个。投资1600万元，实施农业综合开发和水利建设项目1000公顷，建成徒骇河大赵、靳家道口提水泵站2座，配套机电井35眼，铺设PVC管道34.2千米。

【招商引资和项目建设】通过清理盘活、腾笼换业等方式，回收零散土地13.33公顷，规划打造济北（垛石）中小企业创业园，相继引入项目11个，合同总投资3亿元。全镇规模以上企业实现增加值4.35亿元，占年计划的103.6%；规模以上企业利税4.36亿元，占年计划的101.4%；高新技术产业产值占规模以上工业总产值比重达26.12%，增长5.13%。引进安诚、美联盛航等保险公司7家。实现地方财政收入3842万元，占年计划的135.8%。

济南泰斯特润滑油有限公司生产车间　（周传振　摄）

【新农村建设】推进美丽乡村建设，先后建成市级示范村4个、县级示范村3个、镇级示范村20个。投资476万元，新修温桥、逯家等6个村道路10余千米，全镇农村主干路新建改建里程达到180余千米。增购更换垃圾桶1600个，给6辆垃圾清运车配备宣传喇叭。实施旱厕改造，新改厕55个村5126户。通过国家级生态镇复查工作。取缔关停“十五土小”违法企业4家，秸秆禁烧实现卫星遥感零监测。全年拆除违章建筑10余起，在全县率先完成土地违法整改工作。

【科教文卫、社会生活】通过国家教育均衡

垛石镇柳家村幸福院 （刘亮荣 摄）

发展专项督导验收。投入资金 200 万元，建成镇卫生院公共卫生楼，开展公共卫生服务 12 项。配套上缴养老保险金 730 余万元，城乡居民社会养老保险参保率 96% 以上，居民医保参保率 100%。开展“阳光低保”专项行动，核实清理条件好转低保人口 170 人，新增低保户 8 户 11 人。全镇实现 906 户 1930 人脱贫，12 个贫困村摘帽。提升安子坡、石墓田 2 处“乡村文明家园”示范点，举办第八届柿子文化节。

【党建工作】 推行“1+3”村集体经济发展模式，培植发展集体经济示范村，茌家、米桥等 22 个村集体收入 5 万元。筹资 70 余万元，新建江屯等 4 处村级办公场所，为 36 个村配备办公设施和党建制度墙板，整顿提升软弱涣散党组织 13 个。全年确定入党积极分子 33 人，纳新党员 29 人，按期转正 37 人。完成镇领导班子换届选举工作。

（王 雪）

曲堤镇

【概况】 2016 年，曲堤镇实施“蔬菜强镇、商贸旺镇、工业重镇、文化名镇”四大战略，经济和社会事业呈现出良好发展态势。实现生产总值 34.44 亿元，增长 17%；固定资产投资总额 23.82 亿元，完成任务的 102%；农民人均纯收入 15213 元，同比增长 11.5%；限额以上批零住餐销售额 6.9 亿元；实现地方财政收入 3120 万元。获农业部颁发的“全国一村一品示范镇”、中国科协和财政部颁发的“全国科普惠农兴村先进单位”奖牌。

【城镇建设】 投资 300 万元新修闻韶大街，同时对富民路、富强路进行改造升级，集中清理占道经营，保持商业街畅通；投资 130 余万元推进小刘、王元气等村美丽乡村建设，增宽村路，新建排水管道，安装节能路灯，美化沿街墙面，增加绿化面积；采用服务外包方式推动环卫一体化工作，同昌邑康洁公司合作，配备垃圾收集车 7 辆、专职保洁员 325 名、垃圾桶

曲堤镇府前街 （任立生 摄）

曲堤黄瓜示范园　　　　（任立生　摄）

7000个，镇村环境全面提升。

【招商引资和项目建设】 通过聚集发展鑫龙海产业园、加快建设济南北城工业园、整合扶持雕塑文化产业园，逐步形成食品、机械、雕塑等产业聚集区。超额完成5亿元招商引资任务，好七食品、济莲香二期、富勤园项目投产。闻韶商贸城项目开工建设，蔬菜市场扩建项目加快建设，商贸业发展迅速。

【农业及农村工作】 新增黄瓜大棚133.33公顷，王义寨、张聂、鄢渡等20余个村形成规模。全镇黄瓜大棚达2.6万个，种植面积超过3333.33公顷，成为名副其实的"全国最大的优质黄瓜种植基地"；联合全镇20余家育苗企业成立育苗协会，进一步完善育苗、种植、销售产业链，年育苗量超过2亿株，产值超过1亿元；蔬菜批发市场年交易量超过5亿千克，成交额超过15亿元，成为货真价实的"全国最大的优质黄瓜专业批发市场""国家农业部定点市场"。"曲堤"牌黄瓜以绿色A级品质，通过国家绿色食品认证，获国家地理标志证明商标。3次获中国国际农产品交易会金奖。2016年9月，在长春举办的第十七届中国绿色食品博览会上，曲堤黄瓜再获绿博会"金奖"。12月，在全国果蔬产业百强地标品牌宣传推介活动中，获"2016年果蔬产业十佳市场口碑地标"称号。

曲堤镇完善农田水利设施，对张辛干渠、鄢渡沟进行清挖改造，清挖沟渠5.5千米、动土5.8万立方米；牛王、石门等13个村投资115万元，修建桥涵闸10座。全镇新增81台变压器，合计容量7560千瓦，10千伏线路30.64千米，0.4千伏线路72.42千米；节水灌溉试点县项目投资2400万元，涉及肖家、曹家等19个村，新打深水井95眼，涉及东西李、闫家等30余个村，新建泵站5座，肖家、王天恒、龙王庙、铁匠、直河等村各1座，大棚滴灌910个，改善上万亩大棚和耕地的水利条件。义务植树5万余棵，对美国白蛾、杨尺蠖和方翅网蝽等病虫害进行有效防治。印发技术明白纸6000余份，完成7333.33公顷小麦"一喷三防"药肥发放。完成年度小麦直补面积的核定发放，开展农村扶贫开发工作，完成贫困村扶贫项目经济责任专项审计。种植"仲秋红"大枣10.6公顷。12个贫困村进行村庄绿化；18个贫困村实施饮水安全工程；111户贫困户实施危房改造。全镇猪存栏13412头，肉牛684头，奶牛269头，羊8278只，禽类334624只，全面做好犇腾牧业、天旺猪场、晟瑞养猪专业合作社、鑫江源养鸭产业合作社、康杰猪场等养殖场的兽医监管工作，补贴贫困户户248户；曲堤蔬菜市场年销售瓜菜82735吨，销售收入达24820万元，产品辐射北京、南京、合肥、西安、天津、杭州等50余个大中城市。

【新农村建设】 投资500万元，在尹家、老

曲堤闻韶社区 （安乐 摄）

鸦张等7个村新修扶贫路8.06千米，累计完成农村网化工程160千米，全面实现“公路村村通”，小刘家、葛家、王元气等10余个村实现“户户通”；推进农村无害化卫生改厕工作，完成改厕6315户，完成数量全县第一。完成大奎、尹家、娄子杨、西魏、沙陈等5个村队的一事一议报批，落实财政奖补资金73万元，修建文体活动中心和健身广场。完成危房改造111户，投资27万元，进行街巷硬化项目，涉及孙家、王元气、石门、胡家等，硬化总长度7500米，总面积2.6万平方米。利用16.8万元省级公益事业基金为白家、王海亭、周家、肖庙、王元气等5个贫困村修建文体广场。

2016年9月9日，“垄上行”节目在曲堤镇开播 （丛国强 摄）

【社会事业】 组织曲堤镇民间文艺展演、广场舞比赛、“庆六一儿童舞蹈展演”“重阳节慰问演出”等多项文化活动；曲堤镇中学、曲堤镇三教小学被评为济阳县教育科学发展先进单位，曲堤镇姜集小学被评为济阳县特色学校（国际数棋）。实施“雨露”计划，资助6名贫困学生；实施健康扶贫，发放扶贫健康卡3354张；2家新型经营主体与李旺村11名贫困人口签订结对帮扶协议；20余名贫困群众开展电商培训；开展“富民农户贷”和“富民生产贷”，完成278名符合条件贫困人口的评级授信工作。有金融扶贫需求的经营主体4家，进行审核各类资料，带动58人脱贫。联合县医院、县中医院、施尔明眼科医院等医疗单位，在东街、肖庙村为群众免费义诊400余人次。开展农业科技培训和送技术下乡活动，培训群众500余人次，发放明白纸6000余份。加大土地动态巡查力度，调查处理违法违规用地15起，处理宅基地纠纷10起。组织整编基干民兵应急维稳排1个40人、基干民兵250人，做好民兵预备役工作，统计适龄青年400余人，应征入伍34人。49位满60周岁农村籍退役士兵享受待遇，残疾人生活补贴和护理补贴惠及600余人，残疾人辅具个性化适配15人，残疾人黄瓜种植技术培训120余人，困难群众医疗救助104人，救助受灾群众178户。

【平安建设】 曲堤镇强化社会治安综合治理，建立办事处社会管理服务中心，在128个行政村全部设立综治工作站，进村入户集中进行2次法律宣传活动。建设“天网工程”，安装视频监控探头212个，实现辖区范围全覆盖。联合公安、教育、行政执法等有关部门对校园周边环境进行综合治理，发现安全隐患，限期整改。加大矛盾纠纷排查化解力度，全年排查矛盾纠纷938起。

接到报警1069起，其中，受理行政案件75起（调解治安案件59起，处罚16起）；民事纠纷调解174起，当场调解57起；受理刑事案件35起，破获16起，打击处理36人，其中逮捕22人，直诉14人，强制戒毒1人，行政拘留94人。户籍室办理身份证1万余个、其中为孤寡老人，行动不便上门办证230次，居住证766个，上门服务390人次，协助计划生育核查数据4.5万余条。进行消防安全检查600余家，整改20余家，口头警告6家。开展“扫黄铲赌”行动，强制戒毒1人。司法所新接收矫正对象25人，共有矫正对象58人，全部纳入安置帮教管理。做好普法宣传工作，共发放各类普法宣传资料和读本1000余份，解答法律咨询100余人次。签订安全生产目标责任书49份，执法检查26家次，下达整改指令书81条，全部整改完毕。

【计划生育管理】 在闻韶街建立宣传一条街，在郭家、东街等6个行政村建立宣传标准点，刷新宣传标语300余条。全年出生1313人，合法生育率达96.65%，性别比为1.1。落实四项手术841例，其中，放环815例，取环17例，人工流产9例。实人口目标管理责任制，通过开展“三清一查”活动，使已婚育龄妇女全员管理到位，孕情上报及时率70%以上，出生统计合格率95%以上，符合政策生育登记率80%以上；避孕节育措施落实率、及时率均95%以上；流动人口管理进一步规范，把流出流入人口及时录入WIS系统，做到验证、建卡、微机信息管理一条龙服务；打击“两非”行为，没收非法使用B超机1台；严格控制违法多胎生育。

（丛国强）

仁风镇

【概况】 仁风镇是“中国西瓜之乡”“中国鼓子秧歌之乡”，位于济阳县东北部，地处济阳、商河、惠民、邹平四县交界处，距县城30千米。镇政府驻地位于西街村，全镇辖82个行政村，18674户，6.4万人，总面积127平方千米。境内济东高速公路、国道G220线、省道S239线穿境而过，仁鑫路、仁和路、赵家路贯通南北，曲王路、迎风大街横亘东西，交通便利；境内有100千伏变电站1座，电力资源丰富；镇驻地商业发达，是周边各县居民商业交易中心，特别是仁风大集更是周边县区百姓物资交流的重要场所。全年完成地区生产总值21.4亿元，全社会固定资产投资19.4亿元，规模以上工业销售收入8亿元，增加值完成2.6亿元，利税完成2.2亿元，财政收入完成3033万元，农民人均纯收入1.6万元。先后被山东省精神文明建设委员会评为省级文明镇，被济南市爱国卫生运动委员会办公室评为市级卫生镇，被济南市机关事务管理局、济南市财政局、济南市人民政府节约能源办公室评为节约型公共机构示范单位，被济南市卫生和计划生育委员会评为济南市减盐防控高压工作示范乡镇（街道）。

【农业】 新上瓜菜大棚片区5处，建设蔬菜标准园区3处，新建瓜菜大棚344个，提升奶牛小区1处，新增奶牛312头，存栏2202头。强化畜产品监管工作，全年未发生畜产品质量安全事故，全镇进站屠宰率、进出站检疫、肉品检验合格率、病害肉无害化处理率均100%。投资50万元，设计仁风富硒西瓜商标“小兰”姑娘卡通形象，统一更换内、外包装，建设仁风富硒西瓜官方网站，开通西瓜协会微信公众号，举办第八届富硒西瓜文化节。“仁风西瓜”先后获“全国果菜产业十佳市场口碑地标品牌”“优品济南百强十大农产品、民俗产品”等称号。新打造农业龙头企业2家，发展农村经济合作社10家、市级家庭农场2家，新增种粮大户20家，农机合作社1家。完成农村产权制度改革，土地确权登记、发证率100%；投资30万元，打造完成农村产权交易中心。建立健全农产品质量安全监管体系，确保全年无安全事故发生。加大生态农业发展的扶持力度，完成全年植树造林任务，新建绿化示范村10个，农田林网160公顷。秸秆综合利用与禁烧工作成效显著，全镇82个行政村实现“不着一把火、不冒一股烟”。不断加大农业设施建设力度，投资700万元，完成西街、江家等8个村的滴灌工程和扶贫村农田水利工程；投资60万元，完成农技推广站、农业综合培训中心、日光温室技术推广等项目；黄河拓宽工程进展顺利，农业基础设施建设进一步完善。

【招商引资和项目建设】 研究全镇工业及民营经济特点，加大对实体项目引进力度，做好板材加工和棉花加工传统企业产业延伸，盘活银花私营园、木材小区、六棉等原有工业小区、企业场地，依托国道G220线、济东高速公路交通优势，在原银花私营园区基础上打造“仁风中小企业孵化园”1家，引进入园企业2家，培育孵化本土中小企业4家。同时，对腾跃化工、特高压、济东高速等县重点项目，继续做好服务工作。全年完成国内生产总值21.44亿元，同比增长8.01%；全社会固定资产投资23.8亿元，同比增长46.91%；限上批零贸易销售额3.8亿元，同比增长42.9%；限上服务业销售额1435万元，同比增长35%；规模以上工业销售收入7.5亿元，同比增长22.32%；增加值完成2.25亿元，同比增长24.45%；利税完成1.97亿元，同比增长24.68%。全年完成财政收入3033万元，完成全年任务的120%。2016年仁风镇招商引资任务指标4亿元，完成项目入库34.36亿元，全年上报14.38亿元。

【社会事业】 投资500余万元，先后对镇中学餐厅提升改造，为镇中心幼儿园建设教学楼1幢，为镇中心小学建立多功能报告厅1座，全镇校安工程和县域教育均衡通过达标验收。中考录取人数位居全县镇（街道）中学第一名，中考上线率位居全县镇（街道）中学第一名，仁风镇中学被县政府评为2016年度教书育人先进单位，仁风镇教育品牌进一步擦亮，教育质量进一步提高。不断提升以鼓子秧歌为代表的文化品牌建设。全年新建文化大院20座，新建文化广场8处。开展非物质文化遗产挖掘保护工作，开展鼓子秧歌进校园活动，肖家火烧列入济南市非物质文化遗产名录。开展农村电影放映工作，科技、文化三下乡活动等。同时，全镇居民参与新农合、新农保比例大幅提升，做到应保尽保。投资40余万元对敬老院进行改造提升。

【平安建设】 镇合同监管项目竞标服务中心共监管村级经济合同65份，规范开展项目竞标20个，协调15个村扶贫项目招投标工作。开展矛盾纠纷集中排查调处8次，在重大节假日、重大活动、重要敏感时期，开展集中排查，共排查调出各类矛盾纠纷45起，调处成功率100%。指导各村修订完善村规民约，加强村民自我管理、自我教育和自我服务。开展严厉打击违法经营活动，进一步完善综治管理平台，投资25万元更新摄像探头，双实信息录入工作月底基本完成。排查“十五土小”企业15家，安全隐患单位25家，隐患点12处，全部整改完成。对挂牌督办的4家非法加油站进行集中整治。

【新农村建设】 完善《城乡环卫一体化工作长效机制》，投资40余万元购买垃圾清运车1辆、垃圾桶2100个；开展“环卫清理月”4次，集中清理生活垃圾和三大堆，各村卫生环境得到改善。同时，开出6张清单，落实3项机制，奋战50天，完成农村改厕任务4681户，超过计划数617户。投资364万元，完成孙家、南陈等6村7千米道路建设；协调交通、财政部门，提升改造仁鑫路。实施村级公益事业建设一事一议市级财政奖补“乡村连片治理”项目试点工作，项目投资755.89万元，使前岳、后岳、李八家、侯沙4个行政村面貌焕然一新，通过市财政局“乡村连片治理项目”验收小组验收。

（秦晓旭）

崔寨镇

【概况】 崔寨镇位于济阳县最南端，西连天桥区大桥镇，东临遥墙镇，南接华山片区，距济南黄河大桥3千米、济南国际机场5千米，全镇面积87平方千米，辖69个行政村，人口7.1万，有“四路五桥”（国道G220线、北绕城高速、济乐高速、济石客运专线，济南黄河大桥、黄河三桥、济石客运公铁两用桥和东郊、东城2座浮桥）与济南市区相连。崔寨镇是济阳的“副中心”、济南市地区中心、新旧动能转换核心区的起步区，也是山东省唯一的智慧物流小镇，被列为国家级重点镇。2016年，全镇完成生产总值43.26亿元，同比增长21.72%；全社会固定资产投资36.63亿元，同比增长37.71%；农村居民可支配收入14498元，同比增长8.99%。新增规模以上工业企业2家，总数达27家。民营经济实现增加值14.47亿元，占计划的106 %。外贸进出口总额完成2332万美元，占计划的106%。 三产服务业提质升级。全年新增限额以上贸易法人单位1家，总数6家。完成销售额3.67亿元，同比增长36%。实际利用外资210万美元。完成丰树物流等5个过亿元项目招商任务，投资额30亿元。实现税收9480万元。

【招商引资 项目建设】 农业项目引进徒河农业、山东青林农业、周孟黄河风情农庄、郑家蔬菜批发市场等多家千万元以上项目，开启崔寨旅游农业、商贸农业、高端农业新篇。工业项目引进温声玻璃、阳光幕墙、远东装饰、晓楚商贸等10余个投资亿元以上大项目。三产项目重点引进国际500强企业新加坡丰树物流、山东万科——佳怡物流园、中通快递等，物流产业成为全镇支柱产业。2016年，全镇在建项目有中通快递、山东佳怡、上海宇培、

2016年8月18日，上海宇培项目落户崔寨镇

阳光大姐、财富中心、上海紫燕、金箭机器、乾元泽孚、温声二期、阳光幕墙等10余个。

【现代农业】 新上蔬菜大棚、大拱棚200余个，新建山东青林蔬菜标准园1个。新建农业科技园1个，参加农展会、推介会6次，组织香瓜采摘节、宣传推介活动8次，“三品一标”换证、续展工作及时到位。发展县级青林农业、凤凰岭等4家农业龙头企业，培育君泰苗木、康顺蔬菜等等具有区域影响力的合作社10余家。农业支持保护补贴到位，粮食补贴、农业保险实现全覆盖。新增农机合作社7家，全镇农作物秸秆综合利用率达100%。完成1个市级美丽乡村示范村建设任务。投资100余万元，对10余座桥涵闸进行修建。围绕近郊旅游农业，建设山东青林农业、周孟黄河风情农庄，吸引万余省城市民前来采摘、游玩。

【民生工程】 成立由7名工作人员组成的社区建设领导小组，为项目提供手续办理、规划许可等“一条龙”服务。前街社区二期搬迁基本结束，王河社区一期实现花二庄76户、269人搬迁入住。东辛村搬迁工作有序推进，绿阳社区在洽谈新合作企业。新阳社区规划设计已完工。改造危房21户，农村改厕完成2775处。依托阳光大姐、安培培训农民工4000余人。投入资金50余万元，对敬老院进行改造提升，19名优抚对象进入光荣院疗养。累计投资2650余万元，新建萃清小学综合实验楼、塑胶操场，投资1800万元为崔寨中学建塑胶操场和教学楼。

【城乡环卫】 以“改善农村环境，建设美丽崔寨”为立足点，建立环卫一体化托管机制，采用村级“一事一议”方式收取垃圾处理费，对镇驻地、原乡镇驻地及全镇69个村开展城乡环境集中整治，国家级生态镇建设取得显著成效。取缔“十五土小”企业，保护农村环境，设立村庄公示栏，环卫宣传海报，定期组织开展环境卫生知识宣传，开展群众满意度调查。健全城乡环卫一体化工作机制，实现组织、管理、设施、资料四到位，保洁人员统一服装，垃圾清运及时。

【文化建设】 实施“乡村文明行动”，村村建立红白理事会，开展节俭办事，“善行义举四德榜”实现全覆盖。弘扬娄家村娄长民“蜘蛛侠”舍身救人精神，培育良好镇风村风家风。前街村舞龙队参加山东省非物质文化遗产开幕式，在全市舞龙大赛中获金奖，德兰柳编参加第四届中国非物质文化遗产博览会。

（李世忠　杨翠花）

太平镇

【概况】 太平镇位于济阳县西部，西邻齐河，北接临邑，国道G104线纵穿南北，济太路横跨东西，济乐高速从镇中心通过，济东高速与

“太平宝”西瓜喜获丰收

济乐高速连接，在济太路设出入口，交通便利。全镇辖 91 个行政村，总面积 126 平方千米，耕地 7333.33 公顷。太平镇盛产瓜菜，是中国地区发展促进会命名的“中国优质西瓜第一镇”。“太平宝”品牌获山东省“著名商标”，通过国家绿色食品认证。济阳机械产业装备园引进 6 家企业，和建机械、德辰机械先后投产；6 月 23 日，总投资超过 10 亿元的庚辰铸造签约落户产业园，成为年内引进的最大项目。2016 年，社会固定资产投资 22.8 亿元，占全年任务的 106%；农民人均可支配收入 15768 元，比去年增长 19.8%。招商引资完成 5.8 亿，比去年增长 22%。地税完成 2765 万元，占全年任务的 110.8%；国税完成 1290 万元。年末乡镇总人口 60940，其中，城镇人口 6701 人，乡村人口 54239 人。流动人口 3458 人。

【工业经济】 全年引进各类项目 6 个，新增规模以上工业、贸易企业各 1 家；规模以上工业营业总收入 15.5 亿元；高新技术企业产值占总产值比重为 28.6%；民营经济发展势头良好。和建机械总投资 1.2 亿元，总建筑面积 1.6 万平方米。主要产品为工程机械、农用机械钢材配件等。可实现年销售收入 2 亿元，利税 500 万元。山东彩膜科技有限公司占地 30 亩，投资 1 亿元，主要生产家用电器、高档门窗等装饰彩膜。可年产彩膜 1 亿平方米，年产值可达 4 亿元，利税达 1000 万元。

【美丽乡村建设】 太平镇策划建成全县首条 5 千米长美丽乡村精品示范线路，18 个村通过市美丽乡村督查验收。投入 310 余万元，购置 3 辆垃圾运输车，配备垃圾桶 900 余个，实现农村保洁常态化；改造镇村道路 60 余千米，方便群众生产生活；完成改厕 5000 余户，危房改造 79 户，提高群众生活质量；实现“四德榜”全覆盖，20 余个村被评为县级文明村，其中东市、孔坊 2 村被评选为省级文明村。12 月底，山东省农科院综合基地核心区主体工程顺利封顶。核心区包括实验楼、职工公寓、餐厅、烤种室，占地面积 4.67 万平方米。

【文化社会事业】 2016 年，全镇有镇中学 1 所，太平、庙廊 2 所中心小学，来佛寺、路桥 2 所学区小学和付家、邝家 2 个教学点。全镇中、小学有 70 个教学班，在校学生 3054 人，教师 183 名，适龄儿童入学率 100%。幼儿园 14 所，52 个教学班，1500 余名幼儿，入园率达 100%。其中，太平镇中心幼儿园设立 6 个教学班，在校幼儿 202 名，教职工 12 名。润华希望小学（太平镇中心小学）设 17 个教学班，在校学生 830 名。

太平医院有医护人员 47 余人，其中主治医师 5 人、医师 15 人。开设病床位 20 张，业务收入 224.7 万元。

养老敬老水平不断提高。投资 5 万余元，对敬老院供暖设施进行改造提升，五保老人集

2016 年 12 月 5 日，举行“四新”广场舞大赛

中供养率 79.41%，集中供养水平进一步提高；新建张刘、孙店、西市、路桥、茅草张、药王等 5 家农村幸福院，农村幸福院总数达 12 家。农村老人实现老有所养、老有所乐。

劳动就业和社会保障体系不断完善。完成上级安排的农村劳动力转移、创业扶持等任务，居民养老保险收缴率和居民医保参保率分别为 95% 和 99%。开展农村低保清理普查工作，强化日常管理，切实打造“阳光低保”。严格民政资金配套使用，做好救济救灾款发放工作。

【“6.13”特大自然灾害】 6 月 13 日下午 4 点至 6 点，太平镇遭遇百年不遇的强对流天气，全镇普降大雨，强降雨伴有大风冰雹，最大风速达到 25.3 米 / 秒，导致全镇大面积停电，通信一度中断，镇域多数村庄受灾严重。这次强对流天气，对太平镇农业特别是设施农业造成严重损坏，有的种养殖大户损失达 40 余万元。据统计，这次强对流天气，造成全镇有 2640 个瓜菜拱棚不同程度损坏、倒塌，直接受灾面积达 432 公顷；有 844 间房屋不同程度损坏；有 299.07 公顷未收割小麦倒伏；有 89 公顷露天瓜菜遭受冰雹袭击，大风刮倒各种树木 10550 棵，刮倒养殖大棚 18 个，另外还有刮坏育苗棚、苗圃等其他受灾情况，造成直接经济损失 4156.84 万元。6 月 14 日上午，副市长李宽端率市水利、农业部门负责人到太平镇察看灾情并指导救灾工作。经过紧张抢险，6 月 15 日，全镇主要道路倒伏树木全部清理完毕，91 个行政村全部恢复通电。县委、县政府拨付救灾补助 100 万元，镇党委、政府筹集救灾补助款 70 余万元。（常公平）

新市镇

【概况】 全镇国内生产总值完成 22.2 亿元，同比增长 11.6%；社会固定资产投资完成 12 亿元，同比增长 10.5%；高新技术产业产值占规模以上工业总产值的 25.87%，三产服务业增加值占 GDP 的 31%；农村居民人均可支配收入 14259 元，同比增长 9%；限额以上批零住餐单位销售额 0.86 亿元。

【工业经济】 新增规模以上工业企业 1 家，即济南本富达富田饲料有限公司，新增限额以上批零住餐单位 1 家，即济阳县味之特宝蔬菜种植专业合作社，新增规模以上服务业法人单位 1 家，即济南铭威农业科技开发有限公司。规模以上工业企业增加值完成 3.6 亿元；规模以上企业实现利税 2 亿元；实现自营出口 340 万美元。完成招商引资任务 5.54 亿元，占全年任务的 138.5%。与济北开发区联合引进计划投资过亿元的山东鲁枫家具生产项目。完成地方财政收入 3002 万元。

2016 年 12 月 20 日，县委书记孙斌到新市山东高速生物工程有限公司调研

【农村经济】 在稳定粮食种植面积的基础上，

推进农业产业结构调整，发展瓜菜种植业和奶牛养殖业。在现有奶牛养殖规模基础上，对规模化奶牛养殖小区进行改造提升，新增奶牛650头，实现奶牛养殖规模化、标准化。全年发展瓜菜大棚53.33公顷，新建50个规模以上大棚片区1处。健全畜禽防疫制度，加大疫情防控力度，畜禽免疫率100%，全年无重大动物疫情灾害发生。生猪屠宰率、进出站检疫和肉品检验合格率均达标，生猪宰杀记录详细、完整，全年无白条肉和病害肉。开展政策性养殖保险投保工作，投保比例达90%以上，养殖户切实享受到国家惠农政策。秸秆利用率98.5%，农机年检率92.5%，深松耕地面积200公顷，占小麦种植面积的3.3%。成立农机合作社2个。品牌建设方面，完成2个新品牌绿色认证，鑫农达蔬菜种植专业合作社的葡萄和丝瓜、“奥阳”蔬菜品牌通过绿色认证，史家寺村星火富硒甜瓜种植专业合作社的葡萄和甜瓜通过绿色认证。农业合作组织方面，培育发展壮大合作社10家，家庭农场2家。产权交易中心工作，流转农村土地21宗、113.33公顷，办理大棚证6个，进行农产品检测2500余次。对全镇10个村进行硬化、美化、绿化和亮化，改善了村内环境面貌。

【社会建设】 在全镇77个行政村实现监控全覆盖基础上，投资20余万元对全镇摄像头进行维修维护和更换提升。更换高清网络探头18个，新增高清摄像头11个，补光灯29个。受理民间矛盾纠纷26起，调解24起；引导2起纠纷当事人进入诉讼程序。集中开展普法宣传赶大集活动30次，开展“法治六进”活动11次。全年接访32件，群众满意率100%。结合“大快严”活动对10家企业下发《安全生产自查自改指令书》责令及时整改，与77个行政村签订《安全生产管理目标责任书》，与中储粮、英伦家居2家在建企业签订《施工安全责任书》，取缔苏家、小圈2家非法经营加油站。完成3家农村幸福院建设任务。改造提升敬老院，补修院内主干道，维修屋顶，修缮文化长廊。发放救灾资金26.7万元，为322人申报丧葬费补贴，为3家残疾个体经营户提供扶持资金，为20名贫困重残患者提供个性化辅具配置。

【文教工作】 投资对土马河湿地公园、史家寺第一党支部展览馆等旅游景点进行改造提升，史家寺村成为红色采摘旅游特色村；年内新增盛家葡萄、付家西瓜等多处旅游采摘园，与国内知名旅行社联系，为土马河湿地公园、史家寺第一党支部纳入旅行社旅游路线做了大量准

省级湿地公园——新市镇土马河湿地公园

备性工作。投资10万元整治镇中学和新市中心小学生活废水排污系统，净化排污沟渠。

【社会保障】 新增劳动力转移850人，技能培训800人，城镇新增就业300人。城乡居民医疗保险征缴31500人，参保率99%。共受理“12345”市长热线、县长信箱和“365”热线2000余件，全部按期办结，办结率100%，群众满意率98%。组织800余人次参加6次实用专业技术类培训。

【生态文明】 对奶牛养殖小区粪便进行干湿分离，达到防雨、防漏、防渗要求。对江店、春雨富田等奶牛养殖小区定期进行环保测评，对养殖区域进行消毒清理。认真清理“十五土小”企业，镇辖区内“十五土小”企业全部停产拆除。做好秸秆禁烧工作，每村安排1名包村干部，出动流动宣传车，成立专门巡逻队伍，24小时对全镇77个村进行不间断巡逻检查。投资55万元新上太阳能路灯110盏，亮化和改造提升省道S249线新市段。

【村镇建设】 投资15万元购进铁质垃圾桶500个，对各村损坏丢失的垃圾桶进行更换补充，更换宣传墙板100余块。6月、10月，开展2次“三大堆”集中整治活动。7月、11月，以片区为单位组织保洁员对村内胡同的杂草及湾内、沟内漂浮物进行彻底清除。建立环卫一体化微信工作平台，对检查中发现的问题及时以文字、图片的形式发送并督促整改。投资50余万元对土马河湿地公园广场进行改造提升，重新铺设6000余平方米的地面花砖；联合县司法局投资25万余元，建设8根“普法立柱”、8座“人物雕像”和2面“法治宣传墙”，打造法治文化广场。完成28个村的农村改厕任务。在李坊村、南北村投资46万元，修建长813米的农村公路；投资68万元，新修建贾家村长380米、宽4米的农村公路，改建长340米的村路，修建公路两侧下水道约1500米。

【文化建设】 在各村安装行善义举“四德榜”，完善霍楼、雷家等4个农家书屋和文化活动中心。组织开展元宵节、广场舞等7场大型文化活动，参加全县庆祝长征胜利70周年合唱比赛等活动。组织群众开展文化活动，成立高跷、秧歌、舞蹈等6支演出队伍，举办活动23场次。加大文物保护力度，聘请考古人员对镇域内考古遗址进行考察。组织人员对地方特有曲目“小迷戏”进行抢救性挖掘。 （徐春亮）

回河镇

【概况】 回河镇位于县城西南部，总面积88.64平方公里，下设6个管区，辖94个行政村，总人口4.6万人，其中回族村7个。2016年，全镇实现全社会固定资产投资21亿元，同比增长32%；规模以上企业生产总值26.7亿元，同比增长30%；规模以上企业利税4.9亿元，同比增长25%。地税完成3357万元，国税完成988万元，各项经济指标均实现较大增长。先后获第十六届中国绿色食品博览会金奖、山东省一村一品示范镇、山东省三星级“科学·关爱·和谐”示范乡镇(街道)、市级先进基层党委中心组、全市“组织职工查隐患抓好安全促发展”活动优秀组织单位、全市普法依法治理工作先进单位、济南市三八红旗集体、县职工职业技能大赛优秀组织奖、县敬老模范单位等奖项。

【招商引资和项目建设】 坚持实施“工业强镇”战略，加大招商引资力度，增强经济发展后劲。一是招商引资效果显著。提升镇招商办

项目集中签约　（杨延岭　摄）

专业化、点对点招商能力，聘请济南鼎皓房地产投资有限公司、北京双泽公司为招商代理，委托其帮助我镇对外发布招商信息，开展项目推介，收集意向企业信息，增强招商引资实效性。按照“建设一批、签约一批、洽谈一批”的思路，先后与齐商包装、山东七运集团、大连冰山集团等20余家企业进行了洽谈。2月，与齐商包装、山东七运集团、济南聚鑫智能停车设备等8家企业进行了集中签约，总投资超过5.7亿元。深圳万科等企业正在洽谈中。二是项目建设加速推进。通过大量艰苦细致的工作，实现了原县属老企业陶瓷厂的土地盘活，完成了家属院搬迁、旧厂区拆除等工作，增加建设用地13万平方米，创建了滨河工业园，引进济南聚鑫智能停车设备、济南亚鑫华数控设备、山东矗鑫钢结构、澄波湖饮品等项目，总投资3.2亿元，总建筑面积10.2万平方米。至12月，济南亚鑫华数控设备、山东矗鑫钢结构已建成投产。其中，山东矗鑫钢结构当年可实现产值1亿元；启动博通工业园建设，园区规划总占地面积36.67万平方米，一期占地13.33万平方米，引进并安置项目4家，分别是金鼎液压电梯项目、山东七运集团项目、齐商包装材料项目和济南三诺科技项目，4家项目共投资3.185亿元，占地10.47万平方米，总建筑面积10.33万平方米，全部达产后可实现税收2070万元。其中，山东齐商包装材料、山东七运升降机、济南金鼎立体车库等项目完成主体车间建设。三是镇域企业增资扩产。强化服务，积极解决企业扩产建设过程中遇到的各类问题。财缘宝酒业、迈克森密封材料等企业进一步增资扩产；白马永城、徒河黑猪分别在新三版上市；依托华北升降平台创建了“济阳智能众创空间”，作为机械科技类中小企业创业人员的“实验区”、创业孵化基地，至年底，有12家企业入驻。全镇工业园区初具规模，落户规模以上工业企业21家，回河镇被评为山东省特色产业镇。

【新农村建设】 2016年，完成15个贫困村道路硬化工作，总里程为14.99千米，总投入800余万元。全力推进全镇农村改厕工作，全

2016年10月27日，全县改厕现场会在回河镇芦家村举行　（杨延岭　摄）

年改造完成2822个农村厕所。加大环境保护力度，重点对镇域内沙石料厂、“十五土小”进行排查治理，联合国土、工商、派出所等部门对违规沙石料厂、“十五土小”等进行关停整治。提升城乡环卫一体化工作水平，全面及时开展日常保洁，垃圾日产日清，农村环境更加干净整洁。提升城镇管理水平。完善城镇管理行政执法中队管理办法，建立定人、定岗、定责的责任机制，配全执法设备，加强队员执法培训，增强文明执法能力。制止并清理违建20余处，遏制违章建设行为。扩大种养殖业规模，在戴家、前刘、吴寨发展蔬菜大棚269个。发展民族村较大规模的肉羊养殖场3处，建成赵家村养鹅、寨子村养兔等畜禽养殖项目，强化动物疫病防疫工作，带动农民增收。发展城郊型农业，推进吴寨花锦春秋时光农场、张庙食用菌生产培训基地、七彩乐朋生态园、北郭村高标准设施农业科技示范园等农业园区建设。其中，七彩乐朋生态园被纳入济南市泉城农业游览图，为全镇休闲观光农业发展起到很好的示范作用；成立全县首个济农果蔬专业合作联合社，并在济南市堤口路果品批发市场“济阳农特产销售中心”开业。绿宝源果蔬农业合作社被中国饭店协会评选为2016年中国十佳食材供应基地，“绿宝源”蔬菜获绿色食品认证，并获第十七届中国绿色食品博览会金奖。林业生产及其他工作有序进行。完成防护林10公顷，经济林及林果花卉13.33公顷，新建农田林网146.67公顷，全民义务植树11万株。

【扶贫攻坚工作】　2016年来，回河镇把脱贫攻坚作为头等大事和第一民生工程来抓，紧紧围绕上级部署要求，严格落实扶贫政策，创新工作机制，细化扶贫举措，通过实施产业扶贫，在贫困村发展畜禽养殖、食用菌大棚、浅水藕、仲秋红大枣等项目，增加村集体收入，带动贫困村、贫困户脱贫致富。同时，推进光伏发电项目建设，全镇第一批9个贫困村光伏发电项目全部建成并网发电，第二批13个村开始施工，第三批已经确定。全镇27个贫困村共实施32个产业扶贫项目，产业项目覆盖率达100%。鼓励贫困村成立农民专业合作社，提高扶贫对象参与产业发展组织化程度，至2016年年底，全镇有贫困村农民专业合作社19家，通过发展种养加工和第三产业，带动贫困村实现收入倍增脱贫。2016年，全镇实现贫困户脱贫602户、1418人，超额完成脱贫任务。

2016年11月日，省市旅游局相关负责人参观七彩乐朋生态园　（杨延岭　摄）

【社会事业】　2016年，回河注重社会事业科学统筹，增加社会管理投入，构建和谐社会，推动全镇经济社会协调发展。加强社会治安管理，构建管理综治网络，对原有高清电子监控进行更换提升。开展综治“双实”信息摸排工作，把信息录入综治系统平台。完善村级综治场所建设，配齐综治用品，提升治安防控水平。认真开展信访工作，实行领导干部公开接访、带案下访、重点约访、主动回访的包案制，完善信访“五个一”工作机制，保证信访案件及时处理。每周领导干部例会对“365”“12345”热线办理情况总结通报，讨论解决。全年受理交办件1320件，办结1320件。召开3次大型安全生产工作专题会议，安排部署专项安全生产清查整治工作，与各村、镇直部门、企业单位签订《安全生产目标责任书》，强化安全生产责任，完善“三级网格化”安全管理制度，定期、不定期地开展安全生产检查，遏制重特大安全生产事故发生。完善计生考核方案，落实利益导向机制，加大计生政策宣传，避孕节育措施落实率和育龄妇女查体率提升，违法生育现象得到遏制。开展低保、困难群众等救助工作，做到应保尽保，新增低保户30户。改造提升敬老院居住条件，提高集中供养比例、供养水平。全力做好危房改造工作，新建27户，修缮4户。资助一本上线大学新生30余名。加强就业和社会保障工作，全面落实岗位开发、部门企业就业对接、技能培训、创业扶持等各项政策，统筹推进农村剩余劳动力、困难群体就业，新增就业1000余人。加强教育卫生建设。加快教育卫生事业发展，建成济阳县残疾人康复中心。启动回河中学工程建设。至年底，部分主体建设完成。

【知名企业】 济南华北升降平台制造有限公司　位于华北升降平台产业园，是一家高科技研发创造液压升降平台系列的高新技术企业。公司生产设备先进，技术力量雄厚，工艺流程先进合理，检测手段齐全，公司生产的SJPT系列液压升降平台和HJPT系列铝合金升降平台是当今世界上先进的高空作业设备，成功研发创造承载重量230吨的大吨位升降平台，是承载吨位较大的升降平台。企业获国家各种专利80项，为企业产品的技术创新奠定了坚实的基础。企业年产值8600万元，年利税690万元。

山东亚鑫华集团　位于回河镇工业园区，总投资2亿元，建筑面积2.7万平方米，下设山东亚华铝业有限公司、济南亚鑫华中空玻璃材料有限公司、山东亚鑫华设备有限公司。济南亚鑫华中空玻璃材料有限公司专门生产中空玻璃材料，采用国际先进技术及生产设备，研制开发出具有优良性能环保的产品，双组份硅酮结构密封胶、双组份硅酮密封胶、热熔丁基胶、中空玻璃铝隔条、高频焊折弯铝条及分子筛、干燥剂等其他配件产品。车间铝条生产设备有高频焊铝条生产设备14条，密封胶设备4套，日产铝条30吨、密封胶50吨。年销售额1.7亿元。

（李　磊　王桂娟）

济阳街道

【概况】 济阳街道位于济阳县中东部，东依黄河，驻地老城区，纬二路6号。面积91.82平方千米，辖77个行政村（居），人口8万人，其中城区人口4.2万人。2016年，济阳街道突出“招商引资、项目建设、城乡建设”三项重点，打造三个经济发展平台，加快“一带三区”建设步伐，经济社会各项事业持续快速健康发展。完成地区生产总值46.63亿元，同比增长10.2%；完成固定资产投资31.1亿元，占计划的106%，同比增长15.83%；高新技术产值占规模以上工业总产值28.21%，同比增长3个百分点；新增海棠湾温泉酒店等批零住餐限上贸易法人单位2家，新增恒润物流等重点服务业3家，完成限上单位社会消费品零售总额11.1亿元，占计划的101.8%，同比增长25%；完成外贸进出口总额1005万美元，占计划的100.5%；民营经济实现增加值25.76亿元，占计划的103.6%，同比增长4.2%；完成地方一般公共预算收入18837万元，占计划的111.3%。实现居民可支配收入14445元，同比增长8.8%。被县委、县政府授予“科学发展一等奖”“招商引资工作奖”“财税工作奖”等称号。

【招商引资和项目建设】 招商引资入库项目20个，入库率100%，完成招商引资实际到位资金9.6亿元，占计划的137%。新签约落户项目6个，其中阿鲁克机器人、御兴红木家具、欧亚德数控机械等投资过亿元项目4个；在谈项目12个，其中杭州绿城济阳小镇、三箭老城改造、国仕电力金刚线等6个项目达成投资意向。有在建重大产业项目20个，包括济阳黄河稻米文化产业园、三箭花卉苗木示范园和龙大蔬菜生产示范园等农业项目，阿鲁克机器人、欧亚德数控机械等工业项目，银座商城综合体等三产服务业项目，一百货片区、济南银花纺织有限公司片区、何家居三组（陈朝堰）片区、滨河社区安置楼项目等棚改旧改和社区建设项目，项目建设量增质优，推进快速。

博然家具生产车间
（2016年7月26日 杨翠萍 摄）

【济阳街道工业园】 2016年，济阳街道投资450万元，填埋坑塘4个，整理可用土地6.67公顷，完成300米中心框架路北延工程，铺设天然气管道2000余米。新签约的6个项目全部落户工业园区，园区承载能力和发展潜力进一步增强。全年新增乾坤环保等规模以上企业2家，总数34家；规模以上工业企业实现增加值20.45亿元，占计划的101.48%，同比增长9.8%。实现利税12.84亿元，占计划的102%，同比增长9.6%，工业提升步伐不断加快。

【农业和新农村建设】 2016年，投资2000余万元，建成农田水利项目县项目和农业综合开发高标准农田项目，涉及5个管区、32个村（居）、耕地1333.33公顷，提高农田水利设施抗灾能力。同时，利用项目资金，清挖疏浚顺堤干干沟、西总干支沟等沟渠，清挖土方21万立方米，改善农业灌溉条件。

新增防护林面积86.69公顷、经济林面积16.14公顷、林网面积120公顷，完成林业生产任务；对黄河滩区杨尺蠖虫害进行有效防治，保障林农利益；做好秸秆综合利用工作，利用率99.8%；有序推进林业产业扶贫、森林资源管护、食用林产品监管检测等工作。

新建菌菜大棚片区2处，新增大棚218个，超额完成全年任务；加快蔬菜标准园建设，新建徐家湾蔬菜标准园和洼里王龙大蔬菜生产示范园，蔬菜产业提档升级；不断培育壮大奶牛养殖业，稳定奶牛存栏量，改造提升润发、润达等2家奶牛养殖小区；做好重大疫病防控和

赵家村甜瓜大棚种植 （杨翠萍 摄）

生猪定点屠宰管理工作，辖区内无重大疫情及畜产品质量安全事故发生。

新流转土地333.33公顷，发展农业龙头企业2家，注册农业合作社10家，新增区域影响力合作组织3个，推动农业规模化经营；建成济阳黄河稻米文化产业园、三箭花卉苗木示范园和龙大蔬菜生产示范园等3处农业园区，其中济阳黄河稻米文化产业园在街道稻区流转土地80公顷，发展水稻机械化、标准化种植，注册“玉金香”大米品牌，通过绿色食品认证；落实各项惠农政策，发放耕地地力保护补贴8511户、种粮大户补贴20户。投资28万元，实现农作物政策性保险全覆盖；成立农村产权交易所，规范交易流程，累计帮助新型农业经营主体办理贷款150余万元；开展多部门联动，实现农产品安全监测常态化，辖区内无农产品安全事故发生。

【城乡环境面貌】 深入开展城乡环卫一体化工作。投入资金300余万元，开展集中整治活动3次，召开流动现场会3次，开展督查、考核活动20余次，清理垃圾4300立方米、“三大堆”3100立方米，群众满意度98%；在市级检查中有6次排在全市前50名之内，在县级考核中一直排在全县前列。

“创城”工作扎实推进。落实属地管理责任，实行“门前五包”责任制，加强背街小巷管理；开展爱国卫生工作，在街道机关开展无烟环境创建，在城区放置灭鼠毒饵站2000余个；印发《创卫工作包保网格一览表》，划分8个网格，实行班子成员、部门、管区包保责任制，牵头组织开展大规模集中活动4次，出动机械80辆次，人力1000余人次，清理违章建设160余处，城区环境得到改善。

规划设计美丽乡村精品示范路线，投入资金792.1万元，打造葛店、化仁店、北肖、孟家、宋家等5个省级美丽乡村示范村和高楼、罗家等2个县级美丽乡村示范村。

印发《济阳街道农村改厕工作方案》，采取多项措施，推进改厕工作。完成改厕2071户，占计划的109.6%。

【社会事业】 城乡教育均衡发展。2016年，有中小学3所，分别是济阳街道中学、济阳县第二实验小学、济阳街道中心小学；有幼儿园6所。济阳街道投资3800万元对县实验二小进行扩建，修建13000余平方米的教学楼、公寓楼；推进纬四路小学建设，完成地上附着物清障工作。

社区卫生服务中心座落于县城纬一路56号，有职工72人，承担济阳街道（约6.8万人）的基本公共卫生和一般医疗服务，下设雅居园、榆梁2个社区卫生服务站。协助做好65岁以上老年人年度查体和重度精神疾病患者管理工作，管理率88%以上；做好免费孕前优生健康查体、孕产妇健康管理等工作。

养老敬老水平不断提高。投资5万余元，对敬老院供暖设施进行改造提升，五保老人集中供养率79.41%，集中供养水平进一步提高；新建葛店村农村幸福院，街道农村幸福院总数有8家。新建榆梁居日间护理中心，农村老人实现老有所养、老有所乐。

劳动就业和社会保障体系不断完善。完成上级安排的农村劳动力转移、创业扶持等任务，居民养老保险收缴率和居民医保参保率分别为95%和99%。开展农村低保清理普查工作，强化日常管理，切实打造“阳光低保”。严格民政资金配套使用，做好救济救灾款发放工作，让弱势群体感受到党和政府的温暖。

【特色村（居）】 斜庄（朝阳居） 位于济阳县城老城东北方向，紧靠黄河大堤，村内房屋依河堤而建，坐西北朝东南，故被称为“斜庄”。村庄不大，但小巷却不少，外地人进村根本无法辨识方向，因此，当地人形容该村为“进来容易，出去难”。由于朝向，在晴天出太阳的日子，村民们的房子四面早晚都能享受到阳光的照射，所以这个村庄起名“朝阳居”。《走遍中国》摄制组曾走进朝阳村，破解“斜庄”之谜，节目播出后，许多外地游客慕名前来参观旅游。

【知名企业】

济南欧亚德数控机械有限公司　总部位于济阳街道工业园，是国家认可的高新技术企业，公司主要从事新型建筑材料设备及新型建材的研发、生产和销售。公司旗下有2家子公司和1家分公司，即济南欧亚德中空玻璃材料有限公司、济南卡迪游乐设备有限公司和济南欧亚德数控机械有限公司济阳分公司。主要产品有硅酸钙板聚苯颗粒复合轻质墙板生产线、自动卸板复合板/实芯板生产线、全自动轻质墙板生产线、多功能墙板设备、GRC轻质隔墙板设备、石膏轻质隔墙板设备、复合夹芯隔墙板设备、玻镁防火装饰板生产线、保温装饰一体板生产线。公司销售网络遍布全国各大城市，与国内、国外多家客户建立合作关系，是全国大型建材成套设备的主要生产基地。

济南永启商贸有限公司　位于济阳街道工业园17号，厂区占地面积9000平方米，是一家集设计、生产、销售、批发为一条龙的电子商务服装公司。使用的面料自己定制、定染，符合国家执行面料质检标准。公司有独立的大规模裁剪、缝纫团队和包装物料车间，实现线上自产自销，打通阿里巴巴批发平台分销订单的供应链。2013年起建立自己的线上独立轻量运动品牌——永启（Alwaysup）品牌。

（杨翠萍）

济北街道

【概况】 济北街道行政区划面积34.46平方千米，下辖3个农村社区（汇鑫苑社区、徐家鑫苑社区、营家社区）、2个社区居委会（龙海社区居委会、正安社区居委会）、20个村（居）和16个城市小区，户籍人口3万人，流动人口2.1万人。

【农业及农村工作】 全面落实各类惠农政策。小麦直补资金足额发放，各村（居）全部足额缴纳水费。小麦、玉米保险参保率100%；做好集中防疫工作，强化畜禽补防，免疫抗体合格率75%以上，强制免疫密度100%，畜禽标识佩戴率、免疫证发放率、免疫档案建档率100%。对前牛村进行蓄水池开挖，完成2万立方米的土方工程。植树造林、白蛾防治、防汛抗旱等工作进展顺利。推进农业“四个一”建设。新注册专业合作社3家，新增农业龙头企业2家，新建家庭农场1处。为加强农产品质量检测，高标准装配检测室及检测设备，检测24批次1500个样品，达标率100%。集体经济初有成效。制定村集体经济三年发展规划，投资60万元设立村集体经济发展专项奖补基金，确定19个村作为第一批达标村。汇鑫苑农贸市场正在进行主体建设；于谦居建厂房1400平米，拟在济北中学北侧建农贸市场，完成清障工作，正在进行图纸设计；占地面积1公顷的毛官居农场对外分块出租，沿街商铺正在办理土地性质转变手续；东王村与邮政部门合作，设立邮政农资配送中心，营业2个月实现销售收入6万余元。开展“村企联建”，金麒麟刹车系统、金力液压、九阳豆浆机、恒通制笔厂、七运机械等5家企业与相关村（居）结成帮扶对子。辖区有8个村（居）集体经济收入5万元以上。

【新农村建设】 汇鑫苑、营家一期、徐家鑫苑全部投入使用，有13个村(居)、1991户、8000余人完成搬迁。汇鑫苑、营家一期、徐家鑫苑3个农村社区全部设立社区党总支和居委会。汇鑫苑社区老年人日间照料中心投入使用，启动社区智能服务系统改造升级工程，在做好3D系统应用维护的同时，与有线电视公司联系接洽，开启社区之家、便民服务、广电服务、视频通话等模块，丰富社区智能化服务功能。汇鑫苑农贸市场建设步伐加快，预计2017年6月竣工使用。营家社区一期、徐家鑫苑社区的管理服务机制进一步完善，道路、绿化、治安等配套设施不断健全，开展系列“送教下乡”“送医下乡”“文化下乡”等居民喜闻乐见的文化活动。区内16个商业住宅小区全部按程序选举产生业主委员会，为住宅小区规范管理奠定了基础。

【社会事业】 建立民政救助大厅，配备2名专职工作人员，新增优抚对象8人，核实各类优抚对象151人次。新纳入低保户17户，每人每月上调低保金46元，为低保家庭贫困学生发放救助金2.4万元，大病救助23人次。为贫困重度残疾人每人每月上调生活补贴20元，为重度残疾人每人每月上调护理补贴30元，完成器具个性化7人次，适配24人次；学生救助4人次，扶持残疾人个体商户2人次，福利企业1家，残疾人实用技术培训40人次，残疾人康复站建成运营4家。东王、田家、后牛等3家幸福院正常运营。日间照料中心建成运营6家，申报待建1家。免费举办被征地农民技能培训3期，转移农村剩余劳动力1200余人，完成创业培训90人。

【平安建设】 做好信访稳定工作。建立矛盾纠纷分析、重点矛盾跟踪、群体性矛盾包干三项排查制度，召开专题会议4次，分门别类深入做好矛盾纠纷排查化解工作。全年接待群众来访51批次860余人，热线办理900余件，群众满意度平均提高25%以上；没有发生一起严重集体访和进京上访事件。开展“法治六进”活动。组织法治进企业、进社区活动，开展普法宣传4次，发放各类宣传品5万余份，通过济南市政法委检查验收。作为全县试点，完成政法综治平台建设和“双实信息”摸底录入工作。成立道路交通管理办公室，配备道路交通安全管理员11名，每个村（居）社区均建立道路交通安全劝导站。同时，开展安置帮教、人民调解、社区矫正和基层法律服务等工作，为排解纠纷、解决群众矛盾起到了促进作用。

【教育　卫生】 教育方面，兴隆街小学、澄波湖学校2所学校相继建成招生，招收学生3200余名；闻韶中学及新元中学预计2017年暑假前建设完成并投入使用，大班额问题得到有效缓解。卫生方面，济北街道社区卫生服务中心投入使用，有职工22人，设13个科室，设置床位50张，服务辖区人口5万余人。开展各类培训23次，免费义诊9次，为区内50岁以上目标人群免费查体2618人次，接诊门诊及住院病人277人次，满意率100%；开展各类健康教育30余次，区内公共卫生服务水平进一步提升。计生方面，与各村（居）签订“人口与计划生育目标管理责任书”，提高村计生主任工资，由每人每月300元提高到每人每月600元。出资19950元，为辖区798名符合条件的育龄妇女每人投保1份生育保险。加大性别比治理力度，将性别比控制在合理范围。开展免费孕前优生健康检查，提前超额完成任务，惠及115对夫妇。孕情上报及时率、生育登记率、统计合格率、男女性别比等指标均达到省、市、县要求。

【清障搬迁】 完成大润发物流、凯莱东尼、新元学校、国有收储、闻韶中学等800余亩土地的清点清障工作，清除树木96000余株，坟头800余处。完成临时市政工程用地约200亩的清点清障任务；完成营家、丁刘、姚家等村28户、4000余平方米房屋的拆迁；完成徐家片区C区国有土地41户房屋的清点、丈量工作。

【环境综合整治】 投入120余万元用于城乡环卫一体化工作，完善保洁设施，建立专业保洁队伍。利用麦季、秋季环境综合整治行动，对各村（居）主要街道、池塘及四周的垃圾死角进行彻底的清理，对杨井、洪楼、朱家、陈家等4个城中村开展城中村专项整治行动。各村（居）处理柴堆400余处，粪堆816处，垃圾死角740余处，新配置垃圾桶400个，各村（居）内主要街道实现“五化”。投入150余万元开展“创卫”工作，对城中村部分路段进行修缮，在城中村、合村并点社区及规模以上社区，驻区企业修建毒鼠站5000余个，清运各类垃圾1500余立方米；对朱家、徐家、王奎楼等3个集市进行规范管理，徐家及杨井农贸市场建设完成规划设计；对安康街、富阳路、王奎楼建筑设备租赁市场的“脏乱差”情况进行专项整治，城区面貌有较大改观。

【文化事业】 在《山东开发区》《齐鲁晚报》《济南日报》等市级以上媒体发表文章40余篇；在《新济阳》发表文章200余篇，电视新闻100余条，出版《开发区资讯》11期，上报各类政务信息300余篇、舆情信息2000余条;《济北开发区志》编撰工作已接近尾声;每周在《新济阳》刊发的“聚焦开发区”栏目受到广泛关注和好评。新建村级文化大院4家，覆盖率42%；新建村级文化广场2个，覆盖率63%。加强文化站改造提升，对文化站培训室、文化娱乐室进行装修改造，新上LED大屏幕、桌椅等教学设备；设置文化宣传栏8处；新安装图书借阅系统，办理图书借阅卡60余个。筹办“基层文艺团队展演”“一村一场戏”等大型文艺活动，丰富群众业余文化生活。开展“最美家庭”评选、“身边好人”线索征集、“关爱留守儿童”等活动，四德榜实现村村全覆盖。举办第三届济北开发区职工运动会，参赛人员900余人。（孙　莹）

人　物

人物简介

新任县级领导

孙　斌　男，汉族，1969年3月生，山东宁阳人，省委党校研究生学历。1988年7月参加工作，1993年10月加入中国共产党。现任济阳县委书记，济阳县委党校校长。

1988年7月至1988年10月，任济南市市中区财政局会计。1988年10月至1989年7月，任济南市市中区政府办公室会计。1989年7月至1991年4月，任济南市市中区机关行政事务管理局会计。1991年4月至1995年9月，任济南市市中区人事局科员（其间，1990年9月至1993年7月，在山东大学函授专科班中文专业学习）。1995年9月至1997年8月，任济南市市中区委组织部干部科副主任科员（其间，1994年9月至1996年12月，在省委党校业余本科班公关文秘专业学习）。1997年8月至1997年11月，任济南市市中区委组织部干部科科长。1997年11月至1998年11月，任济南市市中区委干部培训中心副主任。1998年11月至1999年4月，任济南市市中区馆驿街街道办事处党委副书记、办事处副主任（其间，1998年9月至1999年3月，在济南市委党校第九期中青年干部培训班学习）；1999年4月至2000年8月，任济南市市中区馆驿街街道党工委副书记、办事处主任。2000年8月至2001年2月，任济南市市中区馆驿街街道党工委副书记、办事处主任。2001年2月至2003年3月，任济南市市中区政府党组成员、办公室主任。2003年3月至2004年6月，任济南市市中区委常委、区委办公室主任（其间，2000年9月至2003年6月，在省委党校在职干部研究生班经济管理专业学习）。2004年6月至2005年12月，援藏任白朗县委副书记。2005年12月至2007年8月，任济南市市中区委常委，援藏任白朗县委副书记。2007年8月至2008年2月，任济南市市中区委常委（正区级）。2008年2月至2008年3月，任济南市历城区委常委(正区级)。2008年3月至2011年7月，任济南市历城区委常委（正区级）、副区长（其间，2011年3

月至2011年5月，在第24期县市区领导干部培训班学习）。2011年7月至2011年8月，任济南市商河县委副书记（原正区级不变）。2011年8月至2012年1月，任济南市商河县委副书记、副县长、代理县长（原正区级不变）。2012年1月至2015年9月，任济南市商河县委副书记、县长（原正区级不变）。2015年9月至2015年12月，任济南市商河县委书记（原正区级不变）、商河县委党校校长。2015年12月至2016年9月，任济南市商河县委书记、县人大常委会主任、商河县委党校校长。2016年9月起，任济南市济阳县委书记、济阳县委党校校长。

黄凯东　男，汉族，1974年10月生，山东海阳人，省委党校法学专业研究生，现任济南市质量技术监督局稽查局局长，中共济阳县委副书记（挂职）。

1996年7月参加工作，2003年6月加入中国共产党。1996年7月至1999年9月，任济南市计量仪器供应服务中心技术员。1999年9月至2002年4月，任市计量检定所助理工程师、办公室副主任。2002年4月至2008年12月，任市质量技术监督信息中心办公室副主任、办公室主任、信息中心副主任（2008年1月，被省质监局给予嘉奖奖励；2008年2月，被评为全国物品编码工作先进个人）。2008年12月至2009年2月，任市质监局天桥分局副局长、党组成员。2009年2月至2011年1月，任市质监局办公室主任、市质监局市中分局党组书记、局长（2009年5月，被省质监局评为质监系统青年岗位能手）。2011年1月至2013年7月，任市锅检所（特检院）所长（2011年，被中共济南市委评为优秀共产党员）。2013年7月起，任市质监局稽查局局长（其间，2013年10月至2016年3月，任国有企业帮扶解困小组组长，对济南小鸭洗衣机厂开展帮扶解困工作）。2016年3月起，在济阳县挂职县委副书记，协助分管济阳县脱贫攻坚及第一书记管理等工作。

于炳基　男，汉族，1975年3月生，山东乳山人。1997年5月，加入中国共产党。现任济阳县委常委、纪委书记。

1997年7月，毕业于山东工业大学材料科学与工程学院铸造专业。1997年7月至1998年7月，任济南第二机床集团有限公司铸造分厂见习员。1998年7月至1999年7月，任济南第二机床集团有限公司综合管理部综合考核管理员。1999年7月至2000年3月，任济南第二机床集团有限公司技术开发部压力机设计员。2000年3月至2001年2月，任济南第二机床集团有限公司技术开发部团总支书记。2001年2月至2003年7月，任济南市人才交流服务中心副主任科员。2003年7月至2007年3月，任济南市外国专家局主任科员 (2002年5月至2004年5月，在中国政法大学法学院研究生课程班法学、宪法与行政法专业学习；2002年7月2005年7月，在山东师范大学专科班英语专业学习)。2007年3月至2008年8月，任济南市外国专家局副调研员。2008年8月至2010年5月，任济南市人事局办公室副主任。2010年5月至2011年3月，任济南市人力资源和社会保障局外国专家局国际交流与合作处副处长。2011年3月至2013年2月，任济南市人力资源和社会保障局外国专家局国际交流与合作处处长（2008年9月至2011年6月，在中共山东省委党校在职干部研究生班法学理论专业学习）。2013年2月至2016年1月，任济南市公务员局录用奖惩处副处长兼市人事考试中心主任（正处级）。2016年1月起，任济阳县委常委、纪委书记（原正处级不变）。

省部级以上先模人物

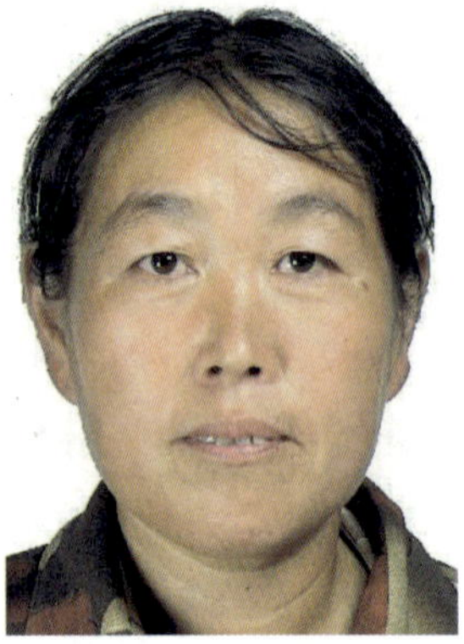

万兰英　女，汉族，1964年10月生，崔寨镇东万村人。2016年5月，获“全国最美家庭”称号。

1988年1月与崔寨镇封刘村的刘学德结为夫妻，生有两女。家中五口人，丈夫在外打工，家中一切事务都落在她一个人身上。上有90多岁的婆婆，下有不满周岁的外孙女。因为大女儿痴呆，外孙女由万兰英带大。15年前，一场突如其来的大病令婆婆成为植物人。万兰英毅然挑起照顾老人的重担。请医拿药、喂水喂饭、端屎端尿、擦洗按摩，遇到老人便秘，她就毫不犹豫地直接用手去帮助。知道婆婆胆小，她夜里休息总会紧靠着老人。3000多个日夜重复操劳，她始终不焦不烦、尽心尽力。“功夫不负有心人”，八年后老人奇迹般有了知觉，慢慢好起来。那一刻，看到多年来的付出有了回报，深藏心底的辛酸与苦楚使她泪水奔涌而出，万兰英伏在婆婆床前大哭了一场。90多岁的婆婆能自己吃饭，并能在搀扶下自己走路。

家中兄弟三人，不论是给老人喂饭还是给老人洗澡，她总是自己干。老人卧床期间，万兰英花光全部积蓄。可她从没向兄弟们要过一分钱。县镇两级政府多次给予经济和精神上的援助。2006年，她被县政府评为敬老模范；2008年，获县“敬老模范家庭”称号。

邻居孤寡老人李桂荣，近80岁，两个女儿出嫁后，身边无人照顾。2010年4月的一天，李桂荣不慎跌了一跤，万兰英跑上前去扶住老人，背起老人就去了医院，自己掏钱给老人治病，因治疗及时老人得救了。从那日起，万兰英承担起照顾李桂荣的义务。

万兰英十几年来不辞辛苦照顾婆婆的事迹感动了整个村子。当被问及是否有过累得支撑不下去的时候，她说：“以前累得也是哭，但现在我很坚强了，泪早已流干了。”

万兰英先后获“2012年感动济阳人物”“济南市第四届道德模范”“济南市十大最美家庭”“全省最美家庭”“全省五好文明家庭标兵户”称号。面对这样的荣誉，她说：“照顾老人是我的责任，我会一直这样做下去，老人健健康康的就行，年轻人累点无所谓。”

李梅生　男，汉族，1965年11月生，仁风镇人，大学学历，中共党员。2016年被山东省委评为山东省优秀党务工作者。

1984年参加工作，历任县农业局干事、县委宣传部干事、县委宣传部新闻科科长、县委宣传部副部长、县社会主义精神文明建设委员会副主任、县《新济阳》报社总编辑、县信息（新闻）中心主任等职务。2008年4月起，任济阳县委宣传部常务副部长、济阳县信息（新闻）中心主任。

李梅生从事宣传思想工作近30年如一日，始终保持旺盛的工作热情，敢于担当，勇挑重担，实绩突出。近年来，结合县域实际，概括提炼出食品工业城、台湾工业园、泉城后花园三大外宣品牌，助推县委县政府提出“一区一园（台湾工业园）一产业（食品产业）”的县域经济发展定位，促进了县域经济特别是食品产业发展，受到县委县政府高度肯定。主持创立《新济阳》报，从每周发行一期只印几百份的内部小报到现在每周发行五期上万份的彩色大报，且实现了报、网、手机报、微信、客户端融合发展，深受党委政府好评和干部群众欢迎，成为党和群众密切联系的桥梁和纽带。连续多年考核优秀，被评为“全省基层宣传文化工作先进个人”，获山东省第十一届全运会筹办工作三等功。

杨明会　男，回族，1965年12月生，太平镇付家庵人，大学学历。1996年5月加入中国共产党，工程师。2016年6月，被山东省委授予“优秀共产党员”称号。

1988年7月毕业于山东省水利学校，分配在县水利局工作。1988年7月至1992年1月，任县水利局沟杨灌区技术员；1992年2月至1996年12月，任县水利局工程处副经理；1997年1月至2004年1月，任县水务局设计室主任；2004年2月至2008年3月，任县水务局副主任科员；2008年4月至2012年11月，任县水务局党委委员、总工程师；2012年12月至2015年6月，任县水务局党委副书记、总工程师；2015年9月起，任县水务局党委委员、总工程师。其间，1989年9月至1993年7月，在北京农业工程大学水利系进修学习。1999年10月，晋升工程师。2002年5月，被市人事局、市水利局评为济南市优秀基层水利技术人员。2008年6月，被济南市委授予“优秀共产党员”称号。2009年12月，被济南市市人事局、市水利局评为水利工作先进个人、记三等功1次。2012年6月，被济阳县委授予“优秀共产党员”称号。2014年5月，被济南市总工会授予“五一劳动奖章”。

陈思强　男，汉族，1970年2月生，孙耿镇黄家村人。1994年9月加入中国共产党员。2016年5月，被中宣部、司法部评为全国法治宣传教育先进个人。

1987年9月至1990年7月，在德州技术学校专业学习。1990年7月至1998年4月，任孙耿镇政府财政所会计。1998年4月至2000年1月，任索庙乡副乡长。2000年1月2001年3月任索庙乡党委副书记、副乡长。2001年3月至2004年2月，任垛石镇索庙经济管理区党总支副书记。2004年2月至2005年5月，任新市镇党委副书记。2005年5月至2006年3月，任新市镇党委副书记、纪委书记。2006年3月至2006年5月，任新市镇党委副书记。2006年5月至2008年4月，任新市镇党委副书记、综合办公室主任。2008年4月至2009年7月，任曲堤镇党委副书记、副镇长（其间，2006年9月至2008年12月，参加山东省委党校法律专业在职教育）。2009年7月至2013年2月，任曲堤镇党委副书记、镇长。2013年2月起，任济阳县司法局局长、党组书记。

李桂花　女，1971年3月生，曲堤镇郑骆村人。2016年，被评为“全国模范司法所长”。

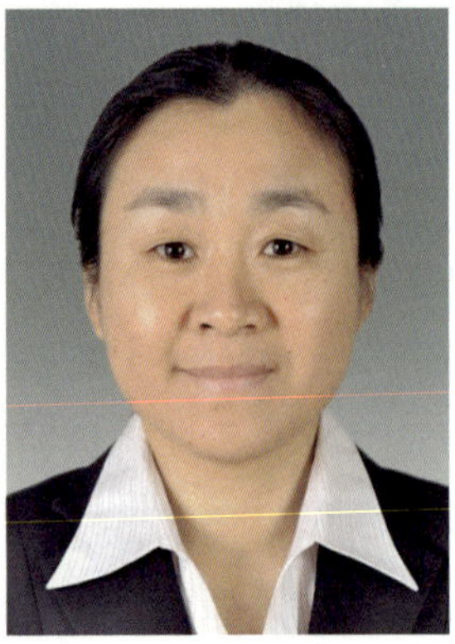

1987年7月至1990年7月，在陵县幼儿师范学校就读。1990年7月至1990年11月，任马店中心小学教师。1990年11月起，先后任新市乡妇联干事、妇联主任、妇联主席。2007年11月至2013年4月，任回河镇妇联主席。2011年1起，任县司法局回河司法所所长。

李桂花一心扑在工作上，以饱满的工作热情，舍小家，顾大家，认真负责、敢于担当，在平凡的岗位上做出了不平凡的成绩。从事司法行政工作后，她规范执法，热情服务，奋斗在基层司法行政工作第一线，忠诚履行司法行政的职责使命，被誉为镇党委政府的“参谋”，矛盾纠纷隐患预防机制创新的“行家里手”。

她时刻以一名模范共产党员的标准严格要求自己，发挥主观能动性，把矛盾纠纷调解作为维稳工作的第一道防线，稳妥化解多起矛盾纠纷，调解成功率达98%以上，有效地防止了农村矛盾纠纷的激化。不管是工作时间，还是节假日，春夏秋冬，严寒酷暑，她深入大街小巷、田间地头，深入干部群众中间，深入服务对象中间，开展具有针对性和实效性工作，教育引导大家遵纪守法，做守法公民。她注重制度建设，坚持从严治所、率先垂范、廉洁勤政，要求同志们做到的，自己首先做到，别人做不到的，自己也要做到。在她的带动和努力下，全所风清气正，心往一块想、劲往一处想，没有发生任何违法违纪行为和被投诉举报现象。

回河司法所被评为省级规范化司法所，连续三年被评为济南市司法行政系统先进集体，个人先后被评为济南市“十佳司法所长”“法律援助先进个人”“社区矫正和安置帮教工作先进个人”“优秀人民调解员”、济阳县“公正执法为民服务标兵”“优秀劳动者”等称号。

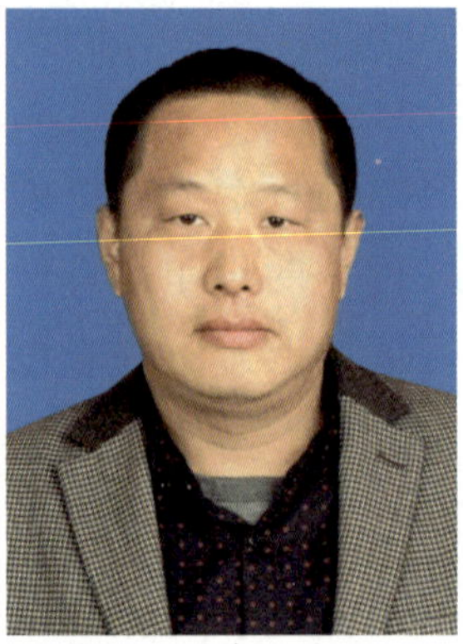

孟宪华 男，汉族，1977年3月生，崔寨镇周孟村人。2016年年初，在全国优秀农民工和农民工工作先进集体表彰大会上，孟宪华获“全国优秀农民工”称号，济南市有4人获此称号。

2014年前任私营企业老板。2014年当选为村支部书记。从一个管理企业十余年的管理者，到管理900人的村支部书记，跨度较大，再加上周孟村是一个经济落后村。初任支部书记的他，一直探索村集体经济发展的路子。2015年春节前，他拿出5000元为村里安装了路灯，给村民晚上出行带来方便。之后，组织村民跳广场舞，举办周孟村第一、二、三届由村民自编自演的春节晚会。在融入群众同时，他主动做好村“两委”班子团结问题，经常与村班子聚在一起拉家常、讨论村集体经济发展等问题，统一大家思想，做到心往一处想，劲往一处使。2015年4月，新迪加农民合作社成立。5月，为解决村坝南河滩1000亩土地增收难问题（一年两季700元左右收入），以每亩850元价格流转到合作社，解决了村里进城务工挣钱问题，又让在家剩余劳力（60岁左右的老人）实现家门口挣钱梦想，得到群众的大力支持。2015年，合作社对土地进行道路等基础建设和农业种植及有机蔬菜种植，用工量4000工时，给群众带来25万元左右经济收益，群众钱袋子鼓起来。为把周孟黄河休闲农业综合体项目做大、做强，做成济南市黄河被最大的旅游农业综合体，他成功引进山东青林农业发展有限公司，公司所生产蔬菜直供上海、广州、深圳等一线城市。2016年，周孟黄河风情园区总占地面积130余公顷，其中山东青林现代农业园区，占地面积120公顷，总投资4000万元，种植优质无公害芥蓝、菜心，进一步探索定向直销、互联网+、专供城市的产业模式，打造济阳特色高端农业项目。周孟黄河休闲农业风情园。占地面积10.4公顷，投资600余万元。体验观光项目包括：观光、采摘、种植体验认领，黄河文化体验、农家乐品味，黄河水游泳、黄河沙土踩踏、黄河鱼垂钓等。周孟黄河旅游项目带动200余户、900余人的生产积极性，村民收入增加，村集体经济增收。

人物表

2016 年获县级及以上表彰先模人物表

姓名	性别	出生年月	工作单位及职务	荣誉称号	授予时间	授予单位
韩芸芸	女	1972.12	济阳县妇联办公室主任	济南市春蕾计划工作先进个人	2016.01	市妇联
宋　歌	女	1986.01	济阳县公安局民警	济南市春蕾计划爱心使者	2016.01	市妇联
冯子芳	女	1975.11	济南市北方平民药品零售连锁有限公司总经理	济南市春蕾计划爱心使者	2016.01	市妇联
孙振业	男	1982.05	法律援助中心副主任	全省司法行政工作先进个人（记个人三等功）	2016.01	省人社厅、省司法厅、省公务员局
娄以奎	男	1972.06	济阳农商银行行长	纪检监察工作先进个人	2016.01	省农村信用社联合社
杨中彬	男	1968.08	济阳农商银行监察保卫部总经理	优秀接访员	2016.01	省农村信用社联合社
金菲菲	女	1987.04	济阳农商银行	省级规范化服务明星	2016.01	省农村信用社联合社
代　静	男	1986.07	公证处公证员	全省司法行政系统亮点工作创新先进个人（记个人三等功）	2016.01	省司法厅
王晓岚	女	1971.06	县医院消化内科护士长	济南市建功立业先进个人	2016.01	市总工会
韩修波	男	1978.03	济阳街道财政所所长	济南市基层财政管理工作优秀个人	2016.01	市财政局
高　华	女	1976.02	济阳街道财政所科员	《乡镇财政建设问题》调研活动二等奖	2016.01	市财政局
				市会计档案管理知识竞赛个人优秀奖	2016.07	市财政局、市档案局
				济南市第二届乡镇财政业务技能竞赛二等奖	2016.09	市财政局、市人社局
				济南市乡镇财政业务技术能手	2016.09	市财政局
肖建华	男	1968.07	济阳农商银行董事长	济南市“五一”劳动奖章	2016.01	市政府
				优秀共产党员	2016.07	省农村信用社联合社

续表

姓名	性别	出生年月	工作单位及职务	荣誉称号	授予时间	授予单位
骆庆忠	男	1968.10	县住建委	济南市人防工作先进个人	2016.02	济南警备区司令部、市人民防空办公室
韩连之	男	1964.09	县油工委副主任	山东省油气管道隐患整治先进个人	2016.02	省中石化油气管道重大隐患整治工作领导小组
李秀峰	男	1970.10	县安监局副局长	先模人物	2016.02	省政府安委会
徐慎勇	男	1974.03	县安监局危化科科长	先进人物	2016.02	省中石化重点整治工作领导小组
胥　强	男	1982.05	曲堤镇副镇长	招商引资先进个人	2016.02	县委、县政府
张怀秀	女	1974.04	县人社局人才服务中心副主任	优秀党务工作者	2016.06	县委
孙云杰	男	1977.12	县信访局接访科科长	平安济阳建设先进个人	2016.02	县委、县政府
				市优秀共产党员	2016.06	市委
刘兆利	男	1976.11	县司法局副局长	全省司法行政先进个人（记个人二等功）	2016.02	省司法厅
刘　燕	女	1986.01	县司法局财务科科长	全市司法行政工作先进个人	2016.02	市司法局
王　灿	女	1990.02	社区矫正科科员	全市司法行政工作先进个人	2016.02	市司法局
张立苹	女	1985.04	社区矫正科科员	全市司法行政工作先进个人	2016.02	市司法局
张务光	男	1973.11	仁风司法所所长	全市司法行政工作先进个人	2016.02	市司法局
刘智华	男	1980.07	崔寨司法所所长	全市司法行政工作先进个人	2016.02	市司法局
高新强	男	1985.05	新市司法所所长	全市司法行政工作先进个人	2016.02	市司法局
王修宏	男	1973.09	社区矫正科科长	年度人物（记个人三等功）	2016.02	市司法局
朱宝芝	男	1971.12	垛石司法所所长	平安济阳建设先进个人	2016.02	县委、县政府
万学飞	男	1967.01	山东荟萃律师事务所主任	平安济阳建设先进个人	2016.02	县委、县政府
王泽华	男	1964.06	县贸促会副会长	招商引资工作先进个人	2016.02	县政府
李春云	女	1972.09	县司法局科员	妇女工作先进个人	2016.03	县委
李　莉	女	1975.09	县委常委、宣传部部长	山东省三八红旗手	2016.03	省妇联
邢翠萍	女	1982.12	县城管执法大队人事科科长	巾帼建功先进个人	2017.03	县委
赵　欢	女	1990.08	县贸促会科员	档案工作先进个人	2016.03	县政府

续表

姓名	性别	出生年月	工作单位及职务	荣誉称号	授予时间	授予单位
陈玮玮	女	1983.03	济阳街道八里管区科员	全县最美家庭	2016.03	县委
徐传英	女	1965.06	县实验幼儿园	妇女工作先进个人	2016.03	县委
李　鹏	男	1978.07	济阳农商银行	个人嘉奖	2016.03	市公安局
王春梅	女	1974.04	济阳农商银行	巾帼建功先进个人	2016.03	县委
柏芳红	女	1968.10	县自来水公司	全县最美家庭	2016.03	县委
赵艳莉	女	1979.01	孙耿镇妇联主席	济南市三八红旗手	2016.03	市妇联
李婷婷	女	1970.03	济阳县教体局妇委会主任	济南市三八红旗手	2016.03	市妇联
董　芬	女	1978.07	济阳县中医院儿科护士长	济南市三八红旗手	2016.03	市妇联
石禄兰	女	1973.12	太平镇东升村党支部书记	济南市三八红旗手	2016.03	市妇联
刘　燕	女		济南泰昊农业科技有限公司董事长	济南市三八红旗手	2016.03	市妇联
石汝燕	女	1982.09	济阳县人民检察院	济南市巾帼建功标兵	2016.03	市妇联
张金梅	女		济阳县第二实验小学小学高级教师	济南市巾帼建功标兵	2016.03	市妇联
钱延静	女	1972.05	孙耿镇中心卫生院主治医师	济南市巾帼建功标兵	2016.03	市妇联
张红霞	女		济阳县萃清小学	济南市巾帼建功标兵	2016.03	市妇联
张　方	男	1967.12	崔寨镇党委书记、人大主席	济南市关心国防建设十佳个人	2016.03	济南国防动员委员会
				山东省富民兴鲁劳动奖章	2016.04	省总工会
于秀英	女	1965.10	县农业局高级农艺师	济南市农业科技专家	2016.04	市农业局
蔡　丽	女	1979.05	王圈小学教师	济南市优秀班主任	2016.04	市政府
吕德春	男	1975.02	县交通局监察大队大队长	交通运输工作三等功	2016.04	省人社厅、省交通运输厅、省公务员局
				济阳县优秀共产党员	2016.06	县委
刘宪忠	男	1969.08	县卫计局	济阳县五一劳动奖章	2016.04	县委、县政府
蔡　丽	女	1979.05	王圈小学教师	济南市优秀班主任	2016.04	市政府
刘宝剑	男	1991.03	太平镇农办科员	济阳县土地确权先进个人	2016.04	县委
冯佩泉	男	1977.09	新市镇纪委书记	济阳县五一劳动奖章	2016.04	县委、县政府
				济阳县优秀党务工作者	2016.06	县委

续表

姓名	性别	出生年月	工作单位及职务	荣誉称号	授予时间	授予单位
王　彬	男	1974.03	曲堤镇中学校长	济南市五一劳动奖章	2016.04	市总工会
刘守军	男	1975.11	回河镇扶贫办主任	济阳县五一劳动奖章	2016.04	县委、县政府
崔吉勇	男	1975.10	济阳街道组织委员	济阳县五一劳动奖章	2016.04	县委、县政府
				济阳县优秀党务工作者	2016.06	县委
颜　新	女	1987.08	仁风镇中学	济阳县优秀共青团员	2016.04	县委
李曰兵	男	1963.05	农行济阳县支行	安全保卫个人三等功	2016.04	市公安局
杜瑞铮	男	1990.01	济阳农商银行	优秀青年员工	2016.04	省农村信用社联合社
赵　磊	男	1984.02	济阳农商银行业务发展部总经理	优秀共青团干部	2016.04	县委
于秀英	女	1965.10	济阳县农业局高级农艺师	济南市农业科技专家	2016.04	市农业局
金　好	男	1986.03	垛石镇团委书记	优秀共青团干部	2016.04	县委
刘国新	男	1975.04	济阳农商银行	2015 年度济南慈善奖	2016.05	市慈善总会
朱玉英	女	1969.09	县中医院 CT 室主任	济南市五一劳动奖章	2016.05	市总工会
王太来	男	1968.09	县国税局稽查局副科长	全市国税系统 2015 年度考核优秀等次嘉奖人员	2016.05	市国税局
张家良	男	1974.08	县住建委	济南慈善奖	2016.05	市慈善总会
董　慧	女	1991.08	县国税局	全市国税系统 2015 年度考核优秀等次嘉奖人员	2016.05	市国税局
李佃英	女	1977.09	济阳街道计生办科员	济南市计划生育协会先进会员	2016.05	市卫计局、市计划生育协会
张传杰	男	1972.08	济阳街道计生办副主任	济南市计划生育协会先进会员	2016.05	市卫计局、市计划生育协会
许传平	男	1972.12	济阳街道计生办主任	济南市计划生育协会先进个人	2016.05	市卫计局 、市计划生育协会
李慧青	女	1974.11	县国税局稽查局副局长	全市国税系统 2015 年度考核优秀等次嘉奖人员	2016.05	市国税局
吴永梅	女	1988.05	县国税局	全市国税系统 2015 年度考核优秀等次嘉奖人员	2016.05	市国税局
刘玲娣	女	1986.11	仁风镇中学	济南市级优秀班集体	2016.05	市教育局
孙忠卿	女	1966.08	县国税局纳税服务科科长	全市国税系统 2015 年度考核优秀等次嘉奖人员	2016.05	市国税局
刘学军	男	1965.06	县国税局垛石桥税务分局副局长	全市国税系统 2015 年度考核优秀等次嘉奖人员	2016.05	市国税局
徐启申	男	1983.06	县公安局回河派出所民警	全市 2013–2015 年教育转化决战先进个人	2016.05	市国税局

续表

姓名	性别	出生年月	工作单位及职务	荣誉称号	授予时间	授予单位
王茂明	男	1963.02	县国税局党组书记、局长	全市国税系统2015年度考核优秀等次记三等功人员	2016.05	市国税局
卢载寅	男	1986.03	县国税局纳税服务科副科长	全市国税系统2015年度考核优秀等次嘉奖人员	2016.05	市国税局
安　静	女	1975.07	县国税局开发区税务分局副局长	全市国税系统2015年度考核优秀等次记三等功人员	2016.05	市国税局
路致虎	男	1962.02	县国税局副局长	全市国税系统2015年度考核优秀等次嘉奖人员	2016.05	市国税局
闫晓静	女	1971.01	县国税局城区税务分局副局长	全市国税系统2015年度考核优秀等次记三等功人员	2016.05	市国税局
安丛丛	女	1989.12	县国税局	全市国税系统2015年度考核优秀等次记三等功人员	2016.05	市国税局
刘　敏	女	1981.10	县国税局税政科科长	全市国税系统2015年度考核优秀等次嘉奖人员	2016.05	市国税局
张继升	男	1981.10	县国税局税政科副科长	全市国税系统2015年度考核优秀等次嘉奖人员	2016.05	市国税局
王中宇	男	1986.02	县国税局办公室副主任（省局挂职）	全市国税系统2015年度考核优秀等次嘉奖人员	2016.05	市国税局
郑丽杰	女	1973.10	县国税局人事教育科科长	全市国税系统2015年度考核优秀等次嘉奖人员	2016.05	市国税局
王长军	男	1968.11	县国税局监察室主任	全市国税系统2015年度考核优秀等次嘉奖人员	2016.05	市国税局
姜　伟	男	1983.11	县国税局开发区税务分局	全市国税系统2015年度考核优秀等次嘉奖人员	2016.05	市国税局
李苹平	女	1992.02	县国税局	全市国税系统2015年度考核优秀等次嘉奖人员	2016.05	市国税局
李向吉	男	1968.06	县国税局孙耿税务分局高级工	全市国税系统2015年度考核优秀等次嘉奖人员	2016.05	市国税局
刘家红	男	1969.08	县国税局垛石桥税务分局副局长	全市国税系统2015年度考核优秀等次嘉奖人员	2016.05	市国税局
吴善静	女	1969.10	济阳街道计生办科员	济南市计生协会先进秘书长	2016.05	市卫计局、市计划生育协会
张玉新	男	1968.04	县市场监督管理局副局长	济南市优秀党务工作者	2016.06	市委
张清利	男	1971.10	县市场监督管理局副局长	济阳县优秀共产党员	2016.06	县委
李　杰	男	1968.06	县市场监督管理局孙耿市场监管所所长	济阳县优秀党务工作者	2016.06	县委
戴东林	男	1972.11	济阳街道城里管区书记	济阳县优秀共产党员	2016.06	县委

续表

姓名	性别	出生年月	工作单位及职务	荣誉称号	授予时间	授予单位
陈立兰	女	1968.11	县国税局办公室副主任	济阳县优秀党务工作者	2016.06	县委
刘汉鹏	男	1969.06	太平镇管区书记	济阳县优秀共产党员	2016.06	县委
王宣明	男	1969.06	太平镇副镇长	济阳县优秀共产党员	2016.06	县委
许学能	男	1971.06	曲堤镇曲中管区书记	济阳县优秀共产党员	2016.06	县委
赵　军	男	1975.10	县就业办	济阳县优秀共产党员	2016.06	县委
王克良	男	1973.03	垛石镇前楼管区书记	济阳县优秀共产党员	2016.06	县委
罗珊珊	女	1980.04	县档案局副馆长	济阳县优秀共产党员	2016.06	县委
郭　强	男	1978.03	工农科副科长	济阳县优秀共产党员	2016.06	县委
艾传成	男	1971.12	油工委副主任	济阳县优秀党务工作者	2016.06	县委
王久雪	男	1983.05	县经济和信息化局办公室主任	济阳县优秀共产党员	2016.06	县委
李庶东	男	1978.08	县自来水公司经理助理	济阳县优秀共产党员	2016.06	县委
刘兆利	男	1976.11	县司法局副局长	济阳县优秀共产党员	2016.06	县委
牛传东	男	1965.06	人民银行济阳支行党支部书记	分行营业管理部优秀党务工作者	2016.06	分行营业管理部机关党委
王清亮	男	1967.07	人民银行济阳支行	分行营业管理部优秀党员	2016.06	分行营业管理部机关党委
杨庆珍	女	1970.08	孙耿司法所所长	先进个人（“2011–2015 年度全市普法依法治理工作”）	2016.08	市委宣传部、市司法局、市普法领导小组
袁玉亮	男	1974.12	县司法局宣传科科长	先进工作者（“2011–2015 年度全市普法依法治理工作”）	2016.08	市委宣传部、市司法局、市普法领导小组
韩　炜	女	1981.03	县妇联副主席	“幸福进家”活动先进个人	2016.08	省妇联
朱海燕	女		垛石镇妇联主席	“幸福进家”活动先进个人	2016.08	省妇联
颜　巍	男	1978.02	县人社局	宣传工作先进个人	2016.09	市人社局
白振国	男	1982.12	县人社局	宣传工作先进个人	2016.09	市人社局
柏方勇	男	1975.04	县人社局办公室主任	省人社系统宣传工作先进个人	2016.09	省人社厅
张　龙	男	1988.06	回河镇店子小学	济阳县优秀教师	2016.09	县人社局、县教体局
王长明	男	1976.03	垛石镇中学	济阳县优秀教师	2016.09	县人社局、县教体局

续表

姓名	性别	出生年月	工作单位及职务	荣誉称号	授予时间	授予单位
张兆波	男	1986.02	垛石镇中学	济阳县优秀教师	2016.09	县人社局、县教体局
郭宏伟	男	1968.11	王圈小学教师	济阳县优秀教师	2016.09	县人社局、县教体局
王　昕	男	1971.03	王圈小学教师	济阳县优秀教师	2016.09	县人社局、县教体局
李兆波	男	1972.03	县教师进修学校	济阳县优秀教师	2016.09	县人社局、县教体局
毕研华	女	1989.12	曲堤镇中心小学教师	济阳县优秀教师	2016.09	县人社局、县教体局
冯晓声	男	1972.01	曲堤镇中心小学教师	济阳县优秀教师	2016.09	县人社局、县教体局
孙　倩	女	1984.11	县实验幼儿园	济阳县优秀教师	2016.09	县人社局、县教体局
李　莉	女	1984.01	县实验幼儿园	济阳县优秀班主任	2016.09	县人社局、县教体局
贾相军	男	1977.01	孙耿镇教育党总支教研员	济阳县优秀教育工作者	2016.09	县人社局、县教体局
张学东	男	1977.12	太平镇中学教师	济阳县优秀教师	2016.09	县教体局、县人社局
张度华	男	1978.11	太平镇中学教师	济阳县优秀教师	2016.09	县教体局、县人社局
杨良广	男	1978.04	太平镇庙廊小学校长	济阳县优秀教育工作者	2016.09	县人社局、县教体局
刘汉江	男	1969.09	太平镇庙廊小学	济阳县优秀班主任	2016.09	县人社局、县教体局
李振生	男	1965.05	太平镇中心小学	济阳县优秀教师	2016.09	县人社局、县教体局
张　倩	女	1990.07	仁风镇中学	济阳县优秀教师	2016.09	县教体局、县人社局
孙传信	男	1975.12	仁风镇中学	济阳县优秀教师	2016.09	县教体局、县人社局
郭宏伟	男	1968.11	王圈小学教师	济阳县优秀教师	2016.09	县人社局、县教体局
王　昕	男	1971.03	王圈小学教师	济阳县优秀教师	2016.09	县人社局、县教体局
张丽霞	女	1983.04	回河镇中心小学	济阳县优秀教师	2016.09	县人社局、县教体局
呼廷英	女	1978.02	垛石镇中学	济阳县优秀教师	2016.09	县人社局、县教体局
颜永波	男	1974.09	曲堤镇三教小学校长	济阳县优秀教育工作者	2016.09	县人社局、县教体局

续表

姓名	性别	出生年月	工作单位及职务	荣誉称号	授予时间	授予单位
李娜娜	女	1986.12	太平镇中心小学教师	济阳县优秀教师	2016.09	县人社局、县教体局
杨　晓	女	1977.08	济阳十中	济阳县优秀教师	2016.09	县人社局、县教体局
张　龙	男	1988.06	回河镇店子小学	济阳县优秀教师	2016.09	县人社局、县教体局
王长明	男	1976.03	垛石镇中学	济阳县优秀教师	2016.09	县人社局、县教体局
豆胜亮	男	1976.10	太平镇安全生产办公室主任	招商引资先进个人	2016.09	市财政局
冯玉静	女	1980.08	县档案局史料征集编研科科长	全省档案宣传工作先进个人	2016.11	省档案局
高少华	女	1987.08	县档案局	全省档案宣传工作先进个人	2016.11	省档案局
焦玉凤	女	1969.06	农业综合服务中心主任	第八批济南市优秀乡镇农业技术人员	2016.11	市人社局、市农业局
崔乐毅	男	1970.02	县水务局人事科科长	全省第九届优秀基层水利技术人员	2016.11	省人社厅、财政厅、水利厅
徐新斌	男	1983.12	县政协	全市政协宣传工作先进个人	2016.11	市政协
娄长民	男	1978.09	崔寨镇娄家村群众	济南市道德模范	2016.11	市文明办
齐荣彬	男	1985.11	县武装部	优秀共产党员	2016.11	济南警备区
马居英家庭	女	1972.02	济阳街道郑家村	省级文明家庭	2016.12	省精神文明建设委员会
王红霞家庭	女	1974.03	崔寨镇张纸村	省级文明家庭	2016.12	省精神文明建设委员会
杨德超	男	1967.05	县经信局局长	第十三届中国国际中小企业博览会山东组展工作先进个人	2016.12	省中小企业局
郭荣海	男	1969.11	县农业局	全省土肥工作先进个人	2016.12	省土肥站
江　亮	男	1978.10	县市政园林公用事业局	优秀通讯员	2016.12	齐鲁晚报
王　东	男	1971.01	县公路局办公室主任	优秀通讯员	2016.12	齐鲁晚报
李　斌	男	1987.04	太平镇财政所科员	济南市基层财政信息宣传工作优秀个人	2016.12	市财政局
刘卫军	男	1981.10	太平镇扶贫办主任	2016年度济南市重点工作表现突出个人（脱贫攻坚类）	2016.12	市委
秦建国	男	1965.08	济阳街道南郭管区书记	棚户区改造先进个人	2016.12	市房管局
高凤芹	女	1977.08	曲堤镇会计师	市场监测工作先进个人	2016.12	市商务局

姓名	性别	出生年月	工作单位及职务	荣誉称号	授予时间	授予单位
王泽滨	男	1986.02	县商务信息中心	全市商品市场监测工作先进个人	2016.12	市商务局
魏发家	男	1973.02	县国税局办公室主任	全市国税系统 2016 年度“送教上门”优秀教师	2016.12	市国税局

2016 年获副高级专业技术职务人员表

姓　名	性　别	出生年月	单位及职务	专业技术职务	授予时间	授予单位
王吉平	男	1976.06	县职业中专教师	高级教师	2016.02	市人社局
刘　伟	女	1970.11	县创新中学教师	高级教师	2016.02	市人社局
牛玉兴	男	1972.06	县第二实验小学副校长	高级教师	2016.02	市人社局
张春云	女	1972.05	孙耿镇中学教师	高级教师	2016.02	市人社局
亓传河	男	1966.09	孙耿镇教育党总支	高级教师	2016.02	市人社局
李树德	男	1974.02	太平镇中学教师	高级教师	2016.02	市人社局
艾　霞	女	1970.07	济北中学教师	高级教师	2016.02	市人社局
侯向军	女	1969.12	济北中学教师	高级教师	2016.02	市人社局
胡元晶	女	1972.09	济北中学教师	高级教师	2016.02	市人社局
李安花	女	1974.02	济北中学教师	高级教师	2016.02	市人社局
孟庆勇	男	1976.12	济北中学教师	高级教师	2016.02	市人社局
孟召文	男	1978.08	济北中学教师	高级教师	2016.02	市人社局
苏　君	女	1974.06	济北中学教师	高级教师	2016.02	市人社局
尹伟燕	女	1973.12	济北中学教师	高级教师	2016.02	市人社局
张　勇	男	1972.02	济北中学教师	高级教师	2016.02	市人社局
朱业锋	女	1974.07	济北中学教师	高级教师	2016.02	市人社局
孙明霞	女	1974.08	县职业中专教师	高级教师	2016.02	市人社局
赵云霞	女	1977.09	县职业中专教师	高级教师	2016.02	市人社局
马修德	男	1979.07	县职业中专教师	高级教师	2016.02	市人社局
王尔若	男	1969.01	县创新中学教师	高级教师	2016.02	市人社局
高敦英	女	1973.03	垛石镇中学教师	高级教师	2016.02	市人社局
刘培延	男	1971.07	县委党校	高级讲师	2016.12	市人社局
卢士平	男	1964.12	县医院院长	主任医师	2016.04	市人社局
董孟政	男	1969.04	县医院门诊部副主任	主任医师	2016.04	市人社局

续表

姓 名	性 别	出生年月	单位及职务	专业技术职务	授予时间	授予单位
周乃香	女	1973.06	县医院护理部主任	主任护师	2016.04	市人社局
于树人	男	1964.08	县医院神经外科主任	副主任医师	2016.04	市人社局
高长明	男	1966.07	县医院骨一科副主任	副主任医师	2016.04	市人社局
崔建营	男	1978.11	县医院妇科副主任	副主任医师	2016.04	市人社局
张义勇	男	1974.05	县医院急诊科主任	副主任医师	2016.04	市人社局
杨卫红	女	1976.06	县疾控中心副主任	副主任医师	2016.04	市人社局
张传武	男	1973.02	新市镇卫生院院长	副主任医师	2016.04	市人社局
董 辉	女	1973.02	县妇幼计生服务中心	副主任医师	2016.04	市人社局
武玉良	男	1971.07	县中医院党总支副书记	副主任医师	2016.04	市人社局
王德功	男	1966.06	县中医院脑内科副主任	副主任医师	2016.04	市人社局
张 华	女	1979.08	县中医院妇一科副主任	副主任医师	2016.04	市人社局
肖凤英	女	1975.11	县医院门诊护理部护士长	副主任护师	2016.04	市人社局
张桂香	女	1976.10	县医院儿二科护士长	副主任护师	2016.04	市人社局
尹志燕	女	1976.12	县医院 ICU 护士长	副主任护师	2016.04	市人社局
周延英	女	1974.02	县中医院脑科护士长	副主任护师	2016.04	市人社局
董 芬	女	1978.07	县中医院儿科护士长	副主任护师	2016.04	市人社局
马翠云	女	1967.12	太平镇卫生院副院长	副主任护师	2016.04	市人社局
张茂鹏	男	1973.10	县医院药剂科主任	副主任药师	2016.04	市人社局
杜秀丽	女	1972.01	县中医院中药房室主任	副主任药师	2016.04	市人社局
胥光亮	男	1970.02	县医院质控科主任	副主任检验师	2016.04	市人社局
许言星	男	1974.01	县市政园林公用事业局	高级工程师	2016.05	市人社局
孙 杰	女	1976.11	崔寨镇水资源科科长	高级会计师	2016.08	市人社局

人物名录

各级人民代表大会代表名单

（济阳县）出席山东省第十二届人民代表大会第五次会议代表名单

（3 名，按姓名笔画为序排列）

王　壮　　张德兰（女）　　夏季亭

（济阳县）出席济南市第十五届人民代表大会第五次会议代表名单

（35 名，按姓名笔画排列）

张宗祥　苏树伟　雷卫国
张　鹏　鹿中华　王　壮
王长胜　王凤春　王兆泉
王春霞（女）　叶维平　傅　中
冯其华　乔红兵　任立民
刘玉文（回族）　刘翠兰（女，回族）
齐　敏（女）　孙战宇　孙修枢
杨华全　杨怀忠（回族）　杨承林
李　慧（女）　李克俭　张　军
张建国　林　洪　庞金良
祖爱民（女）　姚福君
郭　娟（女）　崔玉芳　崔桂山
魏长亭

出席济阳县第十七届人民代表大会第五次会议代表名单

（217 名，按姓名笔画为序）

丁德花（女，回族）　于炳基
于维水　马庆军　马关春
马希英（女）　王　华（女）　王　壮
王　菊（女）　王元山　王长军
王玉兰（女）　王立功　王成军
王先海　王向军　王兆星
王兆泉　王汝常　王兴波
王秀成　王秀花（女）　王京奎
王建军　王钧剑
王俊英（女）　王洪忠　王洪昌
王洪亮　王桂荣（女）
王桂莲（女）　王振海
王爱伶（女）　王悦萍（女）
王道河　尹延霞（女）　艾明义
艾明军　左明强　叶维平
卢　波　卢钦宝　付丰亮
代秀荣（女）　白宝强（回族）　邝福春
朱宝才　朱洪亮　朱登学
任　华（女）　刘　宁（女）
刘　莉（女）　刘　敏（女）　刘小波
刘玉文（回族）　刘玉民　刘业昌
刘汉福　刘光兰（女）　刘同祥
刘传亮　刘传道　刘军庆
刘佩贞　刘金甫　刘法登
刘春国　刘春莲（女）　刘培伍
刘献芸（女）　闫立然　江善峰
许学锋　许崇勇　祁云祥
祁云霄　孙木海　孙仕青
孙传珠　孙更水　孙良才
孙建民　孙战宇
孙桂珍（女）　杜振顺
杜爱君（女）　杜继功
杜雪燕（女）　杨化阁（回族）
杨玉美（女，回族）　杨立柱

杨发功（回族）　杨华全
杨兆来（回族）　杨怀忠（回族）
杨松地（回族）　杨建华　苏京文
李　莉（女）　李卫强
李长花（女）　李长城
李文英（女）　李永军　李庆民
李克学　李克俭　李金峰
李建平　李树友　李宪亮
李荣香（女）　李振飞　李梅生
李庶森　李智魁　李端明
吴玉玲（女）　邱振生　宋　琳
宋法平　宋桂兰（女）　张　方
张　红（女）　张　萍（女）　张　斌
张　楠（女）　张万福　张太永
张乐山　张立军　张立波
张召文　张有江　张成华
张庆国　张军舰　张明源
张宝圣　张宗胜
张树英（女）　张思仙
张桂霞（女）　张崇华（女）　张瑞刚
张德兰（女）　陈丙铜　陈忠心
邵海燕（女）　苗荣华
范翠芳（女）　欧云霞（女）　欧德侠
呼卫海　罗彩霞（女）
周　华（女）　周秀珍（女）　周茂成
周爱珍（女）　周登胜　周耀泉
庞兴友　庞金良　柏方清
柏芳珍（女）　柏绪寒（女）　胡玉岭
赵　亮　赵传波　赵华中
赵希民　赵性雨　侯书芳
姜荣昌　祖爱民（女）
胥　倩（女）　姚敬民
姚晶晶（女）　姚福君　骆阳清
秦建国　夏庆英（女）　夏庆忠
钱延静（女）　钱明珍（女）　徐庆福
徐健康　郭传冬　郭兆亭
高继胜　常为民　崔玉海
韩长运（女）　韩连之　韩孟军
董　锋　董　强　董法明
董树军　董树村
董爱霞（女）　惠　杰　提云波
程德利　焦玉印　鲁学兵
温　磊　甄广新
路红芹（女）　路法勇
路淑美（女）　满圣亮
潘福珍（女）　薄兆新　霍风波
魏　宾　魏吉昌

各级政协委员名单

（济阳县）出席济南市政协第十三届五次会议名单

（11名，按姓名笔画排列）

马庆军　马　骁（回族）
王剑虹　卢士平
白宝强（回族）　刘卫国
杜爱君（女）　张　波　夏庆忠
温明银　鞠　慧（女）

政协第九届济阳县委员会第五次会议代表名单

（238名，按姓名笔画排列）

丁石玮（回族）　于凤翔　于加新
于传民　马恒民　王　民
王　良　王　英（女）
王　超　王　斌　王　斌
王元友　王少龙　王长波
王凤春　王玉芬（女）
王尔迎　王协芳　王有河
王庆华　王安之　王来友

王连泉	王茂明	王明水
王金锁	王泽利	王泽湖
王树建	王树福	王显成
王振江	王鸿星	王敬德
王殿栋	王德华	元立华
牛艳华（女）	巴建英（女）	
石治国	艾　民	艾六一
卢　箭	卢士平	卢卫东
卢世刚	付新英（女）	
白宝玉（回族）	邝　津	冯家成
司继月	邢伟华	
吕海慧（女）	任立民	任传强
乔能平	毕义忠	刘　民
刘　军	刘　萍（女）	刘卫国
刘曰森	刘玉旺	刘红登
刘承敏	刘配光	
刘爱国（回族）	刘家寅	刘景福
刘献东	刘增祥	刘德刚
齐志海	齐素芳（女）	闫传金
江丽云（女）	许增兵	孙　勇
孙玉亮	孙延周	
孙慧青（女）	杜吉民	杜学增
杜爱君（女）	杜善鹏	
杨　军（女）	杨光明	
杨兆军（回族）	杨兆杰（回族）	
杨秀荣（女）	杨秀章	杨国庆
杨金勇	杨春亭	杨振华
杨德超（回族）	李　忠	
李　洁（女）	李　勇	李　强
李小玉（女）	李长三	李文忠
李永军	李吉贵	李在明
李光强	李连师	李连福
李英红（女）	李建昇	李振山
李振忠	李桂花（女）	李海军
李登金	苏振亮	苏继财
吴　涛	吴玉泉	吴善亭

陈　涛	陈元众	
陈文华（回族）	陈思强	陈祖国
陈家亮	张　春	张　健
张　强	张　蕾（女，回族）	
张乃杰	张元祥	张世东
张凤娟（女）	张玉光	张玉新
张本才	张乐平	张立敬
张立新	张光煌	张传友
张延明	张自贵	
张庆云（回族）	张庆涛	张兴利
张红英（女）	张秀花（女）	张贤东
张国华	张学兰（女）	张学海
张宪刚	张晓霞（女）	张善河
张善顺	张新华	张端奎
肖玉东	肖安营	宋汉华
宋建忠	宋家亮	
林兴旺（回族）	范　帅	范元军
范春生	范淑春	罗殿华
周红旗	周德新	庞建良
郑海军	孟庆传	孟宪国
赵　彬	赵　梅（女）	赵元乾
赵云芳（女）	赵玉斌	赵东峰
赵华西	赵秀英（女）	赵秀亮
赵明春	赵建凯	赵春桥
赵继荣	赵德春	
柏秀芳（女）	柳宪宝	段守星
侯清光	姚成盛	姚君明
姜桂香（女）	洪兆山	骆合清
索会亭	徐　青（女）	徐玉马
徐洪华	高世兴	高成和
高春花（女）	高海林	高继华
高继宝	高敦禹	郭协勇
郭法东	郭思利	郭新生
殷　琳（女）	黄启峰	
曹雪红（女）	盛　伟	菅仲阳
崔桂山	韩凤霞（女）	韩吉才

韩建华	葛三东	董长城	潘　静（女）	潘京奎	潘桂贞
董　芬（女）	程玉利	程善林	魏长亭	魏德明（回族）	魏德春
温兴河	温明银	裴宗斌			

附　录

2016年中共济阳县委文件目录

文　号	文件题目
济阳发〔2016〕1号	关于落实发展新理念加快农业现代化实现全面小康目标的实施意见
济阳发〔2016〕2号	批转《中共政协济阳县委员会党组关于召开政协第九届济阳县委员会第五次会议的请示》的通知
济阳发〔2016〕3号	批转《济阳县人大常委会党组关于召开济阳县第十七届人民代表大会第五次会议的请示》的通知
济阳发〔2016〕4号	关于2015年度工作情况的报告
济阳发〔2016〕5号	关于巡视整改情况的通报
济阳发〔2016〕6号	关于省审计厅对我县购建职工住房审计调查报告反馈意见的报告
济阳发〔2016〕7号	关于开展扶贫攻坚、帮村包户活动的意见
济阳发〔2016〕8号	关于王华等4名同志晋升职级的请示
济阳发〔2016〕9号	关于表彰2015年度科学发展先进单位和先进个人的决定
济阳发〔2016〕10号	关于济南市第二生活垃圾综合处理厂相关情况的报告
济阳发〔2016〕11号	关于庞金良等同志职务调整的请示
济阳发〔2016〕12号	关于2016年党委（党组）中心组理论学习安排意见
济阳发〔2016〕13号	关于进一步深化县级领导干部公开接访的实施意见
济阳发〔2016〕14号	关于张彬同志调任的请示
济阳发〔2016〕15号	关于进一步严格落实领导干部信访稳定工作“一岗双责”的通知
济阳发〔2016〕16号	关于全县春季防火暨清明节防火工作情况的报告
济阳发〔2016〕17号	关于加强和改进党的群团工作的实施意见
济阳发〔2016〕18号	关于明确2016年度重点事项、重点工作和重点项目责任分工的通知
济阳发〔2016〕19号	关于印发《济阳县贯彻落实〈中国共产党统一战线工作条例（试行）〉工作方案》的通知
济阳发〔2016〕20号	关于废止和宣布失效一批县委规范性文件的决定

续表

文　号	文 件 题 目
济阳发〔2016〕21 号	关于 2015 年度济南市科学发展综合考核反馈结果整改方案的报告
济阳发〔2016〕22 号	关于申报全省双拥模范县的报告
济阳发〔2016〕23 号	关于职工建购住房审计整改情况的报告
济阳发〔2016〕24 号	印发《关于 2016 年全县党风廉政建设和反腐败工作任务分工意见》的通知
济阳发〔2016〕25 号	关于省委巡视组反馈意见后续整改情况的报告
济阳发〔2016〕26 号	关于深入整治拉帮结派搞小圈子等不正之风工作情况的报告
济阳发〔2016〕27 号	关于贯彻落实市委十届十一次全体会议精神的报告
济阳发〔2016〕28 号	关于印发《济阳县“六五”依法治县纲要（2016–2020 年）》的通知
济阳发〔2016〕29 号	转发《县委宣传部、县司法局关于在全县公民中开展法治宣传教育的第七个五年规划（2016–2020 年）》的通知
济阳发〔2016〕30 号	关于 2016 年上半年落实党风廉政建设责任制工作的报告
济阳发〔2016〕31 号	关于 2016 年度科学发展考核评价工作意见
济阳发〔2016〕32 号	关于终止付丙新等 3 人县党代会代表资格的决定
济阳发〔2016〕33 号	关于认真做好镇领导班子换届工作的意见
济阳发〔2016〕34 号	印发《关于在镇领导班子换届时从镇事业编制人员、优秀村干部和大学生村官中选拔镇领导班子成员的实施方案》的通知
济阳发〔2016〕35 号	关于刘杰同志市第十次党代会代表资格处理意见的报告
济阳发〔2016〕36 号	关于祖爱民同志免职表决情况的备案报告
济阳发〔2016〕37 号	关于深入开展“勇于担当、务实有为”主题实践活动的意见
济阳发〔2016〕38 号	关于深化供销合作社综合改革的实施意见
济阳发〔2016〕39 号	批转《中共济阳县人大常委会党组关于做好全县人大换届选举工作的请示》的通知
济阳发〔2016〕40 号	关于召开中国共产党济阳县第十三次代表大会的请示
济阳发〔2016〕41 号	关于废止和宣布失效一批县委规范性文件的决定
济阳发〔2016〕42 号	关于庞金良等同志交流任职的请示
济阳发〔2016〕43 号	关于中国共产党济阳县第十三次代表大会代表选举工作的通知
济阳发〔2016〕44 号	关于中国共产党济阳县第十三次代表大会代表选举工作的通知
济阳发〔2016〕45 号	关于济阳县政协换届规模调整的请示

2016 年济阳县委办公室文件目录

文　号	文件题目
济阳办发〔2016〕1 号	转发《中共济南市委办公厅济南市人民政府办公厅关于进一步加强安全生产监管执法工作的通知》的通知
济阳办发〔2016〕2 号	关于调整办公室领导班子成员工作分工的通知
济阳办发〔2016〕3 号	印发《关于在全体党员中开展“学党章党规、学系列讲话，做合格党员”学习教育实施方案》的通知
济阳办发〔2016〕4 号	关于成立济阳县公务用车制度改革领导小组的通知
济阳办发〔2016〕5 号	关于在全县开展精准扶贫慈善捐款活动的通知
济阳办发〔2016〕6 号	关于印发《济阳县党政机关公务用车制度改革实施方案》的通知
济阳办发〔2016〕7 号	关于印发《济阳县创建省级食品安全先进县实施方案》的通知
济阳办发〔2016〕8 号	农村改厕实施方案
济阳办发〔2016〕9 号	关于印发《济阳县创卫区域网格包保责任制实施方案》的通知
济阳办发〔2016〕10 号	关于印发《济阳县党委（党组）意识形态工作责任制实施细则》的通知
济阳办发〔2016〕11 号	关于印发《济阳县镇（街道）党委（党工委）和政府（办事处）扶贫开发工作成效考核办法》的通知
济阳办发〔2016〕12 号	关于进一步规范因公出访活动的通知
济阳办发〔2016〕13 号	印发《关于深入开展反对“自以为是”助推“四个中心”建设活动的实施方案》的通知
济阳办发〔2016〕14 号	转发《中共济南市委办公厅印发〈关于改进基层党员干部作风切实维护群众利益的意见〉的通知》的通知
济阳办发〔2016〕15 号	转发《中共济南市委办公厅济南市人民政府办公厅印发〈关于建立党员干部干事创业防错机制的实施办法（试行）〉的通知》的通知
济阳办发〔2016〕16 号	关于印发《济阳县党政机关车改后保留车辆使用管理办法（暂行）》《济阳县党政机关公务出行保障办法（暂行）》的通知
济阳办发〔2016〕17 号	关于开展 2016 年全县民主评议党风政风行风工作的意见
济阳办发〔2016〕18 号	关于做好 2017 年度重点党报党刊发行工作的通知
济阳办发〔2016〕19 号	关于构建“大督查”工作格局狠抓工作落实的实施意见
济阳办发〔2016〕20 号	转发《县委统战部关于工商联（民间商会）换届工作的实施意见》的通知
济阳办发〔2016〕21 号	关于印发《济阳县扶贫开发领导小组成员单位扶贫开发工作成效考核办法》的通知
济阳办发〔2016〕22 号	关于印发《济阳县脱贫攻坚督查巡查工作办法》的通知

2016 年济阳县人民政府文件选目

文　号	文件题目
济阳政发〔2016〕1 号	关于孙战宇同志工作分工的通知
济阳政发〔2016〕3 号	关于印发二〇一六年政府工作要点的通知
济阳政发〔2016〕5 号	关于印发济阳县 2016 年度审计项目计划的通知
济阳政发〔2016〕6 号	关于下达 2016 年工业经济外经外贸招商引资指标计划的通知
济阳政发〔2016〕10 号	关于印发济阳县 2016 年国民经济和社会发展计划的通知
济阳政发〔2016〕11 号	关于印发济阳县国民经济和社会发展第十三个五年规划纲要的通知
济阳政发〔2016〕13 号	关于进一步加快旅游业发展的实施意见
济阳政发〔2016〕15 号	关于推进总部经济发展的意见
济阳政发〔2016〕16 号	济阳县县属行政事业单位房屋资产管理办法
济阳政发〔2016〕18 号	关于调整部分县政府领导工作分工的通知
济阳政发〔2016〕19 号	关于公布县级行政执法主体的公告
济阳政发〔2016〕21 号	关于印发济阳县政府重大行政决策程序暂行规定的通知
济阳政发〔2016〕23 号	济阳县全民健身实施计划（2016—2020）通知

2016 年济阳县人民政府办公室文件选目

文　号	文件题目
济阳政办发〔2016〕1 号	关于印发济阳县突发环境事件应急预案的通知
济阳政办发〔2016〕4 号	关于进一步加强非税收入管理的通知
济阳政办发〔2016〕7 号	关于印发济阳县 2016 年林业生产工作的意见
济阳政办发〔2016〕8 号	关于进一步加强政府投资项目招投标管理的通知
济阳政办发〔2016〕10 号	关于印发济阳县推进全县老旧住宅小区整治改造和物业管理实施方案的通知
济阳政办发〔2016〕12 号	关于印发济阳县创建省级食品安全县实施方案的通知
济阳政办发〔2016〕14 号	关于做好行政许可和行政处罚等信用信息公示工作的通知
济阳政办发〔2016〕17 号	关于印发济阳县城区露天烧烤整治工作实施方案的通知
济阳政办发〔2016〕18 号	关于印发济阳县农民专业合作社信用互助业务试点方案的通知
济阳政办发〔2016〕21 号	关于加快推进基层综合性文化服务中心建设的实施意见
济阳政办发〔2016〕23 号	关于下达 2016 年度固定资产投资指导计划的通知
济阳政办发〔2016〕24 号	关于印发济阳县煤炭消费减量替代工作方案的通知
济阳政办发〔2016〕26 号	关于印发济阳县乡村教师支持计划（2015—2020）工作方案的通知
济阳政办发〔2016〕28 号	关于印发济阳县重污染天气应急预案的通知

2016年济南市各县(市)区主要经济指标(一)

指标	生产总值(亿元)	增长(%)	第一产业(亿元)	增长(%)	第二产业(亿元)	增长(%)	第三产业(亿元)	增长(%)	人均生产总值(元)	增长(%)	一般公共预算收入(亿元)	增长(%)
全市	6536.1	7.8	317.3	4.1	2368.9	6.9	3849.9	8.7	90999	6.5	641.2	9.9
历下区	1186.8	7.9	–	–	164.8	5.2	1022.1	8.4	156060	6.7	127.7	9.2
市中区	826.9	8.4	3.9	4.7	132.1	8.6	690.9	8.3	108215	6.8	91.7	9.6
槐荫区	431.9	8.1	4.0	2.0	116.1	5.2	311.8	9.3	84745	6.8	44.3	11.2
天桥区	418.0	7.5	4.2	3.6	104.1	7.6	309.7	7.5	57137	6.2	38.2	9.0
历城区	868.8	7.4	50.5	4.3	345.8	5.5	472.4	9.1	78899	5.5	81.3	20.4
长清区	289.4	7.6	35.6	6.5	113.7	5.0	140.2	10.2	48553	7.2	17.5	5.3
平阴县	245.2	8.2	32.9	3.9	136.0	8.7	76.4	9.2	71240	7.4	17.8	11.2
济阳县	295	7.9	52.7	2.3	152.1	7.7	90.2	12.2	54775	6.8	18.6	10.8
商河县	179.2	7.8	48.5	4.9	67.2	6.7	63.6	11.3	30940	7.4	8.8	2.2
章丘区	924.9	8.0	85.0	3.9	554.2	8.9	285.7	7.6	83855	6.7	50.9	10.2
高新区	650.3	8.3	–	–	357.8	7.8	292.5	9.0	420895	6.0	88.5	11.5

指标	一般公共预算支出(亿元)	增长(%)	地域税收(亿元)	增长(%)	高新技术产业产值(亿元)	增长(%)	规模以上工业主营业收入(亿元)	增长(%)	规模以上工业利税总额(亿元)	增长(%)
全市	741.0	12.5	1025.7	10.4	2390.3	7.3	5722.6	7.3	727.6	7.7
历下区	57.4	2.3	279.4	12.5	39.0	–5.1	289.3	–6.7	108.812.3	10.8
市中区	47.3	21.2	187.0	6.4	307.8	20.2	430.5	12.8	25.9	30.1
槐荫区	36.8	15.5	72.3	7.7	92.0	0.9	164.8	1.5	20.6	20.7
天桥区	34.1	18.5	48.5	9.2	20.9	16.5	58.1	0.4	–3.1	–
历城区	60.0	13.9	122.4	21.6	154.4	–8.3	591.0	3.1	51.5	–11.7
长清区	31.7	11.9	22.0	–0.2	58.4	–7.8	173.6	–7.5	3.0	–60.8
平阴县	28.3	9.8	23.5	4.3	187.9	12.0	357.5	8.7	53.5	8.3
济阳县	34.2	17.5	23.2	7.8	123.6	4.6	491.5	4.1	75.0	1.4
商河县	30.2	6.7	10.2	5.1	21.6	–3.3	178.8	–2.5	13.0	–
章丘区	71.2	12.9	60.2	6.2	740.6	6.4	1852.2	12.4	217.9	10.7
高新区	60.4	9.4	177.1	10.5	644.1	10.1	1018.4	11.3	155.2	16.9

2016年济南市各县（市）区主要经济指标（二）

指标	固定资产投资（亿元）	增长增长（%）	社会消费品零售总额(亿元)	增长(%)	进出口总额（万美元）	增长(%)	居民人居可支配收入（元）	增长(%)	招商引资额(亿元)	增长(%)
全市	3974.3	13.7	3764.8	10.4	983070	7.9	33909	8.4	1176.6	23.9
历下区	248.9	14.3	915.2	10.4	116398	4.7	48125	8.2	71..9	28.3
市中区	217.2	12.3	484.6	10.2	48788	17.8	46072	7.9	72.6	32.0
槐荫区	268.7	4.9	479.2	10.4	51221	15.2	42535	8.1	86.1	23.0
天桥区	169.4	–13.7	408.7	10.5	41450	9.0	39521	8.4	75.8	23.0
历城区	594.8	16.6	519.6	9.5	163228	–12.3	32221	8.1	150.0	29.3
长清区	250.7	3.2	137.9	10.9	10290	23.2	24084	9.0	103.0	21.2
平阴县	248.3	7.6	96.3	11.2	70015	5.6	18453	9.0	56.4	20.0
济阳县	305.8	16.3	125.9	10.8	28739	2.4	17647	9.8	142.5	10.5
商河县	127.0	10.9	88.8	11.2	11260	9.3	15565	9.7	47.5	28.4
章丘区	676.2	20.0	390.4	11.1	89369	–2.1	25396	9.2	177.0	27.3
高新区	684.8	18.0	118.1	10.8	352312	22.9	–	–	193.9	21.9

2016年济阳县各镇（街道）主要经济指标（一）

指标	一般公共预算收入（万元）	完成预算（%）	税收（万元）	增长（%）	粮食产量（吨）	棉花产量（吨）	油料产量（吨）	蔬菜产量（吨）
全县	185778	100.8	239789	8.0	565431	586	4176	1390432
济阳街道	18837	111.3	29990	19.3	39146	39	404	104866
济北街道	58349	100	105937	14.1	5878	–	–	7805
垛石镇	3842	135.8	2011	–11.8	80601	59	–	211572
孙耿镇	13213	82.2	28921	–4.5	65462	92	834	121247
曲堤镇	3194	116.6	3293	–3.3	75317	132	–	358052
仁风镇	3033	121.4	3446	26.8	75435	217	710	121249
崔寨镇	9248	101.9	14136	21.0	36688	4	486	182709
太平镇	3850	89.5	4802	–16.4	74703	–	915	152074
新市镇	3002	114.4	2506	30.1	46905	–	828	75736
回河镇	4242	106.7	6623	24.3	65295	44	–	55120

指标	规模以上工业主营业收入（亿元）	增长（%）	规模以上增加值（亿元）	增长（%）	规模以上工业利税总额（亿元）	增长（%）	规模以上工业高新技术产值占总产值比重（%）	比年初增长（百分点）
全县	491.5	2.9	128.38	6.9	74.96	1.4	26.73	1.28
济阳街道	67.8	3.2	17.37	9.9	10.88	0.2	27.52	1.09
济北街道	164.9	5.3	43.29	6.4	24.94	12.5	29.85	2.26
垛石镇	19.5	0.5	4.04	0.9	4.08	2.5	24.87	3.09
孙耿镇	77.5	9.9	21.61	6.3	13.20	–4.0	23.42	6.07
曲堤镇	26.3	–13.3	7.46	2.5	3.40	7.5	29.75	3.35
仁风镇	8.0	16.0	2.64	16.0	2.19	18.9	42.98	–4.61
崔寨镇	61.6	7.1	13.67	5.3	7.02	13.3	30.28	5.29
太平镇	17.1	6.8	4.28	8.3	2.42	8.9	11.65	–6.83
新市镇	16.4	–23.5	3.34	–17.3	1.96	–25.6	29.66	–1.75
回河镇	27.5	3.6	7.56	13.7	3.96	–15.7	28.54	1.19

2016年济阳县各镇（街道）主要经济指标（二）

指标	固定资产投资（亿元）	增长（%）	限额以上贸易法人单位销售额（亿元）	增长（%）	规模以上服务业法人单位主营业务收入（万元）	增长（%）	农村居民人均可支配收入（元）	增长（%）
全县	305.76	16.3	77.77	16.1	89747	28.1	14298	8.1
济阳街道	31.10	15.8	11.27	22.6	12381	22.6	14404	8.5
济北街道	92.11	34.1	34.56	−14.1	8390	−14.1	–	–
垛石镇	16.17	9.1	3.73	18.0	3541	18.0	14235	7.9
孙耿镇	31.85	16.8	5.99	26.8	5483	26.8	14395	8.4
曲堤镇	23.82	31.9	6.61	−7.7	1942	−7.7	14268	7.9
仁风镇	19.43	19.8	3.87	34.6	1431	34.6	14221	8.0
崔寨镇	34.86	31.2	3.81	89.2	31989	89.2	14390	8.2
太平镇	21.44	15.2	4.14	15.2	3622	15.2	14183	7.8
新市镇	13.86	8.4	0.98	9.9	1307	9.9	14145	7.7
回河镇	21.11	27.8	2.82	6.4	19661	6.4	14432	8.5

2016年济阳县重要民生商品价格采集公示表

（2016年12月29日）

品　名	规格等级	单　位	集贸市场价格				备　注
			12月22日	12月29日	增减幅度		
					元	%	
小　麦	中　等	元/500克	1.28	1.28	0.00	0.00	
玉　米	中　等	元/500克	0.79	0.79	0.00	0.00	新玉米
小　米	中　等	元/500克	4.50	4.5	0.00	0.00	
大　米	中　等	元/500克	2.20	2.2	0.00	0.00	
大　豆	中　等	元/500克	2.60	2.6	0.00	0.00	
面　粉	特一粉	元/500克	1.70	1.70	0.00	0.00	
	标　粉	元/500克	1.58	1.58	0.00	0.00	
鲁　花	花生油（超市）	元/桶/5升	139.90	139.90	0.00	0.00	
	调和油	元/桶/5升	79.90	79.90	0.00	0.00	
胡姬花	花生油（超市）	元/桶/5升	134.80	134.80	0.00	0.00	
	调和油	元/桶/5升	59.90	59.90	0.00	0.00	
花生米	中　等	元/500克	6.00	6.00	0.00	0.00	
花生油	散装油	元/500克	11.00	11.00	0.00	0.00	
生　猪	育肥猪	元/500克	8.60	8.70	0.10	1.16	
猪　肉	五花肉	元/500克	13.00	13.00	0.00	0.00	
牛　肉	新　鲜	元/500克	26.00	27.00	1.00	3.85	
羊　肉	新　鲜	元/500克	29.00	30.00	1.00	3.45	
鸡　肉	白条鸡（肉食）	元/500克	5.50	5.50	0.00	0.00	
鸡　蛋	新鲜完整	元/500克	3.50	3.40	−0.10	−2.86	
芹菜	新　鲜	元/500克	1.50	1.50	0.00	0.00	
大白菜	新　鲜	元/500克	0.60	1.00	0.40	66.67	
油　菜	新　鲜	元/500克	1.80	1.80	0.00	0.00	
黄　瓜	新　鲜	元/500克	1.80	2.50	0.70	38.89	
胡萝卜	新　鲜	元/500克	1.00	1.00	0.00	0.00	
茄子（圆）	新　鲜	元/500克	3.50	4.50	1.00	28.57	
卷心菜	新　鲜	元/500克	2.50	2.50	0.00	0.00	
西红柿	新　鲜	元/500克	2.80	3.50	0.70	25.00	

索　引

说明：

1. 本索引为综合性主题索引。
2. 索引款目按汉语拼音字母（同音字按声调）顺序排列。
3. 款目后的阿拉伯数字表示内容所在的页码。
4. 同一主题的内容在文中多处出现的，在其款目后用不同的页码标明。
5. 对特载、附录等栏目不作索引。

A

安全生产…………………………171、188、194
安全生产监督管理…………………………168

B

办公室工作……………………………………91
帮困送温暖活动……………………………136
保健食品、化妆品安全监管………………173
保密工作………………………………………92
保险…………………………………………237
编制管理……………………………………100
标准计量监管………………………………166
殡葬管理……………………………………124
不动产登记…………………………………161

C

财政　……………………………………218
财政　税务…………………………………218
财政、金融和保险……………………………49
财政监督……………………………………219
财政审计……………………………………162
财政预算与执行……………………………218
参政议政……………………………………128
残疾人维权…………………………………139
“查保促”活动　…………………………132
产品展览……………………………………196
产学研合作…………………………………251
产业扶贫……………………………………181
产业集群……………………………………192
产业升级转型………………………………189
产业状况……………………………………173
超限超载治理………………………………213
城区绿化……………………………………203
城市防汛……………………………………203
城市供热……………………………………203
城市管理……………………………………206
城市规划……………………………………202
城市建设工作座谈会…………………………89

城乡公交一体化建设…………………… 213
城乡供水一体化……………………………… 186
城乡规划………………………………………… 202
城乡环境面貌………………………………… 288
城乡环卫………………………………………… 279
城乡建设………………………………………… 50
城镇建设………………………………………… 273
出版发行《四海济阳人》………………… 108
出国（境）管理工作……………………… 117
出入境管理…………………………………… 146
除“四害”…………………………………… 249
储备粮储备…………………………………… 199
“窗口”建设 ………………………………… 165
创建省级食品安全先进县工作会………… 88
创建省级卫生县城………………………… 248
创新党员干部教育培训方式……………… 106
创新机关党建工作方式…………………… 105
垂直及双重管理单位……………………… 76
崔寨镇…………………………………………… 278
村镇规划………………………………………… 202
村镇建设………………………………… 207、283

D

大中专招生…………………………………… 241
代表工作………………………………………… 113
档案安全保障体系建设…………………… 257
档案工作………………………………………… 257
档案监督与指导…………………………… 257
档案利用服务………………………………… 258
档案信息化建设…………………………… 258
档案宣传………………………………………… 258
党风廉政建设工作会议…………………… 87
党风廉政建设和反腐败工作……………… 90
党建工作…………………………… 105、273
党史资料征集与研究……………………… 108
党外代表人士队伍建设…………………… 99
党校工作………………………………………… 107
党校科研………………………………………… 108
党员队伍建设………………………………… 95
党政群机关统一社会信用代码赋码工作
……………………………………………… 102
地方税务………………………………………… 230
地籍管理………………………………………… 161
地貌……………………………………………… 44
地名区划………………………………………… 124
地震安全示范创建………………………… 253
地震工作………………………………………… 252
地震监测预报………………………………… 252
地震科普宣传………………………………… 253
地震应急机制建设………………………… 253
地质……………………………………………… 44
第二十次会议………………………………… 130
第二十二次会议……………………………… 131
第二十三次会议……………………………… 131
第二十四次会议……………………………… 131
第二十一次（扩大）会议………………… 131
第九届常委会会议………………………… 130
第三次全国农业普查面积遥感测量调查
……………………………………………… 163
第三十八次会议……………………………… 114
第三十九次会议……………………………… 114
第三十六次会议……………………………… 113
第三十七次会议……………………………… 113
第三十三次会议……………………………… 113
第三十四次会议……………………………… 113
第三十五次会议……………………………… 113
第十七届人大常委会会议………………… 113
第四十次会议………………………………… 114
第四十二次会议……………………………… 114
第四十三次会议……………………………… 114
第四十一次会议……………………………… 114

第一书记工作会议…… 87
电力…… 194
电网发展…… 194
电信公司…… 217
电子政务…… 116
督查工作…… 92
队伍建设…… 108
对台交流交往…… 104
对台经济工作…… 104
对外联系工作…… 117
对外贸易…… 196
垛石镇…… 272

F

发放棉花目标价格改革补贴…… 222
发展与改革…… 157
法律顾问…… 143
法律援助…… 154
法治…… 142
方志馆建设…… 123
防洪工程建设…… 188
防雷安全管理…… 253
防汛抗旱…… 187
房产管理…… 210
房产开发管理…… 210
房产开发管理市场…… 210
房屋维修资金管理…… 210
放心粮油工程…… 199
非税收入管理…… 218
非遗保护传承…… 256
扶贫、社会保障…… 139
扶贫攻坚工作…… 285
服务平台建设…… 126
服务企业…… 197
服务体系建设…… 189
妇联组织建设…… 137
妇女创业就业发展…… 135
妇女儿童维权行动…… 136
妇幼保健计划生育服务中心…… 247

G

改革工作…… 92
干部管理与监督…… 93
干部教育培训…… 94、99
干部培训工作…… 107
干部选拔调配工作…… 93
耕地保护…… 160
工程养护…… 205
工商联工作…… 99
工商业…… 268
工业…… 189
工业和建筑业…… 48
工业经济…… 280、281
工业污染源治理…… 212
工业园区建设…… 189
工资发放…… 218
工资及离退休金调整…… 125
工资集体协商工作…… 133
公安…… 145
公安执法规范化建设…… 147
公车改革…… 118、160
公共安全宣传…… 147
公共机构节能…… 118
公共气象服务…… 253
公共文化…… 98
公共文化服务…… 254
公共资源交易服务…… 120
公立医院…… 245
公路建设…… 214
公路养护…… 214

公平交易执法…………………………… 166
公园广场………………………………… 204
公证事务………………………………… 153
共青团济阳县委员会…………………… 134
供销合作商业…………………………… 197
构建大统战格局………………………… 99
固定资产投资和房地产………………… 50
固定资产投资审计……………………… 162
瓜菜科技推广能力……………………… 182
瓜菜生产………………………………… 181
关心下一代工作………………………… 103
管理与服务……………………………… 176
广播 电视……………………………… 258
广电网络公司…………………………… 217
广告监管………………………………… 166
广告业务………………………………… 259
规划管理………………………………… 202
规模经营………………………………… 183
国地税合作办税………………………… 229
国际贸易促进…………………………… 196
国家税务………………………………… 228
国库资金管理…………………………… 218
国民经济和社会发展…………………… 47
国内贸易和对外经济…………………… 49
国土资源管理…………………………… 160
国有资产评估、财务审计与咨询、拍卖中介
机构备选库…………………………… 222

H

夯实监管责任…………………………… 169
合同监管………………………………… 166
和谐警民关系…………………………… 148
河道治理………………………………… 186
河流……………………………………… 44
后勤保障………………………………… 119
户外广告牌匾管理……………………… 206
户政管理………………………………… 146
环保监测………………………………… 211
环境保护……………………… 172、211
环境监察………………………………… 211
环境综合整治…………………………… 291
环评审批………………………………… 211
环卫工作………………………………… 205
换届工作………………………………… 99
黄河河务………………………………… 187
回河镇…………………………………… 283
“会 、站、家”一体化职工服务平台体系
…………………………………… 133
婚姻登记………………………………… 124

J

机构编制管理…………………………… 101
机构编制监督检查工作………………… 101
机关党建………………………………… 105
机关事务管理…………………………… 118
机要工作………………………………… 92
基本公共卫生服务……………………… 244
基层法律服务和基层司法所…………… 154
基层工会建设…………………………… 133
基层建设……………………… 170、231
基层领导班子换届……………………… 91
基层政权………………………………… 124
基层政协………………………………… 130
基层组织建设…………………………… 94
基础测绘管理…………………………… 203
基础建设………………………………… 108
基础教育………………………………… 240
基础设施建设………………… 176、259
疾病防控………………………………… 244
集中收集餐厨垃圾……………………… 205

计划生育…… 247
计划生育管理…… 276
纪检监察工作…… 109
纪律审查…… 111
技术改造与创新…… 190
济北街道…… 289
济北经济开发区…… 175
济南长运公司济阳汽车站…… 214
济阳北海村镇银行…… 236
济阳概况…… 44
济阳街道…… 286
济阳街道工业园…… 287
济阳农村商业银行…… 235
《济阳文艺》编辑与发行 …… 140
济阳县残疾人康复中心…… 139
《济阳县改革开放实录》征编 …… 108
济阳县人大常委会及所属委室…… 56
济阳县人民代表大会常务委员会…… 112
济阳县人民法院　检察院…… 73
济阳县人民武装部…… 155
济阳县人民武装部及所属机构…… 73
济阳县人民医院…… 245
济阳县人民政府…… 115
济阳县人民政府及所属单位…… 57
济阳县中医院…… 246
《济阳县社会主义建设时期县委书记口述历史》征编…… 109
《济阳县志 (1991—2011)》出版发行 …… 123
加快标准化生产…… 182
加强教育引导…… 110
家庭文明建设…… 135
价格管理…… 164
价格监测…… 165
价格监督…… 164
价格认证…… 165
检察 …… 148
检察技术…… 151
检疫执法…… 184
建设　环保…… 202
建设用地管理…… 160
建置区划…… 46
建筑定额管理…… 208
建筑管理…… 207
建筑市场管理…… 207
建筑质量与安全…… 209
健康山东行动…… 249
交通　通信…… 213
交通、邮电、财政、金融…… 269
交通、邮电和电力…… 49
交通运输…… 213
教科文卫、社会生活…… 269
教学质量建设…… 239
教育　体育…… 238
教育…… 238
教育队伍建设…… 239
教育和科学技术…… 50
教育基础设施建设…… 239
教育卫生…… 290
节目创作…… 258
节能降耗…… 190
节水灌溉…… 187
节约集约模范县创建活动…… 161
巾帼脱贫行动…… 135
金融…… 232
金融创新发展…… 121
金融服务…… 233
金融管理…… 120、233
金融精准扶贫…… 122
金融招商引资…… 121
金融助推经济发展…… 233
经济林产业…… 182
经济责任审计…… 162

经济综合与管理…………………………… 157
经营服务体系建设………………………… 198
经营管理…………………………………… 195
竞技体育…………………………………… 242
救灾救济…………………………………… 260
就业、助学………………………………… 139
居民收支调查……………………………… 163
军事………………………………………… 155
军事训练工作……………………………… 155

K

开发利用…………………………………… 123
开展“四风”整治………………………… 110
开展“五率”达标建设活动……………… 107
开展师德教风建设系列活动……………… 238
开展政治协商……………………………… 99
康复工作…………………………………… 139
抗战时期人口伤亡和财产损失课题调研
资料成果电子转化……………………… 109
抗震设防管理……………………………… 253
科技………………………………………… 250
科技成果…………………………………… 251
科技教育…………………………………… 137
科技推广…………………………………… 183
科教文卫、社会生活……………………… 272
科普惠农工作……………………………… 138
科普基础设施建设………………………… 137
科普信息化建设工作……………………… 137
科学………………………………………… 250
科学发展考核……………………………… 91
客户服务…………………………………… 217
空气环境质量……………………………… 211
控告申诉检察……………………………… 150
矿产资源………………………………… 45、161
会计管理…………………………………… 220
会计集中核算工作………………………… 220
扩项………………………………………… 172

L

劳动竞赛活动……………………………… 132
劳动就业…………………………………… 124
老干部工作………………………………… 102
老干部文体活动…………………………… 103
老干部政治生活待遇……………………… 102
老龄事业…………………………………… 261
老年教育…………………………………… 103
老年文体活动……………………………… 266
老年优待…………………………………… 262
理论工作…………………………………… 96
历史沿革…………………………………… 46
联通………………………………………… 216
联谊工作…………………………………… 128
粮食安全责任考核………………………… 199
粮食生产…………………………………… 181
粮食执法…………………………………… 198
粮油经营…………………………………… 198
“两学一做”学习教育 …………………… 93
两押一推…………………………………… 165
亮化工程…………………………………… 204
林下经济…………………………………… 183
林业………………………………………… 182
林业有害生物防治防治…………………… 183
林业执法…………………………………… 183
领导干部接访工作………………………… 106
“6.13”特大自然灾害 …………………… 281
60件实事全面落实 ……………………… 262
“六五”依法治县 ………………………… 91
路政管理…………………………………… 215
落实“两个责任” ………………………… 109
落实粮食储备政策………………………… 222

旅游业发展…………………………………… 256
律师工作………………………………………… 153

M

矛盾纠纷排查化解………………………… 106
矛盾纠纷调解……………………………… 153
美丽乡村建设……………………… 180、280
民商事审判………………………………… 151
民生工程…………………………………… 279
民生投入…………………………………… 221
民事行政检察……………………………… 150
民政………………………………………… 123
民主监督…………………………………… 128
民族工作…………………………………… 267
民族宗教…………………………………… 266
民族宗教工作……………………………… 100

N

纳税服务…………………………………… 231
内贸流通…………………………………… 196
年度计划编制与实施……………………… 157
年鉴工作…………………………………… 123
农产品、农资质量检测…………………… 179
农产品安全监管…………………………… 180
农产品成本调查…………………………… 164
农村产权交易……………………………… 179
农村改厕工作座谈会………………………… 88
农村公路管理养护………………………… 213
农村公路生命安全防护工程建设………… 213
农村公益电影放映………………………… 256
农村建设…………………………………… 207
农村经济…………………………………… 281
农村经济管理……………………………… 178
农村专业合作经济组织…………………… 178
农村专业社组织建设……………………… 198
农机安全生产……………………………… 185
农机购置补贴……………………………… 185
农机新技术、新机具推广………………… 185
农业………………………………… 48、178、276
农业标准化生产…………………………… 180
农业产业化经营…………………………… 178
农业和新农村建设………………… 268、287
农业机械…………………………………… 184
农业及农村工作…………………… 274、289
农业科技…………………………………… 251
农业与农村工作…………………………… 272
农业支持保护补贴………………………… 221
农业执法…………………………………… 180
农业资金管理……………………………… 219
农业综合开发资金管理…………………… 220
农作物对地抽样调查……………………… 163
农作物秸秆机械化还田…………………… 185

P

贫困村道路硬化工作……………………… 213
“平安济阳”建设 ………………………… 142
平安建设…………………………… 275、277、290
评估监测工作……………………………… 136
普法教育和依法治理……………………… 152
普惠金融发展……………………………… 121

Q

齐鲁银行济南济阳支行…………………… 236
其他金融改革创新………………………… 121
企业科技创新工作………………………… 138
企业劳动管理……………………………… 126
企业选介…………………………………… 209
企业一套表联网直报……………………… 163

企业主体责任落实…………………………… 169
企业资产管理……………………………… 199
启用数字化城管平台……………………… 205
气候………………………………………… 44
气象服务…………………………………… 253
气象探测环境保护………………………… 253
气象业务管理……………………………… 253
强农惠农政策……………………………… 180
侨眷服务工作……………………………… 117
青年服务活动……………………………… 135
青少年思想工作…………………………… 134
清障搬迁…………………………………… 291
庆祝中国共产党成立 95 周年大会 ……… 88
曲堤镇……………………………………… 273
全市贫困村脱贫事迹报告会……………… 89
全委会会议………………………………… 127
全县农业工作座谈会……………………… 89
群团工作…………………………………… 90
群众体育…………………………………… 241
群众文化活动……………………………… 254

R

燃气管理…………………………………… 204
热线运行服务……………………………… 120
人才工作………………………………… 95、138
人大换届选举工作………………………… 112
人防宣传教育和法制建设………………… 156
人工防雹、增雨作业……………………… 253
人口、人民生活和社会保障……………… 51
人口和计划生育…………………………… 248
人口 民族………………………………… 47
人力资源和社会保障……………………… 124
人民代表大会第五次会议………………… 112
人民防空…………………………………… 156
人事管理…………………………………… 125
仁风镇……………………………………… 276
日照银行济阳支行………………………… 236
融资服务…………………………………… 192

S

三级干部大会……………………………… 87
三级网络建设……………………………… 106
“三农”工作 ……………………………… 90
三品一标认证……………………………… 179
三项重点工作调度会……………………… 88
商标监管…………………………………… 166
商贸………………………………………… 196
商事制度改革……………………………… 167
社会保险费征缴发放……………………… 260
社会保险基金监管………………………… 260
社会保障……………………………… 260、283
社会保障资金管理………………………… 220
社会福利…………………………………… 260
社会供养…………………………………… 260
社会建设…………………………………… 282
社会救助……………………………… 141、261
社会生活…………………………………… 260
社会事业…… 275、277、285、288、290、241
社会团体………………………………… 75、132
社会文化 ………………………………… 254
社会治安防控……………………………… 145
社会组织…………………………………… 124
社区矫正与安置帮教工作………………… 153
申报济南市党史教育基地………………… 109
深化国际交流工作………………………… 117
审计管理…………………………………… 162
审判………………………………………… 151
生态文明…………………………………… 283
生态县创建………………………………… 212
生物资源…………………………………… 45

十三五规划编制…… 157
石油安全…… 201
石油经营…… 200
石油业务经营…… 200
实行廉情预控…… 109
实名制管理…… 101
实验室优化提升…… 172
食品安全监管…… 172
食品药品监督管理…… 172
食品饮料工业…… 191
史志工作…… 122
示范创建…… 174
市场安全监管…… 201
市场供应…… 201
市场管理…… 200
市场监督管理…… 165
市场监管…… 165
市场主体发展…… 165
市场主体年报…… 165
市容市貌管理…… 206
市政工程…… 204
市政园林…… 203
事业单位分类改革…… 100
事业单位监督管理…… 102
事业单位年度报告公示…… 102
事中事后监管服务平台建设…… 168
视察调研…… 127
收费管理…… 164
双拥共建…… 156
双拥优抚…… 123
水产品养殖…… 184
水产业…… 184
水稻机插秧技术推广…… 185
水利基础设施建设…… 186
水务…… 185
水源工程建设…… 186
水资源…… 45
水资源、水事管理、水资源费征收…… 187
税收征管…… 230
税种管理…… 229
司法公开…… 151
司法行政…… 152
司法为民…… 151
司法宣传…… 152
思想政治建设…… 155
孙耿镇…… 268

T

台湾事务…… 104
太平镇…… 279
陶瓷工业…… 192
特色产业村…… 271
特色村（居）…… 288
特殊教育…… 240
特种设备监察…… 167
提升蔬菜食用安全…… 182
体育…… 241
体育彩票…… 242
体育设施建设…… 242
通信警报建设…… 156
统计法制建设…… 163
统计工作…… 162
统计信息服务…… 163
统一战线工作…… 99
土地规划…… 160
土地流转 …… 179
土地资源…… 45、160
推进供销合作社综合改革…… 198
退伍安置…… 124

W

外事侨务…………………………………… 117
完善打防管控体系………………………… 146
网络建设……………………………… 216、217
网上名称管理……………………………… 101
为农服务体系建设………………………… 198
违法违规行为查处………………………… 170
违章建设查处……………………………… 206
维护老年人合法权益……………………… 266
维护青少年合法权益……………………… 134
维护社会稳定………………………… 142、145
维修行业管理……………………………… 213
委员提案…………………………………… 127
卫生………………………………………… 243
卫生城市建设……………………………… 248
卫生监督…………………………………… 244
卫生检查和先进评选……………………… 249
文化………………………………………… 254
文化、卫生和体育………………………… 51
文化产业发展……………………………… 256
文化建设……………………………… 279、283
文化设施建设……………………………… 254
文化社会事业……………………………… 280
文化市场管理……………………………… 256
文化事业…………………………………… 291
文化艺术创作……………………………… 255
文化主题活动……………………………… 140
文件审查…………………………………… 143
文教工作…………………………………… 282
文明创建…………………………………… 97
文史资料工作……………………………… 130
文体、宣传活动…………………………… 139
文物保护工作……………………………… 255
文学创作…………………………………… 140
文艺志愿服务活动………………………… 141
污水处理…………………………………… 204
无偿献血和造血干细胞捐献……………… 141
无传销城市创建…………………………… 167
无照经营专项整治………………………… 166
物价管理…………………………………… 163
物业管理…………………………………… 210
物资管理…………………………………… 199

X

希望工程…………………………………… 135
县残疾人联合会…………………………… 138
县妇女联合会……………………………… 135
县红十字会………………………………… 141
县级框架路及危桥改造工作……………… 213
县科学技术协会　………………………… 137
县文学艺术界联合会……………………… 140
县政府常务会议…………………………… 115
县政府工作会议…………………………… 115
县总工会…………………………………… 132
现代农业…………………………………… 279
现代农业科技示范园……………………… 181
“乡村连片治理”工作　…………………… 221
乡镇村志、部门志编修…………………… 123
乡镇人大工作……………………………… 113
项目管理…………………………………… 159
项目建设…………………………………… 176
项目审批…………………………………… 159
项目选介…………………………………… 176
消费维权…………………………………… 166
小城镇建设………………………………… 207
小农水项目………………………………… 187
《新济阳》编辑与发行　………………… 98
新农村建设……… 272、274、278、284、290
新市镇……………………………………… 281

新闻宣传…… 96
新型农村社区建设…… 207
新型农民科技培训…… 178
新型墙材改革…… 209
信访干部培训…… 107
信访工作…… 106
信访宣传…… 107
信息产业发展…… 193
信息化建设…… 123
信息化建设与技术服务…… 193
信息化平台建设…… 182
刑事检察…… 148
刑事审判…… 151
刑事执行检察…… 150
行政复议与应诉…… 145
行政区划…… 46
行政审判…… 151
行政审批服务…… 119
行政审批制度改革…… 100
行政事业财务管理…… 219
行政事业单位资产清查…… 222
畜牧业…… 183
畜禽养殖…… 183
宣传工作…… 96
宣传教育…… 174
宣传教育培训…… 170
学前教育…… 240
学校选介…… 241
学校综合管理…… 239

Y

烟草销售…… 200
烟草专卖…… 200
烟花爆竹网络经营…… 198
盐务…… 201
养殖保险…… 184
药械安全监管…… 173
野生动物保护…… 183
业务经营…… 216
业务开展…… 216
1% 人口抽样调查 …… 163
“一事一议”项目审计工作 …… 221
医疗设施建设…… 245
医药卫生体制改革…… 243
医政管理…… 243
依法治河…… 188
移动公司…… 216
疫病防控…… 184
银行…… 234
银龄安康工程 …… 265
引进培养人才…… 251
饮水安全工程…… 186
印发《全县信访工作业务指导手册》…… 107
“营改增”工作 …… 229
应急管理…… 116
应急救护培训…… 141
“勇于担当、务实有为”活动开展 …… 91
“勇于担当、务实有为”主题实践活动动员大会…… 89
优化金融生态环境…… 122
优质工程选介…… 209
邮政…… 215
邮政快包…… 216
邮政物流…… 215
油地关系协调…… 171
油区工作管理…… 171
油区综合整治…… 171
与高新区对接…… 160
预防职务犯罪…… 149
预算公开…… 221

Z

造纸印刷工业…………………………………… 191
债务转贷………………………………………… 221
招商成果………………………………………… 175
招商引资 园区建设…………………………… 175
招商引资……………………………… 175、196
招商引资 项目建设…………………………… 278
招商引资和项目建设………… 272、274、277
283、287
招投标管理……………………………………… 208
镇 街道…………………………………… 81、268
征兵工作………………………………………… 156
征管稽查………………………………………… 230
整治“微腐败”………………………………… 110
政策性农业保险工作…………………………… 222
政策研究和项目策划…………………………… 160
政法队伍建设…………………………………… 143
政府部门“三定”修订工作…………………… 101
政府法制………………………………………… 143
政务督查………………………………………… 117
政务服务………………………………………… 119
政务信息………………………………………… 116
政协济阳县委员会及所属委室………………… 71
政研工作………………………………………… 91
知名企业……………………………… 286、289
知名企业简介…………………………………… 270
知识产权………………………………………… 252
执法监察………………………………………… 161
执法监督……………………………… 143、144
执行……………………………………………… 151
直管房管理……………………………………… 210
职务犯罪侦查…………………………………… 149
职业教育………………………………………… 240
植树造林………………………………………… 182
植物保护………………………………………… 181
植物检疫………………………………………… 179
志愿者队伍建设………………………………… 141
质量监管………………………………………… 167
智慧济阳打造…………………………………… 189
智慧社区………………………………………… 217
中共济阳县纪委及所属机构…………………… 71
中共济阳县委员会……………………………… 87
中国共产党济阳县委员会及所属工作部门
…………………………………………………… 52
中国建设银行济阳支行………………………… 234
中国农业发展银行济阳县支行………………… 236
中国农业银行济阳县支行……………………… 234
中国人民财产保险股份有限公司济阳
支公司…………………………………………… 237
中国人民政治协商会议济阳县委员会……… 127
中国人寿保险股份有限公司济阳支公司
…………………………………………………… 237
中国太平洋财产保险股份有限公司济阳
支公司…………………………………………… 237
中国太平洋人寿保险股份有限公司济阳
支公司…………………………………………… 237
中国银行济阳支行……………………………… 235
中国邮储银行济阳支行………………………… 236
中小微企业融资………………………………… 122
中小微企业申报贷款贴息……………………… 222
种植业…………………………………………… 180
重点领域体制机制改革………………………… 100
重要会议………………………………………… 87
重要决策………………………………………… 90
主导产业………………………………………… 175
主食产业化……………………………………… 199
住房保障………………………………………… 211
抓党建促脱贫攻坚工作………………………… 94
专利执法检查…………………………………… 252
专利质押融资…………………………………… 252

专题调研…………………………………… 112
专项审计和审计调查………………………… 162
专项治理…………………………………… 169
专业技术人才……………………………… 125
资本市场发展……………………………… 120
资产管理…………………………………… 118
资金申报…………………………………… 197
资金引进…………………………………… 159
资质认定…………………………………… 172
自然环境…………………………………… 44
自然资源…………………………………… 45
宗教工作…………………………………… 267
综合………………………………………… 47
综合检验检测……………………………… 172
综合治理和专项整治……………………… 173
总体规划修编工作调度会………………… 90
组织工作…………………………………… 92
组织机构　领导任职……………………… 52
尊老敬老…………………………………… 266